旅游经济学

主　编　芮田生　邓思胜
副主编　贾爱顺　何玉婷
　　　　王　慧
参　编　贺　霞　王静思
　　　　王　坤　周　亚

北京理工大学出版社
BEIJING INSTITUTE OF TECHNOLOGY PRESS

内 容 简 介

本书以社会主义市场经济理论为指导，应用经济学、旅游学、管理学等多学科知识，全面系统地阐述了旅游经济学的基本原理，主要内容包括旅游经济学导论，旅游产品，旅游需求，旅游供给，旅游市场，政府与旅游经济，旅游企业经营，旅游投资、收入与分配，旅游经济效益，旅游经济发展11个方面。

本书既注重学科的理论性、系统性，又力求反映旅游经济发展的规律和特点；同时书中还提供了大量旅游经济发展的资料和各种案例分析，具有较强的理论性、系统性、科学性和实用性。

本书既可作为应用型本科旅游管理类专业学生的教材，也可作为从事旅游经济研究与管理的人员的参考用书。

版权专有　侵权必究

图书在版编目（CIP）数据

旅游经济学/芮田生，邓思胜主编. —北京：北京理工大学出版社，2018.8
ISBN 978-7-5682-2589-2

Ⅰ. ①旅… Ⅱ. ①芮… ②邓… Ⅲ. ①旅游经济学－教材 Ⅳ. ①F590

中国版本图书馆 CIP 数据核字（2017）第 246635 号

出版发行 / 北京理工大学出版社有限责任公司
社　　址 / 北京市海淀区中关村南大街 5 号
邮　　编 / 100081
电　　话 /（010）68914775（总编室）
　　　　　（010）82562903（教材售后服务热线）
　　　　　（010）68948351（其他图书服务热线）
网　　址 / http://www.bitpress.com.cn
经　　销 / 全国各地新华书店
印　　刷 / 三河市天利华印刷装订有限公司
开　　本 / 787 毫米×1092 毫米　1/16
印　　张 / 17　　　　　　　　　　　　　　责任编辑 / 刘永兵
字　　数 / 400 千字　　　　　　　　　　　　文案编辑 / 刘永兵
版　　次 / 2018 年 8 月第 1 版　2018 年 8 月第 1 次印刷　　责任校对 / 周瑞红
定　　价 / 68.00 元　　　　　　　　　　　　责任印制 / 李志强

图书出现印装质量问题，请拨打售后服务热线，本社负责调换

出版说明

用创新性思维引领应用型旅游管理本科教材建设

市场上旅游管理专业的教材很多,其中不乏国家级规划教材。然而,长期以来,旅游专业教材普遍存在着定位不准、与企业实践背离、与行业发展脱节等现象,甚至大学教材、高职高专教材和中职中专教材从内容到形式都基本雷同的情况也不少见,让人难以选择。当教育部确定大力发展应用型本科后,如何编写出一套真正适合应用型本科使用的旅游管理专业教材,成为应用型本科旅游专业发展必须解决的棘手问题。

北京理工大学出版社是愿意吃螃蟹的人。2015年夏秋,出版社先后在成都召开了两次应用型本科教材研讨会,参会的人员有普通本科、应用型本科和部分专科院校的一线教师及行业专家,会议围绕应用型本科教材特点、应用型本科与普通本科教学的区别、应用型本科教材与高职高专教材的差异性进行了深入探讨,大家形成了许多共识,并在这些共识基础上组成教材编写组和大纲审定专家组,按照"新发展、新理念、新思路"的原则编写了这套教材。教材在四个方面有较大突破:

一是人才定位。应用型本科教材既要改变传统本科教材按总经理岗位设计的思路,避免过高的定位让应用型本科学生眼高手低,学无所用;又要与以操作为主、采用任务引领或项目引领方式编写的专科教材相区别,要有一定的理论基础,让学生知其然亦知其所以然,有发展的后劲。教材编写组最终确定将应用型本科教材定位为适用于培养基层管理人才,这种人才既懂管理,又会操作,能为旅游行业广为接纳。

二是课程和教材体系创新。在人才定位确定后,教材编写组对应用型本科课程和教材体系进行了创新,核心是弥补传统本科教材过于宏观的缺陷,按照市场需要和业务性质来创新课程体系,并根据新课程体系创新教材体系,譬如在《旅行社经营与管理》之外,配套了《旅行社计调业务》《旅游产品设计与开发》《旅行社在线销售与门店管理》等教材。将《饭店管理》细化为《前厅服务与管理》《客房服务与管理》《餐饮服务与管理》,形成与人才定位一致的应用型本科课程体系和教材体系。与此同时,编写组还根据旅游业新的发展趋势,创新了许多应用型本科教材,如《乡村旅游经营与管理》《智慧旅游管理与实务》等,使教材体系更接地气并与产业结合得更加紧密。

三是知识体系的更新。由于旅游业发展速度很快,部分教材从知识点到服务项目再到业务流程都可能已经落后了，如涉旅法规的变更、旅游产品预订方式的在线化、景区管理的智慧化以及乡村旅游新业态的不断涌现等，要求教材与时俱进、不断更新。教材编写组在这方面做了大量工作，使这套教材能够及时反映中外旅游业发展成就，掌握行业变化动态，传授最新知识体系，并与相关旅游标准有机融合，尽可能做到权威、全面、方便、适用。

四是突出职业教育，融入导游考证内容。2016年1月19日国家旅游局办公室正式发布了《2016年全国导游人员资格考试大纲》（旅办发〔2016〕14号），大纲明确规定：从2016年起，实行全国统一的导游人员资格考试，不指定教材。本套教材中的《旅游政策与法规》《导游实务》《旅游文化》等属于全国导游资格考试统考科目，教材紧扣《全国导游资格考试大纲》，融入了考证内容，便于学生顺利地获取导游证书。

为了方便使用，编写体例也极尽人性化，教材大部分章节设置了"学习目标""实训要求""小知识""小贴士""知识归纳""案例解析"和"习题集"，同时配套相应的教学资源，无论是学生还是教师使用都十分方便。本套教材的配套资源可在北京理工大学出版社官方网站下载，下载网址为：www.bitpress.com.cn 或扫封底二维码关注出版社公众号。

当然，由于时间和水平有限，这套教材难免存在不足之处，敬请读者批评指正，以便教材编写组不断修订完善。希望这套教材的出版，能够为旅游管理专业应用型本科教材建设探索出一条成功之路，进一步促进旅游管理专业应用型本科教学水平的提升。

四川省旅游协会副会长
四川省导游协会会长　陈乾康
四川省旅发委旅行社发展研究基地主任
四川师范大学旅游学院副院长

总 序

随着高等教育迈向大众化，人才培养逐渐由重理论、重学术向重实践、重能力转变，强调职业素质、职业技能与职业能力的培养，注重培养适合时代发展需要的应用型人才。旅游管理作为一门应用性极强的学科，在探索应用型本科的专业建设、课程体系重构、教学手段革新、教学内容丰富等方面走在前列，对其他专业向应用型本科转型具有引领示范作用。

2015年10月国家旅游局、教育部联合出台了《加快发展现代旅游职业教育的指导意见》，其中指出要"加强普通本科旅游类专业，特别是适应旅游新业态、新模式、新技术发展的专业应用型人才培养。"在当今时代背景下，本套"旅游管理专业应用型本科规划教材"对推动普通本科旅游管理专业转型，培养适应旅游产业发展需求的高素质管理服务人才具有重要的意义。具体来说，本套教材主要有以下四个特点：

一、理念超前，注重理论结合实际

本套教材始终坚持"教材出版，教研先行"的理念，经过了调研旅游企业、征求专家意见、召开选题大会、举办大纲审定大会等多次教研活动，最终由几十位高校教师、旅游企业职业经理人共同开发、编写而成。

二、定位准确，彰显应用型本科特色

该套教材科学区分了应用型本科教材与普通本科教材、高职高专教材的差别，以培养熟悉企业操作流程的基层管理人员为目标，理论知识按照"本科标准"编写，实践环节按照"职业能力"要求编写，在内容上凸显了教材的理论与实践相结合。

三、体系创新，符合职业教育要求

本套教材按照职业教育"课程对接岗位"的要求，优化了教材体系。针对旅游企业的不同岗位，编写了不同的课程教材，如针对旅行社业的教材有：《旅行社计调业务》《导游实务》《旅行社在线销售与门店管理》《旅游产品设计与开发》《旅行社经营与管理》等，保证了课程与岗位的对接，符合旅游职业教育的要求。

四、资源齐备，搭建教学资源平台

本套教材以建设教学资源数据库为核心，制作了图文并茂的电子课件，为方便教师教学，还提供了课程标准、授课计划、案例库、同步测试题及参考答案、期末考试题等教学资料，以便于教师参考；同步测试题中设置了单项选择题、多项选择题、判断题、简答题、技能操作题及参考答案，便于学生练习和巩固所学知识。

学生的创新能力、动手能力与实践能力是旅游管理应用型本科教育的关键点与切入点，而本套教材的出版可谓是一个很好的出发点。让我们一起为旅游管理应用型本科教育的发展壮大而共同努力吧！

教育部旅游管理教学指导委员会副主任委员
湖北大学旅游发展研究院院长

前　言

旅游经济学是旅游管理类专业的一门核心课程，其核心性体现在旅游是一种社会经济现象，对旅游的研究离不开对经济的研究。旅游经济学也是一门应用性较强的课程，内容涉及经济学和旅游学相关的知识、理论、方法和技术，是培养学生分析和处理问题的能力的重要课程。此外，旅游经济学是一门理论性较强的课程，是进行旅游学术研究的重要基础。

本书遵循旅游经济学基本的理论研究框架，突出应用型人才技能的培养。本书的内容主要有旅游经济学导论，旅游产品，旅游需求，旅游供给，旅游市场，政府与旅游经济，旅游企业经营，旅游投资、收入与分配，旅游经济效益，旅游经济发展等 11 个方面的内容。

本书有以下特点：

一是延续经典，突出应用，强调实用。本书作为旅游管理类专业的核心课程教材，遵循经典的体例，并进行了适当的调整。本书主要突出旅游经济学的实用性，尽量做到定性分析案例化，定量分析技术化，构建理论与实际之间的桥梁。

二是立足基础，培养兴趣，启发思考。本书主要立足于大学本科学生基础知识和能力的培养，提供丰富的案例，启发学生思考，提高学生兴趣；选取一些实用的方法技术，并给学生适当的挑战，提高学生循证实践的能力，为以后进行实际工作和学术研究提供方向和方法。

本书由芮田生、邓思胜担任主编，由贾爱顺、何玉婷、王慧担任副主编。具体编写分工如下：王坤编写第一章；何玉婷编写第二章；贾爱顺编写第三章和第十章；邓思胜编写第四章；王慧编写第五章；王静思编写第六章；贺霞编写第七章；芮田生编写第八章和第九章；周亚编写案例和习题。为了确保本书的质量，李益彬教授对本书编写工作进行了全面指导，在此表示感谢！

编者在编写本书的过程中，参阅了大量的相关书籍、文献和资料，引用之处都在参考文献中或者正文中注明。在此，对有关作者表示由衷的感谢。

由于编者水平有限，书中尚有纰漏和不足之处，恳请广大读者批评指正，谢谢！

编　者

2018 年 2 月

目 录

第一章　旅游经济学导论	1
第一节　世界经济发展概况	1
第二节　经济学发展简述	6
第三节　旅游经济学概况	12
知识归纳	20
案例分析	20
复习思考题	21
第二章　旅游产品	22
第一节　旅游产品的概念与特征	22
第二节　旅游产品的构成	28
第三节　旅游产品的类型	37
第四节　旅游产品的开发	42
第五节　旅游产品的周期	47
知识归纳	54
案例分析	54
复习思考题	55
第三章　旅游需求	56
第一节　旅游需求的概念与特点	56
第二节　旅游需求的产生条件与影响因素	61
第三节　旅游需求规律	67
第四节　旅游需求的衡量与预测	72
知识归纳	76
案例分析	77

复习思考题 ... 78

第四章　旅游供给 ... 79
　　第一节　旅游供给的概念与特点 ... 79
　　第二节　旅游供给规律与弹性 ... 84
　　知识归纳 ... 88
　　案例分析 ... 88
　　复习思考题 ... 90

第五章　旅游市场 ... 91
　　第一节　旅游市场概述 ... 91
　　第二节　旅游市场中的供求关系 ... 102
　　第三节　旅游市场的竞争 ... 107
　　第四节　旅游价格 ... 111
　　知识归纳 ... 116
　　案例分析 ... 116
　　复习思考题 ... 118

第六章　政府与旅游经济 ... 119
　　第一节　政府在旅游经济发展中的作用 ... 119
　　第二节　旅游主管部门及运行机制 ... 123
　　第三节　旅游规制 ... 126
　　第四节　旅游产业政策 ... 129
　　知识归纳 ... 134
　　案例分析 ... 134
　　复习思考题 ... 137

第七章　旅游企业经营 ... 138
　　第一节　旅游企业的概念与分类 ... 138
　　第二节　旅游企业财务管理 ... 141
　　第三节　现代旅游企业经营 ... 160
　　知识归纳 ... 166
　　案例分析 ... 166
　　复习思考题 ... 167

第八章　旅游投资、收入与分配 ... 168
　　第一节　旅游投资 ... 168
　　第二节　旅游收入 ... 178

第三节　旅游收入分配 …………………………………………………… 183
　　第四节　旅游收入乘数和漏损 …………………………………………… 187
　　知识归纳 ……………………………………………………………………… 192
　　案例分析 ……………………………………………………………………… 192
　　复习思考题 …………………………………………………………………… 196

第九章　旅游经济效益 …………………………………………………… 197
　　第一节　旅游业的经济影响与核算 ……………………………………… 197
　　第二节　旅游宏观经济效益与评价 ……………………………………… 205
　　第三节　旅游企业经济效益与评价 ……………………………………… 219
　　知识归纳 ……………………………………………………………………… 225
　　案例分析 ……………………………………………………………………… 225
　　复习思考题 …………………………………………………………………… 226

第十章　旅游经济发展 …………………………………………………… 227
　　第一节　旅游经济结构 …………………………………………………… 227
　　第二节　旅游经济发展模式 ……………………………………………… 245
　　第三节　旅游可持续发展 ………………………………………………… 248
　　知识归纳 ……………………………………………………………………… 254
　　案例分析 ……………………………………………………………………… 255
　　复习思考题 …………………………………………………………………… 256

参考文献 ………………………………………………………………………… 257

第一章

旅游经济学导论

1. 了解世界经济发展概况;
2. 了解经济学的主要流派及其研究内容;
3. 掌握旅游经济学的特点;
4. 掌握旅游经济学的研究内容。

第一节 世界经济发展概况

一、世界经济的发展历程

世界经济是在各国市场经济基础上,通过生产过程的外部联系构成的再生产过程,也是不同发展水平的国家与国家集团组成的相互依赖、相互联系和共同运动的有机整体。该定义主要包含以下3层含义。

第一,世界经济是人类社会发展到一定历史阶段的产物。在欧美国家先后发生工业革命,资本主义生产方式最终确立,社会生产力发展到一定高度后,国际分工和世界市场才正式形成,世界经济才开始出现。

第二,世界经济是人类社会在世界范围内开展经济活动的总体。世界经济包含的不仅仅是部分国家或局部地区的经济活动,而是世界各国、各地区进行的商品生产、交换、分配和消费等经济活动的总体。

第三,世界经济不是世界各国、各地区经济的简单加总,而是通过各种经济纽带或经济渠道,如在市场经济条件下通过国际贸易、国际金融、国家投资、国际技术交流、劳动力国际流动、国际经济合作等形式,将各国、各地区紧密联系在一起所形成的有机整体。

世界经济的形成和发展可以划分为不同的发展阶段。

1. 萌芽阶段(16—19世纪70年代)

14—15世纪,随着农业、手工业的生产力提高及商品货币关系的发展,西欧一些国家和地区出现了以工场手工业为主要标志的资本主义生产关系的萌芽。封建地主阶级为了维护统治地位,增加货币收入,进行殖民掠夺,推动了15世纪末16世纪初的大规模海外探险活动,促进了西欧国家对外贸易的发展和早期世界市场的出现。从17世纪中叶开始,英国、法国、美国、德国、俄国和日本先后完成了资产阶级革命,实现了从封建社会向资本主义社会的过渡。资产阶级革命的成功,清除了资本主义发展的政治经济障碍,为工业革命的发生奠定了坚实的基础。18世纪60年代,欧美国家相继进入工业革命时期。工业革命促进了社会生产力的巨大发展,机器大工业取代了工场手工业,标志着资本主义生产方式的最终确立。国际分工体系的形成,是世界市场建立的重要基础。到了19世纪60年代,一个以地理大发现创造的地域条件,以机器大工业的发展为巨大推动力,以商品交易所和证券交易所为组织保障,以铁路、轮船等近代交通工具为物质基础,以各主要资本主义国家相继过渡到金本位制为标志的世界市场逐渐建立起来。国际分工的发展和世界市场的建立是世界经济形成和发展的基础。在该阶段,世界经济只是初步出现,并未最终形成。

2. 形成阶段(19世纪70年代—20世纪初)

19世纪70年代—20世纪初,欧美先进资本主义国家发生了以炼钢、电力和化工技术为主要标志的第二次工业革命,其结果是促进了生产力的迅猛发展和经济社会的巨大变化。工业发达国家的产业结构发生变动,美国、英国、德国、法国和日本等主要资本主义国家相继实现了工业化。工业生产的迅速发展和企业竞争的加剧,促进了生产和资本越来越集中在少数大企业手中。这种集中发展到很高的程度后,就形成了垄断,出现了在经济生活中起决定作用的垄断组织,确立了由工业垄断资本和银行垄断资本融合而成的金融资本在主要资本主义国家,乃至资本主义世界经济中的统治地位。资本主义已经从自由竞争过渡到垄断竞争,即帝国主义阶段。同时,大规模的资本输出极大地推动了资本的国际流动和生产的国际化,并且在世界经济中占有越来越重要的地位。以国际金本位制占主导地位的国际货币金融体系已经建立起来,世界经济最终在19世纪末20世纪初形成了。

3. 发展阶段(20世纪初—80年代)

19世纪末20世纪初,在资本主义世界经济体系最终形成的同时,由于国家经济发展不平衡不断加剧,国家间的经济实力对比发生了重大变化。美国、德国等后进的资本主义国家在经济上超过老牌资本主义强国英国;俄国、日本、意大利和奥匈帝国等资本主义国家的经济实力有了明显增强。20世纪40年代末以后世界经济主要出现了3种类型的国家经济:一是发达资本主义国家经济。资本主义世界经济已从美国一家独霸演变为美国、欧洲共同体和日本三极并存的格局。二是社会主义国家经济。到20世纪40年代末,世界上有13个国家走上了社会主义道路。三是殖民地、半殖民地国家经济。到20世纪80年代初,共有130多个殖民地、半殖民地国家获得了政治独立。20世纪80年代末90年代初,苏联及东欧社会主义国家发生了历史性的社会剧变,放弃了社会主义制度,走上了以私有化为基础的资本主义市场经济的道路。另一些社会主义国家,如中国,则在坚持社会主义经济制度的前提下实行经济体制改革,在多年的探索后,确立了社会主义市场经济体制。

4. 知识经济阶段（20世纪80年代末90年代初至今）

知识经济是建立在知识和信息的生产、分配和使用之上的经济，其主要特征是科技的研究开发日益成为经济的重要基础，信息和通信技术在经济的发展中处于核心地位，服务业在经济中扮演主要角色，人力资源素质和技能是知识经济实现的先决条件。从20世纪80年代末90年代初开始，世界经济进入了知识经济时代。积极适应经济全球化的大趋势，紧跟知识经济时代的步伐，是世界各国、各地区在全球竞争中立于不败之地的基础。作为知识经济时代的一大亮点，体验经济从市场需求的视角对知识经济进行了解读，强调人的无限需要中的体验类需要开始转变为现实需要，从而成为社会经济发展的原动力。

体 验 经 济

体验经济作为学术概念，是由美国学者约瑟夫·派恩与詹姆斯·吉尔摩首先提出的。此后，体验经济这一概念得到了广泛关注。派恩与吉尔摩在《体验经济》一书中明确提出，体验经济是继农业经济、工业经济、服务经济之后新的经济发展形态。两位学者认为，体验将成为继产品、商品、服务之后的第四种经济提供物，并成为未来经济中"一种新的价值源泉"，而与体验经济相关的产业与服务业的分离也是一种"有价值的区分"。这一新的经济发展理念，为我们研究和规划未来的经济发展模式提供了全新的视角。

从本质上讲，体验经济作为经济模式，通过创意设计创造出满足人们个性化体验感受的经济提供物，并以其中的体验价值来获取利润。如果将体验经济看作一个时代，则它是与农业经济、工业经济、服务经济等相对应的，以体验产业的兴起为代表的未来经济类型。从宏观角度看，体验经济是关于经济增长方式、经济结构及经济形态的范畴。从微观角度看，它又是现代企业的经营手段。在其思想中，体验经济既是方式又是模式，与之对应的体验产业，则以大规模个性化定制作为产业基本特征，并以体验价值获取利润。

对于体验产业而言，其作为一个大的产业类型，由不同的行业组成，而每个行业需要由生产同类产品或具有相同工艺过程或提供同类劳动服务的大量企业组成。在新经济时代，许多企业采取体验式的经营方式，但其中一些企业并未对所提供的体验进行收费或收费很少，仅仅作为产品和服务的附加值出售，当成一种营销手段，或者将其视为产品线扩展（product-line extension）。我们往往将这类企业纳入体验经济的研究范围，但却不能简单地视为体验产业。在此，体验经济在研究对象范围上比体验产业更加广泛。既然谓之产业，就要严格根据此产业创造的主要的利润来源进行判定：以体验价值为主要经济来源的产业，我们才应该称之为体验产业。对于那些与体验经济相关，且正在向体验产业迈进或是处于向体验产业转型的"先驱"行业，我们可以定义为体验型产业。体验型产业不是独立的产业形态，而是渗透到许多产业中的一种产业模式。具备这种特征的产业在现实中实为常见，其除了生产产品和提供服务，还增加了体验因素，并以此吸引消费者获取经济报酬。因此，所谓体验产业，是指那些设计、创作、生产、加工或除了具备一般性功能，能够给人们带来体验感受的产品或服务的生产部门，其主要代表有旅游、体育、音乐、互联网、电影、广告设计等部门。

根据克里斯滕森在《全球体验产业》中对2005年全球体验产业的分类与统计，北美（美国和加拿大）体验产业的产值占世界体验产业总产值的37%，西欧和日本占36%，中国占5%。由此可见，发达国家体验产业创造的产值占全球的3/4左右。我们通过世界统计年鉴，找出对应年份世界各地区人口与国内生产总值（gross domestic product，GDP）占世界总量的比例，从中可以得出，北美人口约占世界人口的5%，GDP占世界总量的22%，其体验产业产值占世界体验产业总产值的比例是37%；西欧占世界人口的6%，GDP占世界总量的19%，其体验产业产值占世界体验产业总产值的比例是28%；相比之下，在2005年，中国人口约占世界人口的20%，GDP占世界总量的5%，体验产业产值占世界体验产业总产值的比例也是5%。亚太国家（主要是中国、日本、韩国）的GDP占世界总量的比例，自1990年起，已从30%左右达到了40%以上。面对亚洲国家的崛起，美国的GDP占世界总量的比例一直能维持在20%以上，不能不说这与其产业的体验化有关。瑞典政府的有关报告就曾指出：西方先期工业化国家在经济全球化与亚洲国家崛起的背景下，实施有关体验经济的产业政策是保持竞争力地位的必要办法。由此也能从侧面反映出西方发达国家的体验产业对经济发展的突出作用。虽然中国的体验产业产值占比例和GDP占世界总量的比例刚好相等，但考虑到人口的数量，中国的体验产业还是处于落后地位。从长期来看，根据克里斯滕森对22种体验产业的计算，可以得出，全球体验产业1990—2010年的年平均增长速度在5%以上，而从1990—2010年，世界经济年平均增长速度大约在3.7%。由此可见，体验产业的平均增长速度高于世界经济平均增长速度。

（资料来源：赵放，王淑华. 体验经济与中国体验型产业发展的研究[J]. 社会科学战线，2013（11）：50-54）

二、世界经济的特点

21世纪以来，尤其是国际金融危机之后，世界经济失衡不断加剧，西方主要经济体陷入高债务、高失业困境，新兴市场国家成为世界经济新引擎，全球经济加速从大西洋沿岸向太平洋沿岸转移。

1. 全球经济面临转型期

（1）西方发达国家经济开始回归实体经济，调整福利制度。多年来，欧美国家实行"重消费、轻生产"的经济增长模式，国内产业空洞化的状况普遍存在，加上经济全球化背景。使其跨国公司在全球进行生产布局和"外包"加速发展，国内空心化状况进一步加剧。"后工业化社会"的主要特征是第三产业占据经济主导地位。金融全球化进程也使其虚拟经济蓬勃发展，制造业逐渐萎缩。国际金融危机使西方发达国家重新意识到发展实体经济的重要性，并开始把重归实体经济、推进"再工业化"战略提上产业结构调整的议事日程。另外，高福利是西方国家多年来一直奉行的社会制度。在财政负担的重压下，西方国家不得不考虑改革高福利制度。欧洲国家"去福利化"倾向开始显现，个别国家开始提高退休年龄，减少养老金支出等。

（2）新兴经济体面临发展模式转换问题。近年来，特别是国际金融危机以来，新兴经济体在世界经济复苏过程中发挥了重要的作用。据国际货币基金组织（International Monetary Fund，IMF）的数据显示，新兴和发展中经济体对全球经济增长的贡献度从过去的30%升至

50%以上。尽管如此，新兴经济体也面临着经济发展的诸多压力，如大宗商品价格上涨、通胀压力增大、出口下降、资本流动逆转、银行信贷紧缩、经济增速下滑。尤其是新兴经济体多为出口主导型国家，发达经济体的经济减速与需求下降必然会给新兴经济体带来不利影响，贸易保护主义抬头也将给新兴经济体的外贸出口带来严重影响。为此，如何转变经济增长模式，变出口主导为内需主导，降低对外贸易的依存度，开拓本国和发展中国家市场，已成为新兴经济体面临的突出问题。

（3）世界经济增长重心"由西向东"转移。21 世纪以来，新兴经济体的快速崛起冲击着以美国为首的全球力量架构，全球经济与贸易重心正在"由西向东"转移。21 世纪的前 10 年，新兴经济体平均经济增长率超过 6%，金砖国家整体平均增长率超过 8%，远高于发达国家经济 2.6%的平均增长率和 4.1%左右的全球经济平均增长率。全球财富分配开始向"东"转移，多数新兴经济体持续贸易顺差，使其外汇储备不断增加，由此积累大量外汇储备。这样的结果导致国际资本出现逆向流动，即发展中国家资本向发达国家特别是美国流动。新兴经济体群体性崛起将更加明显，使国际力量重心由发达经济体向新兴经济体加速转移。

2. 西方经济面临重重困难

（1）主权债务危机波及西方世界。与历史不同，当前世界主要债务国多为发达国家。美国通过调高债务上限逃脱违约、"借新债还旧债"、自我"缓刑"，以致美国主权信用被"降级"，英国《金融时报》指出美国此举为"自我毁灭"。欧洲主权债务危机持续发酵，英国、法国主权信用备受质疑，日本的财政赤字也已达到本国 GDP 的两倍以上。欧洲债务已被危机化，日本债务正内部化，美国债务将国际化。债务危机成为制约当前世界经济发展的主要障碍。

（2）经济"无就业"复苏。后危机时代，发达国家普遍面临周期性与结构性失业难题。美国商务部经济分析局悲观地预测，到 2019 年，美国的失业率才能恢复到国际金融危机前的水平。发达国家"无就业"复苏现象将持续很长时间，由此导致经济发展呈现低消费与低增长态势。

（3）资产重组与去杠杆化问题。国际金融危机使西方银行资产和家庭财富严重缩水，修复资产负债表需要很长时间，无疑将影响私人消费与企业投资。所谓"杠杆化"，简单来说，是指借债进行投资运营，以较少的本金获取高收益。这种模式在国际金融危机爆发前为不少企业和机构所采用，特别是投资银行，杠杆化程度一般很高。当资本市场向好时，这种模式带来的高收益使人们忽视了高风险的存在，等到资本市场开始走下坡路时，杠杆效应的负面作用开始凸显，风险被迅速放大。另外，与典型经济周期不同，后危机时代，欧美经济复苏将深受去杠杆化影响，信贷市场疲软仍将持续，成为抑制商业活动的重要因素。

3. 新兴经济体群体继续崛起

新兴经济体经济规模日趋增大。按 IMF 于 2016 年 3 月 1 日公布的世界各国 GDP 排名统计，到 2015 年年底，按国际汇率计算，中国为 10.86 万亿美元，位居第二；印度为 2.06 万亿美元，位居第七；巴西为 1.80 万亿美元，位居第九；俄罗斯为 1.31 万亿美元，位居第十三。金砖国家国土面积约占世界陆地面积的 30%，人口约占世界总人口的 42%。2015 年，中国、俄罗斯、印度、巴西、南非五国的 GDP 约占世界总量的 20%以上。

此外，新兴国家队伍在不断壮大，提振了新兴和发展中国家的整体力量，改变了南北力量对比。"金砖国家""展望五国""钻石十一国"等名目繁多的排列组合，无不说明新兴国家已遍布亚洲、非洲、南美洲、东欧及中东各个角落，形成了一个"新兴国家群体"。这个群体属于发展中国家，发展中国家兴起与腾飞已经是一个不争的事实。

4. 全球经济发展不平衡加剧

21世纪以来，全球经济发展严重失衡，新兴经济体成为国际资本的净流出国，美国则变成全球最大的资本净流入国。这具体表现在3个方面：一是新兴经济体经常项目顺差不断增加。由于新兴经济体的国际贸易能力明显增强，尤其是大宗商品价格持续上涨，新兴经济体与发展中国家积累起大量经常项目顺差和外汇储备，对外支付能力提高。二是新兴经济体外汇储备逐年飙增。即使受国际金融危机冲击，这些国家的外汇储备仍呈持续增长趋势。鉴于国内金融市场不发达，其外汇储备只能以购买国债等方式投资于美国等发达国家。从发展态势看，只要经济全球化趋势不被逆转，新兴经济体仍将保持良好发展势头，后危机时代全球资本逆向流动趋势不可能改变，尤其是美国等发达国家均面临严重的主权债务问题，更需要新兴经济体资本流入，以解债台高筑之困。三是美国成为全球最大的债务国。20世纪80年代以来，随着对外投资速度的持续下降，美国转而倚重来自国外的投资以支撑本土经济的增长。1985年，美国从净债权国变为债务国，结束了自1914年以来作为净债权国长达70年的历史。而到2004年，美国的国外负资产则高达其GDP的22%，成为世界最大的债务国。如果美国不能改变现状，到2024年，其净外债将高达GDP的135%。到那时，随着外国投资者对美国失去信心，国内贸易保护主义的压力无法控制，重大的危机就会出现。

第二节　经济学发展简述

一、经济学的发展历程

经济学是随着资本主义的兴起而逐渐发展成为一门科学的。要把握经济学的发展脉络，需要从以下3个方面对经济学理论加以考查：一是当时社会的经济政治状况；二是以往积累的经济理论；三是其他社会科学、自然科学和文化背景。另外，还有两个问题需要关注：一是当时的经济学家所关注的问题；二是当时所用的经济学分析方法和分析工具。经济学的发展根据其主要流派可大致划分为5个阶段：古希腊经济实践的思辨、启蒙阶段、古典经济学派、新古典主义、社会主义、凯恩斯主义和后凯恩斯时代。

1. 古希腊经济实践的思辨

虽然伴随着商品交换的出现与发展，逐步形成了财富、分工、价格、供求、货币等概念，经济学作为一门科学的形成缓慢而流长。远在经济思想形成以前，伴随着文明的发源，在古希腊已开始对经济实践进行思辨。古希腊最早研究经济的是苏格拉底的弟子色诺芬，他的著作《经济论》是论述奴隶主家庭经济的著作，其副标题是"关于财富管理的讨论"，主要思想包括从使用价值的角度认识财富，维护自然经济，高度重视农业等。其他哲学家，如柏拉图也在其《理想国》中分析了分工、等级、公有财产等概念，而亚里士多德对经济的研究则已深入至简单的判断和推理，并第一次认识到货物有两种用途，一种是本身固有的，另一种是交换产生的，这一思想被亚当·斯密发展成为使用价值和交换价值。即使是在西方哲学起源地古希腊，也没有以成熟的方法论研究经济现象，哲人仅仅是根据日常生活实践，提出一些关于经济的朴素推理和简单概念。到了中世纪，经济学仍没有自己的独立地位，而是归属于神学，属于道德神学或伦理学的组成部分。进入16世纪，经济学归入经院法学体系，虽然没有作为一个整体被论述过，但利息、货币等问题的讨论已是司空见惯了。此时，西欧各国大多已出现资本主义生产关系，经济思想开始有了萌芽。

2. 启蒙阶段

近代史的研究者谁都无法不注意到那些在1600年后200年间足以促成法国大革命和工业革命的因素，而最深刻的变革出现在经济领域。始于16世纪，从西班牙征服者开始的海外扩张，使欧洲成为庞大的世界贸易体系的中心。正是这个时期，出现了威廉·配第等著名经济研究家，并形成了重商主义和重农主义两大经济思潮。

1）威廉·配第创立早期古典政治经济学

威廉·配第是英国资产阶级古典政治经济学和统计学的创始人。马克思评价他为"现代政治经济学的创始者"和"最有天才和最有创造的经济研究家"。其代表作《赋税论》共分15章，研究的中心问题是政府怎样征收和使用赋税才能促进财富生产，增强国家的经济实力。威廉·配第在《赋税论》中的重要经济观点主要有3个：一是从生产过程来考察资本主义经济发展的过程，把劳动看作财富的源泉；二是把劳动时间看作衡量价值的尺度和基础，这是劳动价值论的基本观点；三是地租是从农产品中扣除生产费用（工资加种子）以后的余额。他的另一名著《政治算术》被马克思视为政治经济学作为一门独立科学分离出来的最初形式。在著作中，威廉·配第广泛运用经验归纳和数学方法研究经济实践，使经济学开始有了自己的研究方法。作为17世纪杰出的经济思想家，他的许多观点和研究方法开创了经济领域之先河，深深影响了后期形成的重商主义者和重农主义者。

2）重商主义

重商主义是随17—18世纪英国海外贸易的蓬勃发展而一同兴起的，其基本假设是出口为国家带来财富。这一学派的倡议者支持并主张政府采取措施保护贸易顺差。重商主义者坚信，对外贸易是国家致富的唯一手段。在国际金融制度得到高度发展以前，对外收支逆差必须用现金弥补，而国际唯一可接受的现金形式是金银，因此贸易赤字会导致国库空虚，反之则国库殷实。从中可得出结论，出超将带来国内经济增长，而入超会使国内经济萎缩。这种思想迎合了当时政治和经济环境的需求，并在事实上引导了17—18世纪的商业革命。

3）重农主义

重农主义主导了法国17—18世纪的经济思想。重农主义者将国民分为3个阶级，即生产阶级、土地所有者阶级和不生产阶级，最早运用社会阶级体系来说明社会经济结构。弗兰斯瓦·魁奈是18世纪法国最著名的经济学家，是重农主义学派的领袖。自然秩序是魁奈及其重农主义体系的精髓，成为重农主义者看待问题的基本出发点、根本标准及最终归宿。在魁奈重农主义体系中，自然秩序和自然权利紧密相连，自然权利包括财产所有权和自由，而在财产所有权中，土地所有权是基础，是国家统治自然秩序的根本条件，是进行农业资本主义的根本条件。随着资本主义向纵深发展，制造业日趋重要，重商主义和重农主义变得陈旧，其后继者——古典经济学派开始了经济学的又一轮革新。

3. 古典经济学派

从深刻改变西方文明形态方面来看，英国工业革命（詹姆斯·瓦特于1763年发明改良蒸汽机）、美国独立战争（1775—1783年）和法国大革命（始于1789年）都发生在18世纪。而在经济学领域，亚当·斯密于1776年发表《国富论》，标志着古典经济学的诞生，经济学作为一门学科已形成了完整的研究方法和理论体系。

古典经济学派是自由竞争资本主义从起飞到昌盛时期的主流经济学派，它忠实地反映了那个时代产业资本的利益和要求，既是对封建旧制度及资本原始积累时期国家干预主义经济思想的批判，也是对经济自由主义新时代的呼唤和论证。古典经济学派关注经济增长，在他们看来，经济活动的首要任务就是增加生产，为此必须增加资本积累，改进生产方式，提高劳动生产率。他们还研究与此密切相关的分配和产品实现问题，研究生产、交换、分配和消费中的规律，以及相应的经济政策。古典经济学的奠立者是亚当·斯密、大卫·李嘉图、托马斯·马尔萨斯，让·巴蒂斯格·萨伊对亚当·斯密的理论体系进行了扩展，而詹姆斯·穆勒则是古典经济学派的集大成者。

4. 新古典主义

19世纪末，主要资本主义国家爆发了第二次工业革命，新技术特别是在金属、化学、电力领域出现的新技术，导致新产品的出现和生产效率的进一步提高，需求和产量的增加引发工业领域的重大重组。同时，经济领域的竞争开始国际化，并导致频繁的经济危机，失业、通货膨胀使社会冲突的焦点从资产阶级和地主阶级的对抗，转向工人阶级和资产阶级的对立。此时，推行经济自由主义，重视资本积累，同时强调社会各阶级的经济作用和分配规律的古典经济学说逐渐被新古典经济学说所替代。

新古典主义是19世纪末以来具有广泛影响和重要地位的经济理论。它的基本观点和古典主义相同，主张自由放任的经济思想，同时它也融合和吸收了其他一些学派的观点。它起源于19世纪70年代的所谓"边际革命"。当时奥地利的卡尔·门格尔、英国的威廉·杰文斯和法国的里昂·瓦尔拉斯几乎同时提出了以边际效用决定商品价值的理论。他们使用抽象演绎法、边际分析法、心理分析法和数理分析法建立了包括边际效用理论、时差利息论和一般均衡论等在内的理论体系。他们把市场现象归结为个人选择的结果，着重解释在技术知识、社会习惯及资源稀缺的约束下，个人在市场上进行的主观评价和选择，会导致市场过程的协调和均衡，进一步证明了自由放任的正确性。新古典主义认为市场供求力量能使一国经济实现充分就业，一切生产要素在分配中所得到的份额取决于其边际产品数量。新古典主义的代表人物有瓦尔拉斯、阿尔弗雷德·马歇尔、约翰·凯恩斯、肯尼斯·阿罗和罗拉尔·德布鲁等。

5. 社会主义

当资本主义社会进入成熟时期后，经济学也从古典经济学一分为二。马克思和恩格斯在对李嘉图理论继承和批判的基础上，提出了劳动价值论、剩余价值学说、资本积累及社会总资本的再生产学说。他们分析了资本主义生产关系发生、发展和灭亡的规律，指出资本主义一定灭亡，并提出了有关社会主义的经济理论。他们的思想主要反映在《共产党宣言》《资本论》等著作中。

其后，列宁根据自己的实践，发展了关于帝国主义的理论和社会主义革命的理论。此后，苏联在其实践中逐步建立起以公有制为基础的计划经济体系，并在东欧和中国得到推广。但是经过几十年的实践，人们发现这种计划体制存在着其固有的弱点和缺陷。于是，社会主义国家开始进行变革，引入市场机制。

6. 凯恩斯主义

第一次世界大战后，国家垄断资本主义急剧发展，1929—1933年的经济大危机对资本主义经济造成了极大破坏。资本主义经济实践与传统的经济理论所宣扬的自由竞争和自由放任产生严重矛盾。在这种情况下，凯恩斯于1936年发表《就业、利息和货币通论》，提出有效需求理论体系和通过国家干预经济以求减少失业，这被称为"凯恩斯革命"。凯恩斯指出，失业和危机不是资本主义制度的必然产物，它只是有效需求不足的结果。有效需求包括消费需求和投资需求两部分。它是由消费倾向、对资本资产未来收益的预期和对货币的流动偏好这3个基本心理因素及货币量决定的。凯恩斯在理论分析上采用了总量分析（即"宏观分析"）的方法。他研究了收入、需求、投资、储蓄、消费、货币、价格水平的总量及其相互关系，使庸俗经济学从微观分析进入了宏观分析。凯恩斯提出了一整套政策，这些政策的核心就是国家干预经济生活，借此刺激有效需求，即刺激消费和投资。"二战"后二十多年来，各主要资本主义国家大力推行凯恩斯主义，对缓和资本主义社会的矛盾、实现经济增长起了一定的积极作用。20世纪60年代以来，发达资本主义国家出现的经济停滞与通货膨胀并发的现象，使凯恩斯理论出现了危机。凯恩斯理论遭到了货币主义、理性预期学派和供给学派的挑战。

7. 后凯恩斯时代

研究经济思想史的学者还未对凯恩斯以后的学术思想加以归纳，这并不意味着凯恩斯以后的经济学领域缺乏思想。实际上，在这个阶段出现了许多具有代表性的流派和经济学家，由于统计分析理论的发展，这个时期经济学术著作的特点是大量运用统计理论和数学模型。这之后出现了两个现象：一是1968年诺贝尔经济学奖的设立，带来了经济学史上又一个百家争鸣的时代，经济巨著来自学院派的趋势也愈加明显；二是随着美国的全球经济霸主地位的确立，来自美国的经济学派具有举足轻重的影响。

这一时期的经济学派主要有新古典综合派、新自由主义、货币主义、理性预期学派、新剑桥学派和新制度主义等。

1）新古典综合派

新古典综合派又被称为当代凯恩斯主义正统派或主流派，它的主要代表人物有保罗·萨缪尔森、詹姆士·托宾、罗伯特·索洛等。"新古典"是指这些学者接受凯恩斯以前的新古典主义对市场和一般均衡的分析，但同时"综合"凯恩斯主义。这种综合体现在：一是将凯恩斯理论本身综合成宏观一般均衡理论，但理论本身却与新古典理论有相似之处；二是凯恩斯的宏观理论体系和新古典的微观理论体系相结合，注重寻找宏观经济理论的微观基础；三是强调财政政策与货币政策的相互配合。

2）新自由主义

新自由主义以弗里德里希·哈耶克为主要代表。他从个人主义出发，强调维护个人自由。

而自由的基础是经济自由，其核心是私有制，在这一基础上生产者有经营自由，消费者有消费自由。实现经济自由的途径是让市场机制充分发挥调节作用，让人们在市场上自由竞争。

3）货币主义

货币主义又称为现代芝加哥学派，其代表人物是米尔顿·弗里德曼。其基本观点是坚持经济中最重要的因素是货币，即货币量是说明产量、就业和价格变化的最重要因素；在政策上的基本主张是坚持市场调节的完善，反对国家直接干预。

4）理性预期学派

理性预期学派的代表人物是罗伯特·卢卡斯和托马斯·萨金特。他们指出，经济主体在作出任何决策时，除了考虑到有关经济变量的情况，还要考虑这些变量的未来变化，这种有根据的、合理的预期被称为理性预期；市场机制本身是完善的，依靠价格的调节作用，市场在正常情况下总是处于供求相等的出清状态。由于理性预期的作用，宏观经济政策无论是在短期还是在长期都无效，且会破坏市场机制。

5）新剑桥学派

新剑桥学派又称为凯恩斯左派，与新古典综合派一样，号称是现代凯恩斯主义，其代表人物有琼·罗宾逊、尼古拉斯·卡尔多。他们指出，新古典综合派将收入支出模型作为凯恩斯主义的核心是一种歪曲，其核心问题应是收入分配问题；资本主义社会的收入分配不合理，分配应以价值理论作为基础；经济增长是以加剧收入分配的不平等为前提的。因此，新剑桥学派主张国家干预经济，实现收入分配平等化。

6）新制度主义

新制度主义属于经济学的"异端"，其代表人物是约翰加尔布雷斯、冈纳·缪尔达尔等。他们将经济学研究的对象确定为制度；重视经济伦理问题和价值判断；并且用演进的整体的方法研究制度的变迁。

二、产业经济学研究现状

产业经济学是从经济学的视角，运用经济学研究方法，探讨产业经济活动的内在规律性。在西方，产业经济学通常是指产业组织理论，其研究主要围绕企业、行业与市场等方面展开，目的是解决所谓的"马歇尔冲突"的难题，即产业内企业的规模经济效应与企业之间的竞争活力的冲突。简而言之，产业经济学就是以分析现实市场中企业的行为效率为基础，回答如何实现有效率的市场及如何制定与此相关的公共政策的问题。

1. 产业经济理论的渊源和发展

产业经济学的思想渊源可追溯到古典经济学家亚当·斯密关于市场竞争机制的论述。《国富论》系统地论述了由竞争机制自发决定的价格体系如何创造出一个理想的市场秩序和具有帕累托最优状态的经济社会，提出了我们熟悉的"看不见的手"的原理。亚当·斯密指出，在自由竞争的市场体制下，竞争的结果总是促使市场价格与生产者的成本趋于一致。他还论述了劳动分工可提供生产效率，因此合理的生产组织能带来社会资源的节约。但是，亚当·斯密在关注竞争机制的作用及分工协作产生经济效益的同时，忽视了竞争与规模经济之间的关系问题。英国经济学家马歇尔填补了这一空缺，他把生产三要素扩展为土地、资本、劳动和组织等生产要素，并用相当的篇幅讨论了产业组织问题，同时对分工的利益、产业在特定地区集聚的利益、大规模生产的利益、企业专门化经营的利益进行了专门阐述。

到20世纪初，竞争和垄断之间的冲突日益显现。随着资本主义经济的发展、企业规模的不断扩大、生产集中度提高，垄断和寡头垄断已成为西方发达国家中普遍存在的现象，卡特尔、托拉斯等垄断组织和形式已有了相当的发展。以完全竞争市场分析为基础的新古典经济学理论对现实经济问题很难给出令人满意的解释，许多研究者对普遍存在的垄断现象进行了分析，试图弥补传统经济理论与现实经济问题之间的鸿沟。英国经济学家罗宾逊和美国经济学家爱德华·张伯伦同时提出了垄断竞争理论。他们指出，在现实经济中，竞争跟垄断不是截然分开的，由于存在产品的差异性，真实世界的市场既不是完全竞争，也不是完全垄断，而是垄断与竞争的混合，即垄断竞争。

2. 产业经济学理论的形成和完善

1）哈佛学派和S-C-P范式

1959年，乔·贝恩发表了第一部系统阐述产业组织理论的经典著作《产业组织》，标志着哈佛学派理论的正式形成。哈佛学派以垄断竞争理论为基础，以实证研究为主要手段，将特定产业的分析分解为结构、行为和绩效3个方面，形成了有系统逻辑体系的分析框架——"市场结构（Structure）—市场行为（Conduct）—市场绩效（Performance）"范式，简称S-C-P范式。哈佛学派建立的S-C-P范式，为早期产业组织理论的研究提供了一套基本的分析框架，一度成为产业组织的主流理论。尽管后期的研究发现，市场结构、市场行为和市场绩效之间并不是一种简单的单向因果关系，而是双向的、相互影响的多重关系，但是S-C-P范式仍然是进行产业或市场分析的重要工具之一。自20世纪50年代以来，哈佛学派一方面在发展和完善，另一方面也不断受到批判和挑战。在批判过程中，芝加哥学派崛起并逐渐取得主流地位，形成了芝加哥学派的产业组织理论。

2）芝加哥学派和可竞争市场理论

芝加哥学派研究产业组织问题的突出特点，就是不以经济实证为主，而是强调理论分析，重视根据逻辑和理论来应用价格理论，认为产业组织理论是价格理论的逻辑扩展。该学派认为标准的竞争理论自然是有效的，"完全竞争"模型对产业组织问题仍有足够的自解能力，垄断市场结构中产生的高额利润来自大企业的高效率。可竞争市场理论是由美国经济学家威廉·鲍莫尔等人在芝加哥学派理论的基础上提出来的。他以完全可竞争市场和沉没成本等概念为中心，来推导和说明高集中度的市场结构是可以和经济效率并存的。尽管完全可竞争市场是一个理想化的模型，在现实中真正符合可竞争市场假定条件的产业比较罕见，但是可竞争市场理论对美国、英国等国政府的规制政策产生了重大影响。

3）新奥地利学派

新奥地利学派是20世纪70年代在路德维希·米塞斯和哈耶克等人提出的经济思想的基础上形成的产业经济学流派，该学派继承和发展了由门格尔、欧根·冯·庞巴维克创始的奥地利经济学派的传统思想和方法。与其他学派相比，新奥地利学派有其独特的观点：认为唯一的进入壁垒是政府的进入管制政策和行政垄断；社会福利的提高源于生产效率，而非哈佛学派强调的配置效率；竞争源于企业家的创业精神，产品差别化实际上是企业竞争的一个重要手段。

4）新产业组织理论

从20世纪70年代开始，产业组织研究出现了一次新的高潮，进入了"理论期"，理论模型取代统计分析并占据了主导地位，形成了以突出理论研究为特征的所谓"新产业组织理论"。80 年代以来，罗纳德·科斯和奥利弗·威廉姆森等人以交易费用理论为基础，提出企业同市场一样参与了资源的配置过程，企业内部活动是影响市场行为和产业结构的重要原因，因此对企业活动的考查便构成了新产业组织理论中一个不可或缺的部分。新产业组织理论运用交易费用理论、委托——代理理论、激励理论等深入分析了内部组织结构和治理结构，提出了一系列新的理论和主张，以解决现代企业代理人的无效率问题，形成了较为完整的企业理论。

第三节　旅游经济学概况

一、旅游经济学研究的历史与现状

1. 国外旅游经济学研究

旅游经济学是伴随着现代旅游经济的形成与发展而产生的一门新兴学科。早在 19 世纪后半期，随着西方国家旅游业的发展，人们开始关注对旅游经济问题的研究。1899 年，意大利国家统计局局长博迪奥发表了《关于在意大利的外国旅游者的流动及其花费》的论文，揭开了现代旅游经济研究的序幕。之后，意大利的尼切福罗和贝尼尼分别于 1923 年和 1926 年发表了《在意大利的外国人流动情况》和《关于旅游者流动计算方法的改进》等论文。1927 年，意大利罗马大学的教授马里奥出版了《旅游经济》一书，次年又出版了该书的续编，首次对旅游经济进行了全面、系统的研究和讲授。1935 年德国柏林商业大学旅游研究所所长格里克思曼发表了《一般旅游论》，不仅从经济学角度，而且从社会学角度对旅游经济的发展进行了研究。

第二次世界大战以后，随着西方国家经济迅速发展，旅游业逐渐发展成为国民经济的重要行业。为了适应旅游业快速发展的需要，许多西方国家建立了各种类型的旅游经济管理院校，并开设了旅游经济、旅游管理等学科。为了适应旅游经济发展和旅游教学的需要，西方国家的一些专家、学者在总结世界旅游经济及本国旅游业发展的基础上，对旅游经济的理论和方法进行了全面深入的研究，并发表和出版了一批有较高水平的论文和著作，对现代世界旅游经济及各国旅游业的发展起到了积极的指导和促进作用，如 1969 年美国迈克尔·彼得斯的《国际旅游业》，1974 年英国博卡特和梅德里克教授合著的《旅游业的过去、现在和未来》，1978 年南斯拉夫贝尔格莱德大学副校长翁科维奇教授的《旅游经济学》，1984 年美国朱卓仁教授的《旅游业》等专著。尤其是翁科维奇教授的《旅游经济学》，运用科学的理论分析和丰富的数据，全面阐述了现代旅游经济的理论和原则，分析了旅游市场的特点和旅游接待国的政策，预测了现代国际旅游业的发展趋势，成为代表性的旅游经济学教材。1980 年以后，世界各国有关旅游经济研究的论文和专著大量涌现，促进了现代旅游经济理论体系的不断发展和完善。

2. 国内旅游经济学研究

中国旅游经济的研究起步较晚。虽然早在 20 世纪 20 年代已有经济学者对旅游经济的性质、作用等问题进行过探讨，但由于当时中国旅游业发展水平的局限而无法做深入的研究。1980年以后，中国实行对内搞活、对外开放的政策，有力地推动了旅游业的发展，并为旅游经济的研究提供了丰富的素材，促进了中国旅游经济理论的研究与发展。1980年，沈杰飞和吴志宏合写的《建立适合我国实际的旅游经济学科》的论文，从建立一门学科的逻辑起点出发，对旅游经济的研究对象、研究内容进行了深入的探讨。1982年王立刚和刘世杰合著出版了《中国旅游经济学》，1986年林南枝和陶汉军主编出版了《旅游经济学》，1990年黄辉实和张汝昌分别主编出版了《旅游经济学》，1994年罗明义主编出版了《现代旅游经济》，推进了中国旅游经济学教材的建设和发展。特别是1987年著名经济学家孙尚清主持了"中国旅游发展战略研究"的重大研究课题，提出了中国旅游业要"适度超前发展"的观点，把中国旅游经济的研究从理论推向实践。1993年，云南大学旅游系主持了"云南旅游产业发展战略研究"，率先提出把旅游业作为经济支柱产业来培育和建设，进一步推动了区域旅游经济的研究和发展。90年代中期以后，中国旅游经济的研究进入高潮，各种旅游经济学著作和论文如雨后春笋般不断问世，为迅速发展的旅游教育和研究提供了丰富的参考资料，也为旅游经济学教材的完善提供了理论指导和实践参考，推动了旅游经济学的成熟和发展。

二、旅游经济学的性质与特点

旅游经济学作为经济学的一个分支，是以经济学的一般理论为指导，探讨旅游经济活动中各种经济现象、经济关系和经济规律的学科。因此，旅游经济学具有自身的学科性质和特点。

1. 旅游经济学是一门以应用为主的学科

旅游经济学与经济学之间既有联系又有区别。经济学是研究人类社会发展各个阶段中的各种经济现象和经济规律的学科，是从生产、交换、消费和分配等诸环节来揭示整个社会经济发展的一般规律，属于理论经济学的范畴。旅游经济学是以经济学的一般理论为指导，专门探讨旅游经济活动中的特有现象，揭示旅游经济发展的规律性及其作用的范围、条件及其表现形式，以此来指导区域旅游经济发展的学科。因此，旅游经济学具有较强的应用性，属于应用经济学的范畴。

2. 旅游经济学从本质上属于产业经济学

产业经济学是针对某一部门或领域的经济活动进行研究的学科，旨在揭示该部门或领域的经济运行规律及其外在表现形式。旅游经济学研究旅游产业发展过程中发生的各种经济现象、特殊矛盾及经济规律，是一种较为典型的产业经济学。旅游经济学通常运用产业经济学的一般原理来阐释旅游经济活动及其现象，揭示旅游经济发展规律，进而推动区域旅游产业持续、健康发展。

3. 旅游经济学是一门专业基础学科

旅游经济学是旅游管理专业的基础学科，但又不同于旅游学和旅游管理学。旅游学是研究旅游活动的产生、发展及运行规律的科学，目的在于揭示旅游活动的内在性质、特点及发展趋势。而旅游经济学则是在旅游学理论指导下，揭示旅游活动在经济领域发生的矛盾运动，以及经济关系的发展规律等。旅游管理学则是在旅游经济学的指导下，研究旅游经济活动的合理组织和科学管理，以提高旅游经济运行的效率和效益。因此，旅游经济学是旅游学指导下的旅游管理专业基础学科。

4. 旅游经济学是一门新兴的边缘学科

旅游经济学已成为一门独立的学科，具有区别于其他学科的特点。但是，由于旅游经济活动的综合性特点，旅游经济学与其他学科相比，是一门新兴的边缘科学。因为研究旅游经济现象不仅要以经济学、旅游学的一般理论作为指导，还必须借助于各种学科的理论及研究成果来丰富其研究内容。例如，只有运用地理学、心理学、社会学、市场学和统计学等学科的理论与方法，来综合考察旅游经济活动，才能更为深刻地认识旅游经济规律及其形成机制，更好地掌握旅游经济学的理论与方法。

案例链接

香港导游辱骂游客案

1. 案由

2010 年 1 月，安徽省宣城市某电器公司开展有奖促销活动，获奖顾客可获得"港澳双卧六日游"大奖。电器公司委托宣城 A 旅行社承办此项旅游活动，A 旅行社与同样没有经营出境游资质的宣城 B 旅行社合作，其后 B 旅行社又与深圳 C 旅行社签订了赴港澳游的委托协议。参加"港澳双卧六日游"的游客与 B 旅行社签订了出境旅游合同。2010 年 3 月 24 日，51 人的港澳旅游团从安徽出发，香港接待社为 D 旅行社。该团在香港旅游期间，香港接待社所派导游李巧珍多次胁迫游客购物，并对游客进行人身侮辱。该团游客将导游李巧珍在旅游大巴上谩骂游客的言行暗录下来，回内地后将视频传至互联网上，引起社会广泛关注。网友戏称导游为"恶女阿珍"。

2. 处理

国家旅游局要求安徽省旅游局和广东省旅游局认真调查，严肃处理。安徽省旅游局指导、支持宣城市旅游局对本案涉及的 A 旅行社和 B 旅行社进行调查处理。A 旅行社和 B 旅行社均无出境游业务经营权，其行为违反了《旅行社条例》第四十六条第一项规定，即未取得相应的旅行社业务经营许可经营出境旅游业务。B 旅行社辩称，其与有出境游业务经营权的 C 旅行社有委托协议。经查，B 旅行社与 C 旅行社之间的委托协议不符合有关出境游委托招徕游客的规定。宣城市旅游局依据此项规定，责令 A 旅行社改正，没收其违法所得 1960 元，并处 10 万元罚款；责令 B 旅行社改正，并处 10 万元罚款。

国家旅游局致函广东省旅游局，要求其调查 C 旅行社是否有零负费用、低于成本经营等违法违规行为。广东省旅游局与深圳市文体旅游局通过调查，认为该旅行社将旅行社业务委托给不具有相应资质的 B 旅行社，违反了《旅行社条例》第五十五条第四项的规定，决定对其罚款 5 万元。

香港旅游业议会对本案涉及的香港旅行社和导游进行了查处。该会认定导游李巧珍违反了《导游作业守则》的相关规定,严重损害了香港旅游业的形象和声誉,施以暂停导游证 6 个月的处罚,其后如果再次违反有关规例,将永久吊销导游证;对指派她接待旅游团的 D 旅行社处以 4.75 万港元罚款。

(资料来源:http://www.chinaews.com/fz/2011/04-11/2964382_2.sthml)

讨论:
1. 国家旅游局对该事件的处罚合理吗?试说明理由。
2. "零负团费"为何屡禁不止?

三、旅游经济学的研究内容与方法

1. 旅游经济学的主要研究内容

旅游经济学的研究目的,是通过对旅游经济活动过程中各种经济现象和经济规律的探索性研究,来揭示影响与作用于旅游经济活动的基本因素和经济关系,分析支配旅游经济活动运行的内在作用机制及其作用规律,寻求获取旅游效益的最佳途径,并为政府制定旅游发展方针、政策和规划提供理论依据[①]。因此,旅游经济学的研究内容首先要从总体上揭示旅游活动的商品化过程和客观规律性,分析旅游经济的形成基础和条件,然后在此基础上展开旅游经济学的研究内容。具体来讲,旅游经济学的研究内容主要包括以下几个方面。

1) 研究旅游产品和服务

旅游活动以旅游产品的需求和供给为出发点,但由于旅游产品具有不同于其他服务产品和物质产品的属性和特点,因此旅游经济学首先必须研究旅游活动的商品化过程和客观规律性,研究旅游产品的科学含义及构成,分析旅游产品的特征和类型。其次,要掌握现代旅游产品的发展特点和趋势,并围绕旅游产品的核心——旅游服务,研究旅游服务的特征和主要内容,以及从国际旅游角度掌握旅游服务贸易的形式和内容等。

2) 研究旅游需求及消费

旅游需求及消费,是指旅游者对旅游产品的需求和消费。旅游产品的特殊性决定了旅游者对旅游产品的需求和消费具有不同于其他商品的特点。因此,旅游经济学既要从需求角度研究旅游者行为特征,旅游需求的产生、特点和规律性,又要从消费角度研究旅游者消费行为、消费模式、消费结构和消费决策等,以探寻旅游者消费的合理化途径,努力实现旅游者消费的最大满足。

3) 研究旅游生产及供给

旅游生产及供给,是指旅游经营者为满足旅游者需求,而对旅游产品的开发(生产)和供给,旅游产品的特殊性决定了旅游产品的开发和供给具有不同于其他物质产品生产和供给的特点。因此,旅游经济学既要从经济角度研究旅游供给的特点、影响因素和客观规律,又要从生产角度,根据旅游市场供求状况及影响因素,研究旅游产品开发和旅游产品体系的建设,以及提高旅游服务质量的途径等。

[①] 罗明义. 论旅游经济学的研究对象和内容[J]. 旅游研究,2009(2):8-12.

4）研究旅游价格及供求平衡

旅游需求和旅游供给的不平衡，是贯穿整个旅游经济运行过程（即旅游产品的生产、交换、分配和消费过程）的主要矛盾，其决定了旅游经济运行中的其他一切矛盾。因此，要运用经济学理论和分析研究方法，结合旅游经济运行的实际和特点，在旅游供求研究的基础上，分析影响旅游供求平衡的各种因素和实现旅游供求平衡的条件，特别是通过对旅游价格这一决定因素的分析，进一步揭示旅游供求弹性、旅游供求短期平衡和长期平衡的内在机制和规律性等。

5）研究旅游市场及竞争

旅游市场是旅游经济运行的核心和条件，因为旅游产品的交换离不开旅游市场，而旅游供求的短期平衡和长期平衡也离不开市场机制的作用。因此，必须重视对旅游市场的研究，掌握不同类型旅游市场的特点及竞争态势，分析旅游市场竞争规律和影响因素，分析旅游市场机制作用和条件，并根据不同旅游市场竞争结构和特点，作出正确的旅游经济决策和采取合适的旅游市场开拓策略等。

6）研究旅游经济运行与调控

旅游活动不仅涉及微观旅游主体的经济行为和决策，还涉及整个宏观旅游经济的运行和调控。因此，旅游经济学既要研究微观旅游经济主体的决策行为，不断提高旅游供给和旅游服务的质量和水平，也要对总体旅游经济的运行进行分析和研究，把握旅游经济运行和增长的状况和特点，分析影响旅游经济运行的因素和条件，适时对旅游经济运行进行宏观调控，唯其如此，才能有效促进旅游经济的增长与发展。

7）研究旅游经济核算与效益

追求旅游经济效益，既是旅游经营者从事旅游经营活动的主要目标，也是旅游目的地国家或地区发展旅游经济的基本出发点。因此，旅游经济学既要研究旅游收入的形成及影响因素、旅游收入的分配与再分配、旅游经营成本及降低成本的途径等，也要研究旅游投资对旅游经济增长与发展的作用，以及提高旅游投资效益的主要方法，并通过旅游经济核算和旅游经济效益指标体系对宏微观旅游经济效益进行评价和分析，探寻提高旅游经济效益的途径和措施。

8）研究旅游经济结构及发展

旅游经济学不仅研究旅游经济现象及其运行机制，还要研究旅游经济活动中的各种经济关系，因为它们对旅游经济的发展会从不同方面产生影响。因此，旅游经济学既要研究旅游产品结构、产业结构、地区结构、体制结构等，以促进旅游经济结构的优化，还要研究旅游经济增长与发展的关系，研究旅游开发与资源、环境保护的关系，探寻转变旅游经济发展方式，促进旅游经济可持续发展的最佳途径，以及促进旅游经济增长与发展的政策措施等。

2. 旅游经济学的研究方法

旅游经济学是一门新兴的学科，也是一门相对独立的学科，其研究内容较为广泛，涉及多门学科，其研究方法既有适用于旅游经济学研究的特殊方法，也有适用于各门学科的一般研究方法。旅游经济学需要选用科学的研究方法来进行探讨，使其能对实际工作具有指导意义。辩证唯物主义和历史唯物主义是研究任何学科都必须遵守的根本指导思想和方法，也是旅游经济学研究必须遵循的指导思想和方法。具体来看，在旅游经济学的研究中，一般宜采用历史分析与抽象逻辑相结合、实证分析与规范分析相结合、定性分析与定量分析相结合和结构主义分析等多种研究方法。

1）历史分析与抽象逻辑相结合的方法

旅游经济活动的内在规律及其运行规则在很大程度上反映在社会发展史或旅游发展史中，因而将历史分析与抽象逻辑相结合来探讨旅游经济现象是一种主要研究方法。旅游者的移动及其参与的旅游活动，一直是人类社会发展的历史现象，在人类社会进入工业化社会并向高度工业化阶段迈进的进程中，旅游的性质及特点也在不断发生变化。因此，要全面研究和揭示旅游经济现象，就需要运用历史分析的方法，在运动和发展中把握其本质。当然，历史分析的研究方法并不是单纯地对旅游经济发展的各个历史事件进行观察或者描述，更多的是在此基础上进行理论的探索或抽象的概括，因此运用高度的抽象思维就显得尤为重要。社会科学不同于一般的自然科学，对旅游经济现象的研究无法通过实验来进行科学论证，特别是对旅游经济现象的内在联系及其规律，只能通过抽象的思维来认识。因此，历史分析必须与抽象逻辑相结合，才能从理论上把握旅游经济现象的实质。

2）实证分析与规范分析相结合的方法

实证分析是经济学研究的基本方法，也是旅游经济学的基本研究方法。实证分析主要探讨经济现象"是什么"，即单纯考虑经济活动的实际运作而不考虑运作效果的好坏。规范分析主要探讨经济活动"应该怎么样"，如人们之所以用是否公平有效、有没有改善效率等来判断旅游经济活动中旅游企业之间的竞争，是因为通常认为公平、有效、能够促进效率改善的竞争才是良性竞争。在旅游经济研究中，逻辑的推理固然重要，但是由于没有来自实践的支撑，这样的推理和研究往往失去了理论意义。例如，对于旅游饭店之间的恶性低价竞争，都知道是不好的，竞争应该是公平且有效的，但是只认识到这一点还不够，还需要分析这些恶性竞争的旅游企业的具体情况，它们的成本结构是怎样的，它们的发展战略是怎样的，等等。只有对这些"是什么"的问题搞清楚了，规范分析才有实际意义。因此，旅游经济学研究需要将实证分析和规范分析相结合来进行探讨。

3）定性分析与定量分析相结合的方法

旅游经济是一个复杂的系统，衡量旅游经济效应、优化旅游系统效应、预测旅游需求等都需要将影响旅游经济的各个变量尽可能地模型化，用数学语言来表述系统中各个变量之间的关系，通过数学计算来发现系统的规律。但是在做定量研究的时候不能为了定量分析而定量分析，准确地选择变量对定量研究结果的实践指导也具有决定性的作用。当然，仅仅有定量分析是不够的，因为模型无论怎样完善，也总难以全面完美地展现经济现象中的变量。所以，在旅游经济研究中同样离不开定性分析，而且在复杂的系统中，定性分析可能比定量分析更能够得到有益的思想和结论。这也是那些没有高深的理论知识但有旅游经营管理经验的人，甚至比那些拥有高深的理论知识但缺乏旅游经营管理经验的人能得出更有指导意义的结论的原因之一。因此，在旅游经济学研究中，需要将定性分析和定量分析相结合来探讨旅游经济现象，才能全面地分析其本质。

4）结构主义分析方法

结构主义分析方法与系统动力学的基本观点一致，系统动力学认为系统的行为是由系统的结构决定的。旅游活动的整体消费空间位移所引发的关联消费及旅游相关供给能力的空间固定性使旅游经济分析中的结构分析显得尤为重要,因为在旅游相关供给能力空间固定的情况下,总量的均衡是没有特别的意义的。既然消费是整体空间位移的,那么供给也应该是整体协调的,任何一方突进或落后都会影响供给商的价值实现;而且哑铃形旅游经济的两端都是由旅游及其相关的供给商构成的,表现为经济的"群簇"性,而且"群簇"中的各个组成部分之间差异明显,因而这种"群簇"性的特点必然要求在对旅游经济分析时采取结构主义分析方法,只有进行结构分析,才能把握旅游经济现象背后的本质。

知识拓展

旅游研究的基本方法举例

一般来说,人们可以通过各种方法接触和研究旅游,但是就其研究方法而言,以下研究方法是旅游研究的基本方法。

1. 机构方法

旅游研究的机构方法注重对执行旅游活动的各种媒介和机构,诸如旅行社这样的机构进行研究。这种方法要求对组织进行调查,具体表现为对旅行代理机构的经营方法、存在的问题、成本费用、经济地位进行调查,对航空公司的采购服务部门、汽车租赁公司、旅游饭店等机构进行调查。这种方法能够获得及时、有效和真实的旅游数据。例如,美国人口统计局每 5 年对精选的几个部门进行一次调查,这些部门包括旅行代理机构和饭店,该调查为美国人口统计局提供了翔实的数据资料。

2. 产品方法

产品方法是指对各种旅游产品的生产、销售、消费方式及产品本身进行研究的方法。例如,从产品设计、销售、资金来源、宣传方法等方面来研究航空公司的座位情况。同样,用类似的方法来研究汽车租赁、餐饮、客房等能够反映行业全貌的其他旅游产品和服务项目。

3. 历史方法

历史方法使用范围不广,是从时间的角度对旅游活动和旅游机构进行分析,寻找革新、发展或衰落及兴趣变化的原因。这种方法适用于旅游的长期发展趋势和规律的对比研究。

4. 管理方法

管理方法是以公司为出发点,重点考查经营一个旅游企业所需的管理活动,如规划、研究、定价、控制等,来研究旅游的方法。它运用从其他学科获得的洞察力,因而被普遍采用。由于旅游产品、机构、社会都在变化,这意味着管理目标和方法也必须随之变化,只有这样,才能适应未来的旅游环境。

5. 经济方法

由于旅游对国内外经济具有同等重要性,许多经济学家对此进行了细致的研究。他们着重研究供给、需求、国际收支、外汇、就业、消费、发展、乘数和其他经济要素。这种方法对分析旅游及旅游对国民经济发展所做的贡献提供了框架。经济方法也有其不利的一面：虽然旅游是一种重要的经济现象，但它同时也能产生非经济方面的影响。经济方法通常对环境、文化、心理、社会问题和人文等没有给予足够的重视。《旅游经济》是用经济方法来研究旅游的代表性刊物。

6. 社会学方法

旅游通常是一种社会活动，因此引起了社会学家的重视，他们注重研究个人和群体的旅游行为以及旅游对社会的影响。社会学方法研究社会阶层、习惯、主人与客人的习俗。休闲社会学是一门相对不完善的学科，但它将会迅速发展并得到更广泛的运用。随着旅游对社会产生的巨大影响，人们将越来越多地从社会的角度研究它。社会学方法的主要代表作有《旅游：休闲阶层的一门新理论》，作者迪安麦克·康内尔，1976 年由纽约 Schocken Books 出版社出版。耶路撒冷希伯来大学的埃里克·科恩在这个方面也做出了许多贡献。还有英国路顿大学的格雷厄姆也是旅游社会学的文献撰稿人。

7. 地理方法

地理是一门非常广泛的学科，地理学家理应对旅游及其空间方面产生兴趣，他们专门研究位置、环境、气候、自然风光及经济。通过研究旅游，可以阐明旅游区的最佳位置，解释什么样的旅游地点能够吸引人们去游览，指出随着旅游设施、旅游开发的扩散，对大自然的规划以及经济、社会和文化问题等旅游因素给自然风景带来的变化。由于旅游在许多方面涉及地理，地理学家对这个领域的研究比其他学科的学者更彻底。他们的研究内容包罗万象，包括土地使用、经济问题、人口问题和文化问题等。娱乐地理学是地理学家研究这个专业时普遍使用的课程名称。由于旅游、休闲和娱乐之间有密切的关系，有必要搜集含有这类名字的作品，发现它对不同领域的贡献。对《休闲研究杂志》和《休闲科学》的问世，地理学家功不可没。1999 年出版的另一份刊物——《旅游地理》是一本论坛性杂志，它从地理的角度对旅游及与旅游相关的娱乐休闲领域进行了研究，并进行讨论。

8. 跨学科方法

旅游涉及社会的方方面面。文化旅游和传统旅游要求使用人文的方法。由于人们的行为方式不同，旅游的原因也不同，所以有必要运用心理学方法确定促销旅游产品的最佳方案。游客需要政府发给护照和签证方可穿越国界，而大多数国家的旅游发展部门属于政府管辖的机构，因此政治机构的参与要求运用政治学方法。任何行业一旦成为经济巨头，就会影响很多人的生活，它不仅会引起社会学家、地理学家、经济学家和人文学家的重视，还会引起立法机构的重视。立法机构为旅游业制定法律和法规，创造法律环境，因此产生了法律方法。交通具有重要性，这表明乘客运输也可作为一种方法。总而言之，旅游的范围如此广大、复杂、包罗万象，人们有必要运用多种方法来研究该领域，不同的方法适用于不同目的的旅游研究。《旅游研究年鉴》就是一本跨学科性的社会科学杂志的典型代表。

9. 系统方法

系统方法是研究旅游所必需的方法。系统就是相互关联、相互协调、有组织地完成一系列目标的群体。系统方法将其他方法融为一体,形成一个综合的方法来处理微观和宏观问题。我们通过系统方法来研究旅游公司的竞争环境,揭示它与其他机构、消费者的联系及其相互间的作用。此外,系统方法还可以运用宏观观点来研究一个国家、一个地区乃至一个大洲的整个旅游系统,并分析其内部运行情况和与其他系统的关系,诸如与法律、政治、经济和社会系统之间的关系等。

知 识 归 纳

世界经济经历了4个阶段,每个阶段各有其特征。旅游经济属于世界经济的一部分,需要结合经济发展阶段的特点发展旅游经济。伴随着世界经济的发展,经济学也不断发展,形成了不同的学派,这些学派体现了一定的时代特征。经济学研究的思路是旅游经济学理论研究的重要来源。旅游经济学有其自身的特点,因此,有必要根据这些特点选择恰当的研究内容和研究方法。

案 例 分 析

旅游业成经济增长领跑者

旅游业如今作为第三产业的龙头,作为与第一、第二产业快速融合的现代服务业,对经济和就业贡献率双双达到10%左右。旅游业正从经济建设的边缘走向经济建设的主战场,成为稳增长、调结构、惠民生的重要产业。目前,几乎所有的省、自治区、直辖市都将旅游业列入战略性支柱产业,85%以上的城市、80%以上的区县将旅游业定位为支柱产业。

旅游业已成为综合性的大产业,其关联行业超过110个,对住宿业的贡献率超过90%,对民航和铁路客运业的贡献率超过80%,对文化娱乐业的贡献率超过50%,对餐饮业和商业的贡献率超过40%。

乡村旅游是促进城乡一体化发展的有效途径。2014年,全国有"农家乐"超过190万家、乡村旅游特色村10万个,乡村旅游营业收入达3 200亿元,同比增长15%,超过3 300万农民受益。

国家旅游局预计,"十三五"期间,全国旅游总收入年均增长14%左右。到2020年,境内旅游总消费将由2014年的3.25万亿元达到5.5万亿元,城乡居民年人均出游由2014年的2.6次增加到5次。旅游发展带动约1 200万的贫困人口实现脱贫。旅游业增加值占GDP的比重超过10%。到2020年,中国从初步小康型旅游大国迈入全面小康型旅游大国,达到中等发达国家水平,旅游业在规模、质量、效益上均达到世界旅游大国水平。

旅游产业的转型升级是未来发展的关键。"十三五"期间,旅游发展将突破传统产业的限制,与地产、金融、养老、文化、农业、高科技、教育、创客等多种业态融合在一起,形成一个庞大的旅游产业综合体，充分发挥旅游产品的增值效应。预计，每年单体旅游大项目投资将超过 3 000 亿元，其中将产生一批世界级的旅游品牌，国家公园建设将成为显著亮点。

旅游业将主动融入国家战略，发挥综合产业优势。预计"十三五"期间，中国将为"一带一路"沿线国家输送 1.5 亿人次的游客和 2 000 亿美元的旅游消费，同时将吸引沿线国家 8 500 万游客来华旅游，拉动旅游消费约 1 100 亿美元。

（资料来源：http://news.ifeng.com/a/20151026/45999490_0.shtml）

思考：根据案例分析旅游业对国民经济的作用。

复习思考题

1. 工业革命给旅游经济活动带来了什么影响？
2. 说明旅游业对国民经济发展的作用和贡献。
3. 举例说明你所了解的旅游经济现象。
4. 如何用经济学思维来分析旅游经济现象？
5. 为什么说旅游经济学从本质上属于产业经济学的范畴？
6. 旅游经济学的研究对象是什么？

第二章 旅游产品

学习目标

1. 掌握旅游产品的概念、经济属性和特征；
2. 掌握旅游产品的一般构成、需求构成、供给构成；
3. 熟悉旅游产品的构成关系；
4. 掌握旅游产品的类型；
5. 掌握旅游产品的开发原则、开发内容和开发策略；
6. 掌握旅游产品生命周期的阶段；
7. 了解旅游产品生命周期的变异；
8. 掌握延长旅游产品生命周期的经营策略。

第一节 旅游产品的概念与特征

现代旅游活动之所以具有经济性，是因为旅游需求者和旅游供给者要交换旅游产品。因此，旅游产品是旅游经济活动的核心，是研究旅游经济活动的起点。研究旅游经济活动必须先了解旅游产品的概念和特征。

一、旅游产品的概念

旅游产品是指旅游者向旅游经营者购买的、旅游活动中消费的各种实物和服务的总和。由于现代旅游活动是一种综合性的社会经济和文化活动，因此要求旅游产品也应该是丰富多样的，这样才能更好地满足旅游者的需求。旅游产品内容丰富多样，需要我们从不同的角度来全面、准确地掌握旅游产品的概念。

1. 从旅游市场角度定义

从旅游市场的角度来看，旅游产品指的是旅游者和旅游经营者在市场上进行交换的并在旅游活动中消费的各种实物和服务的总和。根据旅游者和旅游经营者在旅游市场中的交换情况，旅游产品可分为以下几类：

1）单项旅游产品

单项旅游产品主要指旅游者在旅游活动中所购买和消费的与住宿、餐饮、交通、游览、娱乐、购物等某一方面相关的实物或服务内容。如旅游者享用一顿美餐、订购一间客房、游览某一旅游景点等活动都属于单项旅游产品。由于单项旅游产品通常只能满足旅游者某一方面的旅游需求，因此购买单项旅游产品的通常是散客和自助旅游者。

2）组合旅游产品

组合旅游产品主要指旅游经营者根据旅游者的需求，把食、住、行、游、购、娱等多种要素组合而成的旅游产品，又称为旅游线路产品。组合旅游产品大多数是由旅游开发商按照旅游需求和活动规律与特点进行设计和开发的，根据不同旅游目的地旅游资源和接待设施条件，把各种单项旅游产品有机组合而成，以便更好地满足旅游者多方面的旅游需求。

3）整体旅游产品

整体旅游产品主要指旅游活动中，某一旅游目的地能够提供并满足旅游者需求的全部实物和服务的总和，又称为旅游目的地产品，包括若干个单项旅游产品和若干个组合旅游产品，能够有效地满足旅游者的多样性旅游需求。

由此可见，旅游产品是一种特殊的产品，它既不同于工业和农业生产的物质产品，也不同于一般服务行业所提供的纯服务性产品。因此，团队旅游者大多数购买由旅行社安排的组合旅游产品或整体旅游产品；而散客、自助旅游者或团队中的个别旅游者，则根据自己的特殊需要购买单项旅游产品。

2. 从旅游需求角度定义

从旅游需求的角度来看，旅游产品是指旅游者花费一定的时间、精力和费用获得的一段旅游经历体验和感受。这种经历体验和感受包括旅游者从离开居住地开始，到达旅游目的地旅游，直到旅游结束又回到居住地的全部过程中的经历体验和感受。

随着旅游的发展，人们的旅游需求在不断变化，旅游产品呈现出动态变化的特点。旅游产品的这种动态性，一方面体现了旅游产品满足旅游者需求的适应性，即旅游产品只有在内容、组合结构、服务质量上存在一定的差异性，才能满足旅游者不断变化的旅游需求；另一方面，这种动态性也增加了旅游产品质量管理的难度，要求构成组合旅游产品或整体旅游产品的各种单项旅游产品和服务，能在质量和结构上相配套，这样才能保证整个旅游活动过程中各个环节的衔接和配合，使旅游者能获得愉快的旅游经历和良好的游后感受。

3. 从旅游供给角度定义

从旅游供给的角度来看，旅游产品是指旅游经营者凭借一定的旅游资源、旅游设施和其他媒介，向旅游者提供的满足其需求的各种实物和劳务的总和。

从供给方面来看，旅游产品最终主要表现为活劳动的消耗，即旅游服务的提供。旅游服务与一般商业性服务的最大区别在于旅游服务是一种无形服务与有形物质结合在一起的综合性服务。一方面，旅游服务的使用价值不是以物的形式来体现其效用，而是通过旅游产业员工提供的劳务来发挥其有用性；另一方面，旅游服务的提供又必须借助于一定的有形物质才能实现其效用，如旅游资源、旅游设施和其他条件等。所以，旅游产品是一种实物和劳务相结合的特殊产品。

知识拓展

"十三五"规划开局之年海南将重点打造六大旅游产品

2016年,海南将充分结合各项资源优势,侧重产品组合,精心包装和推出一批特色旅游产品,针对目标市场重点推出以下几类产品。

(1)海洋旅游。海南滨海度假设施全国领先,是我国高档度假酒店最为集中的地区之一,未来还将按照"两核四区"总体格局,高水平建设秀英港、金沙湾、半山半岛、凤凰岛等14个帆船、游艇码头和帆船、游艇旅游俱乐部,形成互联互通的环海南岛游艇休闲旅游线路。在相当长的一段时间,海洋旅游仍是海南省主打产品,要对相关产品深入包装,不断提高产品品质。

(2)康养旅游。海南生态环境指标全国领先,近年随着一批国内先进水平的医疗机构进驻海南,尤其是2013年2月28日,海南博鳌乐城国际医疗旅游先行区获国务院批复,获得了允许境外资本在先行区内举办医疗机构等9项政策支持,为海南发展康养旅游注入了新活力。未来,海口、三亚中医医疗旅游示范基地建设将不断加快,中医按摩、温泉SPA等深受游客喜爱的康养产品不断升级,海南的康养旅游产业日趋成熟。

(3)会展旅游。近年来,海南会议和展会旅游已经成为旅游业发展的重要组成部分。海南已经成功举办了16届博鳌亚洲论坛年会、世界旅游旅行大会等多项国际重要会议。酒店、会场设施和会务服务大都达到举办国际会议的水平,2016年,海南省旅游委将加大推广力度,在国内外举办多场会展旅游专项促销活动。

(4)乡村旅游。乡村旅游近年成为海南旅游一大亮点。海南成立了海南省乡村旅游发展联盟,举办了海南乡村旅游文化节,全省乡村旅游资源点共有440个,遍布18个市县,旨在向中外游客展现海南乡村游的巨大魅力。2016年在全域旅游概念下,活动的范围更大,规格也更高,海南省旅游委将积极研究推出一批新的旅游线路和产品。

(5)文体旅游。海南有着丰富的民族民俗文化资源,每年举办多项国际性的文体赛事,省旅游委将不断加大宣传力度,将原来一年一度编印的《海南旅游会展活动信息指南》变成季刊,并设立微信公众号,多途径收集报送信息,扩大活动宣传力度。

(6)婚庆蜜月旅游。在2013年和2014年连续举办"爱你一生"和"爱你一世"大型推广活动后,海南婚庆旅游快速发展,市场基础日渐雄厚。2014年年底在世界范围举办的"我梦想的海岛婚礼"海选活动,更是把海南婚庆旅游推入国际视野。2016年的重点工作:一是要筹划成立海南婚庆旅游联盟,发出业界声音;二是要在三亚连续成功举办"天涯海角国际婚礼节"和"三亚婚庆旅游目的地博览会"的基础上,筹划举办全省性的婚庆博览会,把海南婚庆目的地品牌形象推向新的高度。

(资料来源:https://sanwen8.cn/P/z1dzUIB.html)

二、旅游产品的经济属性

马克思的劳动价值论认为:商品是在劳动过程中形成的能满足人们的某种需求,并能够用于市场交换的劳动产品,商品具有使用价值和价值。旅游产品之所以能成为商品,也是因为它和其他产品一样,具有一般商品所具有的基本属性,是使用价值与价值的统一。

1. 旅游产品的使用价值

使用价值是商品的自然属性,是指其能满足人们在物质或者精神方面的某种需求。旅游产品的使用价值除了具备这种属性外,还具有区别于其他产品的特殊性质。这种特殊性质具体表现在以下几个方面。

1)使用价值的多效用性

通常,一般物质产品的使用价值只能满足人们某一方面或局部的需要,而旅游产品,尤其是组合旅游产品的使用价值则能满足旅游者物质生活和精神生活的多种需要,从提供食、住、行等基本的物质生活需要,到满足人们更高层次的游、购、娱等精神生活的需要。

2)使用价值的多功能性

一个完整的旅游产品应根据旅游者的需要、旅游产品的成本及旅游市场的供求状况等,制定出高、中、低等若干档次的产品规格及相应的价目表,无论是哪一规格档次和价格的旅游产品,其使用价值都必须是综合性的,并能满足不同消费层次的旅游者的需求。

3)使用价值的多样性

在旅游产品的使用价值构成中,既有旅游产品使用价值中必不可少的基本部分,如食、住、行、游、购、娱等内容,又有旅游产品使用价值中或有或无的附属部分,如旅游者在旅途中突发疾病,旅游经营者应及时联系医护人员并提供相应服务等,虽然这种服务不属于旅游产品使用价值的基本部分,但其属于附属部分,一旦发生,旅游经营者也要义不容辞地提供。

2. 旅游产品的价值

价值是商品的社会属性,是凝结在商品中的无差别的一般人类劳动。旅游产品的价值和其他任何产品的价值一样,都是无差别的人类的一般劳动,是旅游产品所凭借的实物劳动产品的价值和服务所创造价值的总和,其价值由以下3个部分组成。

1)转移价值

转移价值(c),是指旅游经营者向旅游者提供旅游服务时,所凭借的各种服务设施和设备的折旧,提供餐饮、住宿、娱乐等旅游活动所耗费的各种原材料、辅助材料等,它们是旅游行业劳动者过去所创造价值的转移,属于社会总产品中不变部分的转移。

2)补偿价值

补偿价值(v),是指劳动者所创造的新增价值的一部分,即用于补偿旅游经营者和服务人员劳动支出的工资与福利,是由旅游从业人员创造的,用以维持劳动力再生产所消耗的物质资料的价值,其形成旅游产品价值中的变动成分,是社会总产品中满足劳动者需求的个人消费品。

3)剩余价值

剩余价值(m),是指旅游从业人员超过社会必要劳动时间,而为社会创造的新增价值部分,是满足社会扩大再生产及其他公共消费需求,并以积累基金和社会消费基金等形式所表现出来的社会总产品中的公共必要产品。

综上所述,旅游产品的价值由转移价值、补偿价值和剩余价值所组成($c+v+m$),其中$v+m$

是旅游产品的新增价值,共同构成社会必要产品,是旅游经济运行的核心,也是旅游业对社会经济作出的贡献。

3. 旅游产品价值量的确定

从旅游产品的价值决定和价格形成的角度来看,旅游产品价值量的确定具有不同于其他产品的特殊性,主要表现在以下几个方面。

1)旅游产品价值量的确定以质量为标准

旅游服务是旅游产品的核心,旅游服务质量的好坏直接影响旅游产品价值的实现。在服务设施和服务条件相同的情况下,高质量的旅游服务反映旅游产品的质量好、价值大;低质量的旅游服务反映旅游产品的质量差、价值小;旅游服务质量的优劣主要与从业人员的文化素质、业务能力、职业道德水平密切相关,而与劳动量投入的多少无直接关系。因此,只有提供高质量的旅游服务,才能保证旅游产品价值的有效实现。

2)旅游产品价值量的确定具有一定的垄断性

旅游资源是旅游产品构成的重要内容。旅游资源的种类和特色,决定了在价值量的确定上存在较大差异。例如,人文景观中的历史文物古迹,除了是前人劳动的结晶外,历代人们的维修保养也付出了大量劳动,它们的价值难以估量,从而使这些旅游资源具有无法替代的历史价值,这种价值不能以消耗多少劳动量去衡量,因而这种价值的不可估量性反映在旅游价格上即为垄断性。此外,某些自然旅游资源由于其特殊的价值和唯一性,使其价值量也不能以劳动量消耗多少来估量。因此,某些旅游产品的价值量具有一定的垄断性,由此形成了某些旅游产品的垄断价格。

3)旅游产品价值量随旅游产品组合而变化

旅游产品中的旅游设施同市场上的其他物质产品一样,其价值也是由凝结于其中的社会必要劳动量来决定的。但是,由于这些设施受旅游经济活动的特点影响,所以在旅游产品的组合过程中其价值量也会发生变化,从而产生新的附加值。例如,同样的西餐厅,放进五星级宾馆内,其提供的使用价值没有变化,但旅游者在旅游活动过程中享受这些设施的环境条件和服务内容要比先前优越很多,促使价值量增加。

三、旅游产品的特征

旅游产品是能够满足旅游活动多样需要的服务性产品。服务是一种行为,是一种可以被用来交换的无形产品,因此,旅游产品除了具有一般有形产品的基本属性——价值和使用价值外,还具有自身独有的特征。

1. 旅游产品的综合性

旅游产品的综合性首先表现在旅游产品的构成上。旅游产品由旅游资源、设施服务等多个部分组合而成,其中既有有形的部分也有无形的部分,既有物质产品又有精神产品,可以满足旅游者在食、住、行、游、购、娱等多方面的物质和精神需要。其次,旅游产品的综合性还表现在旅游产品的生产和经营涉及多个部门和行业,既有直接面向旅游者的旅行社业、饭店业、交通运输业和景区(点)业,也有间接面向旅游者的工业、农业、建筑业和纺织业、金融业、保险业等。

针对旅游产品的这一综合性特征，旅游经营者在组合旅游产品时必须全面规划、通盘考虑、综合安排，确保提供的旅游产品能够满足旅游者的整体需要。

2. 旅游产品的无形性

旅游产品是一种以服务为主的无形性产品。其无形性表现在以下两个方面：一方面，旅游产品的主体内容是旅游服务，旅游服务的使用价值必须是旅游者到达旅游目的地，并在旅游活动中享受到交通、住宿、餐饮和游览娱乐的服务时才能够体现出来。如果没有旅游者消费，则旅游产品的价值只是潜在的。另一方面，旅游产品的价值不是凝结在具体的实物上，而是凝结在无形的旅游服务过程中，只有在旅游者消费各种旅游服务时，旅游产品的价值才真正得以实现。旅游产品的这一特征表明，在基本相同的旅游基础设施条件下，旅游产品的生产及供应可以通过服务体现出很大的差异性。

因此，旅游产品的深层开发和对市场需求的满足较多地依赖无形产品的开发，也就是不断提高旅游服务的质量和水平。

3. 旅游产品生产、交换与消费的同一性

旅游产品具有生产、交换与消费的高度同一性，主要表现在以下两个方面：一是空间上同时并存。旅游产品是以服务为主要内容的产品，旅游产品的生产表现为旅游服务的提供。只有旅游者到达旅游目的地，旅游服务的提供才会发生，旅游产品才开始生产；也只有当旅游者接受旅游服务时，旅游消费才开始发生，生产和消费都在旅游目的地进行，不存在异地交换和异地消费问题。二是时间上同时进行。旅游产品的生产、交换与消费在时间上是同时发生、同时结束的。旅游者到达旅游目的地，旅游产品不断地生产出来，旅游消费也不断地发生，产品不需要也不能够进行储存。待旅游者离开旅游目的地后，旅游活动与旅游消费全部结束，旅游产品的生产也立即终止。这与一般物质产品总是首先经过生产过程的生产，然后进入流通领域进行消费，生产与消费处于先后出现的两个环节中显然是大不相同的。

4. 旅游产品的不可转移性

旅游产品与物质产品、一般服务产品的明显区别在于它的不可转移性。旅游产品的不可转移性表现在两个方面：一方面，旅游产品和服务所凭借的旅游资源和设施相对固定。旅游消费不是把旅游产品运送给旅游者消费，而是把旅游者输送到旅游目的地进行消费，即发生运动的是旅游者，而不是旅游产品。在客源地，即便人们看到、听到什么，发生流动的也只是旅游产品信息，而非旅游产品本身。另一方面，旅游产品在交换时，产品的所有权并不发生转移。其他物质产品的交换，产品被消费者购买后，其所有权便发生转移，转移到消费者手中，消费者可以随意将其带走；而旅游产品被购买后，旅游者拥有的只是对产品暂时的、特定时间和地点上的使用权，旅游产品的所有权在任何时候都属于旅游目的地和旅游经营企业。

旅游产品的这一特性要求旅游经营企业要在竞争中取胜，尽快实现旅游产品的价值，就必须拓宽旅游产品信息流通渠道，尽量缩短旅游产品的信息传递时间和销售周期。同时，由于旅游者只能购得旅游产品的暂时使用权，而不能对其长期拥有，这就要求旅游经营企业在旅游产品的服务质量方面，有比一般产品更高的标准。

5. 旅游产品的依赖性

旅游产品对于社会公共物品具有较强的依赖性。首先，旅游产品构成中的旅游吸引物，如自然景观和人文景观，它们大多属于公共物品，具有一定程度的消费非竞争性。其次，旅游产品构成中的基础设施，如机场、码头、车站等，它们的存在主要是为了服务社会各行各业，旅游产品在组合过程中可以将其暂时地、部分地加以利用，但不能忽视它们作为社会公共物品的属性。这些公共物品虽然不完全属于旅游产品，但是若没有它们提供的便利，旅游产品的生产和供给就会十分困难。因此，旅游产品对社会公共物品具有较强的依赖性。

6. 旅游产品的脆弱性

旅游产品容易受到很多因素的影响，造成波动，影响其价值和使用价值的实现。旅游产品的脆弱性主要与两个因素有关。

（1）旅游产品的内部因素。首先，旅游产品是综合性很强的产品，涉及食、住、游、娱等多个产品要素，这些产品要素或产品构成部分之间存在着一定的比例关系，一旦比例关系失调，就会导致旅游产品组合的失败，影响旅游产品功能的发挥。其次，旅游产品构成中的某些吸引物，特别是原始森林、野生动物等，它们本身有很强的时令性，会直接造成旅游产品销售的淡旺季，影响旅游产品价值的实现。

（2）旅游产品的外部因素。这涉及旅游客源地和旅游目的地的政治、经济、社会、自然环境等方面。例如，经济因素中的世界性经济危机、不利的汇率变动、贸易摩擦、通货膨胀，政治因素中的国际恐怖活动、军事冲突、战争，社会和自然环境因素中的地震、瘟疫、环境污染、社会治安恶化等，都会引起旅游需求的较大波动，对旅游产品的生产和销售造成困难。

第二节　旅游产品的构成

旅游产品包含的内容非常丰富和复杂，为方便对旅游产品做较为全面的了解，对旅游经济活动进行深入分析，有必要对旅游产品的构成进行分析。分析的角度可以是旅游产品的消费形式，也可以是旅游产品劳动的表现形式，本节将重点从市场营销、旅游需求和旅游供给角度分析旅游产品的构成。

一、旅游产品的一般构成

市场营销理论认为，任何产品都是由 3 个部分所组成的，即产品的核心部分、形式部分和延伸部分。核心部分是指产品满足消费者需求的基本效用和价值，是消费者购买和消费的主体部分；形式部分是指构成产品的实体和外形，包括产品的形状、式样、品牌、质量等，是保证产品的效用和价值得以实现的载体；延伸部分是随产品销售和使用而给消费者带来的方便性和附加利益，如包装装潢、售后服务等。根据对现代产品构成的分析，旅游产品的一般构成也分为 3 部分，即核心部分、形式部分和延伸部分。

1. 核心部分

旅游产品的核心部分涉及旅游资源和旅游服务，它们可以满足旅游者外出旅游的最主要需求，是旅游产品形成的基础和最具竞争力的部分。

旅游资源是指自然界和人类社会中凡是能对旅游者产生吸引力，可以为旅游业开发利用，并可以产生经济效益、社会效益和环境效益的各种事物和因素。它们可以是物质的，也可以是非物质的；可以是自然的，也可以是人文的。

旅游服务是旅游从业人员依托旅游资源和旅游接待设施向游客提供的各种服务。根据旅游经营活动阶段的不同，又可划分为售前服务、售中服务和售后服务三部分。售前服务即旅游活动前的准备性服务，包括旅游线路编排、旅游咨询、签证、货币兑换、保险服务等；售中服务是在旅游活动过程中向旅游者提供的食、住、行、游、购、娱及其他服务；售后服务是旅游者结束旅游后离开目的地时的服务，包括办理离境手续、送机、托运行李、旅客委托代办服务及旅游者返回以后的跟踪服务等。

2. 形式部分

旅游产品的形式部分主要与旅游产品的物质载体、形象、品牌、特色、声誉及组合方式有关。旅游产品的载体是以物化形式反映出来的实体部分，如反映典型传统文化特征的一个民族村寨、用于景区内部的特色交通工具及原始森林中的一个观鸟点等。这些载体既可以是各种旅游景区、景点，也可以是各种旅游接待设施和旅游购物品。

旅游产品的形象、品牌、特色和声誉是产品依托旅游资源、旅游设施而反映出来的外在价值，是激发旅游者旅游动机，引导和强化旅游消费行为的具体形式。不同的旅游产品，其旅游资源和旅游接待设施等方面的不同，会导致旅游产品品位、形象、特色、声誉的不同，产生产品差异性。

各种功能和类型互异的旅游产品有各自特殊的组合方式，但组合的目的都是要把产品要素有机地组织起来，形成不同的旅游线路和旅游活动，满足旅游者多样化和个性化的需求。因此，旅游产品的组合方式也是旅游产品的形式部分之一。

3. 延伸部分

旅游产品的延伸部分是指旅游者在购买和消费旅游产品时获得的各种优惠条件和其他附加利益。例如，团队游客在购买团体票时所得到的价格优惠，消费者乘坐游船观光所获赠的一件小礼品。延伸部分虽然不是旅游产品的主要构成部分，但是对旅游产品的生产和经营具有举足轻重的作用。由于旅游者购买的是整个旅游产品，在旅游产品的核心部分和形式部分存在较强替代性的情况下，延伸部分往往成为影响旅游者选择旅游产品的重要因素，是有效的竞争手段之一。因此，在旅游经济活动的分析和研究中，旅游经营企业要对旅游产品的延伸部分给予足够的重视。

二、旅游产品的需求构成

旅游产品是一种直接面向旅游者的最终消费品，从消费需求角度出发，可以从旅游者的需求程度和消费内容两方面来分析旅游产品的构成。

1. 按旅游者的需求程度分析

按旅游者的需求程度分析，旅游产品可分为基本旅游产品和非基本旅游产品。基本旅游产品是指旅游者在旅游活动中必须购买的，而且需求弹性较小的旅游产品，如住宿、饮食、交通等。非基本旅游产品是指旅游者在旅游活动中不一定购买的，而且需求弹性较大的旅游产品，如旅游购物、医疗保健服务、通信服务等。

基本旅游产品和非基本旅游产品的划分，有助于旅游经营者针对不同的旅游消费需求，提供不同的旅游产品，满足旅游者的多样性消费需求；同时，也有助于旅游者在选择和购买旅游产品的过程中，有计划地调整自己的消费结构和消费水平，使旅游活动更加轻松舒适，以达到促进身心健康的旅游目的。

2. 按旅游者的消费内容分析

按旅游者的消费内容分析，旅游产品主要由食、住、行、游、购、娱组成。旅游经营者必须从饮食、住宿、交通、游览、购物、娱乐等方面向旅游者提供他们所需的消费内容。饮食和住宿是向旅游者提供基本旅游条件的消费；交通是向旅游者提供实现空间位移的主要手段；游览是向旅游者提供旅游活动的核心内容，购物是向旅游者提供辅助性消费的内容和形式；娱乐则向旅游者提供一些愉悦的参与性体验和感受。

从旅游者的消费结构看，旅游产品的食、住、行、游、购、娱 6 个要素的消费潜力是不同的。饮食、住宿和交通存在着一定的消费极限，增加消费的途径是提高饮食质量、增加服务内容和多档次经营；游览和娱乐的消费弹性较大，增加消费的方式是尽可能增加游乐的项目，丰富游乐的内容；购物的消费弹性最大，因而要通过大力发展适销对路、品种多样的旅游商品来提高旅游的消费水平。

三、旅游产品的供给构成

从旅游供给的角度看，旅游产品是由旅游资源、旅游设施、旅游服务、旅游购物品和旅游便捷性等多种要素所构成的。

1. 旅游资源

旅游资源是指在自然和人类社会发展中形成的并能为旅游业所利用而产生经济、社会、生态效益的事物，是一个国家或者地区能否进行旅游开发的前提条件和基础条件，是吸引旅游者进行旅游活动的重要吸引物。

旅游资源一般分为自然旅游资源和人文旅游资源两大部分。自然旅游资源是指天然存在并能给人以美感的自然物象和生态环境，包括各种地文景观、山水风光、生物景观、气象天体等；人文旅游资源是指社会环境中一切吸引人们进行旅游活动的各种人文景观，包括各种古迹和建筑、民族风俗、宗教场所、文化娱乐和旅游商品等。

旅游资源作为旅游活动的对象物，其本身就具有吸引旅游者的功能，同其他资源相比较的最大差异就是能够激发旅游者的旅游动机，并促成旅游行为。根据不同旅游资源的特点开发和组合，可以为旅游者提供各种观光游乐、休闲度假、科学考察、探险寻秘和文化交流等旅游活动，来满足人们丰富生活、增长知识、陶冶情操等多方面的需求。

旅游资源是旅游业赖以存在和发展的基础，对旅游资源的合理开发、科学开发以及高质量开发，会使旅游资源得到永续的利用，并产生良好的经济效益、社会效益和生态效益，促进旅游业的可持续发展。

2. 旅游设施

旅游设施是实现旅游活动必须具备的各种设施、设备和相关的物质条件，也是构成旅游产品的必备要素。旅游设施一般分为基础设施和专门设施两大类。

旅游基础设施是指为旅游活动有效开展而必不可少的各种公共设施，包括城镇（风景区）道路、桥梁、供电、供热、通信、给排水、排污、消防、环境保护和环境卫生，以及城市美化、绿化、路标、路灯、交通工具、停车场等设施，也是旅游业存在和发展必不可少的条件。旅游基础设施虽然不直接对旅游者提供服务，但在旅游经营中它是直接向旅游者提供服务的旅游部门和企业必不可少的。旅游专门设施，如游览、食宿、娱乐等设施，都是建立在这些基础设施上面的，如果没有这些方面的设施和设备，旅游专门设施的功能就不可能得到有效发挥。

旅游专门设施是指旅游经营者用于直接服务旅游者的凭借物，通常包括游览设施、餐饮设施、住宿设施和娱乐设施等。游览设施指旅游景区（点）的开发和建设，主要包括供人们登临、游览、憩息的各种设施和设备。餐饮设施是指为旅游者提供餐饮服务的场所和设备，包括各种餐馆、冷饮店、咖啡厅和饮食店等。住宿设施是旅游者在旅行途中的"家"，是能够提供多种服务功能的饭店、度假村和别墅等。娱乐设施是指各种歌舞厅、音乐厅、健身器械和游乐园等。

3. 旅游服务

旅游服务是旅游产品的核心。旅游者购买的旅游产品，除了少部分的膳食和旅游纪念品外，大部分是无形的旅游服务。这些旅游服务主要包括导游服务、酒店服务、交通服务和商品服务。

导游服务是旅行社或旅游接待单位为旅游者提供的专项服务。旅游者满怀好奇来到异地他乡，要更好地进行旅游活动、了解当地的风土人情和名胜古迹，以及食宿安排、与当地居民的交流等问题，都要依靠导游才能得以更好地解决。为此，旅游从业人员（导游）应该熟悉不同旅游者的文化背景，观察他们在不同旅游阶段的心理特征，因人、因时、因地而异，灵活机动地为旅游者提供良好的服务。

酒店服务是酒店向旅游者提供住宿、饮食、通信、贸易、洽谈等方面的综合性服务。酒店作为旅游者的"家外之家"，是旅游者恢复体力、休息放松的主要基地，能够保障旅游者其他活动的顺利进行。提供面对面的亲切服务是酒店业的行业特点，也是旅游服务的重点所在。要做到这点，旅游从业人员必须充分考虑旅游者在安全、环境、权利和尊重等各方面的需要。

旅游者在旅游过程中有很大一部分时间是在各种交通工具及机场、车站、码头和港口度过的。旅游者对旅游产品价值高低的评价，很大程度上也与其所乘的交通工具和所接受的交通服务有关。因此，舒适的交通工具和热情的交通服务至关重要。在交通工具不能完全满足旅游业发展需要的情况下，旅游从业人员提供的优质服务，则可以在一定程度上消除旅游者心中的不满。

商品服务是旅游者购买旅游商品时，旅游从业人员提供的信息咨询、包装、委托代办等服务。周到的旅游商品服务能够激发旅游者的购买动机，取得较好的经济效益。但旅游从业人员不能只顾经济效益，一味地对旅游者进行诱导、误导，甚至是威胁、恐吓，给旅游目的地整体旅游产品的生产和销售造成不良影响。

旅游服务不管其内容如何变化，服务质量的高低总的来说都取决于服务的观念、态度、技巧和服务的价格。质价相符，旅游者满意；质低价高，旅游者不满意；质高价低，旅游产品竞争力强。

4. 旅游购物品

旅游购物品是指旅游者在旅游活动中所购买的，对旅游者具有实用性、纪念性、礼品性的各种物质形态的商品，亦称为旅游商品。旅游购物品反映了旅游目的地国家或地区的文化和艺术，能够使旅游者更好地了解旅游目的地国家或地区的文化传统，并留下美好的记忆。旅游购物品种类繁多，可分为实用品、工艺品和艺术品3个大类。其中，实用品又分为土特产品（如茶叶、名酒、中药材、中成药等）、旅游食品（如风味菜、民族菜、点心）和旅游用品（如地图、导游图、旅游指南等）。工艺品包括陶瓷品、丝织刺绣品、漆器、金属工艺品、玉石木竹雕刻、文房四宝等。艺术品包括书法绘画、文物仿制品等。它们大多数价格较高，但只要为旅游者所喜爱，他们就可以反复花钱购买。因此，旅游购物品是旅游创汇的重要来源。作为礼品馈赠给亲友的旅游购物品，可以在一定程度上对旅游目的地起到宣传促销的作用。

5. 旅游便捷性

旅游便捷性是旅游产品构成的基本因素之一，它不仅是连接旅游产品各组成部分的中心线索，而且是旅游产品能够组合起来的前提性条件，具体表现为进入旅游目的地的难易程度和时效标准。旅游便捷性的具体内容主要包括：一是良好的交通通达条件。例如，便捷的交通工具和方式；国际和国内交通运输网络衔接与联系的方便程度等。二是便利的出入境签证手续，包括签证的难易、出入境验关程序、服务效率和咨询信息等，不仅影响到旅游目的地的客流量大小，而且对旅游产品的成本、质量、吸引力等都有重要的影响作用。

> **案例链接**
>
> ### 旅游商品的六大发展趋势
>
> 20世纪70年代末80年代初，随着境外游客陆续涌进，中国的旅游商品应运而生。随着经济的发展，中国的旅游业逐渐发展并兴旺起来，但作为旅游要素之一的旅游购物，却长期处于缓慢的自然发展状态。
>
> 2009年，国务院《关于加快发展旅游业的意见》提出了发展旅游购物、提高旅游购物在旅游收入中比重的要求。国家旅游局也连续7年举办了中国国际旅游商品博览会、中国旅游商品大赛、中国旅游商品论坛等活动，为旅游商品的发展起到了示范和推动作用。
>
> 从2009年至今，中国的旅游商品进入了政府引导的发展期。中国的旅游商品也逐渐从旅游纪念品、工艺品、农副产品的小圈子，逐步向旅游工业品等更广阔的旅游商品领域迈进。
>
> 2014年8月，国务院《关于促进旅游业改革发展的若干意见》将扩大旅游购物消费列为旅游业发展改革的一项重要工作，中国的旅游商品终于进入了快速发展时期。
>
> 随着社会、经济、科技的发展，以及人们旅游习惯和旅游观念的转变，中国的旅游商

品发展呈现出六大主要趋势。

趋势一：向大旅游商品发展

中国的旅游商品在很长一段时期发展缓慢，其主要原因是人们对旅游商品的理解狭隘。由于种种原因，人们误把纪念品、工艺品、农副产品理解为全部旅游商品，而人们生活所需的工业品没有被纳入旅游商品，以至于各地开设的旅游商品店主要是旅游纪念品店、工艺品店和农副产品店。

在调研中笔者发现，旅游纪念品在旅游商品中的比例逐年下降。旅游工艺品在旅游商品销售中也"雷声大雨点小"。在一些工业落后地区，旅游工艺品在旅游商品中的占比稍高一些；而在一些大城市和工业发达地区，旅游工艺品在旅游商品中的占比越来越低。游客对"华而不实"的工艺品的兴趣逐渐降低，其购买量也逐年下降。尤其在出境游比例扩大后，游客在欧美等发达国家购买的旅游纪念品、工艺品在旅游购物中占比微乎其微。这些出境游客主要购买的是生活类工业品，包括化妆品、服装、鞋、包、电子产品等。

近年来，在国内的旅游商品销售中，生活类工业品在快速增加，在旅游购物中所占的比例也在逐年上升。在一些经济发达地区旅游时，游客购买的生活类工业品在旅游购物中的比例已高达80%。

为了和过去以旅游纪念品、工艺品、农副产品为主的传统旅游商品相区别，我们把包含了生活类工业品等的旅游商品称为大旅游商品。

事实上，在大旅游商品做得好的地区，旅游购物在旅游收入中的比例和旅游购物的绝对值都是巨大的。为了满足游客的需求，向全品类的大旅游商品发展成为旅游商品发展的必然趋势。

趋势二：向生活化方向发展

很长一段时间，在旅游商品的开发上主要强调文化、科技特征。经营者多从文化、科技角度去设计、研发、销售旅游商品，形成了旅游商品市场上貌似新产品很多，但游客购买量却不大的"叫好不叫座"的现象。片面强调文化，结果造成印有景区图案、标志或者著名景观造型的商品比比皆是，而商品的功能反而被忽视。

反观国外的旅游商品，普遍没有明显的文化特征。无论是在电子产品上，还是在服装、鞋、帽、箱包等上面，很少看到文化符号、景区的名字、图案等。没有文化特征为什么游客喜欢？有人说是因为国外的商品有品牌。在调研中笔者发现，国外没有品牌的、能提高生活品质的商品也被游客大量购买。

为提高生活品质而开发旅游商品，是一个必然的趋势，也是中国旅游商品能够实现快速发展的必然趋势，甚至是中国原创商品能够走出去的必然趋势。

趋势三：各类旅游商品同步发展并相互促进

无论是传统的旅游纪念品、工艺品、农副产品，还是新型的生活类工业品，它们既有各自的发展方向，又在互相促进，不断创新。目前，旅游纪念品、旅游工艺品的开发在向实用化、生活化方向发展。与此同时，那些冷冰冰的工业品也借鉴了很多传统工艺品的图案、纹饰、造型等，使工业品在保留实用性的同时，更有艺术性、观赏性，也易于受到游客的喜爱。

不同类别的产品，包括农副产品，它们的包装也有很大变化，已不再是简单的传统纸盒、粗布布袋、印有传统纹饰的包装材料，而是一种新型的包装材料，既简洁又生动，又有实用性，还具有安全性。

趋势四：旅游商品销售与"游"深度结合

长期以来，旅游商品主要是在专门的旅游购物店或普通商店自然销售，大多数商店与旅游关联不大，更没有主动与旅游相结合。现在很多商店已经开始与旅游结合来销售旅游商品，包括商店位置的选择，建设特色商业街、特色购物街，针对游客宣传促销等。这些都有力地促进了旅游商品的销售，使人们在旅游的时候得到方便轻松的购物享受。尤其是商业街和商店内外旅游吸引物的出现，使旅游购物店、特色商业街、特色购物街呈现景点化趋势。

趋势五：旅游商品与旅游目的地的建设同步发展

人们一讲到旅游商品销售的地点就谈到景区。其实旅游商品的主要购物地点不是在景区，景区只是旅游目的地中的一部分。旅游商品销售主要在特色商业街、特色购物街和商场，包括工厂店、免税店、保税店等。

很长一段时间，旅游目的地建设很少被提及，人们主要重视旅游酒店和旅游景区的建设，甚至把景区当成了旅游目的地。景区的主要作用是供游客游览。人们在景区里面主要目的是"游"。

旅游目的地的主要作用则包括了旅游的六要素——吃、住、行、游、购、娱的服务。旅游目的地是包括旅游景区的一个完整的旅游服务系统，让游客不光是游，还要留下来，在这里住，在这里吃，在这里玩，在这里娱乐，在这里购物，而旅游购物所买到的商品就是旅游商品。所以旅游目的地建设的好坏与旅游购物密切相关。

像我国香港、新加坡等地都是比较成功的旅游目的地。它们将旅游中的各要素融合在一起，让游客在旅游的同时又享受了购物的乐趣。现在旅游目的地的建设逐渐被人们重视，突出旅游目的地特色的旅游商品也大量出现。旅游目的地也越来越重视旅游商品的销售，旅游商品与旅游目的地的建设同步发展的趋势也越来越明显。

趋势六：旅游购物店与互联网融合

传统的旅游购物店都是一些实体店。互联网出现之后，实体店主要是利用互联网做一些宣传，更深的融合比较少。而利用互联网电商开店，直接就能把货物卖给所有人。这些人中的大多数不是在旅游中购买商品，因此也很难把电商的销售计算为旅游购物或旅游商品销售。

现在出现的线上与线下融合的模式，也就是O2O模式，人们在线上浏览选择商品，并在旅游中寻着途径到线下的实体店里确认选择，并在线上付费。这种新的模式对旅游商品的销售将起到很大的促进作用。

随着互联网的发展，出现了微店等，也在尝试进行旅游商品的销售。但是，无论哪种利用互联网的旅游商品销售模式，都要考虑到旅游的特点、游客的需求。

> 有人提出未来互联网将取代实体店，旅游购物将不存在，这是非常荒唐的。游客在旅游中逛实体店本身就有游的感觉，是一种享受。旅游购物店与互联网不会互相取代，而是融合发展，并成为一种趋势。
>
> 旅游商品产业是旅游业中涉及面最广的一个产业，也是旅游业中潜力最大的一个产业，更是一个关乎经济发展的重要产业，对扩大内需、扩大消费有着举足轻重的作用。只有顺应旅游商品的发展趋势，认真地、勇敢地、实事求是地面对，中国的旅游购物在旅游总收入中的占比才能赶上旅游发达国家水平，中国的旅游业才能成为国民经济的战略性支柱产业。
>
> （资料来源：http://news.ifeng.com/a/20150521/43804102_0.shtml）

四、旅游产品的构成关系

旅游产品的构成关系是指旅游产品各组成成分之间的相互关系。旅游产品之间的相互关系主要是互补关系和互代关系。

1. 互补关系

互补关系是指旅游产品功能不同的组成成分之间相互依存、相互促进、共同发展的关系。这种关系体现在两个方面。其一，各个功能不同的组成部分，如食、住、行、游、购、娱等几个部分，每一个部分的发展都是以其他部分的生存和发展为前提，各部分按比例协调发展。例如，没有旅游资源，就难以吸引大量的游客，其他各部分就难以生存。其二，功能不同的组成成分之间在经营成果上相互影响。一个部分收入的增加带来其他部分收入的增加；一个部分收入的减少使其他部分的收入也在减少；一个部分（如交通）成为旅游发展的"瓶颈"，那么其他部分的收入和接待游客的数量就会大为减少。

旅游产品的互补关系是由旅游需求的综合性决定的，它要求旅游产品能够满足旅游者各个方面的需求，要求旅游产品是一个综合性的产品。从互补关系上可以看到，旅游产品的各个组成部分必须齐备，共同组成一个完整的产品；也要求提供各单项旅游产品的行业、部门和企业按比例协调发展，除了搞好本行业、本企业的经营，还要与其他行业和企业相互配合、互通信息，共同营造一个良好的旅游产品形象，增强旅游产品的招徕能力和竞争力。

2. 互代关系

互代关系是指旅游产品中功能相同或相近的组成成分间相互替代的关系。例如，提供交通服务的有汽车、火车、飞机、轮船等交通工具，其经营企业之间就存在着互代关系，尤其是高速公路、高速铁路、高速轮船的发展更加深了这种关系；提供住宿服务的各种星级的旅馆、招待所、度假村等也存在着互代关系，尤其是设施的档次、规模、服务水平及价格差不多的时候，这种冲突关系表现得非常明显。互代关系的出现是由于对同一个旅游者来说，在同一时间、同一地点对同一种功能的单项产品的需求是唯一的。例如，一个游客住宿甲饭店不可以同时住宿乙饭店；乘坐火车就不能同时乘坐汽车或飞机；凡此种种，表现的都是互代关系。

互代关系在提供相同服务的企业之间表现为竞争性。这就要求各企业不能盲目追求建设与别的企业雷同的设施、提供相同的单项旅游服务，如都去投资建设星级酒店；而应当提供功能不同的、档次各异的服务，或者说要求旅游产品数量上、质量上、档次上有计划按比例协调发展，力求旅游产品结构的合理性。同时也要求各旅游企业重视经营管理工作，改进服务质量，提高企业信誉和形象，提供有特色的旅游服务，避免过度竞争。

3. 互补关系和互代关系的转化

旅游产品各组成成分之间的互补关系和互代关系并不是绝对的、一成不变的。旅游经营者可以根据旅游需求的发展变化和自身条件，促使两种关系互相转化。

1）互补关系向互代关系转化

这种转化是由旅游者需求多样化和旅游企业经营的多样化促成的。旅游企业为了获得竞争优势，必须不断地调整自己的经营范围，为旅游者提供方便、快捷、经济的服务。当旅游企业向旅游者提供多样化的一条龙服务时，互补关系就会变成互代关系。例如，甲企业提供住宿服务，乙企业提供交通服务，它们之间是互补关系；现在甲企业经营范围扩大了，也提供接待游客的交通服务，那么当一个旅游者在甲企业住宿时，也会利用它的交通服务。这样，甲、乙企业之间的关系就成了互代关系。若乙企业扩大经营范围，提供住宿服务，同样也可产生互代关系。在实际情况中，这种转化的实例是很多的，如旅馆拥有自己的车队、购物场所、旅行社；风景区和主题公园自备车辆接送游客；航空公司建有自己的饭店等，都是促成互代关系产生的因素。因此，旅游企业的多种经营和集团化经营是互补关系向互代关系转化的主要途径。

2）互代关系向互补关系转化

（1）当供给小于需求时，提供相同单项产品的旅游企业之间可以相互帮助，解决燃眉之急。例如，A、B 企业都是提供住宿的企业，当 A 企业供不应求时，可以把客人介绍给 B 企业；当 B 企业在经营过程中发生某些原材料不足时，可以从 A 企业借到，这时，二者的关系就成了互补关系。

（2）提供相同服务功能的单项旅游产品一般都有高、中、低的档次，来满足旅游者的不同需求。多档次和多服务方式可以形成互补关系。例如，同为提供交通服务，飞机和高铁需要汽车作为补充工具，这时它们就成了互补关系；同为提供饮食服务，甲、乙餐馆的风味特色不同，旅游者这次在甲餐馆用餐，下次就到乙餐馆用餐，它们之间也就有了互补关系。

（3）提供相同服务的各企业相互联合，优势互补，共同促销，共创旅游产品的形象，增强产品的竞争力。例如，甲、乙、丙、丁四家企业把各自企业的优势部分组合起来，就形成了一个更具吸引力的单项产品。

（4）处在一条旅游线上的各个目的地的单项旅游产品之间有明显的互补关系。例如，甲地和乙地处在一条旅游线上，则甲地和乙地提供相同产品的企业（假如都是旅馆）之间是互补关系。

旅游产品的互代关系向互补关系转化表明各企业提供的旅游服务都是旅游产品的有机组成部分，它们在数量上、质量上和档次上共同组成了旅游产品的结构，是旅游中不可缺少的部分，共同形成了旅游产品的对外形象。

第三节 旅游产品的类型

旅游产品构成形态丰富,内容涉及面广,可根据不同的标准划分出不同的旅游产品类型。

一、按特点分类

旅游产品除了可以按照市场交换对象划分为单项旅游产品、组合旅游产品和整体旅游产品外,在实践中还可以根据自身的特点进行分类。

1. 观光旅游产品

观光旅游产品是指以观赏和游览自然风光、名胜古迹等为主要目的设计的旅游产品。这类旅游产品在世界许多国家又被称为观景旅游产品。观光旅游产品的类型可以分为山水风光、城市景观、名胜古迹、国家公园、森林海洋等。观光旅游产品是一种传统的旅游产品,其构成了世界旅游产品的主体部分。随着现代旅游业的发展,许多观光旅游产品已不仅仅是单纯的观光旅游,而是融入了更多的文化内涵和休闲度假内容,使观光旅游产品的内容更加丰富多彩和富有吸引力。

2. 文化旅游产品

文化旅游产品是指以学习、研究及了解异国他乡文化为主要目的设计的旅游产品,主要有修学旅游、考古旅游、博物馆旅游、艺术欣赏旅游、民俗旅游、怀旧旅游和宗教旅游等。随着现代社会经济的发展,文化旅游产品不仅蕴含着较为深刻而丰富的历史文化内涵,而且具有客源市场的广泛性、旅游内容的知识性、旅游活动的参与性等突出特点;同时,文化旅游产品所吸引的旅游者一般都具有相当高的文化素养和消费能力。

3. 度假旅游产品

度假旅游产品指旅游者利用假期进行休闲和消遣而购买的旅游产品。现代度假旅游产品一般有海滨旅游、乡村旅游、森林旅游和野营旅游等类型。度假旅游产品的特点是强调休闲和消遣,要求自然景色优美、气候良好适宜、住宿设施令人满意,并且有较为完善的文体娱乐设施及便捷的交通、通信条件等。随着现代社会经济的发展、公休假日的增加及奖励旅游的发展,度假旅游产品已成为国内外旅游者所喜爱的旅游产品,具有较好的发展态势和潜力。

4. 公务旅游产品

公务旅游产品通常是指人们以出差、参加会展、经营、洽谈商务的活动或交流信息为主要目的购买的旅游产品。公务旅游产品作为一种新兴的旅游产品,是以公务为主要目的,以旅行为基本手段,以游览观光、休闲度假为辅助活动的旅游产品。随着现代经济的全球化发展和国际旅游的迅速发展,不仅公务旅游的旅游者越来越多,旅游的范围也越来越广;而且公务旅游设施和服务也迅速现代化,并为各类企业家、经营者、营销人员及经济工作者提供多方面的服务,进一步促进了公务旅游的快速发展。

5. 生态旅游产品

生态旅游产品是指以注重生态环境保护为基础的旅游活动,其主要吸引那些关心环境、追求回归自然,并希望了解地方生态状况和民族风俗的旅游者。生态旅游产品是从20世纪70年代开始、20世纪90年代以后迅速发展的新兴旅游产品。其主要特点是知识性要求高、参与体验性强、客源市场面广、细分市场多。森林旅游、农业旅游、乡村旅游、野营旅游、探险旅游和民俗旅游等都可视为生态旅游的内容。生态旅游是21世纪世界旅游产品发展的主流,具有良好的发展前景和巨大的潜力。

二、按功能分类

根据功能,旅游产品可以划分为享受旅游产品、康体旅游产品、探险旅游产品和特种旅游产品。

1. 享受旅游产品

享受旅游产品是近年来许多国家积极发展的新兴旅游产品。其特点是旅游设施豪华、旅游服务专业、娱乐项目多,旅游活动自由度大、旅游价格高。典型的如豪华游轮巡游,游轮上的游泳池、健身房等各种豪华设施,使一些高收入的旅游者认为海上旅行比其他旅游方式更能使人放松。在筋疲力尽的游玩以后,旅游者可以舒适地躺在船上,慢慢向目的地靠近。海上巡游市场因其具有的高度享受性,目前已经吸引了较多的中年人和青年人。

2. 康体旅游产品

康体旅游产品拥有较多的旅游消费群体,其突出的特点是运动性强,需要特定的场所和一定的设备器材。典型的康体旅游产品有体育旅游和保健旅游。体育旅游有高山滑雪、漂流、滑草、冲浪、潜水等;保健旅游有温泉疗养、森林浴、沙疗等。

3. 探险旅游产品

探险旅游产品的消费者数量不多,但相对稳定,他们对个体自我价值的实现有着强烈的要求,对挑战极限怀有强烈的兴趣,喜欢冒险,喜欢新鲜事物。产品的突出特点是危险性较高,要求特殊的消费场所和一定的专业知识。优点是惊险、刺激,能充分满足旅游者的好奇心,令旅游者时刻处于高度紧张和兴奋的状态,给旅游者留下深刻的记忆。典型的探险旅游产品有原始森林探秘、海底旅游、火山旅游等。

4. 特种旅游产品

特种旅游产品主要是满足旅游者某一方面的特殊需要,是一种专门的旅游活动,其特点是较强的业务性和较强的教育功能。典型的特种旅游产品有森林观鸟旅游、修学旅游、工业旅游、园艺旅游、考古旅游等。由于旅游的内容大多是与专业有联系的活动,因而通过轻松、直观的旅游学习,旅游者可以增长知识、开阔视野、启迪智慧,求知欲得到较大的满足。

三、按开发程度分类

旅游产品按开发程度可分为改进旅游产品、仿制旅游产品、换代旅游产品和创新旅游产品等。

1. 改进旅游产品

改进旅游产品是指对原来的旅游产品不进行较大的改造，而是通过局部的改变或添加部分内容以增强其吸引力，从而巩固和拓展客源市场。例如，旅游饭店增加服务内容、旅游景区增加新景点、旅游路线增加新项目等。

2. 仿制旅游产品

仿制旅游产品是指模仿市场上已有旅游产品的基本原理和结构设计、生产出来的旅游产品。最多见的仿制旅游产品是人造景观、微缩景观等。

3. 换代旅游产品

换代旅游产品是指对现有旅游产品进行较大的改造，如对旅游饭店进行改造而提高服务档次和质量，对旅游景点进行改造而丰富游览内容，在旅游度假中增加保健旅游产品，把一般公园改造为主题公园等。换代旅游产品的开发周期虽然相对较短、风险较小，但创新不够。对原有旅游产品的较大改造必须针对旅游者的需求变化和旅游目的地的特点来进行。

4. 创新旅游产品

创新旅游产品是指为了满足旅游者新的需求，旅游经营者运用新技术、新方法、新手段设计生产出来的全新旅游产品。包括新的旅游景点、新的旅游饭店、新的旅游项目、新的旅游线路，以及新的专项旅游活动等。创新旅游产品开发一般周期长、投资多、风险大，而且有很大的难度，因此必须认真研究，科学地开发。

四、按销售方式分类

旅游产品按销售方式一般可分为团体包价旅游产品、散客包价旅游产品、半包价旅游产品、小包价旅游产品、零包价旅游产品和自助旅游产品等。

1. 团体包价旅游产品

团体包价旅游产品是指旅行社根据旅游市场需求，把若干旅游者组成一个旅游团体，按照统一价格、统一行程、统一内容所进行的旅游活动。团体包价旅游是一种大众化旅游产品，在国际、国内旅游市场上占有十分重要的地位。

团体包价旅游产品具有以下特点：一是旅游者一旦购买了团体包价旅游产品后，只要随团旅游即可，一切旅游活动均由旅行社负责安排，既方便便宜，又安全可靠；二是旅行社一旦销售出团体包价旅游，就要配备领队和导游，并负责安排好食、住、行、游、购、娱等一切活动及保证全程安全等；三是团体包价旅游通常把旅游者的食、住、行、游、购、娱等全部包下来，但也能只包其中一部分。

2. 散客包价旅游产品

散客包价旅游产品是指旅游者不参加旅游团体，而是一个人或一家人向旅行社购买某一旅游产品的包价旅游。散客包价旅游一般没有较多的约束，比较自由，能满足旅游者的个性化需求，受到旅游者的广泛欢迎，因而在国际、国内旅游市场上发展很快，也是旅游产品发展的趋势。但是，散客包价旅游不能享受团体旅游的优惠，因而其价格一般高于团体包价旅游。

3. 半包价旅游产品

这是在全包价旅游的基础上，扣除中餐、晚餐费用的一种旅游产品形式，其目的在于降低产品的直观价格，提高产品的竞争力，同时也是为了满足旅游者在用餐方面的不同要求。

4. 小包价旅游产品

小包价旅游产品又称可选择性旅游产品，由非选择和可选择两个部分组成。非选择部分包括接送、住房和早餐等，可选择部分包括导游、节目欣赏和参观游览等。旅游者可以根据需要、兴趣、时间和经济条件等因素自由选择。小包价旅游产品对旅游者构成了更多的优势。

5. 零包价旅游产品

零包价旅游产品是一种特殊的旅游产品形态，多见于旅游业发达的国家。选择这种旅游产品的旅游者必须随团前往和离开旅游目的地，但在旅游目的地的活动完全是自由的，形同散客。旅游者可以获得团体机票的优惠。

6. 自助旅游产品

自助旅游产品是指旅游者不通过旅行社组织，而是自己直接向航空公司、车船公司、旅游饭店、旅游景区（点）预订或购买单项旅游产品，按照个人需求及偏好所进行的旅游活动。自助旅游一般不通过旅行社，故通常不属于旅行社的旅游产品。但是，由于其购买的仍然是单项旅游产品，是由自己组合的旅游线路产品，所以从本质上也可视为旅游产品。在经济全球化发展、现代信息技术和国际互联网的迅速普及以及世界各国对外开放步伐加快的今天，自助旅游得到了快速的发展，成为人们越来越青睐的新兴旅游产品，展现出良好的发展态势和巨大潜力。

> **案例链接**
>
> **春节假期旅游产品多元丰富　出境旅游已成常态**
>
> 春节假期进入最后一天，各地游客集中踏上返程，主要景区接待人数回落，全国旅游秩序良好，铁路、公路、民航交通压力增大，部分城市进城道路出现拥堵，部分地区的雨雪降温天气对游客返程造成一定影响。各地加强旅游公共服务，继续做好信息发布和旅游咨询。2016年春节假期旅游工作圆满结束，旅游市场呈现以下特征。

1. 市场规模持续扩大

假日旅游市场规模不断扩大,旅游拉动消费作用明显。北京旅游人数达918.6万人次,同比增长1.9%;旅游收入49.2亿元,同比增长2.9%。湖南旅游人数1 830.85万人次,同比增长26.95%;旅游收入104.5亿元人民币,同比增长27.35%。上海旅游人数首次超过400万人次,达401.56万人次,旅游收入40.43亿元,同比增长分别为5.6%和7.9%。河北旅游人数792.8万人次,旅游收入40.7亿元,同比分别增长17.3%和26.6%。重庆旅游人数3 289.11万人次,同比增长11.83%;旅游收入85.77亿元,同比增长12.78%。吉林旅游人数889.77万人次,同比增长15.42%;旅游收入75.69亿元,同比增长22.44%。山东旅游人数1 653.7万人次,同比增长11.7%;旅游收入137.9亿元,同比增长14.2%。

2. 旅游产品多元丰富

春节假日期间,探亲访友游、休闲度假游、民俗节庆游、冰雪运动游、乡村古镇游、温泉养生游等旅游产品丰富多彩,深受游客喜爱,成为节日的主打产品。其中,古镇旅游备受青睐。浙江宁波奉化溪口景区共接待游客61.2万人次,同比增长26.24%;桐乡乌镇接待游客42.23万人次,同比增长12%,门票收入3530万元,同比增长16%。安徽西递景区接待游客0.49万人次,门票收入27.16万元,同比增长33%和35.5%;宏村景区接待游客1.15万人次,门票收入83.3万元,同比增长12.1%和6.8%。温泉养生广受欢迎,已成为冬季旅游拳头产品。重庆全市温泉旅游接待人数7天累计超过35万人次,其中5家同比增幅均超过15%。福建永泰县生态温泉共接待游客2.1万人次。湖北温泉旅游7天接待游客达3.1万人次,多地出现一房难求的火热景象。乡村旅游持续升温。以"农家乐"、农事体验、生态环境观光、乡村娱乐休闲、乡村民俗文化、城乡探亲旅游等为特色的乡村旅游掀起短途旅游的热潮。重庆南川区监测的乡村旅游点接待游客16.59万人次,同比增长26%;铜梁区监测的乡村旅游点接待游客30.39万人次,同比增长34.85%。

3. 冰雪旅游热度上升

2022年冬奥会的成功申办点燃了国人对冰雪的热情,冰雪旅游受到热捧。北京举办了众多冰雪嘉年华活动,全市滑雪场接待游客8.4万人次,同比增长8.6%。河北崇礼假日期间共接待游客18万人次,同比增长17.2%,景区综合收入超过1.2亿元,同比增长17.7%。黑龙江森工雪乡景区前6日累计接待游客10.5万人次,同比增长91%,收入1.03亿元,同比增长87%;亚布力度假区累计接待游客8.4万人次,同比增长67.8%,收入4 409万元,同比增长127%。天津蓟州、盘山、玉龙三大滑雪场日均接待游客超过3 000人次。新疆各地纷纷举办冰雪旅游节,其中"丝绸之路+冰雪旅游+民族风情"冬季旅游组合吸引了大批游客。

4. 传统文化焕发生机

各地举办各类民俗文化活动,传承优秀传统文化,增添节日喜庆气氛。庙会、灯会、花展、祈福等节日民俗旅游活动吸引了大量游客。北京各大庙会人气十足,接待量创历史新高。地坛庙会5天共接待游客98万人次,同比增长1.4%;石景山游乐园"洋庙会"共接待游客34.8万人，同比增长34%。天津推出以"赏民俗、品文化、戏冰雪、泡温泉、观生态"为内容的"金猴迎春旅游活动"，五大道、杨柳青等景区年味浓郁，人气旺盛。福建围绕"清新福建"品牌，为游客奉上300多项具有浓浓闽味的民俗节庆活动及百余项旅游惠民措施，全面提升游客体验。江苏镇江举办第六届苏台灯会，春节前3天接待游客43.5万人次。武汉市围绕"闻香赏花""闻香探民风"等主题，推出了东湖赏梅游、园博花灯游、汉味风情游、科普奇幻游、乡村休闲游等五大主题20余项年味浓郁的文化旅游活动。长春市举办"冰雪过大年"民俗文化旅游活动，内容包括电影民俗文化节、冬季农博会、文化庙会、秧歌大赛、新春祈福等，吸引了大量游客参与。广东珠海圆明新园举办珠港澳国花精品牡丹展、迎春花灯节，共接待游客33万人次。

5. 出境旅游已成常态

长假期间，赴境外旅游已成常态。2016年春节假日出境旅游形成小高潮。从游客出行目的来看，度假休闲的游客所占比重更高，热带海岛和休闲城市选择最多，选择中高端旅游产品和自由行的游客增多。假期最后两天，团队出境游人数较去年同期出现增长，选择"拼假"错峰出行的游客增多。最热门的出境目的地为日本、泰国、中国台湾、韩国、澳大利亚、越南、新加坡、印度尼西亚、中国香港和菲律宾。主要出境客源地为浙江、上海、北京、江苏、四川、广东、山东、河南、陕西、重庆。

2016年春节假期，大陆居民赴澳门、台湾游客数量继续增长，赴香港游客数量出现下降。据澳门治安警察局公布的数据显示，春节前6天访澳游客总计90.8万人次，同比增长4.9%，其中内地游客66.5万人次，同比增长4.7%，占入境总人数的73.25%。据台湾海峡两岸观光旅游协会统计，春节7天大陆居民赴台团队游客共计4.5万人次，同比增长9.9%。据香港入境事务处公布的数据显示，节日前6天访港游客总计227.3万人次，同比下降6.26%，其中内地游客74.4万人次，同比下降11.65%。

（资料来源：http://www.cntour2.com/viewnews/2016/02/13/9IhOBtJUol3VWlgF4Glu0.shtml）

第四节 旅游产品的开发

一、旅游产品开发的内容

旅游产品的开发，是根据旅游市场上人们的旅游需求及变化，按照旅游产品生命周期规律，对旅游资源进行开发和建设，并且与旅游设施、旅游服务及其他相关服务进行科学的设计和组合，形成可以提供给旅游者消费的旅游产品。

1. 单项旅游产品开发

单项旅游产品开发，一般是指对某一旅游景点、旅游接待设施、旅游娱乐项目、旅游购物场所等单个项目的开发与建设。其中，旅游景点的开发与建设是单项旅游产品开发的重点。一般有以下几种基本形式。

1) 以自然景观资源为主的开发

以自然景观资源为主的开发是在保持自然景观原始风貌的基础上，通过进行相应的道路、食宿、娱乐等配套旅游设施的建设，对生态环境和自然景观进行保护、绿化和美化等，使之成为吸引旅游者的旅游产品。对这类旅游产品的开发通常不允许冲淡和破坏自然景观的美感，并严格控制旅游设施的建设数量和建设密度，使人工造景、建筑与自然环境协调一致。

2) 以人文景观资源为主的开发

以人文景观资源为主的开发是凭借丰富的历史文化古迹和现代建筑成就，通过一定的维护、修缮、复原或建设等使其具有旅游产品的吸引功能，同时配备一定的旅游设施，使之成为提供给旅游者消费的旅游产品。例如，具有历史文化价值的古迹、遗址、园林、建筑及一些重要的、著名的现代建筑等。通常对这类旅游产品的开发既要保持其历史文化价值，又要通过一定的开发建设使其具有旅游产品的功能，因此一般需要较大的投资和维修费用。

3) 以民族文化旅游资源为主的开发

以民族文化旅游资源为主的开发是围绕少数民族地区的传统文化、民族习俗、文化艺术等进行挖掘、整理、改造、加工和组合，并在此基础上开发成各种旅游产品。由于民族文化旅游资源较为广泛，因此对这类旅游资源的开发，需要各有关部门进行广泛的合作，统一规划、共同开发。同时，开发中既要重视对民族文化的精华进行发掘、整理和发扬，又要对民族文化中落后或不适应现代社会发展需要的内容进行改造或摒弃。

2. 组合旅游产品开发

组合旅游产品开发，就是把各种单项旅游产品与旅游设施、旅游服务有机地结合起来，并与旅游者的旅游需求相吻合、与旅游者的消费水平相适应的旅游产品开发，也就是旅游线路产品的开发。旅游产品开发是否成功，通常与组合旅游产品能否为旅游者所接受密切相关，因为组合旅游产品是旅游者购买和消费最多的旅游产品，也是满足旅游者消费需求的具体形式。

从组合旅游产品的开发过程看，其充分体现了旅游产品与物质产品在开发方式上的区别。一般物质产品的开发和生产，是人们借助于劳动工具将劳动对象加工改造为特定的外貌和内质全然不同的，并且符合人们消费需求的有形产品；而组合旅游产品的开发和生产过程，则主要是旅游从业人员凭借已开发的旅游资源、已建成的旅游设施和其他服务设施，通过科学设计而组合成各种不同的旅游线路产品，提供给旅游者以满足其多方面的旅游需求。因此，组合旅游产品的开发本质上是对各种单项旅游产品或要素的有机组合过程。

3. 整体旅游产品开发

整体旅游产品开发就是旅游目的地的旅游产品开发。旅游目的地是旅游产品的地域载体，也是各种单项旅游产品和组合旅游产品的综合体现。所谓整体旅游产品开发，是指在旅游经济发展战略指导下，根据旅游市场需求和旅游产品特点，对区域内旅游资源进行开发，通过建造各种旅游吸引物，建设大量旅游基础设施和接待设施，不断提高旅游服务质量和水平，使之成为旅游者集散、停留、活动的主要基地。根据对国内外旅游目的地产品的开发和建设分析，旅游目的地产品开发通常有以下几种形式。

1）全新旅游目的地产品开发

全新旅游目的地产品开发主要是根据旅游者需求变化和旅游市场发展的情况，依托旅游资源的比较优势而进行的旅游产品的开发。例如，云南省在20世纪70年代以前基本上很少有旅游者光顾，80年代以后，随着国际、国内旅游业的发展，云南省依托自然风光和民族风情的比较优势，大力开发各种旅游产品，在短短的20多年迅速发展为国内外知名的新兴旅游目的地；美国的拉斯维加斯也是因为开发以娱乐为主的旅游产品而迅速成为世界知名的旅游目的地。

2）发展中旅游目的地产品开发

发展中旅游目的地产品开发主要是利用旅游目的地原有旅游产品的声誉和旅游资源的比较优势，通过科学的规划和开发，进一步扩大和增添新的旅游项目和活动内容，以达到突出旅游产品特色、丰富旅游产品内容、提高旅游目的地形象、增强旅游目的地吸引力和市场竞争力，从而吸引更多的国内外旅游者之目的。例如，深圳在原来开发的锦绣中华、民族风情园的基础上，通过不断开发世界之窗、欢乐谷等新的观光和娱乐产品，成为面向国内外旅游者的具有较强吸引力的旅游目的地。

3）发达旅游目的地产品开发

发达旅游目的地产品开发主要是运用现代科学技术，通过精心构思、科学规划和设计，以新颖、奇幻为特点，融观光、娱乐、游艺、刺激为一体，创造性地开发出具有特色的旅游产品，以继续巩固和提升旅游目的地的市场形象和竞争力。

二、旅游产品开发的原则

旅游产品开发是一项较为复杂的系统工程，需要对旅游市场需求、旅游市场环境、投资风险、宏观政策、旅游资源、旅游基础设施、劳动力素质等很多方面进行深入、全面、系统的综合分析，从而制定符合旅游目的地实际的旅游产品开发方案，从而取得良好的社会效益、经济效益和生态环境效益。因此，旅游产品开发必须遵循一定的原则。

1. 市场导向原则

旅游产品开发必须以市场为导向，牢固树立市场观念。没有市场需求的旅游产品开发，不仅不能形成有吸引力的旅游产品，而且还会造成对旅游资源的浪费和对生态环境、历史文化和民族风情的破坏。坚持市场导向原则，就是要根据社会经济发展以及对外开放的实际状况，正确地进行旅游市场定位，以确定旅游客源市场的主体和重点，明确旅游产品开发的方向和针对性，提高旅游产品开发的经济效益。同时，要根据旅游市场定位，调查和分析旅游市场需求和供给，把握目标客源市场的需求特点、需求规模、需求水平及其变化规律和变化趋势，从而开发出适销对路且物美价廉的、具有市场竞争力的旅游产品，确保在推向旅游市场后具有长久旺盛的生命力。

2. 因地制宜原则

旅游产品开发必须依托旅游目的地的旅游资源及其所处经济、社会、生态环境和历史文化环境，因为旅游目的地的旅游资源及其所处的经济、社会、生态环境和历史文化环境在相当程度上构成了旅游产品开发的基础、可能性和特质。游离于旅游目的地的旅游资源，经济、社会环境，生态环境和历史文化环境之外进行旅游产品开发，既缺乏必要的旅游资源及环境支撑，也缺乏地方性特质底蕴而毫无特色和竞争优势可言。

3. 综合效益原则

旅游业是一项经济产业，必须始终把提高经济效益作为旅游产品开发的主要目标；同时旅游业又是一项文化事业，要求在讲求经济效益的同时，还必须讲求社会效益和生态环境效益，也就是要从整个旅游产品开发的总体水平考虑，谋求综合效益的提高。坚持综合效益原则，一是要求无论是旅游目的地的开发，还是某条旅游线路的组合或某个旅游项目的投入，都必须先进行项目的可行性研究，认真进行投资效益分析，以提高旅游产品开发的经济效益。二是要讲求社会效益，在旅游产品开发中要充分考虑当地社会经济发展水平，充分考虑社会文化及地方习惯，充分考虑人民群众的心理承受能力，形成健康文明的旅游活动并促进地方精神文明的发展。三是要讲求生态环境效益，按照旅游产品开发的规律和生态环境的承载力，以旅游产品开发促进生态建设和环境保护，以生态建设和环境保护提高旅游产品开发的综合效益，形成保护—开发—保护的良性循环，创造出和谐的生态环境和优美的旅游环境。

4. 形象制胜原则

旅游产品是以旅游资源为基础，对构成旅游活动的食、住、行、游、购、娱等各种要素进行有机组合，并按照客源市场需求和一定的旅游线路而设计组合的产品。因此，拥有旅游资源并不等于就拥有旅游产品，而旅游资源要成为旅游产品，还必须根据市场需求进行开发、加工和再创造，从而组合成特色鲜明、适销对路的旅游产品，这样才能树立良好的旅游产品形象和旅游目的地形象，在旅游市场竞争中处于强势地位。坚持形象制胜原则，要以市场为导向，根据客源市场的需求特点及其变化趋势，科学地进行旅游产品的设计；要以旅游资源为基础，把旅游产品的各个要素有机结合起来进行设计和开发，特别是要注意在旅游产品设计中注入文化因素，增强旅游产品的吸引力；要充分考虑旅游产品的品位、质量及规模，突出旅游产品的特色，努力开发具有影响力的拳头产品和名牌产品；要随时跟踪分析和预测旅游产品的市场生命周期，根据不同时期旅游市场的变化和旅游需求，及时推出新的旅游产品，不断改造和完善老的旅游产品，从而保持旅游业的持续发展。

三、旅游产品开发的策略

旅游产品开发是一项非常重要的工作，为了最有效地利用资源，最大限度地满足旅游者的旅游需求，在旅游产品开发原则的指导下，必须采取正确、合理的旅游产品开发策略。常用的旅游产品开发策略有旅游目的地产品规划开发策略和旅游线路产品设计组合策略。

1. 旅游目的地产品规划开发策略

旅游目的地产品作为一种整体旅游产品，其规划与开发既取决于旅游目的地的开发程度和水平，也取决于所包含的各单项旅游产品的开发程度与水平。实践中常采用如下开发策略：

1）主导产品策略

旅游者到旅游目的地旅游时，他们的需求是多种多样的，消费水平也有高有低，旅游目的地应该尽可能提供品种丰富、类型齐全的旅游产品，最大限度地满足旅游者。但是，这并不意味着旅游目的地无须拥有自身的特色及相应的主导旅游产品。主导旅游产品是自身旅游资源优势与客源市场需求共同驱动的产物，在旅游业发展的初期，它有助于旅游者尽快认知和熟悉旅游目的地；在旅游业发展的中后期，它可以树立旅游目的地的独特形象。

2）保护性开发策略

对于罕见或出色的自然景观或人文景观，应完整地、绝对地进行保护或维护性开发。有些景观因特殊的位置不允许直接开发，只能作为观赏物远远地欣赏。拥有该类旅游资源的旅游目的地的开发要求就是绝对地保护或维持原貌。例如，自然保护区的核心区，对维持当地的生态系统平衡和进行典型性科学研究具有极其重要的意义，因此，即使在自然保护区开展保护性特征较为突出的生态旅游，也一定要慎之又慎。

3）有序开发策略

旅游目的地的旅游产品开发，既要考虑旅游产品的时效性，也要考虑旅游产品的可更新性，兼顾短期效益和长期效益，保证旅游目的地的长期、稳定、持续发展。为此，旅游目的地在开发建设景区景点、建设基础设施和购置相关设备时，都要有时间上的考虑和妥善安排，做到审时度势、不失时机、稳步有序地推出新的旅游产品。

4）高低结合策略

高低结合策略是指高档产品与低档产品相结合，以满足不同消费层次的需要。例如，旅游目的地的酒店，四星、五星级的高档酒店可为高收入旅游者提供豪华、舒适的享受；而中低收入旅游者追求的是经济实用，三星、二星甚至档次更低一些的酒店才是他们的首选。

案例链接

凤凰县规划打造四大旅游产品 引领文化旅游产业转型升级

2016年，凤凰县围绕建设国际旅游目的地和创建国家5A级景区的目标，坚持文化旅游产业兴县、富县、强县战略，重点打造了四大国际国内知名旅游产品，推进文化旅游产业转型升级，做大做强做优文化旅游主导产业，全年接待游客1 380万人次，旅游收入115亿元，均增长15%。

（1）大力提升凤凰古城游。该县大力实施沱江上下游拓展工程，建设十里沱江风光带；大力实施南华山拓展工程，建设佛教文化名山；大力实施古城绿化美化净化工程，推进"青山抱古城"工程，建设森林古城；大力实施古城保护工程，加强古城风貌整治与环境治理，恢复道台衙门，抓好马王庙、城隍庙等文物遗迹的修复保护，保护历史文化建筑和名人故居，努力把凤凰古城建成文化底蕴深厚、竞争力强的历史文化名城。

（2）大力开发苗乡文化游。该县以八公山片区为中心，大力建设苗族文化博物馆，实施传统村落保护整县推进工程，打造苗族文化高地，拓展和提升苗乡文化游。

（3）大力开发兵战文化游。该县加快凤凰西南军事防御体系申报世界文化遗产工作，深度开发黄丝桥、舒家塘、拉毫等古城堡、古兵营，拓展和提升南方长城兵战文化游。

（4）大力开发休闲度假游。该县以建设国内一流的休闲旅游度假区为目标，大力推进凤凰国际旅游度假区建设，大力实施廖家桥文化旅游扶贫产业园、汽车营地、旅游商品加工产业园、非物质文化遗产展示园、长潭岗旅游大通道和42公里环库绿道等项目建设。

（资料来源：http://news.163.com/16/0225/10/BGLO73ES00014AEE.html）

2. 旅游线路产品设计组合策略

1）市场型组合策略

市场型组合策略是针对某一特定旅游市场提供其所需要的产品。例如，旅行社专门为某一客源市场提供观光、修学、考古、购物等多种旅游产品；或者以青年市场为目标，开发探险、新婚、修学等适合青年口味的产品。市场型组合策略有利于旅游企业集中力量对特定的目标市场进行调研，充分了解其各种需求，开发满足这些需求的多样化、多层次的旅游产品。但由于这种策略所选择的目标市场较单一，市场规模有限，会使旅游企业的旅游产品销售受到限制。

2）产品型组合策略

产品型组合策略是指以某一种类型的旅游产品去满足多个目标旅游市场的同一类需求。例如，某旅行社主要开发观光旅游产品或生态旅游产品等，来满足所接待的各种各样的旅游者。因为采取这种策略，一方面使旅游产品线路单一，所以旅行社经营成本较低，易于管理；另一方面可集中旅游企业的力量，不断完善和开发某一种旅游产品，进行该旅游产品的深度加工，培育精品和名牌旅游产品，树立鲜明的旅游形象。但是，采取这种策略使旅游企业产品类型单一，增大了旅游企业的经营风险。

3）"市场—产品型"组合策略

"市场—产品型"组合策略是指旅游企业开发、经营多种不同的旅游产品，同时或分批推向多个不同的旅游市场。例如，某实力雄厚的国际旅行社，同时经营观光旅游、度假旅游、探险旅游、会议旅游等多种旅游产品，既以国内的中高端旅游消费者作为目标市场，经营国内旅游和出境旅游，又以欧美国家、日本、东南亚国家、澳大利亚等多个旅游市场为目标市场，经营入境旅游。采取"市场—产品型"组合策略，可以满足不同旅游市场的需要，扩大市场份额，减少和分散经营风险。当然，同时开发多种旅游产品，会使企业经营成本增高，也会对企业的人力资源等产生较高的需求。因此，旅游企业要具备较强的实力，才能有效地采用"市场—产品型"组合策略，进行旅游产品的开发。

第五节　旅游产品的周期

一、旅游产品生命周期概述

一般产品生命周期是指一个产品从它进入市场开始到最后退出市场的全部过程，这个过程大体要经历推出、成长、成熟、衰退的周期性变化。旅游产品亦是如此，也有其推出期、成长期、成熟期、衰退期4个阶段的生命周期变化，如图2-1所示。一条旅游路线、一个旅游活动项目、一个旅游景点、一个旅游地开发等，都将经历这一由兴至衰的过程。旅游产品生命周期的各个阶段通常是以销售额和所获利润的变化来衡量的，处于不同生命周期阶段的旅游产品也有着不同的特点。

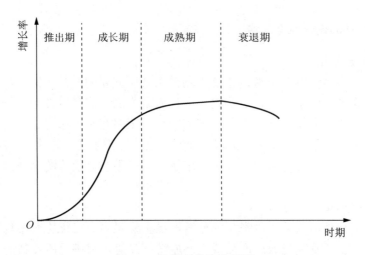

图 2-1 旅游产品生命周期

1. 推出期

在推出期，旅游新产品正式推向旅游市场，具体表现为新的旅游景点、旅游饭店、旅游娱乐设施建成，新的旅游路线开通，新的旅游项目和旅游服务推出等。在这一阶段，产品尚未被旅游者了解和接受，销售量增长缓慢而无规律；旅游企业的接待量很少，投入费用较大，经营单位成本高；旅游企业为了使旅游者了解和认识产品，需要做大量的广告和促销工作，产品的营销费用较大。在这个阶段内，旅游者的购买很多是试验性的，几乎没有重复购买，旅游企业通常也采用试销态度，因而旅游企业往往销售水平低，利润极小，甚至亏损。但在这个阶段，市场上一般还没有同行竞争。

2. 成长期

在成长期，旅游景点、旅游地开发初具规模，旅游设施、旅游服务逐步配套，旅游产品基本定型并形成一定的特色，前期宣传促销开始体现效果。这时，旅游产品在市场上拥有一定知名度，产品销售量迅速增长；旅游者对产品有所熟悉，越来越多的人试验使用这一产品，重复购买的选用者也逐步增多；旅游企业的广告费用相对减少，销售成本大幅度下降，利润迅速上升。处于这一阶段，其他旅游企业看到产品销售很好，就有可能组合相同的产品进入，市场上开始出现竞争。

3. 成熟期

在成熟期，潜在顾客逐步减少，大多属于重复购买的市场。旅游产品的市场需求量已达到饱和状态，销售量达到最高点；在前期销售量可能继续增加，中期处于不增不减的平稳状态，后期的销售增长率趋于零，甚至会出现负增长。利润增长也将达到最高点，并有逐步下降趋势。很多同类旅游产品和仿制品都已进入市场，扩大了旅游者对旅游产品的选择范围，市场竞争十分激烈，而且还有来自更新产品的替代性竞争，差异化成为竞争的核心。

4. 衰退期

衰退期一般是指产品的更新换代阶段。在这一阶段，新的旅游产品已进入市场，正在逐渐代替老产品。旅游者或失去了对老产品的兴趣，或由对新产品的兴趣所取代。原来的产品中，除少数名牌产品外，市场销售量日益下降。市场竞争突出地表现为价格竞争，价格被迫不断下跌，利润迅速减少，甚至出现亏损。

通过对以上旅游产品生命周期的规律性分析，可得到以下几点启示：一是任何旅游产品都有一个有限的生命，大部分旅游产品都经过一个类似 S 形的生命周期；二是每个产品生命周期阶段的时间长短因旅游产品不同而不同；三是旅游产品在不同生命周期阶段中，利润高低不同；四是对处于不同生命周期阶段的旅游产品，需采取不同的营销组合策略；五是针对市场需求及时进行旅游产品的更新换代，适时撤出或改造过时的旅游产品，以免遭受不应有的损失。

二、旅游产品生命周期的变异

一般旅游产品都要经历推出、成长、成熟、衰退的生命周期，但也有很多的旅游产品会产生变异形态。其中有两种主要的变异形态较为典型，即时尚旅游产品的生命周期和延伸旅游产品的生命周期。

1. *时尚旅游产品的生命周期*

时尚旅游产品的生命周期只有两个阶段：一个是快速增长阶段，另一个是暴跌阶段。时尚旅游产品一般具有以下特点。

（1）一般传播媒介可能愿意用大量时间或空间对时尚旅游产品加以宣传，如生态旅游、漂流旅游、探险旅游等，许多电视台、杂志、报纸等会主动加以宣传，而不需要旅游企业付费做广告。

（2）时尚旅游产品常常随着产品推出前的大量宣传而到来，因此生命周期中没有明显的缓慢增长的推出阶段，往往一开始就呈现出高速的增长态势。

（3）在时尚旅游产品的目标市场中，没有明显的选择行为，如早期选用者、中期选用者、晚期的大多数消费者等，整个市场的选择同时在产品推出后的短时期内发生。

（4）时尚旅游产品营销组合的目标在于快速的市场进入，同时产品常常被一个分界很清楚的市场所选取，这一市场通常是一个特殊的年龄群体。

（5）大多数时尚旅游产品是非基本旅游产品，其消费者常常自以为与其他人相比有显著的差异性或特殊性。

2. *延伸旅游产品的生命周期*

这类产品有一个延伸的成熟阶段，这一阶段也称为饱和阶段。在饱和阶段中，高度的重复购买，造成稳定的销售额，最后可能会在市场的全部购买中找到一个持久销售地位。很多旅游产品都呈现出延伸产品的生命周期形态。

（1）大众旅游产品，指那些为民众经常使用的旅游产品，在某种程度上已成为必需品，如欧美人就把度假视为必需品。

（2）风行旅游产品，指那些在市场上影响广泛且吸引力较大的产品，如中国的长城、秦始皇兵马俑等，就风行于市场而经久不衰。

（3）功能性旅游产品，指那些具有普遍功能的产品，如饭店的餐厅，就能满足多方面的需求而具有较高的重复购买率。

（4）多效用旅游产品，指那些具有多种用途而能满足多方面或多层次需求的产品，如旅游饭店等，就具有持久的重复购买率。

3. 影响旅游产品生命周期变异的因素

旅游产品的生命周期发生变异，受到多方面因素的影响，这些因素归纳起来主要有外部因素和内部因素两大类。外部因素是指影响旅游产品在市场上发展状况的外部条件，具体包括政治、经济、社会、竞争及一些偶发因素，甚至旅游接待国或某一旅游客源国发生诸如地震、火灾、水灾等自然灾害或爆发战争，都会冲击旅游产品的供给与需求，从而影响旅游产品的生命周期。内部因素是指旅游业内部的可控因素，主要包括资源特点、设施与服务因素、管理因素等。例如，新建的饭店、新开发的资源，由于管理不善，设备损坏严重，秩序杂乱无章，服务质量下降，都会对旅游者产生排斥作用，影响旅游产品的销售及旅游产品生命周期的延伸，从而导致旅游产品过早进入衰退期。

三、延长旅游产品生命周期的经营策略

由于旅游产品也存在生命周期，因此旅游企业要通过对产品生命周期客观规律的认识，运用各种经营策略，来延长旅游产品的成熟期，使企业获得最佳效益。延长旅游产品生命周期的策略概括起来有以下几种。

1. 旅游产品改进策略

旅游产品改进策略，是通过对成熟期的旅游产品做某些改进来吸引新老旅游者。产品改进可以从旅游产品的质量、功能、形态等几个方面进行。例如，提高服务质量、改进旅游设施和设备、增设新的旅游服务项目、开辟新的旅游景观等。每进行一个方面的产品改进，相当于刺激一个新的旅游需求热点，从而使旅游产品的成熟期得以延长。例如，西班牙首都马德里市区游，过去主要靠著名的"东方宫"和几个广场等名胜古迹吸引旅游者，后来增添了"星期日娱乐"项目，每逢星期日上午，在市内6个古董市场出售古董、古玩，供游客观赏和选购，下午则观看斗牛、赛马、足球赛等，使马德里市区对旅游者具有极大的吸引力而经久不衰。

2. 旅游市场开拓策略

旅游市场开拓策略，就是为成熟期的旅游产品寻找新的顾客，开发新的市场。具体做法有两种：一是发展旅游产品的新用途，即在原产品功能的基础上开发新的旅游功能用途，使老产品焕发新的生命力，如某度假区在原接待度假游客的基础上，开辟健康、娱乐等旅游项目，使其具备新的功能而吸引了更多的旅游者。二是开辟新市场，即为原有旅游产品寻找新的使用者，使产品进入新的细分市场，如中国的重点观光旅游产品在欧美主要传统市场上已无大的潜力，保持这一产品生命力的有效途径之一是为观光旅游产品寻找新的市场，通过开发新加坡、泰国、韩国、马来西亚等市场，中国观光旅游再度掀起热潮。

3. 旅游市场营销组合策略

旅游市场营销组合策略，是对产品、促销、流通渠道和定价这4个因素的组合加以合理

的改进和重组，以刺激销售量的回升。如提供更多的服务项目、改变分销渠道、增加直销、增加广告，或在价格上加以调整等，来吸引更多的旅游者。

4. 旅游产品升级换代策略

延长旅游产品生命周期的根本途径是根据市场上出现的新需求，不断实现旅游产品的升级换代，做好旅游产品开发工作。对中国观光旅游产品来说，理想的情况是，当第一代观光产品，即以七大旅游城市为中心，散布于部分重点旅游城市的观光产品进入成长期后，就有第二代产品逐步进入开发建设阶段，如增加包括参与性活动在内的娱乐、观光型产品。这样第一代观光产品进入成熟期后，第二代观光产品就进入了成长期，依此类推，使观光产品的生命周期得以延长。

> **案例链接**
>
> **产品生命周期视角下的麻城杜鹃旅游开发策略**
>
> 近年来，很多县市把旅游业作为发展县域经济的突破口，出现了一些成功的案例，湖北麻城杜鹃旅游就是其中之一。2007 年，麻城龟峰山风景区的门票收入只有 20 万元，如今每年的门票收入近 3 000 万元。杜鹃旅游从 2007 年开始酝酿，到如今在全国都很有影响，成为"灵秀湖北"的一张响亮名片，麻城只经历了短短的几年。这几年可以分为推出、成长和成熟几个阶段。未雨绸缪，如何确保麻城杜鹃旅游长盛不衰，这是一个值得探讨的问题。
>
> 1. 旅游产品生命周期及其影响因素
>
> "生命周期"是生物学的概念，是生物从出生到成长再到衰亡的过程。旅游产品生命周期是指旅游产品从被开发出来进入市场到其退出市场的全过程，依次可以分为推出期、成长期、成熟期和衰退期 4 个阶段。
>
> 在推出期，旅游产品投放市场时间不长，消费者对其还不了解，市场对其需求也不大，销售量增长比较缓慢，利润也很低。
>
> 在成长期，旅游产品逐渐形成了特色，有了一定知名度，消费者对旅游产品的认知从陌生走向比较熟悉，产品销量增长速度较快，利润快速增长。
>
> 经过一段时间的"成长"，就进入成熟期。在成熟期，旅游产品已经被大多数消费者所接受，潜在的消费者逐渐减少，产品销量的增速变缓，达到最大销量后开始呈减少态势。如果游客减少的势头得不到遏制，就进入衰退期。在衰退期，旅游需求进一步减少，旅游产品销量由缓慢下降过渡到急速下降，盈利大幅减少并出现负增长的情况。
>
> 作为一种综合性较强的产品，旅游产品生命周期受到很多因素的影响，其中，需求因素、吸引力因素和环境因素具有非常重要的作用。
>
> （1）需求因素。在旅游产品产生、发展以及消亡的每一个过程，需求都是最重要的影响因素。影响旅游消费者需求的因素主要包括两个层次：一是自身的因素，主要包括收入增减和自身观念；二是外界环境，主要包括社会发展程度、新旧景点的变化、服务质量的优劣等。
>
> （2）吸引力因素。在影响旅游产品生命周期的诸多因素中，吸引力是影响其生死存亡的一个关键因素。旅游产品的品牌影响力越大，吸引力就越强，客源也就会源源不断，旅

游产品也就能避免过早衰退的命运,旅游产品的生命周期也就越持久。

（3）环境因素。旅游目的地的环境,如安全便捷的交通、当地居民的友好态度、淳朴好客的风土人情等,都会增强对旅游消费者的吸引力。就旅游产品经营者而言,环境因素主要包括外部环境、社会大环境和内部组织条件3个方面。

2. 麻城杜鹃旅游的成长历程

（1）推出期（2007年）。麻城位于大别山中段,是黄麻起义的策源地,是全国著名的"将军县"。当地经济长期贫困,是"国家重点扶持贫困县（市）",虽然旅游资源非常丰富,但"养在深闺人未识",一直没有得到有效的开发。2007年,为了发展经济,麻城市委市政府对全县展开了调研,发现了龟峰山红杜鹃这一亮点,于是酝酿打造杜鹃花旅游品牌。

麻城全市到处都生长着红杜鹃。每年四五月间,杜鹃花开放的时候,漫山遍野的红杜鹃一望无际,非常壮观。2007年10月26—28日,中国科学院林业专家到麻城实地考察论证和取样鉴定后郑重宣布,在麻城发现生长周期达数百万年的古杜鹃原生态群落。其中,龟峰山集中连片的古杜鹃群落面积之大、年代之久、保存之完好,为全国一绝、世界罕见,极具开发价值。麻城古杜鹃总面积达100多万亩①,其中龟峰山风景区集中连片总面积达10万多亩,生长周期达百万年以上,现存树龄均在200年以上。麻城杜鹃花以"中国面积最大的古杜鹃群"被上海大世界吉尼斯纪录大全收录。麻城杜鹃花逐渐为消费者所认知。

（2）成长期（2008—2009年）。2008年4月23日,麻城举办了首届杜鹃花文化旅游节,标志着麻城精心打造的杜鹃文化品牌正式亮相,而"人间四月天,麻城看杜鹃"的口号也随着旅游文化节的成功举办而响彻大江南北。2009年"五一"假期头3天龟峰山游客接待量就有10.6万人次,全年旅游人数约65万人次,综合旅游收入达3.5亿元。随后,麻城通过人代会表决,正式将杜鹃花列为麻城市花。

在取得初步成功以后,麻城把重点放在加强旅游基础设施建设方面。2009年,麻城投资2 900万元,对全长9公里的一直制约旅游发展的龟峰山景区上山循环路,按山区二级公路标准进行了改造;投资1.7亿元完成了全长108.9公里的大别山红色旅游公路(麻城段)。交通设施的改善使麻城进入"快旅慢游"时代,为接待更大规模的游客奠定了基础。

（3）成熟期（2010年至今）。2010年4月,第二届麻城杜鹃花文化旅游节举办,龟峰山接待游客突破50万人次,门票收入突破800万元。从这一年开始,"人间四月天,麻城看杜鹃"的广告开始出现在武汉的公交车上,迅速传遍了武汉的大街小巷。

2011年4月,龟峰山风景区的门票收入接近2 000万元。2011年,麻城全年共接待国内外游客143万人次,实现旅游综合收入8亿元。同年4月,中国花卉协会将"中国映山红第一城"的牌匾颁发给麻城。9月,"灵秀湖北"十大旅游名片评选揭晓,麻城龟峰山红杜鹃被评为"灵秀湖北"十大旅游新秀。

2012年,麻城市荣膺"2012中国县域旅游之星",位列全国第五,为湖北唯一,创造了闻名全国的"麻城旅游现象"。这一年,麻城旅游业不仅获得了丰厚的收入,而且对当地其他产业的带动作用凸显出来。杜鹃花文化旅游节举办期间,麻城签约30个以上投资在5 000万元以上的项目,10个以上投资过亿元的项目,5个以上投资过10亿元的项目。

在麻城杜鹃旅游大获成功的同时,也存在着一些制约因素。杜鹃花的花期比较短,集

---

① 1亩=666.67平方米。

中在每年的四五月,这就造成旅游消费的时间比较短。杜鹃花开放的时候,往往人满为患,一票难求,甚至出现很多游客滞留在龟峰山下无法上山的情况。但是每年有长达 10 个多月的时间杜鹃花不开放,这时龟峰山景区就无人问津,旅游设施被闲置。麻城旅游资源虽然丰富,但除了杜鹃花,其他的旅游产品知名度都不高,这就造成消费者选择的余地比较小。此外,麻城杜鹃旅游主要针对一日游市场,以省内游客为主,亟须开发新的消费群体。

3. 保持麻城杜鹃旅游旺盛生命力的对策

(1) 拓展省外旅游市场,扩大需求。麻城的交通优势其实非常明显,106 国道贯穿麻城全境,"三高"(大广高速、沪蓉高速、麻竹高速)、"三铁"(京九铁路、沪汉蓉铁路、汉麻铁路)在此连接,拥有京九铁路和沪汉蓉快速铁路两个二级火车站,是中部地区重要的交通节点城市。优越的交通条件,为拓展省外旅游市场提供了可能。

如前所述,仅靠省内游客的需求,很难支撑麻城杜鹃旅游的长远可持续发展。麻城可以发挥交通方便的优势,拓展省外旅游市场。积极主动地在外省开展营销推广活动,吸引游客到麻城旅游。

(2) 提高服务质量,增强品牌吸引力。旅游产品的知名度越高,美誉度越高,吸引力就越强,旅游产品的生命力就越旺盛。在打造品牌方面,麻城做了很多努力。麻城几乎每年都举办杜鹃花文化旅游节,邀请明星助阵,吸引了很多媒体报道,提高了品牌曝光度。龟峰山景区给一株有 56 根树枝的"杜鹃花王"投保 960 万元,寓意祖国 960 万平方公里土地上生长的 56 个民族血脉相连。这些都提高了品牌知名度。

打响知名度只是第一步,要使品牌具有持久的生命力,就必须增强品牌内涵。品牌内涵的核心是服务。这些年因为发展速度太快,龟峰山景区的服务出现了一些不尽如人意的地方,曾经出现过游客滞留山底不能上山的情况。要提升服务质量,使游客"乘兴而来,满意而归",游客满意度提升以后,麻城杜鹃旅游的优良品质就会通过"口碑效应"传播开来,在无形之中增强杜鹃旅游的品牌吸引力。

(3) 开发杜鹃旅游延伸产品,延长旅游时段。因为杜鹃花的花期不长,每年到麻城旅游的游客集中在四五月份,旅游消费时段比较短,这是制约麻城旅游业发展的一个问题。要让龟峰山以及麻城的旅游设施充分发挥作用,就要开发杜鹃旅游延伸产品。

龟峰山景区内有一条 7.2 公里长的杜鹃花溪,适合开展漂流活动。龟峰山平均海拔 900 米左右,夏季平均气温 23℃、湿度 50%,适合休闲避暑。通过开发"杜鹃花溪漂流"吸引人们到龟峰山避暑,就能弥补杜鹃花花期短的不足,延长景区的旅游时段。紧邻麻城的武汉是全国著名的"火炉"城市,夏季酷暑难耐,市民避暑旅游的需求很大。龟峰山景区可以杜鹃旅游为核心,进一步开发延伸产品,增强对消费者的吸引力。

(4) 加强基础设施建设,优化旅游环境。如前所述,环境因素是影响旅游产品生命周期的重要因素,要想延长麻城杜鹃旅游的生命周期,就要不断优化旅游环境。一是要进一步优化硬件环境,完善景区道路等基础设施。要加强信息化建设,借助于信息化手段对游客进行科学调度,避免高峰时段景区部分景点过于拥挤。二是加强"软环境"建设,提升当地群众的素质,营造友善好客的社会风气,让热情为游客服务成为一种自觉的社会风尚。

麻城杜鹃旅游已经历了推出、成长和成熟 3 个阶段,要使麻城杜鹃旅游保持旺盛的生命活力,可从扩大需求、增强品牌吸引力、优化旅游环境等方面着力。

(资料来源:http://www.toptour.cn/tab1648/info227936.htm)

知识归纳

旅游产品是旅游经济活动的主要对象,是现代旅游业存在和发展的基础。通过本章的教学,学生应掌握旅游产品的概念、经济属性和特征,掌握旅游产品的构成和类型,掌握旅游产品的开发原则、开发内容和开发策略,掌握延长旅游产品生命周期的经营策略等。

案例分析

江西推进旅游产品转型升级 打造健康养生基地

江西省人民政府《关于加快旅游业改革促进旅游投资和消费的实施意见》提出,将推进旅游产品转型升级,以转型升级、提质增效为主线,推动旅游开发向统筹整合、集约节约转变,推动旅游产品向休闲度假、健康养生并重转变,打造一批各具特色的休闲度假、健康养生基地,满足多样化、多层次的旅游消费需求,实现可持续发展。

1. 提升旅游产品品质

实施"四大工程",促进旅游产品提质增效。实施精品旅游线路工程,依托各类景区资源禀赋,加快推进环鄱阳湖五彩精华旅游线、赣中南红色经典旅游线、赣西绿色精粹旅游线等一批精品旅游线路建设。实施"非遗进景区"工程,开发一批活态传承文化旅游项目,到2017年,实现全省国家 3A 级及以上旅游景区内非物质文化遗产项目全面普及。实施旅游演艺工程,鼓励专业艺术院团与重点旅游景区及旅游城市合作,打造特色鲜明、艺术水准高的专场剧目;鼓励重点景区引进具有地域特色的曲艺、杂技、民俗表演等演艺内容,提升旅游目的地品牌内涵。实施景区提升工程,加快推进大觉山、滕王阁、龟峰、篁岭、武功山、仙女湖、云居山—柘林湖等景区创建国家 5A 级景区步伐。建立国家 5A 级景区预备库,力争每年新增 2 个旅游景区进入创 5A 级预备名录。

2. 丰富旅游产品业态

着力打造"六张名片",拓展特色鲜明的旅游发展空间。

(1)打造生态旅游名片,把休闲农业、乡村旅游作为创建生态旅游品牌的重要支撑,把营建城乡"无景点"休闲度假空间作为创建生态旅游品牌的基础,大力发展水上旅游和生态休闲旅游项目,力争新增 2~3 个国家级生态旅游示范区,推进 30 个省级生态旅游示范区、100 个生态旅游示范乡镇建设。

(2)打造红色旅游名片,全面落实红色旅游二期规划,推动赣南等原中央苏区,尤其是井冈山、瑞金、兴国、于都、永新、遂川、青原建设成为全国领先的红色旅游目的地、红色旅游示范区。

（3）打造赣鄱文化旅游名片，推动陶瓷文化、庐陵文化、临川文化等具有地域特色的传统文化精髓融入旅游，重点做好景德镇御窑厂等大遗址的保护利用，修缮一批古书院、古村古镇和名人故居，营造人文景观与自然景观相得益彰的赣鄱文化旅游效应。

（4）打造道教祖庭、佛教圣地旅游名片，将龙虎山上清宫、南昌西山万寿宫、樟树阁皂山崇真宫等打造成为道教祖庭旅游目的地，将九江庐山东林寺、靖安石门山宝峰禅寺、奉新百丈山百丈禅寺等打造成为佛教寻宗游目的地。

（5）打造医疗养生旅游名片，推动健身康体、中医中药、温泉疗养、生态养生等与旅游深度融合，加快岐黄国医外国政要体验中心、武宁国际养生度假中心等基地建设，支持南昌梅岭、宜春樟树等打造中医药养生休闲区，探索设立国际医疗旅游产业先行区。

（6）打造体育旅游名片，鼓励景区创造条件开发登山、攀岩、步行、骑行、射击、垂钓、赛舟、赛艇等户外运动项目，打造一批户外运动基地和体育旅游示范基地，培育一批国内外知名的体育旅游精品赛事和精品景区。

3. 增强旅游商品竞争力

推进旅游产业集群发展，积极培育和壮大旅游商品龙头企业，重点开发旅游装备、旅游饭店、户外旅游用品，以及具有地方特色、丰富内涵的手工艺品和有机生态农副产品。支持重点旅游景区建设区域性旅游商品市场、旅游城市建设旅游商品商场，有条件的开放口岸按规定设立免税店，为旅游商品营销提供信息、金融、物流等便利服务。建立省级旅游电子商务平台，鼓励物流进店铺，实现销售、配送一条龙服务。推动"江西优秀旅游商品"认证，公布旅游商品推荐名单，加快提升江西旅游商品的市场认可度、美誉度。

（资料来源：http://www.ce.cn/culture/gd/201603/17/t20160317_9557933.shtml）

思考： 如何对旅游产品进行转型升级？

复习思考题

1. 怎样理解旅游产品的概念？
2. 简述旅游产品的供给构成。
3. 旅游产品的类型有哪些？怎么划分？
4. 旅游产品开发的内容是什么？应当遵循哪些基本原则？
5. 简述旅游产品的价值和使用价值的含义，以及它们与一般物质产品价值和使用价值的不同之处。
6. 如何进行旅游产品开发？
7. 结合旅游市场的实际谈谈延长旅游产品生命周期的经营策略。

第三章 旅游需求

1. 熟悉旅游需求的基本概念；
2. 了解旅游需求的规律和需求弹性；
3. 掌握旅游需求的衡量和预测。

第一节 旅游需求的概念与特点

一、旅游需求的概念

心理学所谈的需求，是指人们在一定条件下对某种事物渴求满足的欲望，是人类产生一切行为的原动力。在经济学中，需求通常是指在一定时期内，消费者以一定价格购买商品和劳务的数量，即有效需求。当人们对外出旅行、观光、度假、休闲产生渴望时，意味着人们即将产生旅游需求。因此，从经济学角度来说，旅游需求就是指在一定时期人们愿意并能够以一定货币支付购买旅游产品的数量。简单地说，旅游需求就是人们对旅游产品的需求。

旅游需求可分为潜在需求和实际需求两类。潜在需求是指某些人或群体已具备旅游需求的各项必要因素（如时间、金钱、意愿等），只是缺乏行动的诱因，如有外力的推动（如广告、宣传、亲戚朋友推介、旅游从业人员推销等），就可能使其转变成实际旅游需求者。实际需求是指实际从事旅游活动的人所表现出的需求。实际需求受到旅游目的地的服务、政治、文化、设施、治安状况等的影响，这些因素对旅游需求产生的阻力越大，旅游需求者参与的意愿就越弱，反之，意愿就越强。正确理解旅游需求的概念，必须掌握以下几点。

1. 旅游需求表现为旅游者对旅游产品的购买欲望

旅游需求作为旅游者的一种主观愿望，表现为旅游者对旅游活动渴求满足的一种欲望，即对旅游产品的购买欲望，这是激发旅游者的旅游动机及行为的内在动因。但旅游需求并不是旅游者实际购买旅游产品的数量，它只是旅游者对旅游产品的购买欲望，这种欲望（即旅游需求）能否实现，则取决于旅游者的实际支付能力和旅游经营者提供的旅游产品数量。

2. 旅游需求表现为旅游者对旅游产品的购买能力

购买能力是指人们的收入中可用于旅游消费支出的能力，即旅游者的经济条件。旅游者对旅游产品的购买能力通常是用个人可自由支配收入来衡量。一般来说，在其他条件既定的情况下，个人可自由支配收入越多，人们对旅游产品的需求越大，另外，旅游产品的价格也会在一定程度上影响旅游者的购买能力。因此，旅游者对旅游产品的购买能力不仅显示了旅游者对旅游产品的消费能力及水平，还是旅游者的购买欲望转化为有效需求的重要前提条件。

3. 旅游需求表现为旅游市场中的一种有效需求

在旅游市场中，有效旅游需求是指既有购买欲望又有支付能力的需求，它反映旅游市场的现实需求状况。因此，旅游有效需求既是分析旅游市场变化和预测旅游需求趋势的重要依据，也是旅游经营者制定经营计划和营销策略的出发点。如果只有旅游购买欲望而无支付能力，或者只有支付能力而无旅游购买欲望，均称为潜在需求。前一种潜在需求只能随着社会经济的发展和人们收入水平的提高，才能逐步转化为有效需求；后一种潜在需求则是旅游经营者应该开拓的重点，通过有效的市场营销策略（如广告、促销、宣传等），使其能够转化为有效的旅游需求。

二、旅游需求的特点

1. 整体性

大多数旅游者在决定去某地旅游时，不只考虑某一方面的旅游商品或服务，而是将多种有关的旅游商品和服务综合起来进行考虑。这种对总体旅游商品的需求涉及在旅游目的地活动期间的食、住、行、游、购、娱等各个方面，因而是一种整体性的需求。了解和认识旅游需求的这一特征，对于理解旅游供求问题具有十分重要的意义。一方面，旅游需求是对旅游过程中食、住、行、游、购、娱等各方面服务的整体需求；另一方面，这些服务又是分别由不同的地区和不同的旅游企业提供的，由于各地区和各旅游企业的自身利益不尽相同，特别是各旅游企业所有权归属不一，这决定了有必要对旅游业进行宏观调控，以保证整个旅游活动过程各环节的衔接和配合，使旅游者获得良好的旅游感受。

2. 季节性

旅游需求的季节性一方面来源于旅游客源地的自然气候条件、社会风俗习惯，以及学校的假期及企业的带薪假期等，这样就使旅游需求往往集中于一个时期，不能全年平均分配；另一方面来源于旅游目的地的气候条件和旅游资源状况，目的地的旅游吸引物往往表现出截然不同的吸引力，甚至有些吸引物本身也有季节性，这都会使旅游需求集中在一个时期内，如冬季滑雪、夏季游泳等。虽然许多人文旅游资源不受气候影响，但气候的恶劣常使人感到身体不适，因而对旅游的需求会随气候变化而有季节性。旅游需求的季节性波动，对旅游供求之间的平衡显然有不利的影响。这种影响通常表现为旅游旺季时供不应求，而淡季到来时则难免出现供过于求的局面。

3. 多样性

旅游需求的多样性是指人们在旅游地选择、旅游方式、旅游等级、旅游时间和旅游类型等方面存在的差异性。不同的游客，在职业、年龄、性别、受教育程度、社会地位、消费习惯和旅游偏好等方面不尽相同，对旅游的需求也是多种多样的。即便是出于同一种旅游动机，个体旅游需求在旅游地选择、旅游方式、旅游等级、旅游时间、旅游类型等方面也都必然存在差异，从而导致了旅游需求的多样性。有的旅游者为了好奇、冒险而进行刺激、体验式旅游；有的旅游者为了放松、缓解工作压力而进行休闲、疗养度假、观光型旅游；有的旅游者则因公务、经商、洽谈业务而进行文化型、考察学习型旅游。随着社会的发展，旅游者对生态旅游、民俗风情旅游等表现出了极大的兴趣，旅游需求更加多样化。

4. 高层次性

由于人们的兴趣爱好及所处环境的差异，人们产生了各种各样的需求。亚伯拉罕·马斯洛把人们多样性的需求划分为 5 个层次，具体为生理的需求、安全的需求、社交的需求、自尊的需求和自我实现的需求。5 个层次的需求是由低级向高级逐渐发展并得到满足的，低一层次的需求得到一定满足后，人们就会追求更高层次的需求。高层次的自尊的需求及自我实现的需求，会激发人们的旅游需求和动机，并促成人们的旅游行动。

5. 主导性

旅游需求是在外部刺激影响下，经过人的内在心理作用而产生的，是人们旅游行为发生的内在动力。旅游需求的产生虽然受旅游产品的吸引力作用，受经济、社会、政治、文化及环境等各种因素的影响，但最根本的还是由人的心理所决定的。人们的价值观、生活方式、生活习惯、消费特点等都会直接决定和影响旅游需求的产生，因而旅游需求是一种主导性的需求。特别是随着人们收入的增加、生活水平的提高和对生活质量的讲究，旅游需求已成为人们积极主动追求的一种消费需求。

6. 复杂性

旅游需求不仅是一种多样性需求，而且是一种复杂性需求。旅游需求的复杂性，一方面是由人的心理活动的复杂性决定的，即人们对购买和消费旅游产品的认知、态度、情绪、偏好及学习过程是复杂的。例如，有的旅游者喜欢住高级宾馆，而有的旅游者更喜欢民居式住宿；有的旅游者喜欢刺激、冒险的旅游活动，而有的旅游者更喜欢安全性高的旅游项目。另一方面与旅游环境的复杂性密切相关。旅游者的旅游活动通常是不断变化的，旅游活动的进行和旅游环境的变化，必然对旅游者的心理和行为产生重要影响，从而导致旅游需求处于动态变化之中，并表现出复杂性的特点。

7. 敏感性

旅游需求的敏感性是指人们对旅游环境发生变化所做出的敏感反应。人们旅游固然是为了满足求新、求知、求奇、求异的需要，但是如果旅游环境发生了不利于旅游者的情况，如旅游目的地国家的货币大幅升值,大大超出了旅游者的旅游预算,其可能会取消到该国的旅游计划。如果旅游目的地国家发生了政治动乱,或与旅游者所在国的关系紧张,或旅游目的地国家发生了传染病、恐怖袭击活动等,危及旅游者的出游安全,旅游者也会放弃到该国的旅游。

> **案例链接**
>
> ### 中国人走下旅游流水线
>
> 那种几十个人同时集合,同时上车,同时在几百万人逗留过的景点前拍照,同时在一家店购物的旅行方式已经过时了,旅游的主力消费人群已经告别"集体出操",按着自己的意愿去探寻外面更精彩的世界。
>
> 中国社会科学院旅游业研究学者宋瑞指出,中国的旅游业走入了"后福特主义"。即以满足个性化需求为目的,强调用户主导,有了需求之后再影响商品生产,不再像福特公司生产汽车那样以企业为主导,先有标准化和规模化的产品,再供给消费者选择。
>
> 在旅游的"后福特主义"时代,网络带来信息的丰富和透明,走在最前面的是一些胆子大、特立独行的旅游者,他们敢于自己去偏远而陌生的地方旅游,通过自己查找线路、阅读攻略、搜索点评网站,规划自己的行程。
>
> 在上海工作的年轻白领 Coco 曾在 2012 年春分出发,开始在欧洲长达半个月的自助游行程。她还和先生一起去澳大利亚,入住大堡礁的民宿、玩浮潜,通过穷游攻略联系到当地一个司机兼导游,体验了一次比较小众的大洋路驾车行程。这名当地导游厌倦了带着旅游团每天花 14~15 个小时走马观花,因而自己开了个小公司,倡导本地化的体验。
>
> 蚂蜂窝和中国旅游研究院发布的《全球自由行报告 2015》显示,过去一年,中国自由行市场增速为 16.7%,是全球平均水平的 3 倍,其中出境自由行市场规模达到 9 300 亿元,境内自由行规模达到 3 万亿元。
>
> 自由行需求的增长,也催生了更多旅游公司的定制游业务。毕竟很多人没有时间自己搜集资料、规划行程。近年来出境游的火爆推动了定制需求,因为有语言和文化习惯差异带来的困难。2015 年中国的出境游人数达到 1.2 亿人次,出境人数和境外旅游消费位列世界第一。
>
> 介于自由行和跟团游之间的定制游,近年来备受追捧,"定制"这一概念逐渐从高端走向大众。另外,介于个性化定制和团队游之间的主题游也遍地开花,为那些有特定需求或爱好的人组织出行。
>
> "过去大家一想到定制就联想到高端奢华,现在不尽然,针对白领人群的定制游更符合大众市场需求。"关注旅游行业的华威国际投资董事朱峰对界面新闻说道,仅从 2015 年第四季度到今年,他就看到很多旅游企业开始涉足定制游领域。除此之外,他们作为投资方,对主题旅游的项目很有兴趣。"主题游往往是和某种爱好相连接,经营的时候是从这一兴趣爱好出发,围绕其提供服务,出行是其变现的手法之一。主题游能改变旅游这一消费行为低频次的情况。"朱峰说。
>
> 定制旅游公司无二之旅像是一个旅游达人的集合。"我们的创始团队可以说是国内第一批深度自由行的人,周围有很多让他们定制行程的需求。2012 年我们有了切入这个市场的

想法，2013年正式成立公司。随后感觉到定制旅游的概念慢慢被接受。"无二之旅创始人蔡韵对界面新闻说道。他们的目标客户是中国目前的城市白领阶层，这一群体希望有个性化的选择，但也面对自由行的种种烦琐和限制。

定制游也锁定了中国正在崛起的中产阶级消费群体。据统计，中国的中产阶级预计2020年将达到3.6亿。"中国中产阶级人数已经超过1亿，每年出行频次在2次左右，全家每次出行预算在4万~10万元，他们不喜欢跟团，也没太多精力自己做攻略定资源，他们已经把旅游当作一种生活方式。"6人游CEO贾建强说，只为家庭、朋友、熟人定制旅游的6人游，定位在中产阶级的社交圈层。6人游的报告显示，2015年其业务增长高达500%。

而要将定制游进一步推广，还需要克服阻力。一方面，跟团游的低价产品已经让中国消费者习以为常，市场还需培育；另一方面，定制旅游公司也在借助于互联网科技降低定制成本。"通过互联网的方法，将定制游的整个获客体系及服务体系流程化，整个旅游产品的市场过程能够用机器去代替80%的人工，就会把整个的毛利率降到10%。"贾建强在之前的媒体采访中说。

无二之旅在拿到第一笔融资后也开始通过数据化的方式提高效率，降低价格。"我们的线路都不是固定的。后台的信息像一个个乐高积木，都是非常精确、有意思的旅游亮点，包括亮点之间的交通连接方式，可以任意排列组合出上百万种方案。"蔡韵介绍，在客户提供基本偏好之后，在系统运算基础上加上定制师的沟通，就能为更多旅游者提供量身定制的服务。

"我们目前每月接待上千的客户，未来有可能上万，甚至数十万，那就需要后台系统不断优化、提高效率，在保证质量的情况下降低成本。"蔡韵说。

2014年在北京成立的妙计旅行则是聚集了大批技术人员，研发纯技术完成定制的旅游App，其产品在2016年3月刚刚上线，希望用更精准的互联网技术、数据分析为自由行游客提供工具式服务。

据相关数据统计，2012年之后传统旅游团业务所占比重正在以每年25%~30%的速度递减，不少定制游服务都是在2012年之后进入市场的，包括北京新世界国旅2013年年底开始做定制小团，2014年3月成立的游心旅游也专注于定制游。

传统跟团游业务的同质化竞争激烈、利润微薄，在线旅游企业价格战造成的亏损已经不可持续，再加上随处可见的旅游购物团正在消磨人们对团队旅游的信心，像携程、途牛这样的在线旅游企业都开始重视定制游市场。相比团队游5%~7%的毛利，定制游的利润率可以达到10%~15%，高端定制游的利润则在30%。

携程在2016年2月上线了"定制旅游"平台，途牛在3月和C2C定制游公司8只小猪合作，发布在线向导预约平台，过去一年的前11个月，途牛的定制游销售额据称超过10亿元，同比增长超过一倍。另外，像众信这样以传统批发商业务起家的旅游企业也在今年发布了定制游品牌。

携程2016年的春节定制旅游报告也显示，春节期间通过携程定制游完成的团量是去年同期的4倍，单个订单量最高超过100万元。

据携程旅游事业部熟悉日韩业务的杜欣介绍，在2015年中国出境游目的地中热度最高的日本，北京与上海的团队签证比例已经被个人签证超越。2015年12月，日本驻上海总领事馆透露，赴日的团队签与个签比例首次倒挂变成4:6，而2016年2月驻北京的日本大使馆团个签比例,据供应商反映,已经达到 2∶8。"目前日本的团队游行程如果没有自由活动时间,就基本卖不动了。"杜欣说。

目前国内的主题游项目不胜枚举,从大的分类来说,有亲子、蜜月、户外、游学、赛事、摄影、文化、医疗等。再往下细分,户外又有登山、攀岩、极地探险之类,文化游又有电影之旅、历史之旅、音乐之旅等。

数据显示,当一国的人均GDP达到5 000美元时,意味着步入成熟的度假旅游经济阶段,休闲需求和消费能力日益增强,并且出现多元化趋势,个性化的、偏高端的定制游需求旺盛。据统计,2015年中国人均GDP超过8 000美元。主题游和定制游都迎来了合适的发展时机。仅亲子游这一细分市场,在2015年的市场规模估计就有114.7亿元。

在中国游客心中,旅游作为一种值得炫耀的经历的想法在淡化,旅游早已从一种稀缺商品转变为许多人的生活方式,人们变得更加主动,旅游的意义也渐渐回归到个人需求的本质。

(资料来源:http://finance.sina.com.cn/chanjing/cyxw/2016-05-20/doc-ifxsktkr5819933.shtml)

第二节 旅游需求的产生条件与影响因素

一、旅游需求产生的条件

从旅游需求的定义可以明确,从行为主体的角度看,旅游需求的产生必须具备旅游动机、足够的可支配收入和足够的闲暇时间这3个基本条件。

1. 旅游动机

所谓动机,就是引发一个人为满足自身某种需要而决定采取某种行为的内在力量。它是由需要来推动的,一个人有什么样的需要就会产生满足这种需要的动机。旅游动机就是驱使人们产生旅游行动的内在驱动力,是人们的一种自主、能动的主观愿望,是形成旅游需求的首要条件。从心理学的角度来说,旅游动机是在旅游需要同旅游目标相遇时,在需要的推动和目标的吸引下形成的一种心理活动。

旅游动机的产生与人类其他动机一样,都是来自个人的需要,旅游需要是指个体对旅游愉悦行为的自动平衡倾向和择取倾向,是心理内驱力在潜在旅游者头脑中的意识反映。旅游目标是旅游者追求的预期结果在头脑中的一种超前反映,它确定人的行为方向。

就旅游行为而言,内化了的旅游需要是产生潜在旅游者心理失衡的根源,内驱力可能产生自个体心理上出现的旅游价值与环境的不协调,而旅游需求是这种不协调的意识反映。需求的产生在很大程度上源于问题的存在,当人们愿意通过旅游来解决问题的时候,就产生了所谓的旅游动机。旅游动机就是驱使人们产生旅游行动的内在驱动力,是人们的一种自主的、能动的主观愿望,是形成旅游需求的首要的主观条件。

2. 足够的可支配收入

可支配收入指个人或家庭的收入中扣除全部应纳所得税之后的剩余部分。可自由支配收入亦称可随意支配收入，则是指个人或家庭收入中扣除应纳所得税、社会保障性消费（即按规定应由个人负担的养老金、失业保险、健康保险等社会保障费用的预支），以及衣、食、住、行等日常生活必需消费部分之后所余下的收入部分。可自由支配收入意味着可供人们随意发挥其作用，因而是一个家庭中真正可用于旅游度假的收入部分。所以严格地讲，拥有足够的可自由支配收入是一个人能够实现其旅游需求的首要物质条件。它决定一个人能否成为现实的旅游者，决定旅游者的消费水平，决定旅游者在外旅游期间的消费构成，并且还会影响到旅游者对旅游目的地及旅游方式的选择，等等。所以，可随意支配收入是决定个人旅游需求的最重要的物质基础。

可自由支配收入受多种因素的影响。一般情况下，旅游者所在国的经济发展水平直接影响着旅游者的可自由支配收入的高低。通常在经济发展水平较高的国家，旅游者可自由支配的收入水平往往较高。可自由支配的收入越多，旅游支付能力就越强。从世界范围来看，国际旅游花费较高的国家基本上是经济较发达国家。经济较发达国家是国际远程旅游市场的主体。在一国内部也是如此，经济发达地区往往是该国国内旅游市场的主体，如我国的东南沿海地区。另外，人们可自由支配收入还与其所从事的职业、家庭结构（如人口多少、双职工与否等）等因素有关。

3. 足够的闲暇时间

很多事实证明，虽然一个人具有足够的旅游支付能力，但他却因事务缠身而终究无法成行，因此，拥有足够的闲暇时间也就成了一个人产生和实现其旅游需求所必须具备的又一基本条件。所谓闲暇时间，是指人们在日常工作、学习、生活及其他必须占用的时间之外，可以自由支配的时间。

在社会生活中，人们的闲暇时间可以分为 4 种基本类型：每日工作之余的闲暇时间、每个周末的闲暇时间、法定假日的闲暇时间和带薪假期。旅游活动必须花费一定的时间，没有时间就不能形成旅游行为，因而闲暇时间是构成旅游活动的必需条件。但是从闲暇时间的分布情况来看，并非所有的闲暇时间都可用于旅游。特别是较长距离的旅游活动，人们只能利用历时较长而且连续集中的闲暇时间。很明显，每日闲暇无法用于外出旅游；周末闲暇（一般为 2 天）仅可用于近距离的周末度假或一日游；法定假日（特别是连续 2~4 天的公共假日）一般是人们外出探亲访友或旅游度假的高峰期；带薪假期由于闲暇时间多且连续集中，通常成为人们外出旅游度假尤其是远程旅游的最好时机。

目前，经济发达的工业化国家大都有法律规定的员工带薪休假制度。但世界各国带薪假期的时间长短不一，例如，在北欧的瑞典，员工享有的带薪假期为每年 6 周，而在美国则一般 2~4 周，西欧各国的带薪假期平均为每年 4 周。我国接待的欧美游客中，大部分人是利用自己的带薪假期来华旅游的。

总之，旅游需要有时间，对于在职人员来说，需要有足够数量而且比较集中的闲暇时间才有可能实现外出旅游。

必须同时具备上述 3 个条件，才可能形成旅游的有效需求，产生对旅游产品的购买行为。如果有旅游欲望而无支付能力，或者虽有旅游欲望又有支付能力，但无闲暇时间，都不能形成旅游需求，只能将其称为潜在需求。但随着收入水平的提高，休假制度的调整变化或通过旅游景区的广告宣传激发人们的旅游欲望等措施，潜在旅游需求可以转化为有效需求。

二、影响旅游需求的主要因素

1. 人口因素

人口是影响旅游需求的基本因素之一，因为旅游活动本身就是人的活动。因此，总人口数、人口素质、人口结构对旅游需求有着重要的影响。

1）总人口数

这里所说的总人口数是指需要研究的问题范围内的总人数，可以是全世界，也可以是某一客源国或地区的总人数。目前，虽然没有数据表明，人口总数与旅游人数之间有直接的相关关系，但是一个国家或地区产生的旅游者的绝对数量必然会受到该国或该地区人口总数的限制。一般来说，人口基数大的国家或地区在其出游率不高的情况下出游的人数依然可能较多，而且从发展的角度来看，总人口数多的国家或地区，其潜在的旅游需求也大。

2）人口素质

通常，旅游者的文化素养及受教育程度直接影响旅游需求的变化。一方面，受过教育且文化素养较高的人，他们对了解世界各地文化、风俗的愿望更加强烈，从而刺激他们产生更多的旅游需求；另一方面，由于旅游产品是一种综合性的产品，要求旅游者必须具备一定的文化知识，只有这样，才能对各种旅游名胜、旅游方式等做出合理选择。

3）人口结构

人口结构指的是人口的性别、年龄、职业等的构成情况。

（1）性别构成。一般男性旅游者人数比女性旅游者要多，但随着社会经济的发展、家务劳动的社会化及妇女地位的不断提高，女性出游率也会不断上升。

（2）年龄构成。从人口年龄构成上看，不同年龄的人对旅游有不同的需求。青年人精力充沛，渴望外出旅游，但往往受到经济收入不高的限制；中年人收入稳定、带薪假日多，出游率较高；老年人既有经济收入又少有子女的负担，但容易受到身体条件的限制。

（3）人口分布状况。一般来说，城市居民要求外出旅游的数量要比农村居民多得多，这是因为城市居民的收入一般要比农村居民高，具有产生旅游需求的经济基础，而且城市人口稠密、工作压力大，迫使城市居民外出旅游，以调节身心状态、缓解压力。此外，城市发达的交通条件、灵通的信息及其他相关条件也使城市居民出游率比农村高得多。

（4）职业构成。不同的职业意味着不同的收入、不同的受教育程度、不同的闲暇时间和不同的消费需求等。一般来说，企业家、商务人员、医生、律师等收入水平较高，产生旅游需求尤其是远距离旅游需求的可能性较大，对旅游设施的要求也较高；公务员、企业管理人员出差机会较多，通常在公务旅行中兼顾旅游，其消费也较高；科技工作者、教师、研究人员进行学术交流的机会较多，会议旅游是他们常见的旅游方式；而一般的个体户、工人和农民由于收入较低，闲暇时间较少，外出旅游的频率不高，旅游消费水平也较低。

2. 经济因素

经济因素是影响旅游活动产生和发展的基本因素，没有经济的发展，就没有今天的旅游经济活动。经济条件是产生一切需求的基础,没有丰富的物质基础和良好的经济条件,旅游需求不可能产生。因此,国内生产总值、居民收入水平、旅游产品价格和外汇汇率等都直接或间接地影响着旅游需求的规模和结构。

1)国内生产总值

国内生产总值,是指一个国家(或地区)所有常住单位在一定时期内生产的最终产品和提供的劳务总量的货币表现,它反映了一个国家(或地区)在一定时期整个社会物质财富的增加状况,是衡量经济发展水平的重要指标。从旅游经济角度看,如果旅游客源国的国内生产总值高,旅游需求就会增加,旅游的规模就相应扩大;如果旅游接待国的国内生产总值高,旅游设施及接待条件就相应较好,从而吸引旅游者及刺激旅游需求的能力就强。因此,不论是旅游客源国还是旅游接待国的国内生产总值提高,都会刺激旅游需求不断增加。

2)居民收入水平

居民收入水平及可支配收入状况也影响着旅游需求的变化。一方面,旅游需求与居民收入水平呈正相关。居民收入越多,旅游需求就越多,因此居民收入水平是影响旅游需求的数量因素;另一方面,在总收入不变的前提下,人们可自由支配收入的多少不仅影响旅游需求的数量,而且影响旅游需求的结构,即随着旅游者用于旅游消费支出的增加,对某些旅游产品的需求会增加,而对另一些旅游产品的需求会减少。

3)价格和货币汇率

旅游需求与价格具有负相关关系。当旅游产品价格上升时,旅游需求量就下降;反之,则上升。另外,在国际旅游市场上,汇率变化对旅游需求的影响表现在:如果旅游接待国货币同旅游客源国货币之间的汇率下跌,旅游接待国的货币贬值,旅游产品的实际价格就会下降,则前往该国旅游的需求就会增加;反之,如果旅游接待国货币同旅游客源国货币之间的汇率上升,旅游接待国的货币升值,旅游产品实际价格就会上涨,则前往该国旅游的需求就会减少,旅游者就会转向其他的国家旅游(在那里支付相同的货币,可以买到更多的旅游产品)。可见,在其他情况不变的条件下,汇率变化不一定会引起国际旅游总量的变化,但会引起国际旅游需求总量在不同汇率国家之间的重新分配。

3. 社会文化因素

可能对旅游需求产生影响的社会文化因素,包括国籍、种族、语言文字、价值观念、风俗习惯、宗教信仰等,它们对旅游需求的影响较为复杂。因此,在研究旅游需求时,要注意分析旅游者的文化背景和文化特征,以及由此所形成的消费习惯和需求心理,尽可能适应旅游者的消费习惯和爱好,促使旅游需求不断增加。

4. 政治法律因素

政局稳定、政策有利是促使旅游需求不断增加的重要因素。旅游者在不稳定的政治环境中承受的人身安全、财产安全等各种风险就会增大,相应地就会给其造成心理压力而使旅游需求下降。有时,在一个旅游圈内某一国家的政局不稳定,还会影响周边国家及整个旅游圈的旅游需求普遍下降。

5. 旅游资源因素

旅游资源是保证旅游需求得以实现的基础，旅游供给方既要利用现有的旅游资源，充分展现其特色，形成有竞争力的旅游产品，也要积极开发新的旅游产品，刺激人们产生新的旅游需求。此外，旅游设施条件、旅游服务水平及当地居民对游客的友好程度，都可以增加或降低对游客的吸引力。

> **知识拓展**
>
> **2015年我国旅游总收入破4万亿元 同比增长12%**
>
> 2016年1月18日，中国旅游研究院在北京发布了《2015年中国旅游经济运行分析和2016年发展预测》(简称《报告》)。
>
> 《报告》认为，在中央重视和国家旅游局"515"战略等的推动下，2015年中国旅游经济发展光彩夺目，在国内经济面临结构调整和增速放缓的压力背景下，旅游业对消费和投资的战略性作用更加突出。2015年全年接待国内外旅游人数超过41亿人次，旅游总收入突破4万亿元，同比2014年分别增长10%和12%，全面完成发展目标，实现了"十二五"时期旅游发展的漂亮收官，并开启了旅游发展的新时代。
>
> 1. 国民旅游超过40亿人次，入境旅游3年来首次增长
>
> 2015年以来，旅游消费热潮不断，形成了暑期修学游和亲子游、周末周边游、小长假短程游、国庆长假中远程游等市场热点。2015年全年国内旅游接待总量达到40亿人次，国内旅游总收入3.43万亿元，分别较2014年增长10.0%和13.2%。休闲度假和观光旅游并重的局面初步显现，国内居民出游意愿调查结果显示，休闲度假超过观光、增长见识成为第一大出游目的。入境旅游在近3年来首次出现增长，预计全年接待入境旅游1.33亿人次，较上一年增长4%，入境旅游外汇收入1 175.7亿美元，同比增长0.6%。港澳台市场保持稳定增长，外国人市场企稳，其中韩国、越南等近程外国人市场率先回升向好。出境旅游继续保持高速增长，但增速有所放缓，预计全年出境旅游1.2亿人次，较2014年增长12.0%。
>
> 2. 旅游创业创新活跃，旅游投资进入"黄金时代"
>
> 自2014年第四季度以来，旅游产业景气指数均处于"较为景气"区间，其中2015年第一季度指数为130.8，达到近3年来最高水平。在人才、资本和技术新型变革要素的驱动下，旅游正在成为创业创新最为活跃的领域之一，呈现出"大众创业，万众创新"的蓬勃景象。大企业集团不断推出抢占制高点的重大计划，如中青旅发布"遨游网+"战略，阿里巴巴发布"未来酒店"战略，携程入股同程网等。成长型企业致力于新的突破，如旅游社交网站蚂蜂窝宣布实施大数据反向C2B创新战略，途牛网在美国上市等。基于互联网和分享经济模式的业态创新发展迅速，如住宿和交通领域的途家、易到用车、Uber专车等均在2015年得到了快速发展。旅游企业全球化布局步伐加快，如锦江集团通过海内外一系列并购，包括并购欧洲最大的经济型酒店集团，目前已经成为全球最大的酒店集团之一。越来

越来越多的战略投资者、金融机构、产业基金和风险投资者开始进入旅游领域，并以其专业能力和商业行为影响产业走向。在线旅游更是成为资本竞相追逐的热点领域，2015年以来发生了携程和去哪儿合并、滴滴和快的合并、美团和大众点评网合并等多起对我国旅游产业影响深远的重大企业并购事件。

3. "厕所革命"推动游客满意度持续提升

2015年，围绕"515"战略，国家旅游局推出了系列创新举措，如推动"厕所革命"、发布《游客旅游不文明行为记录管理办法》、实施5A景区退出机制、启动国家级旅游度假区评选工作、推进旅游外交、提出"旅游+"战略思想、推广全域旅游等，得到了全行业的热烈响应和支持，赢得了全社会的广泛关注和赞誉。从2015年旅游经济运行情况来看，"515"战略已经显现出其对旅游改革、创新和发展的巨大推动效应。特别是在"厕所革命"等推动下，各地旅游目的地建设水平有了明显提高，反映在游客体验上，旅游发展质量获得普遍认可，2015年全国游客满意度为76.01，达到"基本满意"水平，较2014年上升了1.92，高于全国居民消费满意度平均水平。2016年旅游发展面临四大利好，预期积极乐观。

2016年旅游经济发展形势总体较为有利。一是旅游经济发展的国际环境较为缓和。特别是2016年10月1日，人民币正式加入SDR（特别提款权），这有利于中国旅游业"走出去"，利用国际国内两个市场、两种资源提升企业竞争力。二是我国经济长期向好的基本面没有改变，特别是到2020年国内生产总值和城乡居民人均收入将比2010年翻一番，我国旅游经济发展的消费基础更加坚实。三是全面建成小康社会和五大发展理念为旅游经济快速发展提供了契机。旅游是人民生活水平提高的重要指标，旅游业是能够全面贯彻创新、协调、绿色、开放、共享五大发展理念的优势产业，党的十八届五中全会通过的《中共中央关于制定国民经济和社会发展第十三个五年规划的建议》明确提出"大力发展旅游业"。四是旅游业自身积累了强大动能。国民参加旅游的意愿持续高涨，旅游产业体系基本形成，旅游投资、区域合作和国际合作持续广化与深化，将为旅游经济运行提供坚实的市场支撑和产业支撑。旅游经济在一定程度已经进入自发展的成熟阶段，对外部环境的依赖性和敏感性在降低。与此同时，旅游经济发展也面临国际金融危机深层次的影响依然存在、贸易保护主义抬头、地区冲突不断、旅游业竞争加剧以及旅游业自身发展需要提质增效等挑战。

综合国内外发展环境和旅游业发展态势，对2016年旅游经济总体估计偏向积极乐观。预计2016年我国旅游接待总量44.88亿人次，同比增长9.4%；国民出游总量44.83亿人次，同比增长9.6%；旅游总收入达4.67万亿元，同比增长12%。

4. 2016年旅游发展关键词：繁荣、开放、改革、共享

2016年是"十三五"的开局之年，谋划好2016年的旅游工作对"十三五"旅游业发展具有重要意义。旅游行业要贯彻落实十八届五中全会精神，瞄准全面小康型旅游和世界旅游强国两大目标，全力推进旅游业"515"战略。《2015年中国旅游经济运行分析和2016年发展预测》提出5条建议：一是培育消费热点，扩大旅游消费；二是推动创业创新，提升产业竞争力；三是落实政策法规，营造良好发展环境；四是加强国际合作，推进旅游外交；五是深入实施"旅游+"战略，促进共享发展。

（资料来源：http://jingji.cntv.cn/2016/01/18/ARTIha4OnEeJ9DtDXW7DMdLK160118.shtml）

第三节 旅游需求规律

一、旅游需求量的变动规律

旅游需求的产生和变化受多种因素的影响,但对旅游需求量具有决定性影响的因素主要是旅游产品价格、居民可支配收入水平和闲暇时间。因此,旅游需求规律主要表现为旅游需求与旅游产品的价格、居民可支配收入和闲暇时间的相关性和变动关系。

1. 旅游需求量与旅游产品价格呈反方向变化

旅游需求与旅游产品价格之间有着密切的关系。在其他因素既定的情况下,旅游产品价格越低,对旅游产品的需求量就越大;旅游产品价格越高,对旅游产品的需求量就越小。二者之间的关系,反映在坐标图上就形成旅游需求价格曲线(图 3-1)。

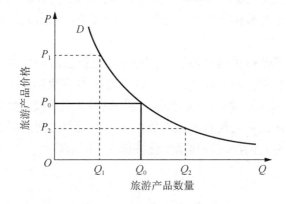

图 3-1 旅游需求价格曲线

图 3-1 中曲线 D 为旅游需求价格曲线,P_0、P_1、P_2 分别代表不同的旅游产品价格,Q_0、Q_1、Q_2 分别代表不同的旅游需求量。当某一旅游产品的价格为 P_0 时,人们对该旅游产品的需求为 Q_0;当产品的价格上升到 P_1 时,对该产品的需求量就会减少到 Q_1;当产品的价格下降到 P_2 时,对该产品的需求量则会增加到 Q_2。所以,旅游需求价格曲线 D 是一条自左上向右下倾斜的曲线,表示旅游需求量与旅游产品价格呈反向变化的关系。此关系用函数表示为

$$D = f(P) \tag{3-1}$$

式中,D——一定时间内的旅游需求量;

P——该时期内旅游产品的价格;

f——两者之间的函数关系。

2. 旅游需求量与居民可支配收入成同方向变化

旅游需求与居民可支配收入也有着密切的关系。在其他因素既定的情况下,居民可支配收入越多,对旅游产品的需求量就越大;居民可支配收入越少,对旅游产品的需求量就越小。

二者之间的关系,反映在坐标图上就形成旅游需求收入曲线(图 3-2)。在图 3-2 中,曲线 D 为旅游需求收入曲线,I_0、I_1、I_2 代表居民可支配收入,Q_0、Q_1、Q_2 代表不同的旅游需求量。当居民可支配收入为 I_0 时,旅游需求量为 Q_0;当居民可支配收入上升到 I_1 时,旅游需求量就会上升到 Q_1;当居民可支配收入下降到 I_2 时,旅游需求量就会下降到 Q_2。所以,旅游需求收入曲线 D 是一条自左下方向右上方倾斜的曲线,表示旅游需求量与居民可支配收入呈同方向变化的关系。此关系用函数表示为

$$I = f(D) \tag{3-2}$$

式中,I——居民可支配收入;

D——一定时间内的旅游需求量;

f——两者之间的函数关系。

3. 旅游需求量与闲暇时间呈同方向变化

闲暇时间是旅游需求产生的必要条件,因此,尽管它不属于经济的范围,但它同样与旅游需求关系密切。二者的关系是:当闲暇时间增多时,人们对旅游产品的需求量会相应增加;当闲暇时间减少时,人们对旅游产品的需求量则相应减少。旅游需求量与闲暇时间基本上呈同方向变化的关系。

以上讨论是在假设其他相关因素不变的前提下,分析旅游需求量与某一影响因素之间的对应变动关系。如果这些相关因素发生改变,需求曲线 D 在坐标图上的位置就要发生移动,但需求曲线 D 本身不会发生变化。也就是说,当其他相关因素发生变化时,旅游需求与旅游产品价格、旅游需求与居民可支配收入或者旅游需求与闲暇时间之间的关系依然成立。以旅游需求量与旅游产品价格为例,这种移动变化如图 3-3 所示。

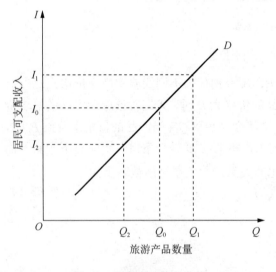

图 3-2 旅游需求收入曲线

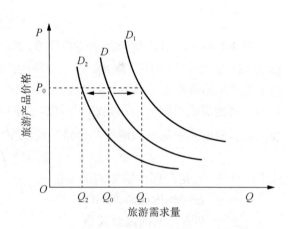

图 3-3 旅游需求曲线的变化

综上所述,旅游需求规律为:在其他因素不变的情况下,旅游需求与居民可支配收入和闲暇时间呈同方向变化,而与旅游产品价格呈反方向变化。

二、旅游需求弹性

1. 旅游需求弹性的一般概念

弹性原是物理学中的概念,意指某一物体对外界力量的反应力。在经济学中,弹性主要用来表明两个经济变量变化的相关关系。具体讲,当两个经济变量之间存在函数关系时,作为自变量的经济变量 X 的任何变化,都必然引起作为因变量的经济变量 Y 的变化。因此,所谓弹性,就是指作为因变量的经济变量 Y 的相对变化对于作为自变量的经济变量 X 的相对变化的反映程度。

1)旅游需求弹性的概念

根据经济学的弹性概念,所谓旅游需求弹性,是指旅游需求对各种影响因素变化的敏感性,即旅游需求量随其影响因素的变化而相应变化的状况。由于旅游产品的价格、人们可支配收入是影响旅游需求的最基本因素,因此旅游需求弹性一般可划分为旅游需求价格弹性、旅游需求收入弹性和旅游需求交叉弹性。旅游需求价格弹性反映旅游需求量对价格变动的敏感程度;旅游需求收入弹性反映旅游需求量对收入变动的敏感程度;旅游需求交叉弹性则反映某一旅游产品需求量对另一旅游产品价格的敏感程度。

2)旅游需求点弹性和弧弹性

在经济学中,弹性一般可分为点弹性和弧弹性。点弹性是指当自变量变化幅度很小时(即在某一点上)引起的因变量的相对变化。

点弹性计算公式为

$$E = \frac{\Delta Y/Y}{\Delta X/X} \tag{3-3}$$

式中,E——点弹性;
Y——因变量;
X——自变量;
$\Delta Y/Y$——因变量增量;
$\Delta X/X$——自变量增量。

弧弹性是指自变量变化幅度较大时,为了掌握自变量在某一段范围内的变动对因变量变动的相应影响,取自变量在一段范围内的平均数对因变量平均数的相对变化量。

弧弹性计算公式为

$$E_a = \frac{\dfrac{Y_1 - Y_0}{(Y_1 + Y_0)/2}}{\dfrac{X_1 - X_2}{(X_1 + X_0)/2}} \tag{3-4}$$

式中,E_a——弧弹性;
X_0,X_1——变化前后的自变量;
Y_0,Y_1——变化前后的因变量。

点弹性与弧弹性的根本区别在于:点弹性是指因变量相对于自变量某一点上的变化程度,而弧弹性则是指因变量相对于自变量某一区间的变化程度。

2. 旅游需求价格弹性

旅游需求价格弹性，是指旅游需求量对旅游产品价格的反应及变化关系。根据旅游需求规律，在其他条件不变的情况下，不论旅游产品的价格是上涨还是下落，旅游需求量都会出现相应的减少或增加。为了测量旅游需求量随旅游产品价格的变化而相应变化的程度，就必须正确计算旅游需求价格弹性系数。

旅游需求价格弹性系数，主要是指旅游产品价格变化的百分数与旅游需求量变化的百分数的比值。

旅游需求价格的点弹性计算公式为

$$E_{d_P} = \frac{\dfrac{Q_1 - Q_0}{Q_0}}{\dfrac{P_1 - P_0}{P_0}} \tag{3-5}$$

式中，E_{d_P}——旅游需求价格弹性系数；

P_0，P_1——变化前后的旅游产品价格；

Q_0，Q_1——变化前后的旅游需求量。

旅游需求价格的弧弹性计算公式为

$$E_{d_P} = \frac{\dfrac{Q_1 - Q_0}{(Q_1 + Q_0)/2}}{\dfrac{P_1 - P_0}{(P_1 + P_0)/2}} \tag{3-6}$$

式中，E_{d_P}——旅游需求价格弹性系数；

P_0，P_1——变化前后的旅游产品价格；

Q_0，Q_1——变化前后的旅游需求量。

【例 3-1】某景区对旅游团提供一定的旅游者数量门票折扣，当团队人数为 20 人时，门票价为 30 元；当团队人数为 30 人时，门票价为 20 元。试计算团队人数为 30 人时的门票需求价格弹性系数，以及团队人数在 20～30 人的门票需求价格弹性系数。

解： 当团队人数在 30 人时的需求价格弹性是点弹性，而团队人数在 20～30 人的需求价格弹性为弧弹性，根据计算公式可计算出门票的两种需求价格弹性系数如下。

旅游需求价格点弹性系数为

$$E_{d_{P_1}} = \frac{\dfrac{30 - 20}{20}}{\dfrac{20 - 30}{30}} = -1.5$$

旅游需求价格弧弹性系数为

$$E_{d_{P_2}} = \frac{\dfrac{30 - 20}{(30 + 20)/2}}{\dfrac{20 - 30}{(20 + 30)/2}} = -1.0$$

可以看出，由于旅游产品价格与旅游需求量呈反向关系，因而旅游需求价格弹性系数为负值。于是，根据旅游需求价格弹性系数 E_{d_p} 的绝对值大小，通常可区分为以下 3 种情况。

当 $|E_{d_p}|>1$ 时，表明旅游需求量变动的百分比大于旅游产品价格变动的百分比，这时称旅游需求富于弹性。如果旅游需求是富于弹性的，其需求曲线上的斜率较大；在实际中则表明旅游产品价格提高，需求量将减少，减少的百分比大于价格提高的百分比，从而使旅游总收益减少；相反，如果价格下降，则需求量增加，增加的百分比大于价格下降的百分比，从而使旅游总收益增加。

当 $|E_{d_p}|<1$ 时，表明旅游需求量变动的百分比小于旅游产品价格变动的百分比，这时称旅游需求弹性不足。如果旅游需求是弹性不足的，则其需求曲线上的斜率就较小，在实际中则表明旅游产品价格提高，需求量将减少，但减少的百分比小于价格提高的百分比，从而使旅游总收益增加；相反，如果价格下降，则需求量增加，但增加的百分比小于价格下降的百分比，从而使旅游总收益减少。

当 $|E_{d_p}|=1$ 时，表明旅游需求量变动的百分比与旅游产品价格变动的百分比相等，这时称旅游需求价格弹性为单位弹性。如果旅游产品的需求价格弹性属于单位弹性，则旅游需求价格的变化对旅游经营者的收益影响不大。

3. 旅游需求收入弹性

旅游需求不仅对旅游价格的变化具有敏感性，而且对人们的可支配收入的变化也有灵敏反应。旅游需求收入弹性，就是指旅游需求量与人们可支配收入之间的反应及变动关系，而旅游需求收入弹性系数，则是指人们可支配收入变化的百分比与旅游需求量变化的百分比的比值。

旅游需求收入弹性计算公式为

$$E_{d_i} = \frac{\dfrac{Q_1 - Q_0}{Q_0}}{\dfrac{I_1 - I_0}{I_0}} \qquad (3\text{-}7)$$

式中，E_{d_i} ——旅游需求收入弹性系数；

Q_0，Q_1 ——变化前后的旅游需求量；

I_0，I_1 ——变化前后的可支配收入量。

【例 3.2】某旅行社通过对旅游团队的旅游消费与旅游者收入的调查，得到以下基本关系：当旅游者月收入为 4 000 元时，旅游者每年出游 2 次；当旅游者月收入为 6 000 元时，旅游者每年出游 4 次。试计算旅游需求收入的点弹性。

解：根据题意，按旅游需求收入弹性系数计算公式计算如下：

$$E_{d_i} = \frac{\dfrac{4-2}{2}}{\dfrac{6\,000 - 4\,000}{4\,000}} = 2$$

例 3.2 的计算结果表明，由于旅游需求量随旅游者可支配收入的增减而相应增减，因而旅游需求收入弹性系数始终为正值，这一正值是表明当可支配收入上升 1% 时引起的需求量增加的百分比，或者当可支配收入下降 1%时引起的需求量下降的百分比，并且也可以区分为以下 3 种情况。

当 $E_{d_i}>1$ 时，表示旅游需求量变动的百分比大于人们可支配收入变动的百分比，说明旅游需求对可支配收入变化的敏感性大，因此人们可支配收入发生一定的增减变化，会引起旅游需求量发生较大程度的增减变化。

当 $E_{d_i}<1$ 时，表示旅游需求量变动的百分比小于人们可支配收入变动的百分比，说明旅游需求对可支配收入变化的敏感性小，因而人们可支配收入发生一定的增减变化，只能引起旅游需求量发生较小程度的增减变化。

当 $E_{d_i}=1$ 时，表示旅游需求量变动的百分比与人们可支配收入变功的百分比相等，这时称旅游需求收入弹性为单位弹性，即旅游需求量与人们可支配收入按相同比例变化。

从经济学的角度看，通常高级生活消费品的需求收入弹性都较大，因为随着社会生产力的发展及人们收入水平的提高，人们用于低级的生活必需品的支出比重将逐渐下降，而用于高级的生活消费品的支出比重将逐渐上升。旅游是满足人们高层次生活需求的活动，并逐渐成为人们必不可少的生活消费品，所以旅游需求收入弹性一般都比较大。根据有关国际组织的研究表明，旅游需求收入弹性系数一般都在 1.3~2.5，有的国家甚至高达 3.0 以上。

第四节　旅游需求的衡量与预测

一、衡量旅游需求状况的指标

旅游需求指标反映出在一定时间、地区和条件下旅游需求的现状和发展前景，主要有旅游者人数、旅游者消费、旅游者过夜数、旅游出游率、旅游重游率等指标。

1. 旅游者人数指标

旅游者人数指标反映的是旅游目的地国家或地区在一定时期内接待国（地区）内外旅游者的数量多少。旅游者人数指标又可分旅游者人数和旅游者人次两个指标。

（1）旅游者人数，是指旅游目的地国家或地区在一定时期内所接待的旅游者总人数。

（2）旅游者人次，是指一定时期内，到达某一旅游目的地国家或地区的旅游者人数与平均旅游次数的乘积。旅游者人次一般会高于旅游者人数，因为同一旅游者有可能多次到同一目的地游览。

2. 旅游者消费指标

旅游者消费指标包括旅游者消费总额、旅游者人均消费额和旅游消费率 3 个方面。

（1）旅游者消费总额，是指旅游者在一定时期内，在旅游目的地国家或地区旅游过程中支出的货币量。国外旅游者的消费总额就是旅游目的地国家或地区的外汇收入，但国际旅游往返于客源地与目的地之间的交通费用，一般不纳入国际游客的消费总额。

（2）旅游者人均消费额，是指一定时期内旅游者在目的地的旅游消费总额与旅游者人次之比。通过这个指标，人们可以了解旅游者在旅游目的地消费支出的变化情况。

（3）旅游消费率，是指一定时期内一个国家或地区的出国旅游消费总额与该国或该地区的居民消费总额或国民收入的比值。这个指标可以反映一定时期内某一国家或地区的居民对出国旅游的需求程度。

3. 旅游者过夜数指标

旅游者过夜数指标包括旅游者过夜数和旅游者人均过夜数。

（1）旅游者过夜数，是指在一定时期内，旅游者人次与人均过夜数之积。因为单凭旅游者人次指标难以说明旅游需求发展的实际情况，如果同时把旅游者停留时间考虑进去，便能更全面地反映出某一时期的旅游需求状况。

（2）旅游者人均过夜数，是指在一定时期内旅游者过夜数与旅游者人次的商数。该指标从平均数的角度反映了旅游需求的状况，便于揭示旅游需求的变化趋势，旅游经营者可根据这一指标的变化情况去追寻产生这种变化的原因，并据以确定相应的对策。

4. 旅游出游率指标

旅游出游率指标包括旅游总出游率和旅游净出游率两方面。

（1）旅游总出游率，是指一定时期内一个国家或地区出国（境）旅游的人次与其总人口的比率，用公式表示为

$$旅游总出游率 = \frac{出国（境）旅游人次}{该国总人口数} \times 100\% \quad (3-8)$$

（2）旅游净出游率，是指一定时期内一个国家或地区出国（境）旅游的人数与其总人口的比率，用公式表示为

$$旅游净出游率 = \frac{出国（境）旅游人数}{该国总人口数} \times 100\% \quad (3-9)$$

旅游出游率指标反映了一个国家或地区产生旅游需求的能力。

5. 旅游重游率

旅游重游率，是指一定时期内一个国家或地区的出国（境）旅游人次与出国旅游人数之比，用公式表示为：

$$旅游重游率 = \frac{出国（境）旅游人次}{出国（境）旅游人数} \times 100\% \quad (3-10)$$

旅游重游率反映的是一定时期内一个国家或地区居民出国（境）旅游的频率。

二、旅游需求调查

旅游需求调查是通过对旅游客源国的综合性调查，了解和掌握旅游需求的产生及发展状况，为科学的旅游需求预测和分析提供依据。旅游需求调查是开拓旅游市场的前提，也是旅游业稳定、持续发展的关键。特别是在激烈的旅游市场竞争中，没有大量准确的旅游需求信息，就没有科学的旅游需求预测，就不可能正确地掌握旅游市场的变化趋势，做出科学的决策，并在旅游市场竞争中占据有利地位。因此，必须重视对旅游需求的调查。

1. 旅游需求调查的内容

旅游需求调查的内容很多,既有对旅游需求产生的客观条件及环境的调查,又有对旅游需求产生的主观愿望的调查;既有对旅游活动开始前旅游需求趋势的调查,又有对旅游活动开始后旅游需求满足情况的调查;既有第一手资料的基础性旅游调查,又有对已有资料的分析性调查等。其中最重要的是对旅游客源国的旅游需求调查。通常,对旅游客源国的旅游需求调查主要包括以下3个部分。

1)旅游客源国概况调查

对旅游客源国概况的调查,主要是收集旅游客源国的政治、经济、地理、文化、社会及历史等方面的情况和资料,从总体上了解和掌握旅游客源国的基本状况,分析影响旅游需求产生的各种因素,研究可能产生的旅游需求规模和水平等。例如,对一国的收入水平、物价状况及税收制度等方面的调查研究,有利于掌握该国旅游需求的规模和旅游者的流向及流量。

2)旅游者的综合性调查

对旅游者的综合性调查,主要是对旅游者的国别、性别、年龄、收入、旅游目的、旅游方式、娱乐爱好、购物倾向和消费水平等方面的调查,是为了更好地了解和掌握旅游需求的特点及变化趋势,为旅游市场的开拓和旅游产品的开发提供科学的依据。

3)旅游经营信息调查

对旅游经营信息的调查,主要是对国内外旅游业的发展状况、旅游企业的经营状况及旅游合作情况的调查,是为了了解和掌握国内外旅游者的旅游需求及满足状况,以便根据反馈的信息,及时调整经营策略,改进旅游产品,提高服务质量,更好地满足国内外旅游者的需求。

2. 旅游需求调查的方法

旅游需求调查的方法很多,常用的有问卷调查、统计调查、专题调查和销售调查等方法,可根据具体情况灵活选用。旅游需求的信息来源主要有国内外旅游业内部的旅游统计资料;各旅游客源国的社会经济统计资料;旅游部门和旅游企业与国外同行定期或不定期的情况交流;通过驻外大使馆或领事馆收集的有关旅游资料;各种出国考察、参加国际旅游展销会获得的信息;对国内外旅游者的问卷调查等。对从不同渠道获得的信息和资料,进行科学的归类和分析,就可以了解和掌握旅游需求的状况,并为旅游需求预测提供充分的客观依据。

三、旅游需求预测

旅游需求预测是在旅游需求调查的基础上,运用科学的分析方法和手段对旅游需求的变化特点及趋势做出分析和推测。正确的旅游需求预测,可为开拓旅游市场指明方向,为旅游产品开发提供科学依据,避免错误的旅游决策,促进旅游业的健康发展。

1. 旅游需求预测的内容

从预测的角度看,凡是影响旅游需求变化的因素都可纳入旅游需求预测的范围。但就旅游需求预测的时效性及可能性而言,通常对影响旅游需求的直接因素及重要相关因素进行分析和预测。

1）旅游需求变化趋势的预测

对旅游需求变化趋势的预测，主要包括对旅游需求的发展规模、变化特点、出游方式、旅游目的和收入水平等方面的分析和推测，以便掌握旅游需求变化特点、总体水平和发展态势。

2）旅游需求构成变化的预测

对旅游需求构成变化的预测，主要包括对旅游者的国别、性别、年龄构成的变化，旅游目的、旅游消费结构的变化，旅游方式及使用交通工具的变化等的分析和推测，以便为旅游供给进行数量和结构的调整提供科学依据。

3）旅游需求发展环境的预测

对旅游需求发展环境的预测，包括对国际政治形势、经济格局的变化，各国社会经济发展状况的变化，各种自然环境和气候的变化，以及各种局部小环境变化对旅游需求影响的分析和推测等，以便为科学地制定旅游发展的方针、政策及策略提供依据。

2. 旅游需求预测的方法

正确的旅游需求预测离不开科学的预测方法。可用于旅游需求预测的方法很多，既有定性方法又有定量方法，既有短期预测方法又有长期预测方法，既有趋势预测方法又有结构预测方法，概括起来比较常用的旅游需求预测方法有以下3类。

1）统计分析预测法

统计分析预测法是根据历史资料和相关数据，运用各种统计分析方法来分析和推测旅游需求发展变化趋势的方法。常用的统计分析方法有趋势外推法、指数平滑法、相关分析法、弹性分析法、主观概率法等。这种方法以历史数据为依据，对未来发展趋势进行分析和推测，方法简单、易于掌握、科学性强。

2）问卷调查预测法

问卷调查预测法是通过对旅游者进行问卷调查，然后对问卷调查资料进行归类、整理和分析，从而预测旅游需求发展趋势的方法。这种方法简单、资料丰富、利用率高，而且定性方法和定量方法相结合，可靠性强，是旅游需求预测中常用的方法。

3）数学模拟分析法

数学模拟分析法是指对各种旅游数据资料进行数学分析，建立模型，运用电子计算机手段进行模拟分析、计算求解来预测旅游需求发展趋势的方法。这种方法预测准确性高，但建立模型和计算复杂，通常适合专业人员使用。

案例链接

上海迪士尼受众调查：收入越低越想去，40多岁人群最喜欢

2016年5月16日，上海市消费者保护委员会公布《上海迪士尼境内游客相关消费需求与趋势调查报告》，上海新消费研究中心主任、上海社会科学院社会学研究所所长杨雄同时公布了《2016年民生民意调查统计报表》中关于上海迪士尼的调查结果。调查显示：外省市游客比上海本地游客更想前往上海迪士尼乐园游玩；在各年龄段中，41~50岁的人群最喜欢迪士尼乐园；此外，收入越低的人群越想去迪士尼乐园。"调查结果确实很有意思，出乎意料。"杨雄总结说。

"迪士尼只是我们民意调查的众多问题中的一项。"杨雄表示,此次调查是按照上海2 500万常住人口结构进行的抽样配对,调查方式为入户调查。

有趣的是,调查发现,41岁以上的中老年人对上海迪士尼乐园的喜爱程度超过了40岁以下人群;各个年龄段喜爱的比例如下:30岁以下,82.5%;31~40岁,80.1%;41~50岁,89.2%;51~60岁,84.7%;60岁以上,86.8%。

此外,文化程度与喜爱迪士尼没有相关性。"自己认为处于社会中上层""年收入在7万~10万元"的被调查者反而不如收入在中等及以下的被调查者对迪士尼的喜爱程度高。个人年收入5万元以下的占比为85.7%;5万~7万元的占比为86.3%;7万~10万元的占比为81.7%;10万元以上的占比为78.4%。

杨雄说,从调查来看,个人、家庭收入越低,对迪士尼的喜爱越强烈,去迪士尼游玩呈现出了"大众化"的趋势,说明迪士尼是一项平民化的游乐项目,这也是迪士尼乐园的"溢出效应"。此外,杨雄认为,上海迪士尼乐园还具有"长尾效应"。"它和世博会完全不同,世博会半年就结束了,但这个乐园会一直在,会带动方方面面的体验和发展。"

另据上海市消保委公布的针对1 880名上海消费者以及3 500名外地消费者的问卷调查显示,超过九成的上海消费者和八成的外地消费者知道上海迪士尼乐园于2016年6月正式开园,由此可见全国人民对上海迪士尼的关注程度很高。

其中,外省市消费者对到上海迪士尼乐园游玩表现出了更高的热情。有39.5%的上海受访者表示肯定会去,而外省市受访者表示必去的比例达到63%,13.2%的消费者已买门票。此外,数据还显示,外省市消费者主要倾向于在暑假期间来乐园游玩,上海消费者倾向于错开高峰去乐园游玩,22%的上海消费者表示会在2017年的某个时间去游玩。

外省市消费者倾向于选择两日票,77.3%的外地消费者会选择自由行,除游玩迪士尼外,还会游览上海其他景点,预计停留3~5天,计划人均消费4 215元,不含往返交通费及购物。

"我们也是在做调查的过程中,慢慢萌生应该做个迪士尼公益攻略的想法。"上海市消保委副秘书长唐健盛说,消保委发起了"吃、住、行、游、购、娱"公益攻略活动,将组织上海知名企业为消费者提供公益性攻略。

(资料来源:http://news.sohu.com/20160516/n449772586.shtml)

知 识 归 纳

旅游需求与旅游供给是旅游经济活动中两个最基本的因素,它们之间的关系既对立又统一,它们之间的矛盾运动构成了旅游经济活动的主要内容。本章从旅游需求的概念入手,分析可能使旅游需求发生改变的影响因素,揭示了旅游需求的内在规律及弹性,并对旅游需求的衡量指标、调查和预测的方法进行了探讨。

案 例 分 析

旅游成假期消费"刚需"出游舒适度跃居第一

　　旅游，毫无悬念地再次成为"五一"假期热词。国内外景区纷纷开启中国游客"人山人海"模式，旅游已成为假期消费的"刚需"。随着出游经验的积累，中国游客旅游的观念和方式日趋成熟。2016年"五一"期间，舒适度首次成为游客出游前考虑的首要因素。国内周边游火爆，据驴妈妈旅游网统计，2016年"五一"周边游人次量是去年同期的3.99倍，不打算"拼假"出远门的游客选择短途周边游。上海以27.3%的高份额占据华东地区热门目的地榜首，武汉最吸引华中游客，华南游客则偏爱珠海，北京以占比七成的优势赚足了华北游客的眼球，西南游客最喜欢成都，西北游客则大多选择西安。同程旅游数据显示，"五一"周边游中，自然观光类出游人数最多，占比为34.2%。周边游的"一价全包"套餐类产品预订火爆，其中亲子类产品增长5倍多，城市周边主题乐园及度假酒店需求旺盛。据途牛旅游网统计：乐园类景区、动物园、海洋世界等主题公园和经典风景名胜区仍是"五一"假期出游热点，呈现出家庭出游的属性和亲子出游的特征。周边游之所以受到众多游客青睐，主要是因为3天假期决定了多数人只能选择周边目的地。同时，交通条件的日益便利以及私家车的普及，使得周边游成为休闲度假的首选。出境游日韩泰最热。"五一"作为传统的旅游旺季，出境游需求较其他小长假更加旺盛，不少出游者选择"拼假"方式出境游。同程旅游数据显示："五一"期间"拼假"出境游的比例为51.6%，其中超四成出游者选择节前节后均请假一定天数的方案，以避开客流高峰时段。据携程、同程、途牛等多家旅游电商的统计数据，韩国、日本和泰国成为"五一"假期最受中国游客喜爱的出境游目的地。日本、韩国争相出招招揽中国游客。在签证门槛不断降低、航空公司推出日韩廉价航班等利好因素的影响下，赴日韩旅游越来越方便。中国游客赴日韩旅游的方式也从时间跨度较长、频次较低的连线游，变为时间较短但频次较高的一地短线深度游。除了购物，体验异国生活氛围成为中国游客赴日韩旅游的主要原因。近年来，邮轮度假日益受到中国游客青睐。途牛旅游网数据显示，2016年"五一"假期，日韩短线最受欢迎，出游人次同比增长170%，热门出境目的地分别是济州岛、名古屋、福冈、长崎、釜山。此外，海岛游也是出境游的主题之一。

　　随着出游经验的积累，中国游客的旅游观念和方式日趋成熟，越来越多的人开始关注游玩的体验感受。携程旅行网发布的消息显示：舒适度首次成为中国游客行前考虑的首要因素，43.4%的人会在行前优先对舒适度作出评判，安全性、可玩性、购物便捷等都排在其后。

　　"五一"期间，知名景点人流如织，体验欠佳，一些小众景点反而更受欢迎。旅游专家介绍，小众景点人少且景致优雅，是追求旅行舒适度的游客更愿意去的地方。

　　中国游客对住宿的要求越来越高，酒店服务体验和设施体验在评价标准中排在前两位。携程数据显示，"五一"假期中国游客预订境外高星级酒店平均占比为73.5%，比2015年同期高出近15个百分点。其中，入住新加坡酒店的游客中有91.6%选择了高星级酒店；其次为我国澳门，比例为84.3%；再次为泰国普吉岛，比例为74.1%。

飞机是旅行的重要交通工具，除价格外，更多旅客开始关注起降时间、机型大小、机上餐饮等信息。

（资料来源：https://www.ys137.com/lvyou/1469237.html）

思考：影响中国居民旅游需求的因素有哪些？

复习思考题

1. 简述旅游需求的定义。
2. 旅游需求产生的主客观条件有哪些？
3. 旅游需求的影响因素有哪些？
4. 简述点弹性、弧弹性的定义。
5. 怎样理解旅游需求弹性？旅游需求弹性有哪些类型？
6. 旅游需求调查包括哪些内容？
7. 旅游需求预测有哪些方法？
8. 试用图示说明旅游需求的规律性。
9. 分析和比较旅游需求价格弹性的3种情况。
10. 比较不同旅游需求衡量指标的特点。

第四章

旅 游 供 给

1. 了解旅游供给蕴含的规律;
2. 熟悉旅游供给体系的内容;
3. 掌握旅游供给的概念和特点。

第一节 旅游供给的概念与特点

一、旅游供给的概念

供给和需求是一组相互对应的概念。一般来说,经济学上的供给是指企业在一定条件下愿意并且能够提供某种产品的数量。从旅游经济的角度看,旅游供给则是指在一定时期和一定价格水平下,旅游经营者愿意并且能够向旅游市场提供的旅游产品数量。这里的旅游经营者主要是指旅游目的地的各类旅游企业。旅游供给这一概念有两个方面的内涵。

1. 旅游供给以旅游需求为前提条件

旅游供给的前提条件是旅游需求,旅游企业的经营目标必须是以满足旅游者的需求层次和需求内容为客观要求,为此必须建立一整套适应旅游需求的旅游供给体系,保证向旅游者提供一定数量的能满足其需求、高质量的旅游产品。众所周知,一方面,人类的需求总是要以一定的物质作为基础的,离开物质基础谈需求是不科学的,也是不现实的。旅游需求也不例外,这就要求旅游供给也必须能满足旅游者的物质需求,而旅游供给所包含的旅游资源和设施就是满足旅游需求的物质基础。另一方面,旅游是一种综合的审美实践活动,旅游供给是一种社会生产活动,旅游供给要以旅游需求为依据和出发点,在提供旅游产品时,要对旅游需求的内容、层次和变化趋势进行周密的调查和科学的研判、预测,并据此制定有效的旅游供给计划,科学、有序地组织旅游产品的生产,以更好地满足旅游需求。

2. 旅游供给是旅游产品经营者愿意出售并有可供出售的旅游产品

旅游需求决定了旅游供给的内容、形式、数量和质量，但这仅仅是一种前提条件，旅游供给是否能真正得以实现，关键是看旅游经营者是否愿意出售并有可供出售的旅游产品。旅游供给同旅游需求一样，是相对于旅游产品的价格而言的，即在一定的价格水平下，旅游经营者愿意提供一定数量的旅游产品，并随着旅游价格的涨跌变化而相应变化。同时，旅游产品的供给不仅仅表现为旅游产品的数量，还必须综合反映旅游产品的类型、质量、规格等。这就要求旅游经营者既要注意抓好一定数量的旅游产品的供给，也要把好旅游产品质量关，提高旅游服务质量和旅游设施水平，切实落实有效供给，更好地满足旅游市场的需求。

二、旅游供给体系

根据旅游供给要素的特点以及它们与旅游经济活动之间的共生关系，可将其分为基本旅游供给和辅助旅游供给。基本旅游供给，是指一切直接与旅游者发生联系，满足旅游者旅游消费直接需要的、使旅游者在旅游过程中亲身接触和感受的旅游供给部分，包括旅游资源、旅游设施和旅游服务等，是旅游供给的主要内容，也是旅游业的基本内容。辅助旅游供给则是指旅游者在旅游过程中需要使用，但其主要服务对象是当地居民的旅游供给部分。也就是说，游客在旅游目的地停留期间也不可避免地要直接和间接地使用这些设施，否则游客的旅游活动就难以顺利进行，甚至连基本生活都无法保障。所以，辅助旅游供给是开展旅游活动的必要保证，是旅游产品经营的必要条件，是构成旅游供给的重要内容，其包括两类：一类是目的地的公用事业设施，如供水系统、供电系统、供气系统、排污系统、电信系统、道路系统和相关配套设施；另一类是现代社会生活所必需的基本服务设施，其特点是，除了为旅游者提供服务外，更多的是为当地居民生产、生活、工作等提供服务，主要包括医疗机构、金融机构、公共秩序维护与管理机构的设施等。

基本旅游供给与辅助旅游供给构成了整个旅游供给体系，基本旅游供给包括以下内容。

1. 旅游资源

旅游资源是旅游产品开发设计的基础和依托，是旅游目的地供给的重要组成部分。从旅游需求角度说，是指对旅游者具有吸引力的自然旅游资源、人文旅游资源和社会旅游资源；从旅游供给角度说，则是能对旅游者产生吸引力并可为旅游开发和利用的各种事物和现象。旅游资源可分为自然旅游资源、人文旅游资源和社会旅游资源三大类。其中，自然旅游资源是在内外营力作用下，自然地理环境在长期演变过程中形成的景观和环境，由地质地貌、水文水体、气象气候、动植物等自然要素所构成，能吸引人们前往进行旅游活动，并且能够为旅游开发所利用；人文旅游资源是人类历史长河中遗留的精神与物质财富，是人类在各时代各民族演进过程中遗存和形成的具有旅游吸引力的社会文化事物和因素，如各种遗址遗迹、历史建筑物和文化艺术品等；社会旅游资源是指人所生活的社会环境及其所创造的对旅游者具有吸引力的社会氛围，是能反映和体现旅游目的地经济和社会发展面貌且具有旅游吸引力的事物和因素，如大型工程建设项目、科学实验场所、特色社区、特色市场和现代节庆等。旅游资源具有多样性、美学观赏性、区域分异性、时效性、不可再生性等特点。因此，对旅游目的地来说,做好旅游资源的保护工作尤为重要,只有这样才能让旅游供给有可持续利用的资源基础。

2. 旅游设施

旅游设施是为满足游客食、住、行、游、购、娱等方面需要而建设的专门设施,包括旅游交通运输设施、食宿接待设施、游览娱乐设施、旅游购物设施,是旅游目的地旅游供给的重要内容。

1) 交通运输设施

旅游交通运输设施是旅游供给的重要内容,它不仅影响到旅游客源地的潜在旅游者旅游动机的强弱,影响到旅游者到达旅游目的地的可进入程度,也规定了游客在旅游目的地范围内实现空间位移的通畅性,因此推进交通运输设施的现代化和不断提高其经营管理水平是提升旅游供给质量的必然选择。

2) 食宿接待设施

食宿接待设施是为游客在旅游目的地期间的餐饮、住宿等基本生活提供保障的有关设施,对维持游客体力、消除旅游过程中的疲劳和休闲享受起重要作用,并且以现代饭店为代表的食宿设施还是各种商务、会议和社交活动的重要场所,在很大程度上决定着旅游目的地接待能力的强弱,代表着旅游目的地的形象,因此精心设计、建设旅游饭店,提高其经营管理和服务水平是提升旅游目的地形象和旅游供给质量的重要一环。

3) 游览娱乐设施

游览娱乐设施是指供游客参观、游览或开展娱乐活动的场所,包括各种博物馆、艺术馆、展览馆、纪念馆、表演馆、藏书馆,以及歌舞厅、游乐园、体育俱乐部、运动场馆等,对于游客丰富知识、寻求乐趣、陶冶性情和增强体质有重要作用,并且一些规模大、知名度高的娱乐设施,如迪士尼乐园、纽约百老汇等,还起到旅游吸引物的作用。

4) 旅游购物设施

旅游购物设施是指可供游客进行旅游购物的批发店、零售店、零售点,通常包括免税品商店、纪念品商店、工艺品商店、百货商店、超市等。购物是旅游活动的一项不可或缺的内容,但旅游购物属于旅游者的非基本消费,弹性大。旅游者的购物消费是旅游目的地收入的重要组成部分,旅游购物体验的好坏对旅游目的地有重要影响。因此,旅游目的地应加强组织旅游商品的生产和购物设施的建设与布局,使旅游商品富有美学观赏性、实用性、便携性、地方性、民族性,以激发和方便游客购买。

3. 旅游服务

旅游产品是由服务和实物构成的,服务是旅游产品的主要特征,从某种意义上说旅游产品是服务产品,因此旅游服务是旅游供给的重要内容。旅游服务按其是否直接面对旅游者,可分为直接服务和间接服务。直接服务包括旅游交通客运服务、食宿接待服务、游览娱乐服务、导游服务、旅游咨询和购物服务等。间接服务包括水、电、气、热供应,旅游商品制作,排污、排废、旅游管理、教育、职业培训机构的服务,还有网络、邮电、金融、保险、海关等服务。旅游服务按服务产品的产生过程,可分为服务观念、服务技术和服务态度。服务观念决定着服务态度,服务态度影响着服务水平,服务技术的好坏在很大程度上决定着服务质量的好坏。旅游服务按经营阶段，可分为售前服务、售中服务和售后服务 3 个部分，在当下的旅游服务中，要继续做好售前服务，竭力改进售中服务出现的种种乱象，做细、做精售后服务，提升售后服务质量。

三、旅游供给的特点

旅游产品是一种特殊的产品，具有整体性、服务性和动态性等特点。旅游产品的特殊性决定了旅游供给也是一种特殊的供给，除了有普通商品的市场供给特征，还具有不同于普通商品供给的特殊性。这种特殊性主要表现在以下几个方面。

1. 旅游供给的综合性

旅游供给是经营者向旅游者提供的旅游产品，其内容包括旅游吸引物、旅游服务、旅游交通及旅游设施的供给，是一个由多种要素共同构成的综合体系。旅游供给是以满足旅游需求为条件和目的的，而旅游需求是对整体旅游产品的需求，这种整体性需求必然要求旅游者在旅游活动中，对吃、住、行、游、购、娱的消费必须按一定比例进行，因此旅游供给的各个要素、各个部分之间也必须符合一定比例，且要相互补充、相互协调。

2. 旅游供给的持续性

一般来说，普通商品的供给主要通过再生产来实现其连续性，如果再生产停止了，则商品的生产与供给也就停止了。旅游供给则不一样，无论是宾馆、饭店、景区、景点，还是大型旅游项目，一旦建成就能在很长一个时期内持续供给，有的甚至可以永续利用。同样，旅游供给体系中的旅游吸引物、服务、设施等一旦遭受破坏，则可能使旅游供给难以实现。

3. 旅游供给的产地消费性

在市场经济中，商品离开生产地，经过流通环节达到消费者手中，但在旅游市场中，由于旅游产品的固定性，在旅游供给中，旅游产品的消费必须通过流通环节让旅游者到生产地才能实现。因此，在进行旅游产品开发设计和旅游供给时，要重点考虑旅游景区、景点的环境容量及综合接待能力，周密考量旅游供给的数量和质量。

4. 旅游供给的多样性

旅游产品的使用价值在于使旅游者的物质需求和精神需求得以满足，而这种需求因旅游者的个体差异而千差万别、多种多样，这就要求旅游供给也应尽可能地满足旅游者的多种需求，在旅游供给价格、旅游产品种类、旅游活动项目等方面都应多层次、有所区别。

> **案例链接**
>
> **湖南红色大戏提质后复演　助力韶山旅游供给侧改革**
>
> 在伟人故里湖南韶山，当地旅游市场长期存在"人气"旺而"财气"不足的现象。不断增长的旅游消费需求与严重不足的旅游产品供给，制约着韶山旅游产业发展。

2016年4月20日晚，斥资2 000万元提质升级后的韶山大型实景演出《中国出了个毛泽东》在韶山润泽东方文化城正式复演。这台震撼人心的鸿篇巨制，希望能以全新的面貌为韶山留住更多"过夜客"，化解韶山旅游消费的供需矛盾。

1. 韶山大戏提质升级澎湃复演

作为湖南首部红色实景演出，《中国出了个毛泽东》从2014年开演至2015年12月26日，共计演出439场，累计接待海内外游客近50万人次。该演出通过声光电技术及机械调度装置，还原了中华民族谋求民族解放、民族独立，直至中华人民共和国成立的辉煌历程。据润泽东方集团总经理熊兴保介绍，经过提质升级后，演出的阵容较以往更为宏大，音乐也有大幅度修改，针对不同受众群体的反馈和需求增加了观众耳熟能详的曲目和湖南地方元素。

在剧情方面，除了对经典的飞夺泸定桥等场景进行了提升，长征、抗日战争、解放战争等重大戏份均有大幅修改提质。例如，100名演员在全球最大的户外实景舞台上甩开红绸打起安塞腰鼓，场面蔚为壮观；舞美灯光等设施设备是此次提质改造的重点，舞台上新增的100只光束灯随音乐起舞，流光溢彩、美轮美奂，画面清晰度也较之前的投影高了几倍。

"以后有机会一定要再带上父母和孩子们来看看。"一位正在韶山旅游的吴姓游客表示，父辈们对毛主席的感情很深，应该很容易与演出中的场景产生共鸣。对孩子来说，这也是一堂生动的爱国主义教育课。

2. 红色演艺产品化解韶山旅游供需矛盾

当下，中国经济进入转型升级的新常态，在"大众创业、万众创新"和"互联网+"的双重驱动下，红色旅游也要与时俱进，在客源多元化，传播时尚化，内涵多样性、亲民化、国际化等方面有所突破。

2016年2月，湖南湘潭韶山正式入选国家旅游局确定的首批"国家全域旅游示范区"。在高昂红色旅游产业龙头的同时，韶山正利用国家供给侧结构性改革的契机，加快推动全市旅游从"景点旅游"向"全域旅游"转变，从封闭的旅游自循环向开放的"旅游+"融合发展的方式转变，构建"大韶山，大景区，大旅游"的全域旅游发展格局。

有调查显示，此前游客来韶山旅游的实际直接消费人均不足100元，远低于全国旅游人均消费水平，这也形成了韶山旅游年年"人气"旺而"财气"不足的现象。此外，40岁以上的游客占韶山游客市场的59.07%，未成年的学生市场占比严重偏小（不足2%），体现出旅游产品的市场供给不足。

据悉，在培育多元化的旅游产品方面，韶山正重点挖掘红色旅游资源的文化内涵，建设一批集参观、瞻仰、参与、体验等于一体的新业态红色旅游产品，大型实景演出《中国出了个毛泽东》正是一个融自驾旅游、房车旅游、青少年研学旅游、中老年康体养生旅游等为一体的全方位、全领域的文化旅游产品。

有理由期待新版的韶山红色大戏，将为当地的红色旅游注入多元化、年轻化、时尚化的新内涵，成为激发旅游消费需求、扩大内容供给的标志性旅游产品。

（资料来源：http://www.hn.chinanews.com/news/0421/cjxx/2016/265191.html）

第二节　旅游供给规律与弹性

一、旅游供给规律

市场经济中总有一只"看不见的手",在无形中不断地调控着市场,使得供给与需求之间趋向于动态的平衡。同样,在旅游市场中,旅游供给既遵循市场经济的规律,但同时也有其自身的特色,影响旅游供给变化的主要因素是旅游产品价格、旅游供给能力、旅游生产要素价格,它们与旅游供给之间的不同变化就形成了旅游供给规律。

1. 旅游供给量变化的规律性

旅游产品价格是影响旅游供给量的基本因素。在其他因素既定的情况下,旅游产品价格上涨,必然引起旅游供给量增加;旅游产品价格下降,必然引起旅游供给量减少,两者呈同方向变化的规律。依照这种规律,假设横坐标代表旅游供给量,纵坐标代表旅游产品价格,S 代表旅游供给曲线,如图 4-1 所示。

在图 4-1 中,S 是旅游供给曲线,P_0、P_1、P_2 代表不同的旅游价格,Q_0、Q_1、Q_2 代表不同的旅游供给量。当旅游产品价格为 P_0 时,旅游供给量为 Q_0,当旅游产品价格上涨到 P_1 时,旅游供给量也增加到 Q_1;当旅游产品价格下降到 P_2 时,旅游供给量就减少到 Q_2。可以看出,旅游供给曲线 S 是一条自左下向右上倾斜的曲线,表示旅游供给量与旅游产品价格呈同方向变化的关系。

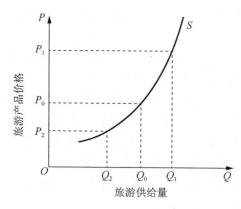

图 4-1　旅游供给曲线

2. 旅游供给能力的相对稳定性

旅游供给能力,是指在一定的时间、空间条件下,旅游经营者能提供的旅游产品的最大数量。旅游供给量与旅游产品价格的同方向变化并不是无限制的,即旅游供给能力在一定条件下是既定的。在旅游供给能力的制约下,旅游供给量不能随着旅游产品价格的变动无限变动,旅游供给量的变动是有限的。例如,某一旅游景区,其空间容量是一定的,一旦达到旅游供给能力的极限,无论景区门票价格有多高,旅游供给量也不可能再增加。这种关系如图 4-2 所示。

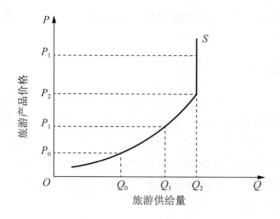

图 4-2　有限制的旅游供给曲线

在图 4-2 中，当旅游供给量小于 Q_2 时，它将随旅游产品价格变化而同方向变化，即当旅游产品价格由 P_0 上升到 P_1 时，旅游供给量由 Q_0 上升到 Q_1；当旅游供给量达到 Q_2 时，即达到最大供给能力时，无论旅游产品价格怎么向上变化，旅游供给量都不会发生变化。

3. 旅游供给水平变化的规律性

旅游供给量的变化不仅会受到旅游产品价格变动的影响，也受到其他各种因素的影响和作用。在旅游产品价格既定的条件下，由于其他因素的变动而引起的旅游供给量的变动，称为旅游供给水平变化，表现为整条曲线的移动，如图 4-3 所示。

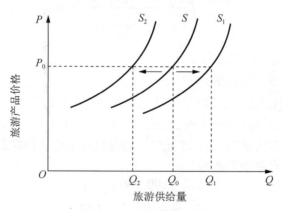

图 4-3　旅游供给曲线的移动

在图 4-3 中，S 为原供给曲线，曲线 S_1 表示其他因素变化导致旅游供给量下降，S_2 表示其他因素变化导致旅游供给量上升。一般来说，影响旅游供给曲线左右移动的因素有技术因素、投入成本及政府税收等。

二、旅游供给弹性

旅游供给弹性是指旅游供给对各种影响因素变化做出的反应程度。由于旅游供给受到价格、生产规模、生产成本、旅游环境容量诸多因素的影响，因而旅游供给弹性包括旅游供给价格弹性、旅游供给交叉弹性、旅游供给价格预期弹性等。本书主要研究旅游供给价格弹性和旅游供给价格预期弹性。

1. *旅游供给价格弹性*

旅游供给价格弹性，是指旅游供给量随旅游产品价格的变化而发生反应的程度。由于它是所有旅游供给弹性中最重要的一种，也有的书将其直接称为旅游供给弹性。为了测量旅游供给量与旅游产品价格之间的变化程度，必须确定旅游供给价格弹性系数。旅游供给价格弹性系数，是指旅游供给量变化的百分数与旅游产品价格变化的百分数之比。

旅游供给价格弹性系数分为旅游供给价格点弹性系数和旅游供给价格弧弹性系数，其中旅游供给价格点弹性系数的计算公式为

$$E_s = \frac{Q_2 - Q_1}{Q_1} \bigg/ \frac{P_2 - P_1}{P_1} \tag{4-1}$$

式中，E_s——旅游供给价格弹性系数；

Q_1——期初旅游供给量；

Q_2——变化后的旅游供给量；

P_1——期初旅游产品价格；

P_2——变化后的旅游产品价格。

旅游供给价格弧弹性系数的计算公式为

$$E_{s_p} = \frac{\dfrac{Q_1 - Q_0}{(Q_1 + Q_2)/2}}{\dfrac{P_1 - P_0}{(P_1 + P_0)/2}} \tag{4-2}$$

式中，Q_0——原先的旅游供给量；

P_0——原先的旅游产品价格。

【例 4-1】 某旅游餐饮部门淡季时提供某类快餐的价格为每份 20 元，该饭店每天供给 60 份；当旺季时，该快餐价格提升为每份 25 元，每天供应 100 份。请计算价格为 25 元时的旅游供给价格点弹性系数和价格为 20~25 元时的旅游供给价格弧弹性系数。

解： 旅游供给价格点弹性系数为

$$E_{s_{p_1}} = \frac{\dfrac{100 - 60}{60}}{\dfrac{25 - 20}{20}} = 2.67$$

旅游供给价格弧弹性系数为

$$E_{s_{p_2}} = \frac{\dfrac{100 - 60}{(100 + 60)/2}}{\dfrac{25 - 20}{(25 + 20)/2}} = 2.25$$

由于旅游供给量与旅游产品价格之间是一种正相关关系，因此旅游供给价格弹性系数始终是正数。依据 E_s 值的大小，可区分以下几种情况。

(1) $E_s=0$，旅游供给无弹性。此时，无论旅游产品价格如何变动，旅游供给量都不发生变化，旅游供给曲线表现为一条与纵轴平行的线。

(2) $E_s<1$，旅游供给弹性不足。此时，旅游价格若发生变化，只会引起旅游供给量较小幅度的变化，旅游供给曲线表现得较为陡峭。

(3) $E_s=1$，旅游供给为单一弹性。此时，旅游价格若发生变化，则会引起旅游供给量相同幅度的变化。

(4) $E_s>1$，旅游供给弹性充足。此时，旅游价格稍有变化，便会引起旅游供给量更大幅度的变化，旅游供给曲线表现得非常平缓。

需要特别注意的是，在同一供给曲线上的不同点的弹性是不同的，越是在供给曲线的左下角则弹性越大，越是在供给曲线的右上角则弹性越小。

2. 旅游供给价格预期弹性

价格预期弹性，是指未来价格的相对变动与当前价格相对变动之比。价格预期弹性无论对于旅游者还是旅游经营者来讲，都是一个重要的影响系数。

设 E_F 为价格预期弹性系数，F 为未来价格，P 为现行价格，ΔF 为未来旅游价格相对变动，ΔP 为现行旅游价格相对变动，则有

$$E_F = \frac{\Delta F / F}{\Delta P / P} \tag{4-3}$$

【例 4-2】某旅行社推出一个两日游的旅游线路，对外报价为 300 元/人，由于效果很好，旅行社将价格提高到 330 元/人；根据预测，下一年该旅游产品的需求将持续上升，故旅行社对外报价提高到 350 元，并预测旅游价格将随着旅游市场供求的变化有 15% 的上浮，试计算旅游产品的价格预期弹性系数，并作出分析。

解：

$$E_F = \frac{[350 \times (1+15\%) - 350]/350}{(330-300)/300} = 1.5$$

对于旅游经营者来讲，旅游供给价格预期弹性的作用较大。当 $E_F>1$ 时，表明旅游经营者预期未来价格的相对变动将大于现行价格的相对变动，于是为了保持经营的稳定性，旅游经营者就会减少现期的旅游供给，结果导致旅游产品价格的上涨。反之，当 $E_F<1$ 时，表明旅游经营者预期未来价格的相对变动将小于现行价格的相对变动，即旅游市场价格稳定，于是旅游经营者就会增加现期的旅游供给，在旅游需求不变的情况下，旅游产品价格就会下降。因此，把握好旅游价格的预期弹性变化，对于旅游经营者来讲是至关重要的。

三、旅游供给侧改革

近年来，国民旅游市场持续旺盛，多元化、个性化、升级化的旅游消费日益增加，旅游需求与旅游供给的矛盾日渐突出，旅游供给结构不合理、不平衡的现象已成为制约旅游业发展的重要因素。为了实现旅游业的可持续发展，更好地满足旅游者多元化、个性化的旅游需求，推进旅游供给侧改革，提升旅游供给质量与效益，是旅游供给必须面对和解决的问题，也是旅游发展必须面对和解决的问题。旅游供给的综合性特点表明旅游供给要素是一个完整

的服务链，食、住、行、游、购、娱及信息任何一个要素的缺乏或不足，都会影响旅游供给侧的整体质量。旅游产品结构是供给侧的核心，长期以来，旅游产品开发侧重于外来游客需要的观光景点，为本地居民与外来游客共同需要的休闲度假产品相对不足，供给要素不全、供给结构不合理，交通导引与游览标示不清，环境安全、环境卫生及旅游厕所质量差；家庭度假、乡村旅舍、汽车营地、青年旅馆、经济型酒店等大众休闲住宿设施数量不足、质量不佳已成为许多地方旅游供给侧的短板。进行旅游供给侧改革，必须优化供给结构，补短板为长板，推动旅游供给在更高水平上良性增长。

知 识 归 纳

本章阐述了旅游供给的概念，分析了旅游供给的特点和旅游供给体系的内容，在此基础上，论述了旅游供给规律和旅游供给价格弹性，浅析了旅游供给侧改革的相关问题。

案 例 分 析

2016年凤凰古城大门票时隔3年被取消

1. 凤凰古城"门票风波"

2013年4月10日起，每一位进入湖南凤凰古城景区的游客，不论是否参观古城内的景点，都须购买148元的门票，这一政策引起了当地居民和游客的普遍质疑。第二天，大批商户因不满"一票制"政策关门歇业，同时和一些当地居民聚集在古城北门码头附近。

不仅仅是每年600多万名游客，就连生活在古城核心区的当地居民也受到了影响。古城社区书记在接受媒体采访时表示，在凤凰经商的外地人也要办居住证，如果不办，出城买菜再进城照样要花148元门票钱。

多位商户在接受《北京青年报》记者采访时称，自2013年4月10日凤凰古城景区收费以来，游客人数逐年下降，生意越发难做。而凤凰古城文化旅游投资股份有限公司的相关负责人表示，游客人数近几年来不断上升，商户生意难做与收费并无关系。

2. 县委：凤凰古城收费3年，即将停收大门票

2016年3月28日，一张名为"凤凰县人民政府关于暂停景区验票保留景点验票方式的函"的图片在网络上热传。图片内容显示，该函发至凤凰古城文化旅游投资股份有限公司、启盛（凤凰）旅游有限公司和凤凰县城乡旅游有限公司。

函上写道，根据《凤凰县景区整合经营协议》约定，3年即将到期，凤凰旅游整合经营主体几经磋商仍无法达成合作协议。经2016年3月27日凤凰县人民政府第四十三次常务会议和中共凤凰县第十一届委员会2016年第六次常委（扩大）会议研究，决定自2016年4月10日

起，暂停景区验票，保留景点验票方式。该函落款为凤凰县人民政府，标注时间为3月27日。

凤凰县委宣传部向媒体表示，自2016年4月10日起，凤凰古城将暂停景区验票，保留景点验票方式。游客今后进凤凰古城游览不必再购买148元的"捆绑式"大门票，只需要在逛景点时购买相应的门票。

3. 商户：停收大门票，"感觉黎明要来了"

在一些凤凰古城景区内的商户看来，收取景区门票的这一天是一个"分水岭"。"2013年收门票之前，我的客栈都能够住满，现在生意少了很多，有时候甚至没人订房。"在古城区南边街经营一家客栈的王女士告诉《北京青年报》记者，她的客栈在2012年开业，由于地处景区东门和南门的中间，客栈条件也好，所以在网上有不错的评分。但是近几年来，入住客栈的游客越来越少，生意越发难做，她认为，这都是因为景区收门票，导致客流量减少。

但王女士也表示，虽然景区收费后，游客人数明显下降，但游客质量比之前好一些。"现在游客质量比较好，消费能力也比较强，毕竟不是所有人都愿意花一百多块钱进景区的。"

得知自2016年4月10日起暂停景区收费后，王女士称自己和很多客栈老板都很高兴，"以后人会多起来吧，我们生意也好做点。"

同样高兴的还有另一位在景区开客栈的刘先生。刘先生是凤凰本地人，他告诉《北京青年报》记者，自己早上在微信群里看到了这个消息，"感觉像是黎明就要来了"。

4. 景区公司：收费后人数仍上涨，生意难做与此无关

凤凰古城文化旅游投资股份有限公司相关负责人涂女士在接受采访时表示，自己并不认可商户的上述说法。涂女士称，相关统计数据显示，2012年，凤凰古城的游客人数是660万，而2015年的游客人数是1 202万，旅游收入也从53亿元上涨到现在的103亿元。"数据表明客流量不但没减少，反而还多了。商户觉得生意不好不是因为客流量的原因，而是因为客栈越开越多了。据我所知，2015年7—8月份的时候，古城内很多客栈两个月就已经赚回全年的房租。"

而对于凤凰县政府暂停景区验票的决定，涂女士称，公司于3月27日晚收到该通知。她说，3年前景区收门票，公司是受政府委托来收这部分钱，"当时也是为了规范凤凰的旅游市场，因为随着游客的增加，拉客、宰客等旅游乱象比较突出。3年来，我们所看到的是，景区规范了，游客满意度高了"。

涂女士称，公司作为市场主体在收取门票后，把大部分的经营性收入投到市场建设和品牌建设中，古城基础设施的保有量增加，基础设施也更加完善。

暂停景区验票之后，涂女士担心"今后古城可能会由旅游目的地变成了途经地。古城旅游乱象可能会重新出现，对古城的品牌也会有伤害"。

此外，凤凰县政府曾表示，在148元的门票收入中，县政府没有利益分成，只依法征收税费，政府从门票中提取的税费部分将投到古城保护、管理维护等方面。

（资料来源：http://news.163.com/16/0329/02/BJ9SVK2J00014AED.html）

思考：结合案例说明旅游供给的规律。

复习思考题

1. 简述旅游供给的概念。
2. 旅游供给有什么特点?
3. 简述旅游供给规律。
4. 谈谈对旅游供给侧改革的看法。

第五章

旅 游 市 场

1. 掌握旅游市场的概念、特征、类型及功能;
2. 掌握旅游市场的运行机制,理解旅游市场中的供求关系;
3. 了解旅游市场的竞争及竞争结构类型;
4. 了解和掌握旅游市场产品价格构成、影响因素及价格体系。

第一节 旅游市场概述

随着旅游活动的深入发展,旅游消费者日趋成熟,旅游消费方式日益多样化,旅游供求机制也发生着变化。旅游市场作为旅游产品交换的场所,不仅是旅游经济运行的基础,也是反映旅游供给与旅游需求的相互关系和矛盾运动、实现旅游供求平衡的重要机制和场所。

一、旅游市场的概念、特征与类型

市场是人类社会发展的产物,属于商品经济的范畴,是实现商品交换的场所和领域,哪里有商品生产和商品交换,哪里就会有市场。早期的旅游活动并不是以商品形式出现的,而是一种自发的社会现象。随着生产力的发展、社会分工的深化,商品生产和交换得到了发展,旅游活动才逐渐商品化。一方面社会中出现了旅游活动的购买者,另一方面则形成了专门为旅游者提供服务的行业,于是出现了以旅游者为一方的旅游需求和以旅游经营者为另一方的旅游供给,两者之间的经济联系就构成了旅游市场。随着旅游产品交换的发展,旅游市场也随之产生并扩大。

1. 旅游市场概念

旅游市场的概念有广义和狭义之分。广义的旅游市场是指在旅游产品交换过程中所反映的各种经济行为和经济关系的总和。在现代旅游经济中,旅游市场反映了旅游需求者与供给者之间、旅游需求者之间、旅游供给者之间的关系,集中反映了旅游产品实现交换过程中的各种经济关系和经济行为。因此,旅游市场的广义概念包含3个基本要素:一是必须有旅游市场交换的主体双方，即旅游需求者（旅游者）和旅游供给者（旅游经营者）；二是必须有供旅游市场交换的对象，即旅游产品；三是必须有有助于旅游产品交换的手段和媒介，如货币、网络、信息、营销等。随着旅游经济的发展，旅游市场规模不断扩大，旅游需求者（旅游者）和旅游供给者（旅游经营者）之间的交换关系也日益密切和复杂，便共同构成了现代旅游市场。

狭义的旅游市场是指在一定时间、一定地点和条件下对某种旅游产品具有支付能力的现实和潜在的旅游消费者群体，也就是通常所指的旅游需求市场或旅游客源市场。狭义的旅游市场主要由旅游者、旅游支付能力、旅游购买欲望和旅游购买权利4个要素构成。

1）旅游者

旅游者是构成旅游市场主体的基本要素，其数量的多少决定了旅游市场规模的大小。通常情况是，一个国家或地区总人口数量越多，则可能产生的旅游者和潜在旅游者就越多，旅游市场规模就越大，对旅游产品的需求基数也就越大；反之，如果一个国家或地区总人口越少，则产生的旅游者和潜在旅游者就越少，旅游市场规模就越小，对旅游产品的需求基数也就越小。因此，一个国家或地区的总人口数量决定了旅游者的数量，而旅游者数量的多少又反映了旅游市场规模的大小。

2）旅游支付能力

旅游市场规模的大小不仅取决于一个国家或地区的人口总数量和旅游者数量，还取决于人们的旅游支付能力。旅游支付能力又称旅游购买力，是指人们在其可随意支配收入中用于购买旅游产品的能力。通常，旅游支付能力是由人们的收入水平决定的，人们收入水平越高，用于购买旅游产品的支出就会越多。如果没有较高的收入水平和相当的支付能力，旅游者的旅游活动便无法进行，旅游市场也只是一种潜在市场。

3）旅游购买欲望

旅游购买欲望是反映旅游者购买旅游产品的主观愿望或需要，是把潜在旅游者变成现实旅游者的重要条件。如果人们没有旅游消费欲望，即使有较高的旅游购买能力，也不可能形成现实的旅游市场，旅游者也不会主动地购买各种旅游产品。因此，只有当旅游者既有旅游支付能力，又有旅游购买欲望时，才可能形成现实的旅游市场。

4）旅游购买权利

旅游购买权利是指旅游者可以购买某种旅游产品的权利。就国际旅游市场而言，由于国际关系的复杂性，或旅游目的国，或旅游客源国单方面的政策限制，如不发放旅游签证或限制出境等，即使人们有旅游消费欲望，有旅游支付能力，但由于旅游购买权利受阻也无法形成国际旅游市场。

旅游市场4个要素是紧密联系、不可或缺的。其中，人口（旅游者）要素是前提，没有旅游者就没有旅游市场，人口多且居民可随意支配收入又多的国家和地区才是真正具有潜力的旅游市场；有了人口和可支配收入，还必须使旅游产品满足旅游者的消费需求，引发其消费欲望，并在具备旅游消费权利的情况下，潜在旅游市场才会演变成为现实旅游市场。

2. 旅游市场的特征及类型

旅游市场虽然庞大而复杂，但它是围绕旅游产品的需求和供给而建立起来的整体机制，因此，与其他商品市场和服务市场相比，旅游市场具有以下特点。

1）旅游市场的异地性

旅游市场即旅游客源，通常远离旅游产品的生产地（旅游目的地），旅游产品的消费者主要是异地居民。这和其他行业的产品消费大不一样，其他产品可以是当地生产、当地销售、当地消费，即使要在异地开辟市场，也主要是通过产品的移动来实现的。旅游活动的特点决定了旅游市场与旅游生产地、消费地在空间上是分离的，旅游活动是通过旅游者由客源地向目的地的移动，而不是通过旅游产品的移动实现的。也就是说，旅游者的旅游消费行为是异地发生的，国际旅游活动的开展及发展更能体现旅游市场的这一特点。

2）旅游市场的多样性

旅游市场的主体是旅游者，而旅游者的需求是多种多样的，旅游经营者提供的产品也是多种多样的，因而形成了旅游市场的多样性。这种多样性首先主要表现为旅游产品种类的多样性，即不同国家、地区的自然风光和人文景观不同，必然形成不同类型的旅游产品，从而使旅游者从中获得不同的经历与感受。其次，表现在旅游购买形式的多样性，即多种不同的旅游购买方式，如旅游者既可以选择团体包价、半包价、小包价等旅游方式，也可以选择散客旅游，或包价与散客旅游相结合的方式。最后，表现在交换关系上，即旅游者既可以直接购买单项旅游产品，也可以通过旅行社购买旅游线路产品，还可以购买综合性旅游产品等。总之，旅游市场的多样性不仅反映了旅游市场发展变化的特点，而且在很大程度上决定着旅游经营的成败。

3）旅游市场的波动性

旅游业是以旅游者为主体，以旅游资源为客体，以旅游设施为基础，通过提供旅游服务来满足旅游消费者各种需要的综合性行业。旅游业的关联性及复杂性决定了旅游市场的波动性特点。首先，由于旅游业涉及旅游资源、旅游设施、旅游服务、旅游消费等行业，各行业间的配置比例将会对旅游业的发展产生重大影响，各行业配置比例的变动也必将带来旅游行业的变动；另外，服务水平与旅游从业人员有很大关系，由于旅游业从业人员流动性大，旅游服务水平也随之变动，这都造成了旅游市场的波动性。其次，旅游市场与旅游者的需求密切相关。旅游者的需求本身就具有不稳定性。从狭义上来讲，要成为旅游者的前提是必须满足拥有足够的闲暇时间、一定可自由支配收入和旅游的动机这 3 个条件。而旅游的动机会受到旅游者的文化水平、年龄、职业、身体情况等因素的影响，是最不易控制的。很多随机事件的发生都会造成旅游者的动机发生变化，以观光旅游为目的的旅游者很可能因为朋友或家人的一句话而改变出行计划。最后，旅游活动的开展、旅游经济的发展可能受到任何一个意外因素，如政治、经济、社会文化、外汇汇率、战争、自然灾害等影响。

4）旅游市场的竞争性

现代旅游市场是一个竞争十分激烈的市场。因为世界旅游资源的分布和范围极具广泛性，每个国家和地区都有一定特色的旅游资源，都可以分别开发成有吸引力的、具有不同特点的旅游产品，成为旅游者需求的对象。由此可见，在世界旅游市场上，虽然存在大量的旅游需求者，但也存在着大量的旅游供给者，他们要销售各种旅游产品，市场竞争必然非常激烈。

5）旅游市场的季节性

由于旅游目的地国家或地区自然条件、气候条件的差异和旅游者闲暇时间分布的不均衡，造成旅游市场具有突出的季节性特点。例如，某些与气候有关的旅游资源会因季节不同而产生淡旺季的差别，如吉林雾凇、洛阳牡丹节等；某些利用带薪假日出游的旅游者，也是造成旅游淡旺季的主要原因；某些旅游目的地直接受气候影响，而具有明显的季节差异性，如开展海滨旅游、漂流旅游、山地旅游的地区等。因此，旅游市场的需求量在时间上分布的不均衡以及旅游供给在时间上及季节分布的不均衡导致了旅游市场具有很强的季节性特点，造成旅游资源和设施在旺季供不应求，而在淡季部分设施和人员闲置。所以，旅游目的地国家或地区应根据旅游市场淡旺季的不同特点进行合理安排，努力开发淡季旅游市场的需求，把大量的潜在旅游需求转化为现实的旅游需求；合理组织好旺季旅游市场的供给，以减少或消除季节性的影响，使旅游市场向淡旺季均衡化发展。

6）旅游市场的全球性

现代旅游市场是一个以全球为活动领域的世界性旅游市场。自第二次世界大战以来，随着生产力的提高、交通条件的改善和社会经济的发展，旅游市场经历了一个由国内向国外发展的过程，旅游活动由一个国家扩展到多个国家，区域性旅游市场发展成为世界性旅游市场。旅游市场的全球性主要表现在两个方面：一是旅游者的活动范围遍布世界各地，不仅人类居住的六大洲已成为旅游者的目的地，就连无人居住的南极洲和北极也留下了旅游者的足迹；二是世界各国各地区都在积极发展旅游业，把旅游业作为国民经济的支柱产业，面向其他国家或地区的居民生产或销售旅游产品。因此，旅游市场的全球性是全球范围的旅游需求与旅游供给决定的。

案例链接

外媒解读中国人出境旅游热：他们会改变世界

西班牙《国家报》2015年8月9日刊登《新的长征》一文，作者为胡利娅·阿马利娅·埃耶尔。文章称，到2020年，将有2亿中国人到海外旅游。专家指出，日本人的旅游改变了日本，而中国人的旅游则会改变世界。

文章称，对于中国人而言，一个下午游完罗马是很容易的事。圣彼得大教堂、圣天使城堡、许愿池……转一圈不到两个小时的时间，而且足够拍下所有必须带回家的照片。来自安徽省的王芳（音）站在古罗马斗兽场门口，不明白走进这个奇怪的废墟有什么意义，朋友们也只是在影片中从外部对其有所了解。文章称，在9天之内要去5个国家、8个城市，这对游客们来说不是折腾，而是圆梦。老人们几十年来都盼望着可以自由出国，而对于年轻人来说，出国游和买房买车一样，都是人生计划的一部分。于是，人们在今年夏天又开始了旅程。在30多年的经济高速增长之后，这个地球上最庞大的人群作为游客和奢侈品买家，或者作为学生、企业家和投资者，涌向世界各地。

文章称，以前中国人也会出行，但没有如此大的规模。日本人走在了前面，并在2012年取代德国人成为世界旅游冠军。如果没有受到经济危机、战争或自然灾害的影响，也许日本的这一头衔还能保持几十年。但是中国人的出行对现代中国会产生什么影响？旅游者本身及其海外形象会因为旅游而发生什么样的改变？中国开始的这一新的长征会重新塑造国家的世界形象吗？国内关于旅游的一些新数据或许有助于分析。

13.6亿人口中只有5%的人有护照，到2020年可能会发放3亿份护照。但是中国政府似乎并不担心国民外流，他们还会把自己的子女送到国外。文章称，2014年中国人出境旅游达到 1.09 亿人次，首次突破 1 亿人次大关。这些游客花费了大约 1 650 亿美元，比上一年增长 28%。中国游客的消费甚至远远超过了来自海湾地区的阿拉伯人。中国人喜欢"洋货"，即西方品牌，其对立面就是"土货"，中国人大多不愿意当众展示国产货。很多人痴迷意大利皮鞋、法国 T 恤衫和瑞士手表。

中国人出境旅游和购物的愿望将有增无减。预计到 2020 年中国的出境旅游将达到 2 亿人次，预算在 2 500 亿美元左右，这还是保守估计。

但是怎样做才能吸引到中国人呢？中国人想要通过休假和出国寻找些什么呢？文章称，27 岁的赵龙（音）就接待中国游客的问题向瑞士酒店业者提供过培训。他说："如果一个房间的房号有 8，那就是幸运号码，把这个房间给他们。避免 4 层，4 是个不吉利的数字。一个团队要安排在同一楼层，早餐至少要有一盘热的肉菜或面条，准备好回答所有中国游客都可能提出的第一个问题：上网密码是多少？"

赵龙认为，要让一名中国游客感到满意并没有那么难，但是越来越多的中国人出境旅游正在使情况变得愈发复杂，因为他们越来越自信，也越来越苛刻，"很多人认为他们是说了算的，其他人应该去适应他们"。

文章称，经常会出现问题。在法兰克福附近的一处高速公路休息站，一个旅游团的团员拒绝付费使用卫生间，而是在花坛中解决问题。在巴黎，他们将奢侈品店一扫而光，然后大声抱怨无货可买。在从泰国回国的航班上，乘客因为对服务不满而将热水泼到空姐身上。中国政府作出了反应，发起倡导文明旅游的运动，颁布了新旅游法，在海外有不文明行为的人可能会被禁止出境。

文章称，但中国游客的口味也在发生变化。未来几年的趋势将和中国整个社会的演变趋势是一样的，那就是个性化。越来越多的中国人选择一个人的旅行、另类的旅行或豪华游，他们会去喜马拉雅山或极地地区，旅行的经验也会让他们对自己的国家有一个新的认识。有些中国人在旅行过程中对所在国家的印象颇佳，想要永远地生活在那里，从而逃离国内的空气污染。以前人们在出国之前就要决定要不要留在那里，如今旅游者和移民之间的界限已经很模糊了。

（资料来源：http://www.cankaoxiaoxi.com/china/20150811/899025.shtml）

3. 旅游市场的类型

分类是科学研究的基本方法。在世界旅游市场中，任何一个旅游产品的供给者，都不可能也没有足够的实力占领整个旅游市场，满足所有旅游者的需要，只能选择一定的适合自身情况的市场去开展营销工作，但究竟如何去选择，这就要对旅游市场进行分类分析，确定自己的目标市场，并针对目标市场采取适合的开发策略。因此，旅游市场分类也称旅游市场细分，是指根据旅游者的需求、偏好、购买行为和购买习惯等方面的差异，把一个整体旅游市场划分为若干个消费者群的市场分类过程，所划分出来的每一个消费者群就是一个细分市场。因此，旅游市场分类或旅游市场细分就是将全部旅游市场根据旅游消费者的某种或某些特点划分为不同的市场，以便于各个国家、地区或企业确定自己的目标并采取相应的旅游市场开发策略。

对旅游市场分类是一个涉及多个变量的技术。市场细分的目的是要寻求合适的变量作为对旅游者群体划分的标准。因此，正确选择旅游市场细分变量是十分关键的。旅游市场细分变量可以划分为地域、国境、消费水平、旅游目的、组织形式5个因素。经济现象是非常复杂的，对复杂的社会经济现象进行深入研究，必须借助于科学的分类方法。分类方法就是以被研究现象的基本属性为标志，将其从不同角度加以分类归纳，使其形成具有稳定性的多层次、多视角的类别，为深入研究该现象创造条件。

1）按地域划分旅游市场

这是以现有及潜在客源的发生地为基础，根据旅游者来源地区不同而划分旅游市场。世界旅游组织根据全球在地理、经济、文化、交通，以及旅游者流向、流量等方面的联系，将整个世界旅游市场划分为6个大的区域，即欧洲市场、美洲市场、东亚及太平洋地区市场、南亚市场、中东市场和非洲市场。这是一种传统的、重要的市场划分。

从六大区域性市场发展来看，几十年来，欧美经济发达国家一直占据着国际旅游市场的主导地位，而其他区域旅游市场所占市场份额相对较小。欧洲和美洲这两个传统的旅游市场，近些年来所占市场份额呈进一步缩小之势，世界旅游重心由传统市场逐渐向新兴市场转移。20世纪70年代以前，欧美地区是最主要的旅游目的地，吸引了全球超过85%的入境过夜客源。随着20世纪80年代亚太地区旅游业日益崛起，世界旅游格局开始发生新的变化，欧美市场份额逐渐下降。2010年之后，亚太地区已经取代美洲成为第二大国际旅游目的地。由于亚太地区对旅游业发展重视程度不断提高，旅游投资的大举进入将优化地区接待水平，同时该地区的区域旅游需求逐渐加大，世界旅游发展重心将继续东移。预计到2030年，亚太地区接待的入境过夜游客将增长到5.35亿人次，在全球旅游市场中的份额也将上升到30%。而欧美地区的比重将下降至55%。

另外，在按地理区域划分旅游市场时还可以按接待国（地区）与客源国距离远近分为近程旅游市场和远程旅游市场。近程旅游市场泛指旅游接待国所在洲内或地区内的国际客源市场。在全世界国际旅游中，近距离出国旅游，尤其是前往邻国的国际旅游，一直占据绝大部分比重。近程旅游市场，文化差异小，时间短，重复使用率高，消费相对低一些，而且办理入境手续和交通都较为便利，易于接近。远程旅游市场泛指旅游接待国所在洲或地区以外的国际客源市场。远程旅游市场，消费水平高，逗留时间长，文化差异大，影响因素多，变化较大。因此，在制定旅游市场营销策略时，应充分考虑这一细分因素并予以区别对待。

2）按国境划分旅游市场

按国境划分旅游市场，一般分为国内旅游市场和国际旅游市场。前者是指一个国家境内的市场，即主要是本国居民在国内各地进行旅游；国际旅游市场是指国境以外的市场，又可分为入境旅游市场和出境旅游市场。入境旅游市场即指某一个国家接待境外旅游者到本国各地旅游；出境旅游市场是指组织本国居民到境外旅游。通常，在国内旅游市场中，旅游者是本国居民，主要使用本国货币支付各种旅游开支，并自由地进行旅游，因而大力发展国内旅游不仅容易可行，而且可以对国内商品流通、货币回笼、满足居民物质生活和精神生活需求起促进作用。在国际旅游市场上，出境旅游会导致客源产生国外汇的流出，而入境旅游则会增加一个国家和地区的外汇收入，增强其国际支付能力。2017年，我国旅游业总体保持健康发展，国内旅游市场高速增长，入出境旅游市场平稳发展，供给侧结构性改革成效明显。国内旅游人数50.01亿人次，收入4.57万亿元人民币，分别比2016年增长12.8%和15.9%；入境旅游1.39亿人次，实现国际旅游（外汇）收入1 234亿美元，分别比2016年增长0.8%和

2.9%；中国公民出境旅游人数达到 13 051 万人次，比上年增长 7.0%；全年旅游业实现总收入 5.40 万亿元人民币，比 2016 年增长 15.1%。

3）按消费水平划分旅游市场

在现实生活中，由于受收入、职业、年龄和社会地位等多种因素的影响，人们的旅游需求和旅游消费水平会呈现出很大差别。因此，根据旅游者的实际消费水平，可将旅游市场划分为豪华旅游市场、标准旅游市场和经济旅游市场。通常，豪华旅游市场的主体是少数社会上层人士，他们有丰厚的收入，一般对旅游价格不敏感，而是希望旅游活动能最大限度地满足他们的旅游需求。所以，尽管豪华旅游市场的规模有限，但其高额消费支出对经营者仍具有很大的吸引力。标准和经济旅游市场主要由广大中产阶级、固定收入者及青年学生等组成。虽然他们的消费能力不及社会上层人士，但这个市场的规模和潜力是巨大的。因此，旅游经营者应根据其提供的旅游产品的档次，科学地进行市场定位，选择合适的目标旅游市场，以增强对旅游市场的吸引力和扩大市场占有率。

4）按旅游目的划分旅游市场

随着旅游业的不断发展，旅游者的需求也日益增加，出游的目的也日益多样。旅游学对旅游市场的传统划分往往是根据旅游目的和内容，划分为观光旅游市场、文化旅游市场、商务旅游市场、会议旅游市场、度假旅游市场等。自 20 世纪 50 年代以来，除了以上传统旅游市场，又出现了一些新兴的旅游市场，如满足旅游者健康需求的体育旅游市场、疗养保健旅游市场和狩猎旅游市场等；满足旅游者业务发展需求的修学旅游市场、学艺旅游市场、研学旅游市场等；满足旅游者个性需求的探险旅游市场、美食旅游市场、生态旅游市场等。

知识拓展

2015 年中国主要客源市场（按旅游目的区分）　　　　　　　万人

序号	国家	旅游目的					
		合计	会议、商务	观光休闲	探亲访友	服务员工	其他
1	韩国	444.45	110.58	202.24	3.43	40.67	87.53
2	日本	249.77	77.81	39.28	5.35	11.71	115.62
3	美国	208.57	37.95	77.07	19.18	14.17	60.2
4	俄罗斯	158.23	54.81	64.02	0.41	24.44	14.55
5	马来西亚	107.55	15.82	64.2	1.39	9.57	16.57
6	蒙古国	101.41	10.38	6.03	0.04	22.21	62.75
7	菲律宾	100.4	3.22	19.34	0.27	67.68	9.89
8	新加坡	90.53	20.33	24.55	5.23	6.78	33.64
9	印度	73.04	19.8	16.53	0.34	17.08	19.29
10	加拿大	67.97	8.1	18.25	16.05	3.08	22.49
11	泰国	64.15	4.21	35.28	0.27	17.28	7.11
12	澳大利亚	63.73	11.58	20.13	9.85	2.8	19.37
13	德国	62.33	21.19	11.73	2.28	3.99	23.14
14	英国	57.97	14.78	17.97	2.69	4.4	18.13
15	印度尼西亚	54.48	2.91	31.28	0.37	14.54	5.38

续表

序号	国家	旅游目的					
		合计	会议、商务	观光休闲	探亲访友	服务员工	其他
16	法国	48.7	9.29	15.43	1.49	3.71	18.78
17	意大利	24.61	6.46	7.81	0.33	2.59	7.42
18	哈萨克斯坦	24.15	1.63	12.24	0.58	5.37	4.33

（资料来源：http://www.cnta.com/zwgk/lysj/201601/t20160118_758 408.shtml）

5）按旅游组织方式划分旅游市场

根据旅游的组织方式，旅游市场可划分为团体旅游市场和散客旅游市场。团体旅游和散客旅游是两种基本的旅游组织形式。团体旅游也称包价旅游，一般是指人数在10人以上的旅游团，其旅游方式以包价为主，包价的内容通常包括旅游产品基本部分，如吃、住、行、游、购、娱，也可以是基本部分中的某几个部分，如半包价、小包价等。旅行社往往以优惠的旅游价格分别购买各单项旅游产品，然后组织成旅游线路产品再出售给旅游者，因而旅游者参加团体旅游，价格一般较便宜，而且由于团队旅游通常是提前安排好活动日程，因此一般来说操作简单易行，安全系数大，语言障碍少，省心省力。但团队旅游也有其缺陷，如不能很好地满足每一个旅游者的特殊兴趣和爱好、不够自由等。散客旅游主要指个人、家庭及10人以下的自行结伴的旅游活动。散客旅游者可以按照自己的意向自由安排活动内容，也可以委托旅行社购买单项旅游产品或旅游线路中的部分项目，因而比较灵活方便。散客旅游的主要缺点是旅游者购买的各项旅游产品的价格之和比旅行社同样内容的团体包价旅游的价格要贵一些。由于散客旅游灵活方便，随着现代旅游业的发展，散客旅游将取代团队旅游，成为国际旅游市场发展的新趋势。

二、旅游市场的影响因素

通常，旅游市场是指旅游需求市场或旅游客源市场，是旅游产品供给与需求双方交换关系的总和；供给与需求是旅游市场经济运行的力量，决定了旅游业发展的状况。

1. 影响旅游需求市场的因素

旅游需求是总体上的旅游者的购买行为。因此，影响旅游需求的因素，除旅游者自身的旅游动机、收入水平、闲暇时间等条件，其他各种因素，如政治、经济、文化、自然等也会综合影响旅游者的需求。通常，影响旅游需求的主要因素有人口因素、经济因素、社会文化因素、政治法律因素、旅游资源因素等。

案例链接

泰国政局动乱冲击旅游业　国际游客人数显著下降

据外媒报道，泰国动乱的政局冲击了其经济命根子之一的旅游业，使泰国在2014年的世界旅游业排行榜中跌出了前十名。

据泰国媒体报道，世界旅游组织的最新数据显示，泰国2014年入境的国际游客为2 480万人次，比2013年减少了6.7%，使其在国际游客人数排行榜的排名从前一年的第10滑落至第 14。

2014 年泰国的旅游收入也萎缩了 8.1%，从 2013 年的 418 亿美元下落至 384 亿美元，在全球排名第 9。

泰国旅游局暗示，泰国的政治骚乱、军方策动政变，加上泰国首要客源地，如俄罗斯、日本和欧洲等经济低迷，致使游客将前往泰国旅游的打算打消或延后。

中国是泰国的最大旅游客源地。泰国媒体称，中国游客的增加挽救了泰国旅游业的颓势。泰国旅游部门表示，中国游客的增加帮助泰国旅游业抵消了俄罗斯等欧洲国家游客人数大幅下滑带来的冲击。

（资料来源：http://news.xincaijie.com/sy/2015-04-23/308181.html）

2. 影响旅游供给市场的因素

影响旅游供给市场的因素有旅游资源、旅游产品价格、政府政策、社会经济等。

（1）旅游资源因素。旅游资源是旅游产品开发的基础，是影响旅游供给的基本因素。一个国家或地区可以提供什么样的旅游产品，首先是由这个国家或地区可供开发的旅游资源状况决定的。一个国家或地区旅游资源的状况，不仅决定其旅游产品开发的方向和特色，而且影响着旅游供给的数量和质量。

（2）旅游产品价格因素。旅游产品的价格直接影响着旅游经营者愿意提供的产品的数量。旅游经营者提供产品是为了获得盈利，因此，当旅游产品价格上升时，旅游经营者增加旅游供给的数量；当旅游产品价格下跌时，旅游经营者就会减少旅游供给的数量。另外，旅游生产要素价格的高低也直接关系到旅游产品的价格，因此，旅游生产要素的价格也直接影响旅游供给的数量与结构。

（3）政府政策因素。旅游目的地国家或地区的政府对发展旅游业的认识、观念及制定的各项有关旅游的政策和规定，对旅游业具有重要影响。实践表明，政府的旅游政策不仅对一个国家或地区旅游供给的总量有宏观的调控作用，而且会直接影响旅游供给的方向、品种、质量和规模。

（4）社会经济因素。旅游业不仅是一项综合性的经济产业，也是一项依赖性很强的产业。旅游供给的很多内容依赖于社会经济的发展所能提供的物质条件。如果一个国家或地区社会经济发展水平高，就可为扩建原有基础设施和扩大旅游供给提供物质保障；反之，则会制约旅游产品供给。另外，社会经济的发展还会影响旅游供给者的心理预期，如果社会经济发展良好，他们就会增加供给；如果社会经济发展前景不好，他们就会减少供给。

三、旅游市场的功能

旅游市场是社会经济高度发展的产物，是旅游业赖以生存和发展的条件，对旅游经济活动的有效运行起着十分重要的作用。旅游市场在旅游产品交换和旅游经济发展中具有能动性作用，具体功能如下。

1. 旅游资源的配置功能

资源配置是指在社会经济活动中，把社会经济资源（人、财、物等要素）进行有效分配，以充分利用稀缺资源生产出更多更好的产品。因此，通过旅游市场的资源配置功能可以促进整个旅游业中的食、住、行、游、购、娱按比例发展，实现社会经济资源的优化配置，并通过旅游市场机制使旅游企业按照市场供给状况，及时调整自己经营的旅游产品结构，以适应旅游市场的变化和旅游者的需求，不断提高旅游经济效益，实现旅游资源及要素的优化配置。

2. 旅游产品的交换功能

旅游市场是联结旅游产品供给者和需求者的纽带，承担着旅游产品交换和价值实现的功能，以及保证旅游经济正常运行的重要任务。旅游市场上总是有许多不同的旅游产品供给者和需求者，旅游产品供给者通过市场销售自己的旅游产品，而旅游产品需求者（旅游者）则通过市场选择并购买自己感兴趣的旅游产品。旅游市场把旅游供给者和旅游需求者衔接起来，解决了供求之间的矛盾，从而更好地满足旅游者的需求，更充分地带动旅游业的发展。

3. 旅游信息的反馈功能

在市场经济条件下，旅游供求动态变化与旅游市场的动态变化是相辅相成的。一方面，旅游企业通过市场将产品信息传递给消费者，以引导、调节旅游需求的变化；另一方面，通过旅游市场，旅游企业能够搜集大量信息，掌握旅游者的需求，从而使本国、本企业的旅游产品开发和经营适应旅游者的需要，适应旅游市场发展变化趋势。因此，旅游市场通过信息传导和反馈功能，综合反映旅游市场的供求变化和旅游经济的发展状况。

4. 旅游经济的调节功能

旅游市场是调节旅游经济活动和旅游供求平衡的重要杠杆。在旅游市场上，当旅游供求双方出现矛盾时，就会引起旅游市场竞争加剧和价格波动，影响旅游经济活动的顺利进行。通过旅游市场的经济调节，即调节旅游产品的生产和销售，使旅游供求重新趋于平衡。同时，还可以通过旅游市场检验旅游企业的服务水平和经营管理状况，有利于改善和提高旅游企业的服务质量和经营管理水平，提高旅游企业的经济效益。

四、旅游市场的运行机制

"机制"一词，最早是机械学、生物学中使用的概念。一般地说，机制是指事物内部各个组成部分之间相互联结、配合、渗透、制约的方式，在一定的条件下，相互自动作用、自动调节的功能和过程。在旅游市场中，各市场要素互相适应、互相制约，共同发挥作用形成的市场自组织、自调节的综合机能就是旅游市场机制。在市场经济条件下，旅游市场的功能作用都是通过旅游市场机制来实现的。具体地讲，就是各旅游市场主体在旅游市场上进行经济活动而形成的供求、价格、竞争、风险等因素有机结合、相互影响、相互制约的运动过程，其具体表现为供求机制、价格机制、竞争机制、风险机制的共同作用过程。旅游市场机制的表现形式如下。

1. 旅游市场的供求机制

供求机制是市场机制的主体，其他相关要素的变动都围绕着供求关系而展开。在旅游市场中，供求连接着旅游产品的供求双方，其变动对旅游产品的价格起决定作用，影响着旅游市场主体之间的竞争，决定着各主体的市场行为。旅游市场供给是指一定时期内，在某个价格水平下，旅游经营主体对某种旅游商品愿意并且能够提供的数量。旅游市场需求是指人们为满足旅游活动的欲望，在一定时间和价格条件下购买的旅游产品的数量。

旅游市场的供给和需求，形成了旅游交易的主要动力，推动了旅游市场的运行。在旅游市场上，供求机制的作用还与价格、竞争等机制的作用紧密相连。从前面的分析可以看出，供给和需求都受到价格、竞争等因素的影响，而这些因素又相互作用，致使两者的关系处在不停的变化之中。由此可见，供求机制与旅游市场各要素的作用是相互的，一方面供求影响旅游商品各要素，另一方面旅游市场各要素也会反过来影响供求。正是供求与旅游市场各要素相互联系、相互作用的不断运动，才使供求机制得以作为矛盾双方的平衡机制，最终调节整个旅游市场的运行。

2. 旅游市场的价格机制

旅游价格是旅游产品价值的货币表现，它既是旅游者与旅游经营者之间进行旅游产品交换的媒介，又是衡量旅游经营者生产和经营旅游产品的劳动耗费量的尺度。因此，旅游价格机制是旅游经济有效运行的重要机制，是旅游供求机制发挥作用的前提。在市场经济条件下，旅游价格机制对旅游经济运行的作用是多方面的。对旅游者而言，旅游价格机制是调节旅游需求方向和需求规模的信号，即通过旅游价格的涨落，反映旅游供求的变化，从而影响旅游者的购买欲望，并调节旅游者的需求方向、需求规模和需求结构。对旅游经营者而言，旅游价格机制是旅游市场竞争和旅游供给调节的重要工具，即旅游经营者通过价格的灵活变动占领市场，调节旅游产品生产和供给的数量与结构。对政府宏观管理而言，旅游价格机制一方面为国家制定旅游政策、为旅游经济的运行提供必需的信息，另一方面也自发地调节着旅游总供给和总需求的平衡。

3. 旅游市场的竞争机制

竞争是市场经济运行的普遍规律，也是商品经济的产物，哪里有商品生产和商品交换，哪里就有竞争。旅游竞争机制就是指旅游市场中，各旅游经营者之间为了各自的利益而相互争夺客源，从而影响旅游供求及资源配置方向的运动过程。旅游竞争机制作为市场机制的基本要素之一，其核心内容是争夺旅游者。因为争夺到的旅游者越多，表明旅游产品的销售量越大，从而为旅游目的地国家、地区或旅游企业带来的收入就越高，经济效益就会越好。同时，争夺旅游中间商，即对从事旅游产品销售、具有法人资格的旅行社或旅游经纪人的争夺，也是旅游竞争机制的重要内容。因为各种各样的旅行社和旅游经纪人，是旅游产品的重要分销渠道，争夺到的中间商越多，得到的支持越大，旅游产品的销量就越多。争夺旅游者和中间商的目标又集中表现为提高旅游市场占有率，因为旅游市场占有率的高低变化对旅游供求和旅游价格具有决定性影响。因此，在市场经济条件下，旅游市场的竞争机制是客观存在的，是同市场的旅游供求机制和价格机制紧密结合并共同发生作用的。

竞争机制是旅游市场运行机制体系中的基础机制和动力机制，供求机制、价格机制等作用的贯彻都离不开竞争机制的推动作用。市场竞争贯彻价值规律、供求规律的要求，竞争机制的作用形成了对市场主体的外在压力。竞争作为一种强制力量维持着价值规律，推动了资源的合理流动、旅游业进步和经济效率的不断提高。当然，要使竞争机制能够有效实施，还需要具备一定的条件，即为竞争创造良好的环境，使旅游产品能够作为自由的商品流通，旅游市场不存在进入的障碍和壁垒，让经济信号在自由竞争的形式下形成。

4. 旅游市场的风险机制

在市场经济条件下，任何一个经济主体在市场经济活动中都会面临着盈利、亏损和破产的多种可能性，都必须承担相应的风险。因此，旅游市场的风险机制就是指旅游经济活动与盈利、亏损和破产之间的相互联系及作用的运动形式。风险机制作为旅游市场运行机制的重要组成部分，是一种无形的市场强制力量，促使每个旅游经营者承认市场竞争的权威，从而自觉地对市场信号做出灵敏的反应，形成适应旅游市场竞争的自我平衡能力。同时，旅游风险机制也利用市场利益动力和破产压力的双重作用，促使每个旅游经营者的行为合理化，并按照旅游需求提供适销对路、价廉物美的旅游产品。

第二节　旅游市场中的供求关系

一、旅游供给与旅游需求的关系

1. 旅游供给与旅游需求

旅游供给与旅游需求是旅游经济活动的两个主要环节，分别代表着旅游市场上的交易双方，它们之间的对比关系是旅游活动中最基本的经济关系。从经济学意义上说，旅游供给是指在一定时期内以一定价格向旅游市场提供的旅游产品的数量，具体包括旅游业经营者向旅游者提供的旅游资源、旅游设施和旅游服务等。由于旅游产品具有综合性、不可转移性、无形性、生产和消费的同步性等特点，因此旅游产品的供给必须通过一定时期、一定地区或部门接待的游客人数和人均支出来计量。需求是指消费者在一定时期内，依照一定价格购买某一商品或服务的欲望。旅游需求是指人们购买旅游产品的欲望。如果进一步分析，则可以看出，需求是购买欲望与支付能力的统一，缺少任何一个条件都不能构成有效或现实的需求。由于旅游活动的特点，要购买旅游产品除了购买欲望与支付能力外，还必须拥有足够的闲暇时间。因此，旅游需求就是有一定支付能力和闲暇时间的人购买某种旅游产品的欲望。

旅游供给与旅游需求各自以对方的存在作为自身存在与实现的前提条件。旅游需求只有通过相适应的供给才能满足，旅游供给必须通过有支付能力的需求才能实现。所以，旅游供给和旅游需求都要求对方与之相适应，以达到两者的相互平衡。然而，在不同的发展阶段，两者的主导地位是不一样的，在旅游业发展的初期，不断产生的旅游需求导致旅游供给在数量、质量及效能上持续增长或提高；旅游业发展到一定程度后，旅游供给越来越多地创造出新的旅游需求，使旅游需求日益发展、演进。是扩大旅游供给，以此来满足或刺激旅游需求，还是开拓旅游需求，以此来适应或促进旅游供给，始终是旅游业领导者必须适时选择的基本政策。

在旅游市场上，由于各种主客观因素的影响，旅游供给与旅游需求总是在相互不平衡的矛盾运动中趋向平衡。也就是说，在旅游经济活动中，旅游供求关系经常表现为供求矛盾。一般而言，旅游经济活动的正常运行主要取决于供求关系，我们研究供求关系，是为了掌握其中的规律，进而促进我国旅游业的健康发展。

2. 旅游供求矛盾

在旅游市场上，旅游供求的平衡是暂时的，而不平衡是经常的，这种从不平衡到平衡再到不平衡的运动过程，推动了旅游供求的发展。我们把这种交替出现的状态称为旅游供求矛盾。旅游供求矛盾主要表现在数量、时间、空间和结构等方面。

1）旅游供给与旅游需求在数量上的矛盾

旅游供给与旅游需求在数量上的矛盾主要表现在旅游供给或旅游接待能力与旅游者总人数的不相适应上。旅游目的地国家或地区往往根据自身的社会经济条件确定适合的旅游发展模式，由此形成本国或本地区的旅游供给能力。因此，在一定时间内，旅游供给能力是既定的，而旅游需求则受客源国或地区和目的地国家或地区的政治、经济、自然、地理等诸多因素的影响，具有较大的不确定性和随机性。在旅游市场上，旅游供给的既定性与旅游需求的不稳定性必然导致两者的不均衡，出现旅游产品供不应求或供过于求的局面。在旅游产品供过于求的状况下，如果市场机制不完善，极有可能发生削价竞争，而削价竞争往往伴随着供给质量的下降，这在我国旅游业的发展过程中已经得到证明。在旅游产品供不应求的状况下，由于旅游供给有自身的生长周期，即使不断进行深度开发，也难以迅速扩大旅游供给，还会使旅游供给的质量有所下降，使旅游者的需要不能得到充分满足。

2）旅游供给与旅游需求在时间（季节）上的矛盾

在客源国或地区的节假日，人们纷纷出游，形成旅游需求的高峰期。在其他时间，除老年人和商务客人外，人们一般很少出游，形成旅游需求的低落期。旅游供给在一定时间内是一个常量，餐馆、游乐场、饭店等旅游设施一旦形成，就具有常年性的特点。而旅游资源特别是自然资源，受气候的影响很大，在不同的季节，其吸引力有着明显的差异。因此，旅游需求的时间性、旅游资源的季节性与旅游设施的常年性之间形成了巨大的反差，具体表现为在旅游需求的高峰期或某旅游地的季节吸引力较大时，该地的旅游产品供不应求，在旅游需求的低落期或某旅游地的季节吸引力较小时，该地的旅游产品供过于求，即我们通常所说的旅游旺季、旅游淡季和季节矛盾。

3）旅游供给和旅游需求在空间（地域）上的矛盾

这一矛盾是指在供求总量基本平衡的条件下，旅游供求在空间（地域）上会出现失衡，即旅游热点地区供不应求，旅游冷点地区供大于求。由于各个地区旅游资源的类型不同，旅游资源的丰富程度不一，旅游设施亦有很大差别，由此形成了游客流向和流量在空间（地域）上的差异。可以说，旅游资源的类型、丰富程度和旅游设施的状况导致了旅游供求在空间（地域）上的矛盾。

4）旅游供给和旅游需求在结构上的矛盾

旅游供给的结构矛盾是指旅游供求在构成上不相适应，主要表现为：旅游供给类型或项目与旅游需求不相适应，旅游供给档次或等级与旅游需求不相适应，旅游供给方式与旅游需求不相适应，旅游供给质量与旅游需求不相适应。

旅游供给是根据客源市场预测和旅游地客观条件设计的，一经形成就具有特指性和稳定性，可是受多种因素的影响，而旅游需求往往具有多样性和多变性的特点，因此，就会出现旅游供给与旅游需求在结构上的矛盾，即在同一时期，某一种旅游产品出现供大于求的情况，另一种旅游产品则发生供不应求的问题。

总之，旅游供求的数量矛盾、空间（地域）矛盾、时间（季节）矛盾和结构矛盾是旅游供求矛盾的不同表现形式，它们之间既密切相关又互相影响。旅游供给与旅游需求的矛盾，通过市场机制和宏观调控得到解决，旅游经济活动在这种矛盾运动中得到发展。

改善旅游供给 满足需求升级

供给侧结构性改革，重点是解放和发展社会生产力，用改革的办法推进结构调整，减少无效和低端供给，扩大有效和中高端供给，增强供给结构对需求变化的适应性和灵活性，提高全要素生产率。这对于旅游业同样适用。当前和今后一个时期，要找准旅游业供给侧改革的落脚点，切实推进旅游业发展。

近些年来，我国旅游业发展取得了令世界瞩目的成就，但也存在着供需不匹配、供需结构失衡等供给侧结构问题。旅游业必须进行供给侧改革，而改革的实质是让供给变得有效，从而创新、创造、引领、满足、维护、保障日益增长、多样化、多层次的旅游消费需求。具体地说，就是促进旅游产业结构转型升级，提高旅游供给体系的质量和效率，创造"令人心动的旅游产品""让人欣喜的旅游服务""让人心想的旅游品牌""让人心安的旅游环境"，提高有效供给，提升游客满意度。这是当前和今后一个时期我国旅游业发展的主要课题。

1. 推进旅游业供给侧改革的重点领域

（1）产品领域。产品是供给侧的核心，也是旅游业发展的载体。旅游业供给侧的改革就是要提供游客需要并且满意的供给物。要开发丰富多彩的旅游产品，拓展产品线长度、宽度、深度、关联度，创造品类众多、选择性强的有效产品组合，从总体上满足旅游者的不同需求。在适度开发观光旅游产品的基础上，大力开发休闲度假产品，大力开发专项、特色旅游产品，如乡村休闲度假、山地避暑度假、温泉养生度假、生态旅游等产品。要根据旅游消费者的需求特点和旅游市场发展趋势，创新开发一些富有特色、创意，且深受游客喜爱的旅游产品。

（2）要素领域。旅游要素包括吃、住、行、游、购、娱等"老六要素"，也包括商、学、养、闲、奇、情等"新六要素"。它们是旅游消费的全要素，也是旅游供给侧的全要素，实际上就是完整的旅游产品体系或产品供应链。旅游全要素领域的供给侧改革，关键是要进行结构性调整，使供需匹配、对接、平衡、协调，能更好地满足不同旅游消费群体的不同需求。不搞重复建设，不搞同质化生产，消除局部产能过剩，解决供给短板问题，推动旅游供给在更高水平上平稳健康持续发展。同时还要培育新的供给亮点，提高游客旅游的兴奋点，形成品类丰富、组合优良的旅游产品要素链。

（3）产业领域。旅游产业的综合性决定其供给侧改革更需要行业联动、产业融合。旅游行业的主体是旅游企业，作为旅游产品的供给者，其改革的核心是培育独立的、多元化的市场主体。要大力发展各类社会企业，重点培育旅游上市公司、大型旅游集团公司、大型旅游联合体、旅游互联网综合平台等，充分发挥其作为产品供给者的作用，运用市场规律促进其竞争、发展。同时，旅游产业是一个关联性极强的产业，因此，产业融合既是旅游业发展的趋势，也是旅游业供给侧改革的要求。通过改革，可以联动和整合不同产业，形成新的产业形态和供给侧体系，如旅游+农业、旅游+工业、旅游+教育、旅游+文化等，旅游业可依托各种社会资源，与相关产业的供给侧改革对接，逐步形成"旅游产业化、产业旅游化"的格局。

2. 推进旅游业供给侧改革的"四则混合运算"

推进旅游业供给侧改革，要以市场为主导力量、优化供给结构、提高供给效率为核心，开发和打造高质量、多样化的旅游产品，改善和提升旅游服务质量，优化旅游发展环境，提高旅游供给水平和游客满意度，增强中国旅游的国际竞争力，推动旅游业快速、健康、协调、可持续发展。

（1）做加法。补齐短板，扩大要素供给，发展新兴业态，提高增长质量与效益。具体方法是：增加旅游新产品、新业态，丰富和完善旅游产业供给链；拓展旅游新空间，开发新地盘，打造新兴、新型旅游目的地；优化旅游新环境，提升旅游品质，加强旅游公共服务体系；培育新型旅游市场主体，大力发展新型社会企业和旅游电商、旅游互联网平台等新型组织，增强竞争力。

（2）做减法。简政放权，清除过剩产能，给旅游企业松绑减负，激发市场主体活力。具体办法是：改革各级政府旅游管理体制，减少行政干预，充分发挥市场机制作用；制定和实施积极的财政、金融、税收、土地、投资、人才、区域、环保等政策，减轻旅游企业负担，鼓励旅游企业优化资源配置，提高产出效应和供给能力。

（3）做乘法。以创新发展理念挖掘发展新动力，培育增长"乘数因子"，以"几何式增长"推动发展。具体办法是：实施创新驱动战略，以创新促改革，以创新谋发展；实施产业融合战略，大力开展"旅游+"的融合对策，积极支持发展旅游与多种产业的融合，充分释放新产业的供给端活力，以达到乘法效应；实施新技术驱动与平台建设战略，大力开展"互联网+"的联动工程，积极支持发展旅游电商、旅游互联网平台等，用新技术武装旅游产业，为其插上飞翔的翅膀；实施重点突破和单点突破战略，大力开展国家旅游业改革创新先行区、国家旅游业综合改革试验区、国家乡村旅游示范基地等重大重点建设工作，同时也大力抓好旅游金融创新、旅游投资创新等单点工程建设，打造旅游品牌，增强竞争力。

（4）做除法。清除旅游产能过剩，扫清前行障碍。具体办法是：制定旅游项目负面清单，严格审批旅游项目，规范旅游企业投资、开发和经营行为；制止破坏性开发和掠夺性开发，保护文化遗产，保护生态环境，促进旅游业可持续发展。

总之，旅游业供给侧改革是一项系统工程，需要统筹兼顾，做好"四则混合运算"。从供给、生产端入手，通过创新驱动来解放生产力、提升竞争力，从而提高有效供给、提升旅游品质，最大限度地满足旅游者不断变化的消费需求，创造旅游经济新的增长点，促进旅游业快速、健康、可持续发展。

（资料来源：http://www.gmw.cn/sixiang/2016-04/28/content_19897572.htm）

二、旅游供给与需求的均衡

经济学上有两个简单的原理：最优化原理和均衡原理。最优化原理，即人们总是选择他们能够支付的最佳消费方式；均衡原理，即价格会自动调节供求，直到产品的供给数量与需求数量相等。

通过旅游价格的上下调整使旅游供给与旅游需求达到平衡，这便是价格对旅游供求的调节机制。这主要指的是均衡价格，而均衡价格的形成需要许多限定条件，即每个交易者都能够及时获得准确、完整的信息；价格的升降是完全自由、灵活、迅速的；市场上有一个报价者，能够迅速地向各个交易者提供价格信号；在达到均衡价格之前不进行交易等。

严格地讲，均衡价格是一种理论上的推断，只有在供求完全平衡的条件下才能形成，交易价格才是实际存在的；只有在理想的市场条件下，均衡价格才等于交易价格。换句话说，均衡价格只是交易价格的一种特例。

随着旅游市场的竞争日益加剧，各种非价格策略必将在一定程度上取代价格竞争。因此，对旅游供求矛盾及其均衡机制的研究必须考虑各类因素，在全面分析的基础上提出综合性的解决方法。唯其如此，才能使旅游产品适销对路，旅游企业的效益才能达到最大化。

除价值规律与价格机制，政府的宏观政策对旅游供求也有很大的调节作用。这些政策措施主要包括以下4个方面。

1. 旅游发展战略与规划

为保证旅游经济活动的健康发展，弥补市场机制之不足，很多国家和地区制定了本国、本地区旅游业的发展战略与规划，旨在通过必要的行政、经济和法律手段来调节旅游供求。这些发展战略与规划的主要内容有旅游资源的开发、旅游设施的建设、旅游从业人员的培训、旅游业及相关产业的发展规模与发展速度等。旅游发展战略与规划是一种长期性的调节手段，它对旅游供给和旅游需求有着较持久的控制作用。

2. 税收政策

调节旅游供求的税收政策涉及两个方面：一个是对旅游企业实行的税收政策；另一个是向旅游者征收旅游税的政策。当旅游产品供不应求时，通过对旅游企业实行减免税的政策，可以使其降低生产成本、增加利润，并能吸引多方投资，推动旅游企业扩大再生产，进而刺激旅游供给量的增加。同样，向旅游者直接征税可以减少旅游需求，从另一方面调节旅游供求矛盾。反之，当旅游产品供大于求时，通过向旅游企业增税，可以抑制旅游供给，使旅游供求达到平衡。

3. 价格政策

在价值规律自发作用的基础上，针对不同形式的供求矛盾，旅游目的地国家或地区可以采取不同的价格策略，如地区差价、季节差价、质量差价、优惠价、上下限价等，来调节供求关系，使之平衡或适应。

4. 营销策略

由于旅游供给的弹性较小，在供给体系既定的情况下，主要依靠刺激旅游需求来调节旅游供求矛盾。旅游营销的特点是见效快、较为直观、易于操作，只要选准目标市场，促销措施到位，短期内便会激发旅游需求。因此，各旅游目的地国家或地区经常采用市场开发、宣传招揽、产品渗透等营销策略，使旅游供求矛盾很快得到缓解。

第三节　旅游市场的竞争

一、旅游市场竞争概述

在现代市场经济中，只要存在市场，就必然存在竞争。竞争是商品经济的必然产物。商品经济的基本规律——价值规律是通过竞争得以贯彻和实现的。旅游市场竞争是旅游经济运行得以实现和向前发展的根本动力，是旅游经济存在和发展的外部强制性因素。因此，旅游市场竞争的存在具有客观必然性。

1. 旅游市场竞争的客观性

旅游市场是实现旅游经济活动不可缺少的条件，旅游供给和旅游需求就是通过市场连接起来的。旅游市场竞争是旅游经济运行得以实现的内在机制，其存在具有客观必然性。在市场经济条件下，旅游业的市场竞争还体现在不同国家或地区、不同旅游企业之间。

1）旅游市场竞争是价值规律的客观要求

价值规律是商品生产的基本经济规律，它要求商品必须按照社会必要劳动时间所决定的价值进行交换。而各个商品生产者，由于生产条件不同，生产中所耗费的个别劳动也不同。因此各个商品生产者为了在市场上占据有利地位，必然会采用新技术，提高工作效率，降低成本，以使生产商品的个别劳动时间低于社会必要劳动时间。竞争是商品经济的本质属性，只有通过市场竞争，价值规律的要求才能得到实现。就旅游市场而言，不同的旅游企业生产和经营同种旅游产品所花费的个别劳动时间是不相同的。因此，如果某旅游企业所花费的个别劳动时间高于社会必要劳动时间，其旅游产品的价值就难以实现，市场竞争的结果迫使其必须提高劳动效率、降低成本，来保证旅游产品价值的实现。因此，旅游市场竞争是价值规律实现的客观要求，只有在旅游市场竞争的条件下，才能按照价值规律进行有效的旅游产品交换活动。

2）旅游产品的可替代性及不可储存性

通常，旅游市场是一个供大于求的买方市场，旅游者在市场上占据主导地位，况且作为一种消费行为，旅游需求的可替代性是很高的。因此，就总体而言，具有高度垄断性的旅游产品毕竟是少数，大多数旅游产品虽然各具特点，但同类的、差别不大的旅游替代品是普遍存在的。旅游产品与其他满足人们精神生活需要的休闲产品、文化娱乐产品之间也存在替代关系。因此，这必然激化旅游企业与其他行业，以及旅游企业之间的竞争。此外，由于旅游产品的无形性和不可储存性等特点，使旅游企业对市场的依赖性比其他行业更强，而旅游市场又是比较脆弱和易被动的，所以，旅游企业之间必然要为抓住稍纵即逝的机会而展开激烈的竞争。

3）旅游市场的全球化

世界各国旅游业的发展进一步加剧了全球旅游市场的竞争，现在，大多数国家在尽可能多地吸引国外游客。国际旅游市场的竞争主要表现在两个方面：一是国内各旅游企业之间在国际市场上为招徕客源而展开竞争，各旅游企业在服务质量、价格水平、旅游产品、目标市场等各方面具有很大的相似性，它们之间是现实的、直接的竞争对手关系；二是与和我国旅游企业拥有同一客源目标市场的其他国家的旅游企业展开竞争，这些国家的旅游企业虽然提供的旅游产品与我国不同，但可能选择的是同一个目标市场，为吸引更多客源，彼此间必然开展激烈竞争，这种竞争必然导致客源市场的重新分配，加之旅游者在选择目的地方面的自主性和不确定性，使这种竞争更加激烈。

2. 旅游市场竞争的影响因素

研究旅游市场竞争，首先要分析影响旅游市场竞争态势和竞争特性的主要因素，包括旅游主体的数量、旅游产品的同质性、旅游信息的完全性和旅游市场的可进入性等。

1）旅游主体的数量

旅游主体，即旅游者和旅游企业，其数量是影响旅游市场竞争的首要因素。旅游者的可自由支配的收入、闲暇时间及旅游动机等决定着旅游市场规模的大小；另外，对大多数旅游市场而言，影响旅游市场竞争的关键是市场上旅游企业的数量。旅游市场中处于平等地位的旅游企业越多，则旅游市场的竞争就越激烈；如果旅游市场中存在一个或少数几个旅游企业处于支配地位，旅游市场的竞争程度就会减弱。

2）旅游产品的同质性

旅游产品的同质性，是指不同旅游企业销售的旅游产品在质量上是相同的，以至于旅游者无法辨别不同旅游企业所提供的旅游产品的差别。但是，在现实中，大多数旅游企业提供的旅游产品是有差别的。即使同一个旅游企业提供的旅游产品，也会因季节、时间、提供者等各种内在或外在因素影响而存在一定的差异性。因此，在旅游市场竞争中，旅游企业要保持本企业所提供的旅游产品与其他旅游企业的旅游产品存在一定的差异性，以提高本企业的市场竞争力。

3）旅游信息的完全性

在市场竞争中，获得充分完全的信息是一个相对严格的条件，它要求旅游者和旅游经营者能够充分了解旅游市场中有关旅游产品交易的全部信息。如果信息不完全或传递渠道不畅通，旅游者就不可能充分了解旅游产品的情况而做出准确有效的购买决策。旅游信息的完全和传递渠道的畅通程度，直接决定着旅游市场竞争的程度，影响着旅游竞争机制作用的正常发挥。

4）旅游市场的可进入性

如果旅游企业进入或退出旅游市场十分容易，则旅游市场的竞争程度会提高；反之，如果旅游企业进入或退出旅游市场受到阻碍和制约，则旅游市场的竞争程度就会减弱。因此，旅游市场进出的自由程度，直接影响和决定着旅游市场的竞争程度。如果旅游企业在进入某一旅游市场时受到阻碍，则意味着该旅游市场存在着进入障碍或进入门槛较高。而进入门槛较高的旅游市场，通常具有较高的市场垄断性。

二、旅游市场竞争结构类型

旅游市场竞争结构是指旅游市场竞争的程度。根据参与竞争的旅游企业的数量多少、旅游产品之间的差异程度、旅游信息的完全程度和旅游市场进入条件的难易性等因素，可将旅游市场划分为4种竞争结构，即完全竞争旅游市场、完全垄断旅游市场、垄断竞争旅游市场、寡头垄断旅游市场。

1. 完全竞争旅游市场

完全竞争又称纯粹竞争，是指不受任何阻碍和干扰的市场竞争，即由众多旅游者和旅游经营者所组成的旅游市场。完全竞争仅具有理论意义，在现实生活中并不多见。一般而言，完全竞争必须满足以下条件：一是旅游市场上存在着众多彼此竞争的旅游者和旅游经营者，他们各自都是独立的，每个旅游者和旅游经营者所交易的旅游产品数量在整个市场上只占有很小的份额，任何旅游者个人和旅游企业都不能支配整个市场交换。二是各旅游经营者生产经营的同种旅游产品都是同质的、无差别的。这样任何一个旅游产品购买者都不会对任何一个旅游产品经营者产生偏好。三是所有生产要素资源能够在全社会各行业间完全自由流动，旅游经营者可以自由地进入和离开完全竞争的市场。四是市场上每个旅游者和旅游经营者都掌握充分的市场信息。五是旅游经营者和旅游者在进入和离开完全竞争的旅游市场时，不受其他任何非经济因素的影响。只有具备以上条件，才能称为完全竞争的旅游市场。

2. 完全垄断旅游市场

完全垄断旅游市场指旅游市场完全由一家旅游经营企业单独生产一种或数种产品的旅游市场，市场上不存在任何可以替代的其他产品，因而完全垄断旅游经营者对其产品的价格和产量具有很大的控制权。完全垄断并不多见，其最突出的特征是旅游产品的唯一性，即在旅游经济中，某些独特的旅游资源具有稀缺性，旅游经营者利用其开发的旅游产品往往形成完全垄断旅游产品，进而形成完全垄断旅游市场，如中国的长城、秦始皇兵马俑，埃及的金字塔，法国的凯旋门等都是世界上独一无二的旅游景区（点）。

3. 垄断竞争旅游市场

垄断竞争旅游市场是不完全竞争市场，是一种介于完全竞争和完全垄断之间，既有垄断又有竞争的旅游市场类型。它既包含竞争性因素，也包含垄断性因素。

垄断竞争旅游市场的竞争性主要表现在以下几个方面：一是同类旅游产品市场上拥有较多的旅游经营者，但他们对价格、数量的影响有限，每个旅游经营者的产品在旅游市场总额中只占较小的比例，任一单独的旅游经营者都无法操纵市场，他们之间竞争激烈；二是在市场经济条件下,旅游经营者进入或退出旅游市场一般比较容易,无太大的市场壁垒;三是不同的旅游经营者生产和经营的同类旅游产品存在着一定的差异性,即同类旅游产品在质量、服务、包装、商标、销售方式等方面均具有特色,从而使处于优势的旅游产品在价格竞争和市场份额的占有上优于其他旅游经营者。

垄断竞争旅游市场的垄断性主要表现在:一是每个国家或地区的旅游资源不可能是完全相同的,从而导致每一种旅游产品都有其个性,于是旅游产品间的差异性在一定程度上就形成了旅游产品的垄断性;二是政府对旅游产品开发的某些方面的限制,也会形成旅游产品的垄断;三是由于各种非经济因素的制约,旅游者不能完全自由选择旅游产品而进入任何旅游目的地,从而使某些旅游产品具有一定的垄断性。

4. 寡头垄断旅游市场

寡头垄断旅游市场是指为数不多的旅游经营者控制了行业绝大部分旅游供给的市场结构。在这种市场结构中,每个旅游经营者在行业中都占有相当大的份额,他们对价格、产量有很大的支配权和控制权。因此,新旅游经营者要进入该市场参与竞争是很不容易的。寡头垄断旅游市场也是介于完全垄断旅游市场和完全竞争旅游市场之间,并偏向于完全垄断旅游市场的一种市场结构。在现实市场经济中,寡头垄断旅游市场往往比完全垄断旅游市场更为普遍,尤其对于某些独特的或稀少的旅游资源,通过开发和建设往往容易形成寡头垄断的旅游产品和旅游市场。

从旅游市场的发展总体看,寡头垄断旅游市场属于不完全竞争市场,即垄断竞争市场,既包括垄断因素,又包括竞争因素。其具体表现为:一是各国、各地区旅游产品差别较大,每个国家或地区的旅游资源不可能是完全相同的,如我国的长城、秦始皇兵马俑,埃及的金字塔,都具有不可替代性,能构成卖方垄断。二是制定性壁垒的限制会形成一定的垄断,如政府对外资进入当地旅游业的限制等。三是旅游市场开放度较高,新的竞争者能够随时加入竞争行列。四是大多数旅游产品,如客房、餐饮、健身娱乐场所等,都具有一定的可替代性和同质性,这也导致旅游经营者之间的激烈竞争。

案例链接

香港旅游遭遇寒冬 香港业界疾呼盼破冰

一季度内地访港旅行团暴跌六成,预计"五一"假期访港旅客数量亦难见起色。旅游业者呼吁社会停止非理性赶客行为,期望广深港高铁、港珠澳大桥等基建项目尽快落实,助旅游业早日复苏。

1. 内地访港团数量"暴跌"

南国4月春暖花开,香港旅游业却仍深陷"寒冬"。数据显示,2015年2月—2016年4月,内地访港旅游团数量已连续14个月下跌,2016年一季度仅有11 665个内地旅游团访港,较2015年同期锐减近六成。业界对即将到来的"五一"假期预期悲观。香港专业导游总工会主席余莉华表示,估计"五一"假期内地访港旅游团数量难及往年的1/10。

香港旅游业雇员总会、专业导游总工会及外游领队协会日前对470多名导游进行了调查访问。结果显示，九成受访者对未来一年前景非常忧虑；超八成受访者表示，近期带团次数较 2015 年同期少；还有近八成半人预期，2016 年收入较去年低。不少导游和领队被迫兼职打散工帮补生计。

旅游业不景气，零售、酒店、餐饮等行业纷纷受到连累。受访客人数和酒店入住率下跌影响，香港著名旅游景点迪士尼乐园 2015 年由盈转亏，前不久更突然宣布裁员近百人，引起各界关注。

2. 非理性行为"吓退"内地客

中国社会科学院财经战略研究院、中国社会科学院旅游研究中心发布的 2016 年"旅游绿皮书"指出，香港旅游业下行压力明显增大，政治因素在其中产生负面影响。

"旅游绿皮书"认为，2014 年以来，香港非法"占中""反水客"等一系列事件爆发，使香港旅游发展环境受到挑战，损害了"好客香港"的旅游形象。香港少数群体对内地游客骚扰、谩骂等"暴力赶客"行为亦打击了内地游客赴港旅游的热情。

同时，2015 年 4 月香港将深圳居民赴港"一签多行"的签注改为"一周一行"。新政策和负面事件的持续发酵，使香港对内地游客的吸引力持续下降。

3. 业界疾呼盼"破冰"

面对一蹶不振的香港旅游市场，业界人士呼吁特别行政区政府和社会各界积极行动，多管齐下扭转颓势。香港旅游业界立法会议员姚思荣呼吁香港市民以礼待客，旅游从业者做到货真价实，不能欺骗游客。同时，特别行政区政府也要做好旅游长远规划，拓展客源。

香港工联会副理事长兼旅游联业工会联会理事长梁芳远则表示，期望广深港高铁、港珠澳大桥等基建项目尽快落实，促进旅游业发展。

为摆脱下滑困境，香港商家纷纷想方设法招揽客源。香港海洋公园 2016 年 3 月推出了门票"买大送小"、毕业典礼套餐等优惠措施以吸引游客。

香港特别行政区政府财政司司长在 2016—2017 财政年度的政府预算案中亦提出拨款推行多项措施以支援香港旅游业。

此外，专家指出，"一带一路"倡议为香港旅游业带来历史性发展机遇，香港应借此挖掘旅游资源，突破行业发展瓶颈，努力扮演内地和世界的"超级联系人"角色，为旅游业发展注入动力。

（资料来源：http://travel.ce.cn/gdtj/201508/26/t20150826_2765334.shtml）

第四节 旅游价格

一、旅游价格的含义与构成

1. 旅游价格的含义

旅游经营者和旅游消费者始终是旅游经济运行过程中的两大构成部分。旅游经营者要实现自身利益，必须卖出旅游产品，而旅游消费者要满足旅游需求，必须购买旅游产品。影响二者之间顺利进行买卖的前提就是价格，即旅游市场产品价格（以下简称旅游价格）。旅游价格是旅游市场经济运行中最活跃的因素，直接影响生产者、经营者、消费者的利益。旅游经营者需要对产品进行合适的定价，旅游消费者需要支付一定的货币。因此，旅游价格是旅游经济运行的调节器，是指导旅游资源配置的信号，是旅游供求平衡的砝码。

旅游价格是旅游者为满足旅游活动的需求而购买单位旅游产品所支付的货币量，它是旅游产品价值、旅游市场的供求和一个国家或地区的币值三者变化的综合反映。在市场经济中，旅游者食、住、行、游、购、娱等需求必须通过交换活动，通过支付一定的货币量才能获得满足。旅游经营者在向旅游者提供旅游产品时，必然要求得到相应的价值补偿，于是在旅游者与旅游经营者之间围绕着旅游产品的交换而产生了一定货币量的收支，这就是旅游价格。从旅游经营者的角度看，旅游价格又表现为向旅游者提供各种服务的收费标准。

2. 旅游价格的构成

从旅游产品经营者的角度看，旅游价格由成本和盈利两部分构成。成本是指生产费用，它包括生产旅游产品时用于建筑物，交通运输工具，各种设备、设施及原材料等物资的耗费，以及旅游从业人员旅游服务的劳动补偿部分。盈利是指旅游从业人员新创造的价值部分，它包括向政府缴纳的税金、贷款利息、保险费用和旅游商品经营的利润等。在旅游单项价格构成中，旅游价格包括旅游经营者的成本与利润；但在全包价格中，旅游价格则由各个单项旅游产品的单价之和加上旅行社的成本与利润构成。从旅游者的角度看，旅游价格的构成分为基本构成和自由选择两部分。基本构成是旅游者出游前在对旅游产品的感性认识和粗略理解的基础上所预算的旅游支出构成；自由选择是旅游者在旅游过程中，通过对旅游产品的亲身体验和主观预测而对基本构成的调整，它包括对基本构成总量的增减和对基本构成的结构改变，以及调整下次旅游的预算。例如，某旅游者在某条旅游线路上旅游时，由于获得了非常独特的心理满足，于是多停留一些日子，并希望下次再来。对于旅游者的这种旅游价格构成要求，旅游经营者应充分注意两个方面：一是加强推销能力，通过较宽的营销渠道和较强的宣传促销让旅游者对旅游产品有更多的认识和理解，从而尽可能增加旅游预算；二是提供优质的旅游服务，对旅游者产生较强的吸引力，从而增加旅游者的自由选择。

二、旅游价格的影响因素

1. 旅游市场供求规律影响旅游价格

旅游产品无论其价值量的大小，都必须拿到市场上进行交换，只有这样，其价值和使用价值才可能实现。而旅游产品在交换的过程中，其价格就不可避免地受到供求规律的影响。可以说，在价值量一定的情况下，旅游价格很大程度上取决于旅游市场上供需双方的关系变化。

一般而言，供大于求时，旅游价格趋于下降；供不应求时，旅游价格趋于上升。例如，近年来，随着旅游业的快速发展，我国许多地区的旅游饭店数量剧增，很快出现了供过于求的状况，很多饭店不得不削价，旅游价格趋于下降。

2. 旅游市场竞争状况影响旅游价格

旅游市场中的竞争,既有供给者之间的竞争,也有需求者之间的竞争,还有供给者与需求者之间的竞争。供给者之间的竞争是卖主争夺买主的竞争,它会使旅游产品的市场成交价实现在较低的价位上;需求者之间的竞争是买主争夺产品的竞争,它会使旅游产品的市场成交价实现在较高的价位上;而出现供需双方的竞争时,供给者坚持要以更高的价格将旅游产品卖出,需求者坚持以更低的价格买到合适的产品,双方力量的对比最终将决定成交价格是向上倾斜,还是向下倾斜,但是向下倾斜的量不能超过旅游经营者所能接受的最低价格,向上倾斜的量也不能超过旅游消费者所愿付出的最高价格,否则买卖不能继续进行。在不同的市场时期,竞争中的主要矛盾不同,会发生相应的变化,从而影响旅游价格形成。

3. 政府的宏观调控影响旅游价格

市场机制和价格机制并不能完全解决市场运行中存在的所有问题,政府必须适时进行调控,其中就包括价格政策的调控。例如,旅游业曾出现"买团""卖团"等现象,严重地破坏了旅游地形象。为此,《旅游法》第三十八条第三款明确规定:"旅行社安排导游为团队旅游提供服务的,不得要求导游垫付或者向导游收取任何费用。"这条规定从源头上杜绝了导游和旅行社之间因"买团"和"卖团"行为所产生的一系列利益纠纷。

> **案例链接**
>
> ### 在线旅游大打价格战 专家呼吁出台相关监管法规
>
> "有钱任性!"春节期间,在线旅游企业的"红包"大战不亚于微信红包,个别企业通过移动客户端发出的红包总价值超过10亿元,旅游电商行业也掀起"以利润换市场"的争夺战。但是,价格战也带来了投诉量的增长和服务质量的下降。
>
> 虽然新《旅游法》已经实施,但没有针对在线旅游的专门规定,还存在执法力量薄弱、执法机制不健全等问题。对此,多位业内专家呼吁,在线旅游监管已经跟不上产业发展,当务之急是尽快出台相关监管法规。
>
> 尽管价格战一直被业内诟病,但面对庞大的在线旅游OTA市场,这场"蓝海激战"在所难免。
>
> 劲旅咨询CEO魏长仁告诉《每日经济新闻》记者,目前在线旅游企业发展的空间仍然非常大。前两年大量资本涌入,企业融资渠道增多,募资能力大大增强。这些企业融资后唯一的任务,就是用最短的时间将市场份额做上去。因此,"以利润换市场"成为在线旅游企业抢占市场最直接、最有效的手段。
>
> 在2015年3月10日举行的全国人大记者会上,国家工商行政管理总局局长张茅在谈及网购监管时表示,正积极推进电子商务立法。全国人大财经委透露,目前已经起草完成了电子商务法立法大纲。
>
> #### 1. OTA集体"以利润换市场"
>
> 散客时代的来临让在线旅游市场规模呈递增式发展。艾瑞咨询发布的数据显示,2014

年中国在线旅游市场交易规模为 2 772.9 亿元，同比增长 27.1%。其中，在线旅游占休闲旅游市场的比重为 10%，预计 2017 年将达到 15.6%。

根据劲旅咨询发布的数据，截至 2014 年 10 月 31 日，携程旅行网、去哪儿网、同程旅游移动客户端（安卓版）的下载量分别为 1.87 亿次、1.78 亿次和 1.3 亿次。3 家来自移动端的营业收入比例均超过 50%。

面对庞大的旅游市场，2015 年年初，在线旅游企业已蓄势待发。春节期间，各大 OTA 不惜以让利的方式争抢市场，令人大呼"有钱任性"。其中，同程旅游通过移动客户端发出了总价值 10 亿元的红包；去哪儿网特制"消费者可用 1 元最高换购 500 元现金红包"；携程旅行网首次推出了"买一送一"优惠活动。不过，这背后是在线旅游企业"以利润换市场、以时间换空间"的商业逻辑。

某在线旅游企业高管曾对《每日经济新闻》记者表示，2015 年整个行业将延续 2014 年的惨烈竞争。各大在线旅游企业的投入不会低于 2014 年，通过战略性亏损扩大市场份额依然是 2015 年行业的发展逻辑。

不过，在线旅游企业拼命砸钱的背后，部分企业也难掩巨额亏损的事实。途牛旅游网最新财报显示，2014 年公司净亏损达 4.479 亿元。艺龙旅行网 2014 年净亏损达 2.69 亿元。

至于亏损的原因，记者发现，不少在线旅游企业都陷入营销费用的深坑。以市场营销开支为例，2014 年携程旅行网、去哪儿网以及途牛旅游网的同比增幅分别为 69%、189.6% 和 206.1%。

魏长仁分析称："旅游电商的竞争越来越激烈，且对价格竞争力的依赖度越来越高，这在一定程度上影响了旅游电商及其供应商的服务质量。"

2. 法律监管待完善

如何解决旅游者对旅游电商的投诉、维权问题？

魏长仁分析称，旅游电商快速发展，服务的游客越来越多，但市场深层次问题并没有随着新《旅游法》的实施得到解决，因而投诉率有上升趋势。

例如，消费者和旅游电商之间签订的多是网上的电子合同，对于这一新生事物，目前尚没有正式的法律规范。在产生纠纷后，取证及日常监管难度大，导致不能及时作出处理。

上海财经大学旅游管理系主任何建民对《每日经济新闻》记者表示，旅游电商售卖的产品内容与购买条款必须写得非常清楚，不允许存在模糊和欺骗行为。考虑到专业性，也可以引入第三方审核机构，对旅游产品和服务审核追责。

业内人士建议，目前比较保险的做法，是消费者在签订电子合同时，一定要查询并确定旅行社的合法性，同时，将消费者的身份信息和联系方式备注上，这就等同于与旅行社签订了旅游合同。若发生纠纷，消费者应该去电商的设立地进行投诉。

3. 业内：监管与自律并行

"市场的规范，一方面依靠行业自律，需要行业更加严格的监管。"魏长仁认为，另一方面，政府应根据行业的发展趋势，与时俱进地出台相应的法律法规，并加强执法力度，为消费者提供舒适安全的在线旅游环境。

政府也在法律法规方面下了大力气。2014年7月,《旅行社产品第三方网络交易平台经营和服务要求》《旅行社服务网点服务要求》等5项行业标准开始实施,首次对在线旅游经营服务进行规范。但在业内人士看来,上述部门规章制度的法律位阶较低。

"2013年新《旅游法》千呼万唤始出来,但线条太粗,细则又一直没有落实。"魏长仁表示,新《旅游法》虽然遏制了旅游市场乱象,但没有对在线旅游进行专门规定,还存在旅游执法力量薄弱、执法机制不健全等问题。对旅游电商的监管依旧面临"无法可依"的尴尬局面。

对此,旅游业内人士建议,旅游市场的各个参与者都需要共同努力。"电商的旅游产业链是由多个独立主体松散联合组成的,需要明确责任主体,便于追责。例如,要实施与游客接触的该产业链环节主体的'首位责任制'和相关者的'连带责任制',实施终身追责制和连带无限责任制。"何建民建议,应完善法律法规,并加大落实力度。

何建民进一步表示,除法规需要完善外,在市场监管方面,可以大力引入社会治理理念,积极倡导第三方监管、非政府组织监管、媒体设立专版或电视栏目进行曝光。同时,要强化法律的惩戒机制和实施机制。

(资料来源:http://union.china.com.cn/cmdt/txt/2015-03/16/content_7749376.htm)

三、旅游价格体系

旅游价格体系是指能反映旅游经济运行状况的,由一系列相互联系、相互制约的旅游价格构成的有机整体。它能够规范旅游市场,实现透明化旅游消费,为游客提供可考证的信息服务,有效保障消费者的利益。旅游价格体系根据不同的标准可以分为不同的类型。

1. 根据旅游者对不同旅游产品的需求构成形成的旅游价格体系

根据旅游者在旅行活动中对不同旅游产品的需求构成,可把旅游价格划分为基本旅游价格和非基本旅游价格。

2. 根据管理体制形成的旅游价格体系

根据旅游者身份,我国把旅游价格区分为国内旅游价格和国际旅游价格,并按不同形式进行双轨制管理。国内旅游价格是面向国内旅游消费者的。由于我国是一个发展中国家,人均收入水平比较低,对国内旅游者只能制定与我国国情相适应的价格。我国的国际旅游价格面向境外旅游消费者,但根据接待对象不同又区分为3类:第一类是以面向外国旅游消费者为主的中国国际旅行社价格;第二类是以面向外籍华人、华侨和港澳台同胞为主的中国旅行社价格;第三类是以面向海外青年和学生为主的中国旅行社价格。

3. 根据购买方式划分的旅游价格体系

根据旅游者的购买方式,旅游价格可以划分为旅游包价、散客小包价和单项旅游产品购买价格。旅游包价根据旅游者的不同目的又分为旅游价、公务价、会议价和经济价。旅游价是为专程参观游览的旅游者制定的价格,按旅游季节又可分为旺季价、平季价和淡季价;公务价是为出差办事的旅游者制定的价格;会议价是为参加会议的旅游者制定的价格;经济价则是为一些收入比较低的旅游者制定的优惠价格。

知识归纳

本章主要介绍了旅游市场与竞争,包括旅游市场的概念、特征、类型及功能,旅游市场的运行机制,旅游市场中的供求关系,旅游市场的竞争及竞争结构类型,旅游价格构成、影响因素及价格体系。只有理解旅游市场的特点、供求关系、价格构成,掌握市场的运行机制、竞争结构、影响因素等,才能制定正确的旅游市场战略和旅游市场开拓策略。

案例分析

在线旅游高速增长的背后:"烧钱"换市场 投资并购频繁

2015年8月25日,去哪儿网发布了第二季度财报,至此在线旅游上市公司均公布了新一季的财务数据。

各公司财报显示,第二季度携程网净营收为25.3亿元人民币,同比增长47%;去哪儿网净营收为8.810亿元人民币,同比增长120.0%;途牛网净营收为15.2亿元人民币,同比增长111.9%;艺龙净营收为2.19亿元人民币,同比下降25%。

除艺龙外,其他几家在线旅游上市公司在第二季度营收均有较大幅度增长,特别是去哪儿网与途牛网增速达到100%以上。

与营收高速增长相对的是,第二季度去哪儿网净亏损为8.157亿元,较2014年同期的4.216亿元净亏损扩大93.5%;途牛网净亏损为2.462亿元人民币,2014年同期净亏损为1.136亿元人民币,同比扩大约116.7%。

即便是本季度唯一盈利的在线旅游上市公司携程网也一度出现亏损和利润下滑。财报显示,2015年第二季度携程网净利润为1.43亿元人民币,上一季度净亏损1.26亿元人民币,第二季度扭亏为盈。

亏损背后是在线旅游网站为争夺市场份额而展开的一系列营销活动及价格战导致的成本费用激增。一方面,是需要通过促销等手段吸引更多的消费者到线上使用服务,特别是移动端;另一方面,是在市场竞争激烈的情况下,实属无奈又不得不参与。这种以利润换市场的策略将在未来很长一段时间内继续。

特别是近期为争夺暑期旅游市场,去哪儿网、携程网等在线旅游公司均推出了不同的促销手段。去哪儿网除推出五折酒店外,还推出了周年庆10亿元专属红包。携程网则发起旅游红包大战,向2.5亿名会员派发红包,每人可得2 000元。而宣布启动A股上市计划的同程旅游则宣布派发1亿个红包,每个1 000元。

去哪儿网首席策略官赵轶璐表示,第二季度公司市场营销费用的环比增长主要就是对线下推广的投入,其中包括对用户的补贴以及雇用新的地推临时员工的费用。通过地推,去哪儿网2015年上半年获得的新用户数已经超过2014年全年的新增用户,未来会继续执行地推策略。

携程网董事长兼 CEO 梁建章认为，OTA 行业价格战，大家"烧钱"换业绩，但不可能一直这样烧下去，现在亏钱把用户抓来，这些用户没有忠诚度，一旦补贴消失就可能流失。平台终究是要靠服务留住用户。他表示，在高端市场，由于用户对价格相对没那么敏感，而是更加注重服务和品牌等，携程网可以将在高端市场赚的钱拿到低端市场去竞争。

目前来看，在线旅游上市公司通过红包和价格战吸引用户已经成为固有的策略，用户数、预订量、移动端使用率等数据高速增长的背后将是持续的亏损。

数据显示，2014 年在线旅游的市场规模达到 2 800 亿元，预计 2015 年在线旅游市场规模为 3 400 亿元。而 2014 年机票交易额占在线旅游市场的 60%，在线旅游市场还有很大的可开发空间。

去哪儿网 CEO 庄辰超在接受采访时表示，中国在线旅游市场将是万亿元以上的市场，"今天，去哪儿网加携程才不过 2 000 来亿元，我们刚吃到蛋糕的边儿"。

在线旅游的发展前景使得巨头资本开始入局，抢夺这块大蛋糕。

2011 年，百度以 3.06 亿美元投资去哪儿网，成为去哪儿网第一大机构股东。根据百度披露的数据，在百度 2015 年第二季度 O2O 交易额中，去哪儿网所做的贡献占比达到 86%。庄辰超表示，去哪儿网与百度地图、百度糯米在酒店方面有合作，公司也在寻求与百度各个业务线的更为深入的 O2O 合作。

腾讯则投资了艺龙、同程旅游等在线旅游公司。继携程网、铂涛集团、腾讯收购艺龙原大股东 Expedia 所持股份之后，艺龙又宣布收到来自腾讯公司的非约束性私有化要约。

2015 年 3 月，阿里巴巴旗下在线旅游品牌去啊推出"未来酒店"计划，即通过大数据和云服务平台，实现支付宝信用结算，取消押金、查房、排队结账等环节。阿里巴巴航旅事业群总裁李少华称，要让酒店扔掉 OTA 的拐棍。去啊与携程网等 OTA 在酒店预订业的较量一触即发。

除 BAT 外，京东、万达、美团等也通过投资并购的方式布局在线旅游。2015 年 5 月，京东以 3.5 亿美元投资途牛，成为其单一最大股东。万达文化集团则宣布出资 35.8 亿元人民币领投同程旅游。美团宣布完成整体收购 TripAdvisor 旗下的酷讯旅游网。

一方面，巨头资本入局；另一方面，在线旅游公司也在向上下游渗透。

途牛宣布投资北京五洲行国际旅行社有限责任公司（以下简称五洲行），并获得五洲行多数股权。途牛方面表示，投资五洲行将帮助途牛切入旅游供应链的上游资源，提高直采能力。2014 年 12 月，去哪儿网宣布投资国内最大的全国性旅游连锁机构"旅游百事通"，成为其第二大股东，这也是去哪儿网投资金额最大的一个项目。而携程网也入股了同程旅游、途牛、途家、易到用车等多家企业。

通过向上下游渗透，在线旅游上市公司将提升对产业链的掌控能力，提高服务质量。同时，有巨头资本支持的在线旅游上市公司，将有更多流量入口以及更充足的资金，在线旅游市场竞争将愈加激烈。

（资料来源：http://travel.ce.cn/gdtj/201508/26/t20150826_2765334.shtml）

思考：

1. 本案例涉及本章的哪些知识点？
2. 中国旅游市场正在发生什么样的变化？

3．面对日益发展的网络旅游市场，如何进行规范？

复习思考题

1．简述旅游市场的概念、特征及功能。
2．简述旅游市场的运行机制。
3．简述旅游供给与旅游需求的均衡。
4．简述旅游市场竞争的结构类型。
5．简述旅游价格的影响因素。
6．简述旅游价格体系的含义与类型。
7．将学生分为若干实践团队，在本地选择一家旅游企业，运用本章所学知识，调查该企业面向的市场，形成实践报告。

政府与旅游经济

1. 了解政府对旅游经济的作用；
2. 了解旅游主管部门及运行机制；
3. 掌握旅游规制的含义及必要性；
4. 掌握旅游规制的手段；
5. 熟悉旅游产业政策的必要性及作用；
6. 了解旅游产业政策的类型。

第一节　政府在旅游经济发展中的作用

一、政府对旅游发展的指引作用

我国是发展中国家，社会主义市场经济体制还不够完善，当前实行的是政府主导型旅游发展战略，这既是我国的国情决定的，也是因为旅游业自身存在一定的特殊性。首先，旅游产品存在公共性、信息性等特点，政府会对生产环节进行协调。旅游涉及游、住、购等环节的消费活动，需要建筑、园林、旅游、商业等多部门进行支持与配合。其次，不管是旅游地的形象宣传，还是旅游产品的宣传，都需要政府发挥主导作用。旅游宣传主要包括国家旅游形象、旅游线路等旅游企业形象的宣传，这都需要政府给予支持。政府具有旅游企业不具备的优势，可以在宏观上对各种感知要素进行有效整合，促进旅游业的发展。

1. 政府充分发挥宏观调控作用

政府对旅游业进行宏观调控，可以在政策规划、产业协调等方面充分发挥作用。具体来说，就是旅游经济的发展一定要与相关产业规划衔接，在衔接的过程中需要政府进行协调，将旅游业与农业、商业、工业、交通运输业等产业之间的关系处理好。

2. 政府对旅游业发展起推动作用

首先，我国各级政府调动力量推动旅游业发展，不管是行政管理部门，还是旅游企业，都要做好政策准备、物质准备及思想准备,为旅游业的健康发展提供保障。其次,旅游实际上就是一种人员流动的过程,一般被看作一个城市的"窗口"行业,在这种情况下,政府行使监督与管理职能是非常必要的。另外,政府还要对旅游市场秩序进行整治,并大力推广旅游服务工作的细微化与个性化,促进整个旅游业素质的提高。政府对旅游业发展的促进作用表现在以下几个方面。

在构建和谐社会的大背景下,政府的行政行为成为关键性的要素。对于旅游业,政府就是实施遵循旅游经济特性和发展规律,促进和保障旅游业发展的所有合理、科学、远瞻、有效和可持续的行政行为。这种行政行为主要表现在制度的合理性、管理的科学性、政策的远瞻性、措施的有效性和发展的可持续性上。

(1)引导行为。政府积极引导旅游业的健康发展,表现为:一是从观念上引导,对旅游者的消费观念、投资者的投资观念和建设者的旅游产品开发观念,通过各种途径进行引导;二是从政策上引导,政府制定相关的产业政策引导旅游企业经营,提高旅游产品质量,增强市场竞争力,避免各种经营主体在市场上恶性竞争。

(2)协调行为。政府应当成为协调旅游市场的主体,需要协调好以下几个关系:一是政府行政行为与市场行为的关系;二是旅游市场中投资者、消费者和建设者之间的关系;三是旅游业与其他行业的关系;四是政府内部各个管理部门之间的关系等。

(3)控制行为。政府的行政行为还表现在控制方面:一是控制旅游业中不规范的行为,保障旅游市场健康稳定;二是控制旅游业中破坏生态环境的行为,保障旅游业的可持续发展。

二、政府对市场的规范作用

在市场经济体制中,由于市场有效调节经济秩序、合理配置经济资源所要求的充分竞争条件很难满足,会出现市场失灵的现象,即市场虽然是一种有效配置资源的方式,但它并不是完美的,还存在一定的缺陷,要使市场经济更加高效地运行就必须引入政府干预经济的机制。而要使政府能够更好地发挥辅助市场进行资源配置的功能,首先必须明确界定政府干预市场经济活动的范围和方式。政府对市场经济的干预通常采用两种手段:宏观调控和微观规制。

1. 宏观调控

宏观调控亦称国家干预,是政府对国民经济的总体管理,是一个国家政府特别是中央政府的经济职能。它是国家在经济运行中,为了促进市场发育、规范市场运行,对社会经济总体的调节与控制。宏观调控的过程是国家依据客观经济规律,为了实现宏观(总量)平衡,保持经济持续、稳定、协调增长,而对货币收支总量、财政收支总量、外汇收支总量和主要物资供求的调节与控制,是政府运用调节手段和调节机制,实现资源的优化配置,为微观经济运行提供良性的宏观环境,使市场经济得以正常运行和均衡发展的过程。

国家宏观调控的手段分为经济手段、法律手段和行政手段。经济手段包括经济政策和经济规划,即政府制定的经济政策;法律手段是政府制定的经济法律法规;行政手段则是政府发布的经济命令。

1)经济手段

经济手段是国家运用经济政策和经济规划,通过对经济利益的调整而影响和调节社会经济活动的措施，包括经济规划和经济政策。经济规划是由国家统一制定的国民经济和社会发展规划，是国家从宏观上引导和调控经济运行的基本依据；经济政策是指政府为指导和影响经济活动而规定并付诸实施的一切准则和措施，它包括财政政策、货币政策、产业政策、信贷政策、收入分配政策、价格政策、汇率政策、税收政策。

国家立法机关和行政机关利用经济手段调节市场上经济活动主体的一切经济活动，合理确定国民经济和社会发展的战略目标，进行经济发展预测、总量调控、重大结构调整和生产力的合理布局规划，集中必要的物力财力进行重点建设，综合运用各种经济杠杆，促进经济健康发展。

2）法律手段

法律手段是国家通过制定和运用经济法律法规来调节经济活动的手段。国家依靠法治力量，通过经济立法和司法，运用经济法律法规来调节经济关系和经济活动，以达到宏观调控的目标。国家立法机关、司法机关和行政机关通过法律手段，调节市场上经济活动主体的一切经济活动，有效地保护公共财产、个人财产，维护各种所有制经济、各个经济组织和社会成员个人的合法权益，调整各种经济组织之间横向和纵向的关系，以保证经济运行的正常秩序。

法律手段的内容包括经济司法和经济立法两个方面。经济立法主要是由立法机关制定各种经济法律法规，保护市场主体权益；经济司法主要是由司法机关按照法律规定的制度、程序，对经济案件进行检察和审理，维护市场秩序，惩罚和制裁经济犯罪。

3）行政手段

行政手段是国家通过行政机关，采取行政命令、指示、指标、规定等行政措施来调节和管理经济活动，以达到宏观调控目标的一种手段。行政手段具有权威性、纵向性、无偿性及速效性等特点。社会主义宏观经济调控还不能放弃必要的行政手段。因为计划手段、经济手段的调节功能都有一定的局限性，如计划手段有相对稳定性，不能灵活地调节经济活动；经济手段具有短期性、滞后性和调节后果的不确定性。当计划手段、经济手段的调节都无效时，就只能采取必要的行政手段。尤其当国民经济重大比例关系失调或社会经济某一领域失控时，运用行政手段调节能更迅速地扭转失控状态，更快地恢复正常的经济秩序。当然，行政手段是短期的非常规的手段，不可滥用，必须在尊重客观经济规律的基础上，从实际出发加以运用。

2. 微观规制

政府微观规制是指具有法律地位的、相对独立的政府管理者（机构），依照一定的超常规对被规制者（主要是企业）所采取的一系列管理行为。微观规制可分为两类：一是经济规制；二是社会规制。经济规制是政府依据法律法规，对市场经济主体的市场准入、市场运营、市场退出，既定数量的产品和服务的价格、质量、交易方式和条件等经济活动进行规制，以限制不公平竞争、纠正市场失灵、维护市场经济竞争秩序。社会规制是对涉及生产、消费和交易过程的安全、健康、卫生、环保、信息提供、社会保障等社会行为进行规制，以协调社会成员的利益，增进社会福利，维护社会的公平和稳定。

相对于宏观调控，政府的微观规制不仅是资源配置的方式，而且是不同于市场调节的资源配置方式。但是，它不是对市场经济的背离，而是对市场经济的完善。因为，它是在市场经济体制内，以克服市场机制在某些特定领域失灵为目的的国家干预行为。在实行市场经济的发展中国家中，国家对微观经济的干预，往往远远超出市场失灵的领域，构成所谓的"产业政策"。

3. 政府宏观调控与微观规制的联系

1）两者的共同点

（1）微观规制与宏观调控都是为了纠正市场失灵，都是政府经济职能的内在组成部分。宏观调控政策从宏观经济运行的角度纠正市场宏观失灵，微观规制政策从微观角度纠正市场微观失灵。

（2）微观规制为宏观调控奠定微观基础，宏观调控为微观规制创造良好的环境。微观规制政策从微观上纠正了市场失灵，提高了市场效率，建立了公平竞争的生产秩序，规范了市场主体的运营，激励市场主体健康发展，增进社会福利，为宏观调控建立起良好的微观基础。例如，产权制度和企业组织制度的实施，是政府采取财政、税收及其他各项宏观政策的基础；对某些进出口商品实行数量限制，是实现总供给和总需求平衡的调节手段之一。有些微观经济规制措施直接就是实现宏观经济目标的手段，如必要的价格规制、工资规制等，就是遏制通货膨胀的重要手段。有效的宏观调控政策使得闲置的社会资源得到充分利用，物价稳定，失业率降低，为微观规制政策的实施提供了健康的宏观经济环境。

（3）宏观调控和微观规制配合运用，从不同的侧面弥补了单一政策的不足和缺陷。例如，为了消除通货紧缩的消极影响，从宏观调控政策来说，政府要运用扩张性的财政政策和货币政策刺激总需求；从微观规制来说，政府适当放宽市场准入的限制，从源头上刺激投资需求的增加。两者相辅相成，刺激需求增加，从而达到价格回升、经济稳定增长的目标。

2）两者的区别

（1）两者调节的具体目标不同。宏观调控的具体目标是经济持续协调稳定增长、物价稳定、充分就业、国际收支平衡。而微观规制的具体目标是反垄断、反不正当竞争、市场价格合理化、治理污染、保护环境等。

（2）两者调节的对象和视角不同。宏观调控是总量的调控，它调节的对象是国民经济总量，它从宏观角度调节市场运行，着重解决市场机制引起的宏观失灵和社会资源未充分利用问题。而微观规制的对象是经济个量，它从企业或行业的角度规范市场经济运行，着重解决市场机制引起的微观失灵和资源未最优利用问题。微观规制不具有宏观调控的一般性，而是个量的差别管理。

（3）两者实现的途径不同。宏观调控是间接的调控，它借助于财政、货币等政策工具作用于市场，通过市场参数的改变，间接影响企业行为。而微观规制是直接的，它借助于有关法律法规直接作用于企业，规范、约束和限制企业行为。

（4）两者调节经济的手段不同。宏观调控运用计划、财政和金融手段，从宏观的角度调节总供给和总需求及国民经济结构、物价总水平、社会总就业量等经济总量，引导企业投资和个人消费，促进国民经济持续稳定协调发展。微观规制主要运用价格、数量管制和质量控制等手段，规范市场主体、市场客体和市场载体，抑制垄断和不正当竞争，维护市场竞争效率，建立公平竞争等生产秩序，为国民经济健康发展奠定良好的微观基础。

（5）两者调节经济的特征不同。宏观调控政策有易变性、相机决策性，微观规制政策有相对稳定性、规制性和强制性。宏观调控政策的相机决策性和易变性使其可以经常变动，如中国人民银行可以在一年中连续数次降低利率。而微观规制政策的相对稳定性和强制性，决定了微观规制政策不能频繁地变动，如产品的质量标准和技术标准或企业准入市场的条件不能朝令夕改。

第二节　旅游主管部门及运行机制

一、旅游主管部门及其职能

1. 旅游主管部门

目前，我国旅游主管部门分为国家级、省级和地级 3 个层次。省级和地级旅游主管部门受地方政府和国务院旅游主管部门的双重领导。文化旅游部是国务院主管旅游工作的组成部门，负责主管全国的旅游工作。各省（自治区、直辖市）分别设立了省级旅游主管部门，是各省（自治区、直辖市）政府主管旅游业的组成部门，专门负责各省（自治区、直辖市）的旅游相关事务；各个地级市、州也分别设立了旅游主管部门，负责本地区的旅游事务。

2. 旅游主管部门的职能

1）文化旅游部的职能

（1）统筹协调旅游业发展，制定发展政策、规划和标准，起草相关法律法规和规章并监督实施，指导地方旅游工作。

（2）制定国内旅游、入境旅游和出境旅游的市场开发战略并组织实施，组织国家旅游整体形象的对外宣传和重大推广活动，指导我国驻外旅游办事机构的工作。

（3）组织旅游资源的普查、规划、开发和相关保护工作。指导重点旅游区域、旅游目的地和旅游线路的规划开发，引导休闲度假。监测旅游经济运行，负责旅游统计及行业信息发布。协调和指导假日旅游和红色旅游工作。

（4）承担规范旅游市场秩序、监督管理服务质量、维护旅游消费者和经营者合法权益的责任。规范旅游企业和从业人员的经营和服务行为。组织拟订旅游区、旅游设施、旅游服务、旅游产品等方面的标准并组织实施。负责旅游安全的综合协调和监督管理，指导应急救援工作。指导旅游行业精神文明建设和诚信体系建设，指导行业组织的业务工作。

（5）推动旅游国际交流与合作，承担与国际旅游组织合作的相关事务。制定出国旅游和边境旅游政策并组织实施。依法审批外国在我国境内设立的旅游机构，审查外商投资旅行社市场准入资格，依法审批经营国际旅游业务的旅行社，审批出国（境）旅游、边境旅游。承担特种旅游的相关工作。

（6）会同有关部门制定赴港澳台旅游的政策并组织实施，指导对港澳台旅游市场的推广工作。按规定承担大陆居民赴港澳台旅游的有关事务，依法审批港澳台在内地设立的旅游机构，审查港澳台投资的旅行社的市场准入资格。

（7）制定并组织实施旅游人才规划，指导旅游培训工作。会同有关部门制定旅游从业人员的职业资格标准和等级标准并指导实施。

2）省级旅游主管部门的职能

（1）贯彻执行国家和省（自治区、直辖市）有关旅游工作的方针政策和法律法规，起草有关地方性法规、规章和政策并监督实施。

（2）研究和推进旅游综合改革，协调旅游安全、旅游应急救援、节假日旅游工作，引导休闲度假，协调和推动国民旅游休闲计划实施。

（3）制定国内旅游、入境旅游和出境旅游的市场开发战略并组织实施，组织本省（自治区、直辖市）旅游整体形象的对外宣传和重大推广活动，负责国内、国际旅游合作与交流事务。

（4）组织省内旅游资源的普查、规划、开发和相关保护工作，引导旅游业社会投资，引导旅游产品开发和旅游制造业发展，监测旅游经济运行，负责全省（自治区、直辖市）的旅游统计工作及行业信息发布。

（5）协调管理旅游服务质量和市场秩序，组织旅游区、旅游设施、旅游服务、旅游产品等方面的标准实施工作，依法负责有关旅游业务的审核、审批工作和出入境旅游管理工作，指导旅游行业精神文明建设和诚信体系建设，指导行业组织的业务工作。

（6）制定并组织实施旅游人才规划，指导旅游教育培训工作，会同有关部门指导旅游从业人员的职业资格标准和等级标准实施工作。

（7）会同有关部门拟定赴港澳台旅游的政策并组织实施，开展对港澳台旅游市场的推广工作，承办赴港澳台旅游的有关事务和其他与港澳台旅游合作交流事务。

（8）承办本级政府和国务院旅游主管部门交办的其他事项。

3）地级旅游主管部门的职能

（1）统筹协调地方旅游业发展。贯彻执行国家及省、自治区、直辖市有关旅游业发展的方针、政策和法律、法规、标准；结合地方实际，参与起草本地有关旅游管理工作的地方性法规、政府规章。指导本地旅游工作。

（2）协同参与制定跨区域旅游规划，综合平衡本地各区县旅游规划；负责区域旅游合作；指导协调本地各区县旅游发展规划和旅游景区（点）规划编制、评审工作。参与旅游景区（点）、宾馆、饭店和有标志性意义的建筑项目的前期预审工作。

（3）研究跟踪境内外旅游产业发展趋势，拟订地方旅游业发展政策措施、总体规划并组织、监督实施；建立强化旅游综合协调机制；牵头组织开展城市旅游服务功能建设工作。

（4）研究制定本地区旅游市场开发战略并组织实施；组织地方旅游整体形象的对外宣传和重大促销活动的协调工作；培育和完善旅游市场；建立旅游宣传网点；组织指导旅游会展节庆活动；负责开发会展旅游经济；组织指导旅游产品的开发及推广；指导地方旅游文化的发掘、提炼和产业化工作；指导旅游商品的科研和开发；指导旅游对外交往与合作及地方旅游企业驻外办事机构的工作；协调地方出国旅游和赴香港、澳门、台湾地区旅游及边境旅游的有关事务。

（5）对本地范围内经营旅游业务的企事业单位进行行业管理。依法负责国内旅行社的监管工作；负责地方旅游景区（点）的质量等级评定、申报、复核工作；组织指导旅游饭店的星级申报、评定、复核工作；协调、指导并承担工农业旅游示范点、"农家乐"等特种旅游的有关工作；负责地方新办旅游企业的审核工作；组织实施优秀旅游城市创建工作，推动旅游目的地体系建设；负责行业诚信建设、精神文明建设和行风建设；协调、指导旅游安全管理、紧急救援、旅游保险工作。

（6）组织实施国家旅游局制定的各类旅游景区（点）、旅游度假区、旅行社及特种旅游项目的国家标准和行业标准。会同有关部门制定旅游业的地方标准并指导实施。

（7）负责地方旅游资源普查、评估、论证，建立旅游资源档案；指导协调旅游资源开发利用和保护工作，指导协调重点旅游区域的规划开发建设；核定旅游景区（点）游客接待承载能力；指导协调地方旅游项目工作；引导休闲度假，协调指导假日旅游和红色旅游工作；负责旅游名镇、旅游名村、特色街区创建工作；监测旅游经济运行，负责旅游行业统计及信息发布；参与管理地方旅游发展基金，依法管理国内旅行社质量保证金；参与旅游业的社会投资和外资引进工作。

（8）监督检查旅游市场秩序和服务质量，督促指导旅游投诉工作；组织开展旅游市场综合治理和市场执法工作，维护旅游者和旅游经营者的合法权益。

（9）负责科学技术在地方旅游业的应用推广工作；负责推进旅游产业信息化建设和旅游电子商务发展，指导地方旅游公共信息、图形符号建设和旅游咨询服务工作。

（10）指导旅游教育培训考核工作；负责制定旅游人才规划和专业技术岗位标准；指导旅游行业从业人员的职业资格考核和等级考核工作，申报、核发岗位证书。

（11）负责国家确定的旅游黄金周活动的组织实施、综合协调、宣传促销、市场检查及信息统计上报工作。

（12）指导旅游行业协会工作。承办上级交办的其他事项。

二、旅游管理运行机制

我国对旅游业的管理采取政府部门监管和行业自律相结合的方式。中国旅游协会是旅游行业的自律性组织，是由中国旅游行业的有关社团组织和企事业单位在平等自愿基础上组成的全国综合性旅游行业协会。

资源类旅游项目涉及风景名胜、文物古迹、森林公园、自然保护区等许多不同类型的资源，按照现行的行政管理体制，旅游资源按不同属性，分别由建设、文物、林业、国土资源、旅游等有关主管部门管理。其中，建设部门负责评定和管理风景名胜区；旅游部门负责评定和管理 A 级旅游区（点）；文物部门负责评定和管理文物保护单位；林业部门负责评定和管理森林公园；自然保护区则分别由环保、林业、农业、海洋和国土资源等部门主管。

国务院环境保护行政主管部门负责全国自然保护区的综合管理；国务院林业、农业、地质矿产、水利、海洋等有关行政主管部门在各自的职责范围内，主管有关的自然保护区；县级以上地方人民政府自然保护区管理部门的设置和职责范围，由省、自治区、直辖市人民政府根据当地具体情况确定。

在旅游客运业务方面，主管部门还有国家各级交通运输管理部门。交通运输部负责统筹全国公路管理工作，制定部门规章及公路发展规划和具体实施方针；各级人民政府均设交通运输厅（或交通运输局、交通委员会）等交通行政主管部门，作为各级人民政府主管本地公路等交通事业的职能部门，其在各级人民政府和上级交通运输部门的领导及指导下统筹本地区公路等交通运输管理工作，制定公路等发展规划和具体实施方针，以及负责全国及省级公路的发展、建设、养护和管理。

经营旅行社业务，应当报经有权审批的旅游行政管理部门批准，领取旅行社业务经营许可证，并依法办理工商登记注册手续。国务院旅游主管部门依据旅游业发展状况，制定旅行社业务年检考核指标，统一组织全国旅行社业务年检工作，并由各级旅游行政管理部门负责实施。

对于酒店业，除了旅游主管部门外，公安、工商、物价、环保、卫生检疫、城建城管等部门也根据职责分工实施监管。

第三节 旅游规制

一、旅游规制的含义

旅游市场失灵会导致旅游产业资源过度开发、恶性竞争、产业结构失衡等问题，因此，旅游市场需要政府进行规制。政府规制负责协调市场机制与政府干预、个体利益与公共利益等关系，避免给市场机制带来妨害。

对于"规制"的认识，理论界大致有两种不同的观点：一种是以芝加哥大学的乔治·斯蒂格勒教授为代表的观点，即规制是产业所需要的并为其利益所设计和主要操作的法规，其中心思想是政府规制产生于特殊利益集团的需要，因为这些集团有强大的势力和强烈的动机寻求政府的所谓规制来维持自身的优势。这种观点对旅游经济活动中一些特定的经济性规制——如我国对铁路、民航、景点景区的进入规制和价格规制——确实有很强的诠释力。另一种观点以斯蒂芬·布雷耶教授为代表，即规制是对市场失灵或缺陷的回应，是通过一定的和适当的政府行为提高资源配置效率，以增加全社会的福利。国内大多数学者把规制看成是政府对微观经济的干预，因此可将规制表述为：政府根据相应规则对微观经济主体行为实行的一种干预，其目标是克服市场失灵，实现社会福利的最大化。依规制内容的不同，可分为经济规制与社会规制两大类。其中，经济规制主要是为了提高资源配置效率，包括对价格、质量、行业进入等方面的规制；社会规制主要是为了实现安全、健康、环保和公众的福利。

旅游规制是政府利用行政性资源和行政手段，从维护旅游者的公共利益和国家的整体利益出发，纠正或缓解市场失灵与市场缺陷带来的不经济和不公正，从而维护旅游经济和旅游市场秩序的稳定，增进所有旅游者的福利水准的行为。

二、旅游规制的必要性

从经济性上来说，旅游经济的公共物品属性和外部性主要表现为：旅游地的形象建设；旅游经济相关领域的文化塑造；进行产品创新、市场开发培育和市场秩序维护，以及旅游环境保护和一些公用、基础设施的建设等方面。对于具有外部性的行为，如果任其由市场机制自行调节，其结果必然出现一种"智猪博弈"现象，即中小旅游企业等着由大的旅游企业进行旅游市场的培育、旅游目的地或客源地形象的维护与建设，以及各种新产品的研发，而自己却不花成本或花极少的成本搭便车、跟风和模仿。在这种情况下，市场规则的紊乱使竞争机制无法充分实现资源的有效配置，其结果是旅游市场无论是供给还是需求都将为之付出更多的代价。如果不对公共物品产权进行排他性的界定，则会导致对该资源的过度使用。但如果完全由厂商（私人）来提供公共物品，厂商间博弈的解是公共物品的纳什均衡供给小于帕累托最优供给，且二者之间的差额随提供者数量的增加而增加，私人提供公共物品将造成供给不足。这时，只有政府规制的介入才是有效的解决之道。有一些公用或基础设施，兼有公共物品和私人物品的特征，被称为俱乐部物品，如公园门外的停车场、城市内的主题公园，既能给所有者带来好处，也能给周围的非所有者带来便利或好处。为了保证或提高俱乐部物品使用的效率，最有效的办法是通过某些制度安排实现其排他性消费。

旅游经济中普遍存在信息不对称的问题，因此会出现旅游需求的逆向选择，阻碍旅游者享受到低价优质的旅游产品。针对旅游者的逆向选择，提供低价优质产品的旅游企业就必须通过代价高昂的前期投入（如大做广告）和过程投入（如打造品牌、建立信用）实现信号传递。但是由于信道质量、受众分布、传输时滞等因素的影响，信号传递是不充分的。在这种情况下，旅游者获取有关低价优质旅游产品等有效信息的搜寻成本就会加大，此类现象在旅游业内屡见不鲜。由于旅游生产与旅游消费具有同步性，旅游供给方又处于信息优势地位，因此质量差的供给方易于做出过多的承诺，更热衷于低价竞争而扰乱市场秩序。为了减少旅游市场上的信息不对称，节约旅游厂商和旅游者的交易成本，引入政府规制是必要的。政府可以通过旅游信息预报制度、运输部门价格听证制度、旅游企业年审制度、评选优秀旅游企业制度，降低由信息不对称所形成的成本，提高旅游经济的效率。

从非经济性上来说，政府干预市场的必要性与社会的价值观和道德体系建设有关。旅游经济的正常发展是与社会的价值观和道德体系相联系的。社会价值观和道德体系如果不受任何约束和引导，逐利竞争的无限发展势必引致市场秩序的极度混乱。一个社会内在价值观和道德体系的建立可以减少旅游市场机制运行成本。社会价值观和道德体系的建立不会在市场机制内自动形成，但完全可以经由政府通过适当的制度安排在市场机制下达成。政府在社会价值观和道德体系方面规制旅游市场健康运行的必要性也在于此。政府有理由也有能力在树立和规范旅游业供需双方的向上而健康的道德思想方面发挥自己的作用。

应当说，旅游规制不仅表现在政府对旅游经济的干预方面，在我国的现实国情下，它更表现在为以往行政主管部门直接管制的旅游经济松绑、对行政垄断和政企不分的破除、对主管部门设租等公共失灵的纠正。从计划经济中产生的政府对市场的"看得见的脚"，其负面作用的消除仍然是"解铃还须系铃人"。旅游规制不是单方面表现在对市场的规制上，还表现在对政府自身行为的规制上，其目的绝不是要限制市场机制的运行，而是为了使市场机制能更有效地运行。

三、旅游规制的手段

1. 经济性规制

经济性规制是通过制定旅游产业的进入标准、定价、融资及信息发布等政策对旅游企业的行为进行有效的调整，以避免出现旅游企业过多或过少而引起过度竞争或竞争不足的现象，造成资源浪费或者配置低效率，妨碍社会生产效率和服务供给的公正、稳定。可采用的手段有以下3种。

1）价格规制

价格规制是对旅游区的价格（门票）进行控制，为旅游经营企业核定一个特定的价格标准,或是要求企业在一定范围内定价。例如,可采用不同等级旅游景区差别定价模式,将旅游景区分为世界遗产、国家级景区、省级景区、地市级景区、县(区)级景区等五类,越是基层的景区,其收费应越低,弥补运营成本即可;省级以上景区可以考虑溢出效应和拥挤效应,在考虑旅游企业合理运营成本的基础上,加收一定的拥挤成本,同时明确旅游景区成本核算体系,避免将其他成本搭便车折算进景区运营成本,提高价格的透明度与公正性,切实保护公众利益。

完善价格听证会制度,加强对听证会的细节审核,包括制定严格的听证会程序、严格审核听证代表资格、科学确定各类听证代表占比、确定听证主持人资格等,严格审核旅游企业运营成本及其价格调整的理由,并广泛征求社会意见,维护旅游价格规制的严肃性与有效性。价格规制的目的是限制企业的经营利润,使被规制企业获得正常的回报率;对旅游经营者征税,通过对旅游经营者产生负外部性的部分征税或收费,很好地规制旅游经营者的行为,减少其对短期经济利益的追求,降低其在政府有关旅游价格规制上寻找漏洞的动力。

2)进入与退出规制

进入与退出规制是控制旅游经营企业的数量,并对产品和服务进行数量控制,在确保旅游服务稳定供应的同时,避免出现重复建设、浪费资源或者垄断状况。政府可通过发放旅游经营企业许可证,实行审批制,或是制定较高的进入标准来实现。

我国旅行社的申请设立已有一套程序,但与其他国家相比较还有一定差距,表 6-1 为中国和法国旅行社进入规制对比。

表 6-1 中国和法国旅行社进入规制对比

法国旅行社进入条件	中国旅行社进入条件
品质(无犯罪记录)	营业设施
职业熟练程度(工作经历)	获得相应培训资格证书
经济担保(最低 52.5 万元人民币)	经济担保(注册资本 30 万元人民币、质量保证金 10 万元人民币)
保险	
办公场所	营业场所

由表 6-1 可以看出,法国的旅行社进入规制在很大程度反映了法国以消费者为中心进行规制的特点,而我国的旅行社进入门槛很低,导致了我国旅行社数量多、质量参差不齐的现象。

3)信息规制

由于信息的不对称,旅行社可利用信息传递优势,放大其市场利益,从而形成劣质旅行社市场。要改变这种状况,必须开展旅游目的地整体营销,通过构建旅游目的地供应商信息传递系统,形成更加完善、更加对称的信息传递格局,以推动旅游市场秩序优化。

2. 社会性规制

社会性规制是针对市场外部不经济和内部不经济,政府进行准入、标准及信息披露等方面的监管,以确保公众生命健康安全、防止公害和保护环境为目的的规制。其可采用的手段有以下 3 种。

1）禁止特定行为规制

在旅游景区内对那些可能引起危害公众或不良后果的行为进行禁止性规定，通过禁止和限定特定行为，保障旅游者的安全、健康、卫生，保护环境等。

2）活动限制规制

虽然在旅游规划阶段，每个旅游景区都根据自身的承载能力，计算了最大容量，但在实际接待旅游者的过程中，多数旅游景区并没有按照自身最大容量来限制游客的进入。特别是一些地方政府开发的旅游景区，往往是希望旅游者越多越好，并没有充分考虑自身的承载能力，也根本不考虑旅游者的体验质量，这既给旅游景区造成了很大的破坏，也无法给旅游者带来美好的旅游体验，大大降低了旅游者的满意度。因此，可以通过实行押金退款制度和季节差价方式，限制进入旅游景区的旅游者量，调节旅游者流量，促使旅游者在旅游过程中更好地规范自身行为。

活动限制规制还包括限制旅游者进入旅游景区内的生态敏感地带以缓解对环境的外部不经济性，限制进入旅游景区的车辆数量，要求进入旅游景区的车辆必须安装消除环境污染的设备等。

3）资格制度规制

资格制度规制是以设立相应标准、发放许可证、收取各种费用等方式进行规制，如建立旅游开发许可证制度，严格审批旅游开发企业的资质和信誉，对于已经获得许可证的旅游开发企业做好监督和审查工作，设立旅游景区内具体的环境质量标准等。

第四节　旅游产业政策

一、制定旅游产业政策的必要性与原则

1. 制定旅游产业政策的必要性

旅游业作为国民经济的重要产业，对一国经济越重要，公共部门介入程度就越高，政府为吸引对内投资而提供的激励也就越多。旅游经济的影响已被越来越多的国家所重视，并为之制定了符合本国国情的旅游产业政策，以提升旅游业的国际竞争力，促进旅游业的可持续发展。由于政府需要对旅游发展的模式进行选择，并制定合理的公共政策，因此，旅游业越来越需要一个系统的产业政策体系与之相配套。

1）旅游产业发展中的市场失灵

宏观经济学的假设之一是市场失灵的存在。事实的确如此，市场在自发运行过程中难以避免垄断，而垄断不利于市场的正常运行；市场中个人或企业的某些活动会给他人带来损失，受损一方又无法以交易的方式从肇事一方得到补偿；市场不会自动提供个人和社会所需的公共物品，市场无法避免不完全信息对交易的破坏，以及由此给个人或企业带来的损失；宏观经济的不稳定也是市场自发运行的一个消极后果。市场的这些缺点不利于经济的正常运转，而市场自身又无法克服这些缺陷。

在旅游业的发展过程中，市场作为配置旅游资源的基础性手段，通过供求机制和价格机

制对旅游业的发展起到了积极的作用，但是市场机制不是万能的，尤其是对于旅游业这个特殊的行业来说，市场在促进旅游业发展的过程中存在着明显的失灵现象，主要表现在以下3个方面。

（1）旅游业中存在的公共物品现象限制了旅游产业的发展。在一定的政治地理范围内，同一旅游资源具有共享性和非排他性，因此是无法阻止"免费搭便车"的现象出现的。在发展旅游产业的过程中所遇到的公共物品问题主要体现在两个方面：一是旅游目的地的整体形象推广，二是旅游基础设施的建设。旅游目的地推广和旅游基础设施（如交通、通信等）建设会大大增强旅游目的地的吸引力，使目的地获得巨大收益，但是，个别旅游企业可以不支付任何费用而从别人的投资中获得收益，因为这些公共物品是具有非排他性的。因此，市场机制在提供旅游地形象推广和基础设施建设等公共物品的过程中就失效了，由市场提供的供给量将大大小于产业发展需要的最优数量，这极大地限制了旅游产业的发展。

（2）旅游业的外部不经济增加了旅游外部成本。外部效应（Externality）亦称外在性、外部化或外在效应，是与公共物品密切相关的一种经济现象。当一种经济交易的结果对除交易双方之外的第三者发生了影响，而其又未参与该项交易的任何决策时，即存在外部效应。由此可见，外部效应的关键是相互影响而又没有相应的补偿，某些个人或厂商的行为影响了他人或厂商，却没有为之承担应有的成本或没有获得应有的报酬。

随着旅游业发展大众化倾向日益明显，旅游业的外在影响也在不断增强，主要表现在以下几个方面：一是外部经济性。发展旅游业可以提高旅游目的地的知名度，增加就业岗位，推动旅游目的地的经济发展，恢复风俗民情等。二是外部不经济性。主要表现在对旅游目的地环境和旅游形象的破坏上。市场经济追求利润的本质，使旅游企业对旅游资源过度开发，对旅游目的地的环境和文化遗产造成破坏，削弱了旅游产业可持续发展的能力。旅游企业对旅游资源的滥用所带来的成本很大一部分由下代人来承担，从而在本代人和下代人之间形成了代际外部成本。另外，个别旅游企业和游客对旅游目的地环境的破坏，损害了旅游目的地的整体形象和价值，其所带来的成本由所有的旅游企业和游客承担，而造成污染和破坏的企业和游客往往不必为这种破坏负责，从而在旅游企业之间、在旅游企业和游客之间形成了外部成本。

（3）旅游业中的信息不对称使旅游市场秩序混乱。旅游业的外向性决定了旅游市场的信息不对称极为严重。现代旅游是一种跨地区、跨国界的广泛的人际交往活动，就是这种跨地区、跨国界的空间距离产生了信息的不对称。旅游业中的信息不对称广泛存在于旅游目的地之间、旅游企业之间以及旅游企业和旅游者之间。这种信息的不对称使旅游企业之间的不正当竞争加剧，使旅游市场的竞争秩序混乱，从而破坏了旅游目的地旅游经济的发展。例如，某些游客由于缺乏对旅游目的地的认知，或对旅游目的地存在认知上的差异，影响了他们的选择意向；旅游目的地的旅游企业利用信息的不对称，以欺诈隐瞒等违法手段进行不正当经营，破坏了旅游目的地的形象；又或者某些旅游企业利用游客获取信息的困难，以次充好，故意抬高旅游产品价格等。总之，信息不对称的现象普遍存在于旅游业的各个方面。

2）旅游产业发展中的政府调节

宏观经济学的另一假设是政府有能力调节经济，纠正市场机制的缺点。政府可以根据产业发展规律的客观要求，综合运用经济手段、法律手段及必要的行政手段对社会资源进行优化配置，调整产业经济活动。政府调节可以弥补市场失灵的缺陷，有效配置资源。在旅游业中，政府调节主要可以表现为以下3个方面。

（1）对于目的地整体形象的推广和旅游基础设施建设等，政府要担负起一定的责任，给予必要的财政投入，同时，建立相应的产业协调机制协调政府职能与企业运作之间的关系，通过投入与协调两方面来解决旅游业发展过程中遇到的公共物品问题。

（2）为了消除或弱化旅游业的外部不经济性，减少外部成本，有必要使旅游资源或产品产权明晰化。由于市场机制不能调节旅游业的外部性，因此，政府有必要借助于市场以外的力量进行干预，如通过法律法规等规制措施强制对旅游产业中出现的外部不经济进行扼制，从而保护旅游产业有序、合理、良性发展。

（3）旅游业是一个综合性、依托性很强的产业，旅游信息的传递过程较为复杂，仅靠市场机制难以保证旅游信息传递的有效性。完善旅游市场的信息传递机制，促进旅游市场的公平竞争，维护旅游目的地的良好形象与游客的正当权益，需要政府通过行政干预给予保障。

旅游业的发展离不开一个行之有效的产业政策扶持，在旅游经济的运行中，政府的干预能够减少或避免市场失灵对旅游业发展的影响，使旅游市场的信息沟通更加合理与对称，通过政府的调节，资源得到了有效的配置，既保护了旅游企业的经济利益，也维护了整个市场的发展秩序，形成了旅游企业、政府、游客三方共赢的局面。

2. 制定旅游产业政策的原则

制定旅游产业政策是国家加强宏观调控、有效调整经济结构和优化产业结构的重要手段，对旅游业持续、稳定、健康地发展具有直接的影响。因此，旅游产业政策要有明确的针对性、相对的稳定性和适度的前瞻性。

1）要符合旅游业发展的客观规律

不同产业有不同的发展规律，旅游产业政策也要遵循旅游业的发展规律来制定。在产业政策制定的过程中，要研究旅游市场，并参考其他国家旅游业发展的历史经验，采取切实有效的措施，避免影响旅游业发展的各种不利因素。

2）要符合国家的产业发展状况

由于经济基础、自然条件存在差别，各国旅游业发展的水平有所不同，旅游产业政策的具体内容也势必存在差别。旅游业发展程度较高的国家，旅游业的产业地位较高，相应的旅游产业政策也就表现出旅游发展的核心倾向。旅游业发展不成熟、旅游产业地位较低的国家，旅游产业政策体系也必定是不成熟的。因此，旅游产业政策的制定，必须以国民经济的总体水平为基础，以旅游业的发展程度为依据，因地制宜，实事求是，确保政府职能与市场机制的协调关系。

3）要有一定的前瞻性

旅游市场的变化是客观存在的，而且是不以人的意志为转移的。当前，世界经济的发展速度越来越快，有可能引起国际旅游市场变化的因素也大为增加，在此背景下，为了保证旅游产业政策的科学性和先进性，旅游产业政策必须有一定的前瞻性。

政府在制定旅游产业政策时要重视对旅游市场的研究，从实际需要和现实可能出发，对旅游市场的发展动向进行预测，突出重点，适度超前，保证旅游产业政策对旅游业实践的指导意义。

4) 要有必要的保障措施

旅游产业政策的贯彻执行，必须有一定的经济手段、法律手段和行政手段来加以保障。旅游业是一种依托性比较强的行业，旅游产业政策的规定必须具备比较强的约束力。除了原则性的规定，旅游产业政策还应当包含一定的硬性规定，如旅游业的投入产出要列入国民经济和社会发展规划，以及旅游业的法制建设等。只有将发展方向与保障措施结合在一起，才能使旅游产业政策真正发挥导向和指针的作用。

二、旅游产业政策的分类

由于旅游活动的综合性特征，旅游产业政策必然涉及众多的领域，如旅游在整个地区经济中的地位、税收、财政、产品开发与维护、交通、公共基础设施、环境、行业形象、社区关系、人力资源与就业、技术、营销策略、国外旅行规则等。归纳起来，旅游产业政策可以从以下几个角度来进行划分。

1. 按照一般性与特殊性分类

按照一般性与特殊性，旅游产业政策可分为以下两类。

1) 基本旅游政策

基本旅游政策通常是旅游目的地发展旅游业的基本方针，是从推动旅游业发展的目标出发，为建立一定的旅游综合接待能力，实现旅游各要素的共同利益，明确旅游业在社会经济发展中的地位和作用而制定的政策。

2) 具体旅游政策

具体旅游政策是以发展某些个别部门、某些具体活动或行为为目的而制定的政策，是为贯彻和执行基本方针而辅助制定的相关规定、条例、办法等。基本旅游政策的实施很大程度上取决于它的具体旅游政策。例如，与旅游相关的税收、利率政策会影响旅游企业的成本和利润率；双边航空协议会影响外国游客的入境情况；环境政策会影响或限制景色迷人但生态系统比较敏感地区旅游业的发展；通信政策会限制旅游企业使用某些广告媒介；最低工资政策能够影响旅游市场的劳动力供给；福利政策会影响旅游市场劳动力的性质和行为；教育政策能够影响旅游人力资源的质量；文化政策能够影响世界遗产的保护与促进；外国投资政策或规定会影响旅游业外国投资资本的供给；地方规划政策或议事程序能够限制或鼓励旅游设施的开发；公共服务政策能够影响旅游目的地的公共基础设施及旅游相关设施的建设，从而影响旅游目的地的魅力和吸引力；公共安全和法律保障政策能够给外来旅游者提供安全保障，保护旅游者的权利和利益。这些具体的政策集中体现了旅游目的地发展的一般要求和目标。

2. 按照产业经营活动特点分类

产业政策是政府为改变产业间的资源分配或对各种企业的某些经营活动提出要求或限制而采取的政策，它根据国家整体发展的趋势和产业具体的发展变化要求而变化。旅游产业政策作为一个政策体系，主要包括以下几个方面内容。

（1）旅游产业结构政策。旅游产业结构政策的目的是使旅游业结构实现合理化，即实现食、住、行、游、购、娱六大要素的合理配套。旅游产业结构政策首先应考虑旅游业在国民经济中的地位，其次是旅游业与国民经济其他行业的协调发展关系，此外还应包括国内旅游业与国际旅游业的关系和政策协调。

(2) 旅游产业地区政策。我国幅员辽阔,旅游资源分布和社会经济发展存在着较大的不平衡,这种不平衡引起了旅游供给结构中的地区差异。因此,旅游业的发展应结合旅游资源的区位特点,在布局上、投资上要有重点、分层次,充分发挥地区比较利益的优势,推进地区产业结构合理化。

(3) 旅游产业组织政策。旅游产业组织政策是调整旅游产业内企业间及企业内部组织结构的关系的政策。旅游产业组织政策主要是为了提高企业的经济效益,促进生产服务产业的集团化和专业化,形成合理的组织结构体系,实现生产要素的最佳组合和有效利用。

(4) 旅游产业技术政策。旅游产业技术政策是根据旅游业发展目标,指导旅游业在一定时期内技术发展的政策。它通过对旅游业的技术选择、开发、引导、改造等,对旅游业的技术结构、技术发展目标和方向、技术的国际竞争与合作等提出具体的要求,逐步推动旅游业的发展。

(5) 旅游产业布局政策。旅游业受资源分布、交通条件、旅游行程等因素的影响,产业的布局分工与其他产业有所区别,既有产业分布的区域性问题,也有产业分布点线结合、点面结合的问题。因此,旅游产业布局政策应根据旅游发展程度的区域性差异,在发展好东部沿海地区旅游业的同时,强调加快中西部地区旅游业的发展;根据旅游资源分布的独特性,强调形成旅游区域的专业化分工,如海南的海滨度假、黑龙江的冰雪旅游、云南的生态旅游和民俗旅游、四川的大熊猫故乡之旅、青藏高原风情之旅、内蒙古草原风光之旅、西北沙漠探险之旅等;根据各地具备的优势,如沿海、沿江、沿路、沿边等,形成有相对优势的旅游产品分布;根据资源互补、产品相关和交通便利等条件,加强旅游产品的点线、点面之间的联系,形成独具优势和竞争力强的产品系列。

(6) 旅游市场开发政策。旅游业的外向性决定了旅游业的发展不仅要面向国内,更要面向国外,参与世界旅游市场的竞争是旅游产业政策不可缺少的内容。旅游市场开发政策包括营销经费的筹集、营销方案与措施、市场竞争的策略等。

(7) 旅游产业保障政策。旅游业是否健康发展还取决于其运行过程中是否有相应的体制和保障政策与之配套。旅游产业保障政策是为保障产业政策的贯彻实施而采取的有关经济的、法律的、行政的及其他多种手段的总称。

总之,旅游产业政策是为了增强旅游目的地的竞争力及可持续发展力,进而促进旅游目的地的社会福利最大化而制定的政策。旅游相关政策的制定是一个系统的社会工程,这就需要旅游政策制定者对旅游发展规律及趋势有深刻的了解,同时具备很强的协调和影响能力,否则,就会由于各种失误影响旅游业的发展。

三、旅游产业政策的作用

制定旅游产业政策有利于旅游业产业地位的确定,是为了最大限度地发挥旅游业的各项功能,协调旅游业与其他产业的协作关系,取得旅游业发展的良好社会效益和经济效益。因此,旅游产业政策具有协调各种行业关系、促进市场机制和市场结构的完善与优化、提高旅游业的劳动生产率、提升旅游业的竞争能力等作用。

1. 规划国家旅游经济的发展,规范旅游企业的生产经营

旅游产业政策可以协调旅游业与国民经济其他产业之间的关系,从整体利益上对国民经

济的发展进行规划，明确旅游业的地位，提供旅游业发展所需的外部环境。旅游产业政策还可以通过制定行业政策，对旅游生产企业和销售企业的经营行为进行规范，保证旅游业持续和健康发展。

2. 推动社会资源的优化配置，促进资源优势的充分发挥

有效的旅游产业政策可以通过调整需求总量和结构来改善资源在旅游业各部门之间的分配，促进社会资源的有效配置，从而保证资源优势的充分发挥，维护旅游市场供求的总体平衡。

3. 促进市场结构和市场机制的完善，引导旅游业的发展方向

在市场经济条件下，产业政策一般不能对市场主体的资源配置行为发生直接影响，而是通过市场机制，对市场主体的行为进行调节。因此，旅游产业政策可以促进旅游市场结构和机制的完善，指导旅游企业的行为，引导旅游业的发展方向。

4. 通过鼓励和优惠政策，创造旅游业发展的良好环境，推动旅游业的大发展

（1）旅游产业政策可以在金融、税收等方面为旅游业提供优惠，有利于旅游企业的融资，推动旅游业的迅速成长。

（2）在资源开发和市场经营方面，可以促进历史文化、自然生态等资源的保护，鼓励符合行业规范和市场规律的经营行为，提升旅游业发展的质量内涵。

（3）旅游产业政策还可以通过扶持中小旅游企业，联合科研单位和设计部门，进行新产品的研究与开发，加速产业间的技术转移，促进产业技术水平的提高，以适应国际旅游市场新技术的发展趋势。

知 识 归 纳

在市场经济中，由于市场有效地调节经济体系、合理配置经济资源所要求的充分竞争条件很难满足，会出现市场失灵的现象，所以要实现经济体系更加高效的运行就必须引入政府干预经济的机制。旅游业本身有一定的特殊性，涉及游、住、购等环节的消费活动，需要建筑、园林、旅游、商业等多部门给予支持与配合，所以更加需要政府这只"有形的手"来辅助市场调节经济体系。要想使政府能够更好地发挥辅助功能，首先必须明确界定政府干预市场经济活动的范围和方式。

案 例 分 析

政府核心导向的乡村旅游发展——贵州西江苗寨旅游发展的探索实践

西江苗寨位于贵州省雷山县，是全国规模最大的苗族聚居村寨。从 2008 年至今，西江苗

寨旅游取得了巨大成就，但也出现了诸多矛盾和问题，引发了国内专家学者的关注和公众的注意和讨论。矛盾和问题主要集中在：政府组建的西江苗寨景区旅游开发公司收门票及其引发的相关问题、大规模开发导致的资源保护问题、旅游氛围过度商业化问题、旅游业在西江苗寨各区域发展不平衡导致的受益不均问题、旅游业发展对其他产业带动力不强的问题、旅游业规模化发展导致的社会管理问题等。

1. 以政府为核心力量导向的西江苗寨旅游发展成就

由于贵州各级政府财政支撑能力比较低，各乡村旅游地旅游供给市场发育不完善，招商引资难度大，贵州大部分乡村旅游地基本处在自发开发、粗放经营的初级阶段，存在规划水平较低、规模小、产品形式单一、服务标准化不足、缺乏营销、利益分配不均、组织化程度低等问题。雷山县利用取得协办第三届贵州旅游产业发展大会这个契机，大规模投入基础设施建设，并组建旅游开发公司负责景区的经营，同时成立西江苗寨景区管理局负责对景区进行协调管理，本着"举办一届旅游产业发展大会，打造一个旅游精品，推动一地经济发展"的宗旨，把西江苗寨推向了大市场。有学者把西江苗寨旅游发展模式称为"以政府为核心力量导向的乡村旅游发展模式"，把其视为贵州乡村旅游发展的主要模式之一，这种模式和普遍意义上的"政府主导"有程度上的区别。几年以来，在这个模式框架内，西江苗寨旅游得到了长足发展。

西江苗寨通过政府核心力量导向，跨越了乡村旅游业自发开发、粗放发展阶段，实现了规模化和市场化，乡村旅游服务基本达到标准化，对外营销性大幅度提升，呈现出较高的产业组织化及较为丰富的产业业态；旅游地居民受益面不断扩大，受益程度不断提高，旅游扶贫效果显著。在科学规划指导下，雷山县政府从门票收入中提出15%，对当地以民居建筑为主的乡村旅游资源进行严格保护，保护效果良好。通过西江苗寨自身发展的纵向比较，以及与雷山县其他同类型苗寨，如郎德苗寨的横向对比研究，我们可以认为，如果离开政府的核心力量导向，西江旅游不可能在现阶段实现跨越式大规模发展。

普遍意义上的"政府主导"的完整表述是"以政府为主导，以市场为主体"。这个被广为接受的中国旅游发展模式确实具有宏观指导意义。但这个模式实施的前提是市场主体要到位。在此前提下，政府的职能是确定产业政策、制定发展规划、完成基础设施投入、完成其他主导性投资、承担宣传推介任务、实施行业管理。

而对于西江的具体情况而言，有几个方面的特殊性值得关注：一是景区本土经营者短期内难以发育成为可以驾驭整个西江景区、可以对整个景区发展负责的市场主体；二是如果引进外来大型旅游企业，则有可能出现被称为"旅游漏损"的利益流失现象。另外，西江村号称"千户苗寨"，有人口5 414人，属少数民族社区大型人文景区，在激烈的利益博弈过程中，外来企业主体与当地居民之间容易产生冲突；三是基于对旅游资源保护的考虑，像西江苗寨这样体量庞大的民族文化资源，靠民众的自发保护和旅游企业投入都不可能达到预期效果；四是雷山县政府是在上级政府的支持下，加上银行信贷进行的大规模前期基础设施及配套设施投入，县政府对西江旅游发展具有更强的责任感和紧迫感。

所以，从西江景区的旅游产业发展基础来看，把"政府主导"理念进行延伸和拓展，以政府作为核心力量导向，同时组建景区管理局和国有旅游开发公司进行管理、开发、经营，对西江苗寨而言，在实践上具有必然性及合理性。事实上，几年来发展的实际效果证明西江苗寨旅游发展模式的选择是正确的。

2. 西江苗寨旅游发展存在的矛盾和问题分析

1）收门票以及由此引发的相关问题

收门票问题主要引起3个方面的关切：一是担心西江旅游朝着门票经济的方向蜕变；二是门票收入的分配；三是收门票对当地人的外地亲友来西江探视造成不便，干扰了居民的正常生活。

对西江苗寨而言，收门票本身不是问题，问题在于：政府应该向公众阐明门票的性质、门票收入的使用及分配，以及如何确定科学合理的收费标准。另外，要坚持以人为本，采取更为完善的措施来保障居民的亲友来西江的正常探视。

2）以民居建筑为主体的资源保护问题

从2007年以前的一组照片可以看到，西江苗寨已经零星出现了砖混结构的建筑，完全以木制吊脚楼为主的建筑群落已经开始解体。如何在旅游开发中把保护工作做得更好，政府须重点考虑。另外，因人口增加而产生的住宅紧张问题也要想办法解决。

3）旅游氛围过度商业化问题

经过考察，西江苗寨的商铺很集中，出现了商业氛围过浓的问题。另外，大量的"农家乐"客栈和餐饮店在装修及服务过程中，民族特色正在被弱化，旅游氛围商业化在一定程度上普遍存在。

4）旅游业在西江苗寨各区域发展不平衡导致的受益不均问题，旅游业发展对其他产业带动力不强的问题

原因在于当地村民在旅游业规模化发展以后，他们的首要选择是参与到直接的旅游服务业中，着眼于见效快、直接与游客发生经济关系的项目，而不愿意去参与那些间接性的、为旅游业各部门提供支撑的相关产业。这需要相关部门进一步进行产业引导，倡导当地居民充分利用旅游业的带动性强的特性，把产业链条逐步延长。

西江旅游业规模化发展导致的社会管理问题主要源于3个方面：一是以农耕生产方式为基础的传统社区自我管理模式基本瓦解，而建立在以旅游业基础上的社会管理模式有待完善，居民也还有一个适应的过程；二是旅游业发展的不平衡性，使不受益或受益较少的群体对旅游业的期望得不到满足，产生了一些意见；三是外来游客群体的干扰和不良示范作用，对当地的社会风气及教育带来了影响。这3个方面问题都有待当地有关部门进行有效的疏导，并不断创新完善与旅游业发展相匹配的社会管理体制，把西江苗寨的社会事务管理好。

3. 在旅游业发展平台上解决目前问题

1）探索经营体制改革创新，增强村民参与管理的权利

探索景区门票取之于西江、用之于西江的具体操作办法；创新景区管理模式，探索村里推荐村民代表参与公司的董事会、监事会，参与公司的决策和管理，参与组建票务监督队、交通管理纠察队，扩大村民对西江景区管理和西江旅游公司管理的参与权、知情权、

监督权。

2）以科学规划为前提，抓好景区提质扩容

一是尽快按更高的建设和管理标准制定和完善西江村相关发展规划；二是加大招商引资力度，加快西江营上综合服务区建设，谋划建设 2～3 家高星级度假酒店，推动西江景区旅游从观光型向度假型、创意型转变，提升西江景区旅游接待设施水平；三是切实抓好干荣村州级农村基层组织精品示范点建设，为西江景区提质扩容奠定基础；四是拓宽游客活动区域。

3）继续加大资源管理维护力度，谋划解决村民住房困难问题

加强景区范围内违章建筑的清理和管控。加快西江新村规划建设进度，在不破坏景区建筑整体风貌的前提下，在核心保护区外规划新安置区，切实解决西江村部分村民住房困难问题。

4）以民族文化产业化为途径，不断丰富景区的旅游业态

西江苗寨虽经过几年的规模化发展，但还是存在业态单一、传统观光旅游比例太大的问题。要解决这个问题，核心办法还是得按《国务院关于进一步促进贵州经济社会又好又快发展的若干意见》关于建设贵州文化旅游发展创新区的精神，探索民族特色文化与旅游业融合的新路子，将西江千户苗寨打造成为极具影响力的苗族原生态文化体验区。

5）强化产业引导，延展旅游产业链条，拓宽旅游带动面

西江苗寨景区内，旅游服务项目同质化竞争现象普遍存在，而间接支撑性产业比较短缺。所以，政府应该强化对当地村民的产业引导，用市场准入规则、金融导向手段并结合政策舆论宣传，引导村民的经营项目投资合理分配在旅游业各部门，推进旅游产业协调发展，规避经营风险。同时积极探索旅游业与现代农业融合发展的新路子，不但在观光农业上有所作为，更要把传统农业转换为旅游餐饮消费的农副产品专业供应部门，大幅度提高农业效益。

6）做好西江景区的社会管理工作

坚持与群众面对面交心，广泛听取意见，收集社情民意，切实帮助群众解决实际困难和问题，增进干群感情；认真梳理群众提出的意见建议，进行责任分解，兑现对群众承诺的各个事项，确保取信于民；推进西江景区管理局、西江旅游公司、西江镇党委政府及西江村开展党务公开、政务公开、财务公开、村务公开等工作；切实做好西江村的低保、救济救助、农村危房改造、失地农民保障工作；坚持让利于民，研究解决景区生活困难群众和失地农民就业问题，让景区农民生活有保障，致富有奔头，从而支持景区的保护与开发建设。

（资料来源：http://www.360doc.com/content/13/0209/0810580899_264925908.shtml.）

思考：贵州西江苗寨开发案例有哪些可借鉴的经验？

复习思考题

1. 什么是旅游规制？旅游规制有哪些手段？
2. 为什么要制定旅游产业政策？
3. 旅游产业政策有哪些作用？

第七章

旅游企业经营

1. 掌握旅游企业成本预测及控制、财务指标计算及分析；
2. 了解旅游企业的概念和分类；
3. 能结合旅游企业实际经营现状，掌握不断改善和提高旅游经营的途径，以促进旅游企业持续发展。

第一节 旅游企业的概念与分类

一、旅游企业的概念

旅游企业是指能够以旅游资源为依托，以有形的空间设备、资源和无形的服务效用为手段，在旅游消费服务领域中进行独立经营核算的经济单位。理论界一般有广义和狭义两种解释：广义的旅游企业，指经营满足旅游者吃、住、行、游、购、娱六大需求的一切企业；狭义的旅游企业特指旅游饭店、旅行社、旅游汽车公司、娱乐设施经营单位等面向市场的经营企业。另外，像商店既与满足旅游需求密切相关，又与满足非旅游需求密切相关，因此，将这类企业界定为与旅游相关的企业。本书从广义角度来界定旅游企业。

旅游企业具有以下5个特征：①企业大都以生产非物质产品为主，产品的主体是无形的，通常以服务为载体。②旅游企业大都属于劳动密集型企业，虽然旅游企业资本与劳动的比值通常高于各行业平均水平，但是旅游产品的主体是通过劳务来体现的，高质量的旅游产品不是通过高科技来体现的，而是通过高劳动附加值来体现的。③旅游企业生产的产品具有无库存性、生产和消费的同一性、质量事故的不可弥补性及销售的紧迫性等特征。④旅游企业的规模经济主要体现在不同企业之间的连锁经营上，单体的旅游企业的规模边界受到很多条件的限制。例如，一家酒店所能形成的最大经济规模是有限的，但通过连锁经营形成规模销售可以包含数千家酒店。⑤劳动者的素质在旅游企业的产品质量中起到至关重要的作用。在旅游产品生产过程中，劳动者的心态、仪表、形象、态度、语言都会直接决定旅游产品质量。这和非旅游企业的生产过程有着明显的区别，站在流水线旁生产的工人不会被要求脸上流露笑容，但在酒店总机的接线员却会被要求提供微笑服务，因为客人虽然看不见她，但可以听出她是否在微笑。

二、旅游企业的分类

旅游企业可以按规模、所有制、组织形式和业务构成等标准分类。下面仅从组织形式和业务构成两方面进行讨论。

1. 旅游企业按组织形式分类

在现实经济生活中，旅游企业的组织形式主要有3种，即业主制、合伙制和公司制。

1）业主制旅游企业

业主制旅游企业是最简单的旅游企业组织形式，这种俗称"夫妻店"的典型小旅游企业企业是业主的个人财产，由业主直接经营。业主享有该企业的全部经营所得，同时对它的债务负有无限责任。如果经营失败，出现资不抵债，业主要用个人全部财产来抵债。

由于受偿债能力限制，其取得贷款的能力也较差，因此业主制旅游企业一般规模较小。如果企业主无意经营或死亡，该企业业务就会中断。业主制旅游企业的平均寿命通常较短。业主制旅游企业也有许多长处，如组建程序简单易行、产权简单、转让自由、经营灵活、决策迅速。

2）合伙制旅游企业

合伙制旅游企业是在两个或两个以上业主的个人财产的基础上经营的。合伙人分享企业所得，共同对企业债务承担无限责任。

合伙制旅游企业的优点是：①众多合伙人共筹资金，资本规模较业主制旅游企业大，合伙人共负偿债责任，减少了贷款风险；②合伙人共同对盈亏负有完全责任，企业信誉更高。

合伙制旅游企业也有一定的缺陷，主要体现在两个方面：①合伙制旅游企业是依据合伙人之间的协议建立的，每当一位原有的合伙人退出或死亡，一位新的合伙人被接纳，都必须重新建立合伙关系，程序复杂。②所有合伙人对于合伙制旅游企业的债务负有无限责任。当企业经营失败时，其合伙人除赔偿他们应当承担的那一部分亏损，还负有连带责任。

3）公司制旅游企业

公司制企业又叫股份制企业，是指由1个以上投资人（自然人或法人）依法出资组建，有独立法人财产，自主经营，自负盈亏的法人企业。根据《中华人民共和国公司法》，其主要形式为有限责任公司和股份有限公司。两类公司均为法人，投资者可受到有限责任保护。

与合伙制旅游企业相比，公司制旅游企业的优点主要有：①无限存续。一个公司在最初的所有者和经营者退出后仍然可以继续存在。②有限债务责任。公司债务是法人的债务，不是所有者的债务，所有者的债务责任以其出资额为限。③所有权的流动性强。

公司制这种组织形式的缺点是：①双重课税。公司作为独立的法人，其利润需缴纳企业所得税，企业利润分配给股东后，股东还需缴纳个人所得税。②组建公司的程序复杂，不像业主制旅游企业那样，随时可以建立和歇业，也不像合伙制旅游企业那样，仅由合伙人的协议决定。公司法人地位的确定，需要政府的认可，歇业也要通过法定程序。③存在代理问题，经营者和所有者分开以后，经营者称为代理人，所有者称为委托人，代理人可能为了自身利益而伤害委托人利益。

2. 旅游企业按业务构成分类

1）旅游中介企业

旅游中介企业也称中间商，它们从旅游产品生产者那里订购各种旅游产品和服务，如住宿、交通、保险等，然后再转卖给旅游经营者或游客，并从中获得佣金。由于旅游中介企业面对着不同的经营对象，又可以分为旅游经营商和零售代理商。前者将旅游过程中分散的产品组合成一个整体，并以包价的形式通过旅游零售代理商销售；后者为消费者提供现成的旅游线路，如旅游者通常打交道的旅行社和旅行门户网站等。

旅游中介服务已成为全球销售旅游产品和服务的普遍形式，旅游中介企业的存在，给旅游产品的生产者、消费者和旅游目的地都带来了利益，归纳如下：①使旅游生产者能够大量地销售自己的产品，并通过销售将风险转嫁给旅游经营商；②产品供应商通过集中性的旅游交易可以减少促销费用，避免花费昂贵的代价对消费者直接促销；③消费者可以通过购买包团旅游的方式节约收集信息和处理其他事务的时间和费用；④消费者能从旅游经营商那里了解旅游专业知识，把旅游中的不确定性因素降到最低程度；⑤批发商具有强大的讨价还价能力，使消费者能获得较低的旅游价格。

2）旅游交通企业

旅游交通企业是为游客从常住地到旅游目的地的往返以及在各旅游目的地内提供空间转移服务手段的机构。其中，往返于游客常住地和旅游目的地的交通企业具有公共性，既可以为旅游消费者服务，也可以满足非旅游的运输需要，称为大交通企业；在旅游目的地的交通企业服务对象相对更明确，主要为游客服务，也称为小交通企业。

旅游交通企业以使用的交通工具为分类标准，满足了游客对时间、效率、舒适度、空间和价格等方面的多样化要求。

（1）公路交通企业。运用汽车这一交通工具，既有户到户的灵活性，又有欣赏风景的良好视野，还可以提供交通过程中的娱乐。公路交通企业有旅游汽车公司、旅行出租车公司。

（2）铁路交通企业。铁路具有运量大、价格低、持续性长等特点，随着高铁、快铁的普及，铁路运输成为大众旅游的首选交通工具。我国铁路企业为国家所有，运营稳定，建设周期长。

（3）航空交通企业。从事空中交通业务的旅游企业，以飞机为经营手段，航空交通速度快、范围广、能节省时间。但航空交通企业投资规模和运输成本都较大，服务、技术和管理要求也高。

（4）水上交通企业。传统的水上交通企业，主要是解决游客涉水空间转移的商业性机构，如轮船公司。由于长途航行的效率、安全和气候的限制因素，其客运业务逐渐被其他交通企业所替代。但是，经营具有度假旅游产品和交通工具双重属性的巡游业务的邮轮公司在欧美发达国家业绩上升明显。

3）旅游住宿企业

旅游住宿企业就是人们通常所说的商业性质的饭店和宾馆，是为游客提供住宿和其他服务的企业机构。旅游住宿企业同其他企业一样，是利用各种生产要素和管理手段从事生产经营活动，在创造利润的动机和承担风险的情况下，取得企业效益和社会效益的经济组织。

随着社会的进步,旅游住宿企业提供的产品的功能和设施日益多样化,包括客房、餐饮、购物,以及宴会、会议、通信、娱乐、健身等服务。而且根据消费和管理的不同需求,旅游住宿企业又形成了各种类型,如可按星级标准划分为 5 级星级饭店;按功能划分为商务、度假、会议等类型的饭店。

4）旅游吸引物企业

旅游的动机就是期望在外地获得愉悦。因此,旅游吸引物企业经营的对象能够满足游客的愿望和要求,也是吸引游客到旅游目的地享受的根本原因。旅游吸引物可以划分为许多种类,形成了企业经营的业务内容,见表 7-1。这些旅游吸引物只有具备了获利性条件,才有可能创立基于该吸引物的企业。

表 7-1 旅游吸引物的种类

文化资源	自然资源	大型活动	休闲	娱乐活动
历史遗址、考古遗址、建筑物、纪念馆、博物馆、少数民族居住地、音乐会、剧院	山水、海景、公园、植物群、海岸、岛屿	社区活动、节日、宗教活动、体育活动、商品交易活动、企业活动	观光、高尔夫球、游泳、网球、远足、骑行、雪上运动	主题公园、娱乐公园、电影院、购物设施、艺术表演、运动中心

第二节 旅游企业财务管理

一、旅游企业成本与收益分析

1. 旅游企业成本费用的内容

旅游成本是指旅游企业在一定时期内,为生产旅游产品而发生的各种消耗和支出的货币表现,即旅游企业的成本费用。旅游企业在经营过程中发生的各项耗费,必须严格按照国家规定的成本开支范围记入成本费用。根据现行《旅游、餐饮服务企业财务制度》,旅游企业成本费用的开支范围如下。

1）营业成本

旅游企业在经营过程中发生的各项直接支出,计入营业成本。

（1）企业直接耗用的原材料、调料、配料、辅料、燃料等,包括饭店餐饮部和餐馆耗用的食品、饮料的原材料、调料、配料成本,餐馆、浴池耗用的燃料成本,饭店洗衣房、照相馆、洗染店、修理店耗用的原材料、辅料成本。

（2）旅行社已计入营业收入总额的房费、餐费、交通费、文娱费、行李托运费、票务费、门票费、专业活动费、签证费、陪同费、劳务费、宣传费、保险费、机场费等代收代付费用。

（3）商品进价成本,分为国内购进商品进价成本和国外购进商品进价成本。国内购进商品进价成本是指购进商品原价。国外购进商品进价成本是指进口商品在购进中发生的实际成本,包括进价、进口税金、购进外汇差价、支付委托外贸部门代理进口的手续费。

（4）其他成本,指企业出售无形资产、存货（不包括商品）的实际成本。

2）营业费用

旅游企业各销售部门在经营中发生的支出计入营业费用，主要包括运输费用、装卸费、包装费、保险费、燃料费、水电费、展览费、广告宣传费、邮电费、差旅费、洗涤费、清洁卫生费、低值易耗品摊销、物料消耗、销售人员工资（含奖金、津贴和补贴）、职工福利费、工作餐费、服装费及其他销售费用。其中，工作餐费是饭店按照规定为职工提供工作餐而支付的费用，服装费是饭店按规定为职工制作工作服装而发生的费用。

3）管理费用

管理费用是指旅游企业为组织管理经营活动而发生的由企业统一负担的费用，包括公司经费、工会经费、职工教育经费、劳动保险费、待业保险费、劳动保护费、董事会费、外事费、租赁费、咨询费、审计费、诉讼费、排污费、绿化费、土地使用费、土地损失补偿费、技术转让费、研究开发费、税金、燃料费、水电费、折旧、修理费、无形资产摊销、低值易耗品摊销、开办费摊销、交际应酬费、上级管理费及其他管理费用。

4）财务费用

财务费用包括旅游企业经营期间发生的利息净支出、汇兑净损失、金融机构手续费、加息及筹资发生的其他费用。

2. 旅游企业收益

旅游企业收益即旅游企业利润，又称营业利润，是指旅游企业提供劳务或销售商品等取得的收入扣除企业在经营过程中发生的各项直接和间接开支后的余额。换句话说，就是从旅游企业的营业收入中扣除营业成本、营业费用、管理费用和财务费用后的余额。旅游企业的营业利润，集中反映了企业从事旅游经济活动的全部成果，体现了旅游企业的经营管理水平和市场竞争力。其计算公式为

$$营业利润 = 营业收入 - 营业成本 - 营业税金及附加 - 管理费用 \\ - 营业费用 - 财务费用 \quad (7\text{-}1)$$

从经济学意义上讲，收益也是旅游企业为社会创造的新增价值。旅游企业的收益，是分析旅游企业经营状况和评价其经济效益的重要指标。在市场经济条件下，要取得理想的经营收益，必须严格控制好经营成本，强化销售工作，争取更多的顾客，才能使旅游企业的利润水平不断地提高。在旅游产品质量价格不变的情况下，成本越低，利润就越高；反之，成本越高，利润就越低。在经营旅游产品所耗费用不变的情况下，销售额越高，利润就越大，反之销售额越低，利润就越小。

3. 旅游企业成本费用的管理

1）旅游企业成本费用预算的编制

成本费用预算是在对旅游企业未来发展科学预测的基础上，定期编制的反映旅游企业未来一定时期内产品成本和期间费用水平及其构成情况的书面报告。旅游企业成本费用预算控制着眼于未来，要求首先做好成本费用预算，制定目标成本费用，然后根据目标成本费用加以控制，以实现企业成本费用的合理支出。成本费用预算是旅游企业进行预算控制的起点，也是旅游企业进行成本费用管理的重要依据。

(1) 营业成本预算。

① 毛利率法。毛利率法广泛应用于饭店餐饮、旅行社组团等业务的成本预算中。以饭店餐厅提供的餐饮服务为例。饭店餐厅根据提供菜品的风味不同可分为中餐厅、西餐厅、自助餐厅、日式餐厅等,不同餐厅提供菜品的毛利率也有所不同。因此,首先要根据本店历史资料或是行业水平确定毛利率,然后根据市场调查预测未来餐厅的营业收入,最后计算出预期的成本。其计算公式为

$$\text{预算期餐饮成本} = \sum[\text{某餐厅预算餐饮营业收入} \times (1-\text{该餐厅餐饮毛利率})] \quad (7-2)$$

【例 7-1】某饭店中餐厅预计营业收入为 800 万元,毛利率为 60%;西餐厅预计营业收入 300 元,毛利率为 75%;自助餐厅预计营业收入 500 万元,毛利率为 45%;日餐厅预计营业收入 100 万元,毛利率为 80%。试计算该饭店餐厅部的餐饮成本。

解:

餐饮成本=800×(1-60%)+300×(1-75%)+500×(1-45%)+100×(1-80%)=1 010(万元)

② 商品进销差价法。商品进销差价法一般适用于商品销售的成本预算编制。预算期商品销售成本是由预算期商品销售额和预算期的成本率来计算的。预算期商品销售额可以根据销售计划指标来确定,预算期成本率则是根据上期各类商品的进销差价率结合预算期的增减变动因素倒算出来的。其计算公式为

$$\text{预算期商品销售成本总额} = \sum[\text{预算期各类商品销售总额} \times (1-\text{各类商品预算进销差价率})]$$

$$(7-3)$$

【例 7-2】某游轮公司商品销售部预计未来一个月中,食品类商品销售额为 20 万元,进销差价率为 30%;百货类商品销售额为 15 万元,进销差价率为 25%;工艺类商品销售额为 12 万元,进销差价率为 40%。试计算该公司未来一个月预期商品成本。

解:

$$\text{预期商品成本}=20\times(1-30\%)+15\times(1-25\%)+12\times(1-40\%)=32.45(\text{万元})$$

(2) 期间费用预算。旅游企业的费用,主要是企业在经营中发生的营业费用、管理费用和财务费用。其中,营业费用和管理费用涉及项目很多,各项目的变化影响因素不同,如国家有关政策的规定、费用列支标准规定等,这些变化在费用编制时应予以充分考虑。此外,在编制费用预算时,可以根据费用开支项目与经营业务量的关系,分为固定费用和变动费用,分项目、分部门进行预算,再进行汇总成为总的费用预算。

① 管理费用预算。管理费用是旅游企业行政管理部门为组织和管理生产经营活动而发生的各项费用,管理费用与产品生产没有直接关系,不计入产品成本,而是按发生的期间进行归集,计入当期损益。费用中很大一部分属于固定费用。管理费用预算通常按费用项目、按各行政管理部门进行列示,各旅游企业可按照自身管理费用项目不同有所区别,但基本格式如表 7-2 所示。

表 7-2 管理费用预算表

年　月　日　　　　　　　　　　　　　　　　　　　单位:万元

项目	部门					
	总经理办公室	销售部	人事部	财务部	工程部	保安部	合计
一、固定费用							

续表

项目	部门						
	总经理办公室	销售部	人事部	财务部	工程部	保安部	合计
工资							
福利费							
养老金							
工作餐							
服装费							
折旧费							
保险费							
工会和教育费							
无形资产摊销							
有关税金							
二、变动费用							
物料消耗							
水费							
电费							
燃料费							
办公费							
邮电费							
差旅费							
日常维修费							
业务招待费							
培训费							
绿化费							
董事会费							
其他费用							
合计							

② 营业费用预算。营业费用是旅游企业在销售商品过程中发生的各项费用，以及为销售本企业产品而专设销售机构的各项费用。营业费用预算反映旅游企业在一定预算期内发生的销售费用及其构成情况。各旅游企业可按照自身销售费用项目不同有所区别，但基本格式如表7-3所示。

表7-3 营业费用预算表

年 月 日　　　　　　　　　　　　　　　　　　　　单位：万元

项目	部门						
	客房部	餐饮部	康乐部	商品部	商务部	其他	合计
一、固定费用							
工资							
福利费							
养老金							
工作餐							

续表

项目	部门						
	客房部	餐饮部	康乐部	商品部	商务部	其他	合计
服装费							
折旧费							
保险费							
租赁费							
二、变动费用							
物料消耗							
水费							
电费							
燃料费							
邮电费							
差旅费							
日常维修费							
广告费							
其他费用							
合计							

③ 财务费用预算。财务费用是旅游企业为筹集生产经营所需资金而发生的筹资费用，费用的高低直接取决于旅游企业负债的多少，特别是银行借款。由于旅游企业借款发生笔数较少、金额较高，因此财务费用预算一般由企业财务人员按照企业预期贷款情况整体统筹编写，基本格式如表7-4所示。

表7-4 财务费用预算表

年 月 日　　　　　　　　　　　　　　　　　　　　　　　单位：万元

项目	内容摘要	平均存款余额/贷款本金	计息期间	年利率	金额
一、利息收入					
定期1					
定期2					
……					
二、利息费用					
贷款1					
贷款2					
……					
三、汇兑损益					
四、手续费					
五、其他					
合计					

2）旅游企业成本费用日常控制

（1）餐饮成本费用日常控制。旅游饭店的餐饮业务，是直接生产饮食制品，随时随地供给旅游者和一般客人就地消费。它既要为客人提供食品又要提供优质服务，因此，制定有效的餐饮成本管理制度，实行阳光的成本控制，对于减少浪费、提高旅游饭店的效益有重要意义。

① 餐饮业务直接成本的控制。餐饮业务直接成本，即通常所指的餐饮食品的成本。而食品成本主要指生产食品所消耗的原材料成本。为了控制餐饮成本的支出，可以实行标准成本控制法，对食品的成本支出实行定额管理，一般情况下通过"三标准"来控制成本：标准质量、标准菜谱、标准采购规格。

标注质量：将制作的食品出售给顾客时，每一份的分量应是标准化的，不能由于与顾客的关系亲疏而改变供应量，使顾客难以接受，也使成本难以控制。

标准菜谱：这是制作菜肴的标准配方卡，是原材料耗用定额及成本标准的文件，是企业饮食成本控制标准的重要组成部分。确定了标准食品成本后，将它与实际成本进行比较，发现差异后，要进一步分析形成差异的原因，如进价高、净料率低、操作浪费、废品等，根据不同的原因采取具体措施解决问题，从而提高成本控制水平。

标准采购规格：餐饮成本控制还取决于采购环节的控制，只有按要求采购到质优价廉的合格材料，才能提高原材料利用率，即提高成货率，降低单位成本。因此，餐饮成本控制必须从原材料采购入手，层层把关，严格执行仓库的领用发料制度，严格掌握用料标准，在保证食品质量的前提下，降低成本，增加盈利。

② 餐饮费用的控制。餐饮部门营业费用包括人工费、经营用品费、水电燃料费及其他费用。营业费用主要是通过费用预算来进行控制的，费用项目如广告费、物料消耗等的开支标准是根据历年实际发生数或有关计划定额进行预计的。这些费用要严格加以控制。由于旅游企业是季节性很强的企业，业务接待量不同，费用的开支也不同，在确定标准费用消耗时，要结合淡旺季特点予以合理分配。其计算公式为

$$某项费用月度标准消耗定额 = 该费用年度预算总额 \times 季节指数 \quad (7-4)$$

季节指数是利用相对数将费用的季节变动规律反映出来，使各季应分摊的费用更加合理。即各季（月）的平均额占总额的百分数。季节指数大，表明该季（月）是旺季，反之是淡季。在此基础上将实际发生的费用同预算相比较，寻找产生差异的原因，对主观能控制的因素提出解决措施，从而降低费用开支。

（2）客房成本费用控制。客房是旅游饭店的主体，旅游饭店的客房业务主要是指向客人提供设备先进、洁净舒适的客房，而向客人收取一定费用的服务业务。客房在经营过程中发生的各项支出是通过营业费用进行核算的，因此，加强营业费用的日常控制与管理，对降低整个旅游饭店的费用支出具有重要意义。因客房费用可分为固定费用和变动费用，所以，控制客房费用的支出，降低消耗需从以下两方面入手。

① 降低单位固定费用。提高客房出租率，通过出租量增加降低每间客房分摊的固定费用。相关计算公式为

$$客房出租率 = \frac{计算期客房实际出租天数}{可出租客房数量 \times 计算期天数} \times 100\% \quad (7-5)$$

② 控制单位变动费用。主要是按照客房消耗品标准费用控制单位变动费用支出。消耗品定额是对可变费用进行控制的依据，要按旅游饭店的档次制定消耗品的配备数量和配备规定。要建立和健全客房原始记录，同时要加强客房客用消耗品的管理。

对于一次性消耗品的配备数量，要按照客房出租情况落实到每个岗位和个人。领班和服务员要按规定领发各种消耗品，并做好记录；对于非一次用品的消耗，尽量减少使用不当造

成的损耗,加强部件的领发控制和安全保卫工作,减少丢失。

(3) 旅行社成本费用控制。旅行社成本费用控制首先要根据企业自身情况选择合适的成本费用核算方法。

① 制定成本费用标准。旅行社必须根据本企业的实际情况和经营目标,并参照其他旅行社的成本费用水平,制定出本旅行社的成本费用标准。

② 建立成本控制信息系统,加强日常控制。成本控制信息系统主要包括成本指标、标准、定额等输入系统;核算、控制、反馈系统;分析预测系统。3个系统构成一个整体,对成本信息发挥提供、传递与反馈作用,成为成本控制的有效手段。

③ 实行责任成本制。为加强成本控制,旅行社实行责任成本制度,把负有成本责任的部门作为成本责任中心,使其对可控成本负完全责任。

④ 进行重点控制。旅行社管理者应在日常成本费用控制中对占成本比重较大的部门或岗位、成本降低目标较大的部门或岗位和目标成本实现较难的部门或岗位进行重点控制。

⑤ 检查与考核,检查成本计划的完成情况,查找和分析产生成本差异的原因;评价各部门和个人在完成成本计划过程中的成绩和缺点,给予应有的奖励和惩罚;总结经验,找出缺点,提出办法,为进一步降低经营成本提供资料总结和推广先进经验,为修订标准提供可靠的参数,把成本控制的科学方法标准化。

案例链接

希尔顿饭店的成功秘诀

希尔顿饭店90多年来成功经营的背后,存在诸多经验和秘诀,其中编制预算、集体或大批采购及著名格言"要找到金子,就一再地挖吧"是广为人知的3条。

1. 编制预算

希尔顿先生认为,20世纪二三十年代美国饭店业失败,是由于饭店经营者没有像卓越的家庭主妇那样编制好饭店的预算。他规定,每一家希尔顿饭店在每个月的月底都必须编制当时的订房状况,并根据上一年同月份的经验资料编制下一个月每一天的预算计划。他认为,优秀的饭店经理都应正确地掌握每年每天需要多少客房服务员、前厅服务员、电梯服务员、厨师和餐厅服务员,否则,人员过剩时就会浪费金钱,人员不足时就会服务不周到。对于容易腐烂的食品补充也是这样。他还认为,除了完全不能预测的特殊情况外,饭店的决算和预算大体上应该是一致的。每一家希尔顿饭店中都有一位专职的经营分析员。他每天填写当天的各种经营报表,内容包括收入、支出、盈利与亏损,以及累积到这一天的当月经营情况,并与上个月和上一年度同一天的相同项目资料进行比较。这些报表将送给希尔顿饭店总部,汇总后再分送给各部,使有关高级经理人员都能了解每天最新的经营情况。

2. 集体或大批采购

拥有很多家饭店的饭店集团采取大批采购肯定是有利的。当然,有些物品必须由各家饭店自行采购,但也要注意向制造商直接大批采购。这样做不仅能使所有采购的同类物品标准统一、价格便宜，还能使制造商产生以高标准来改进其产品的兴趣。希尔顿饭店系统的桌布毯、电视机、餐巾、灯泡、瓷器等 21 种商品都是由公司在洛杉矶的采购部订货。每年仅火柴一项就要订购 500 万盒，耗资 25 万美元。由于集体或大批量购买，希尔顿饭店公司节省了大量的采购费用。

3. "要找到金子，就一再地挖吧"

"挖金"是希尔顿先生从经营莫布雷旅馆取得的经验。他买下莫布雷旅馆后做的第一件事就是要使每平方米的空间产生最大的利润。他发现，人们需要的是床位时，只要提供睡的地方就可以赚钱。因此，他就将餐厅改成客房。另外，为了提高经济效益，他又将一张大的服务台一分为二，一半做服务台，另一半用来出售香烟与报纸。原来放棕榈树的一个墙角也清理出来，装修了一个小柜台，出租给别人当小卖店。当时，希尔顿先生自己还不得不经常睡在办公室的椅子上过夜，因为凡是能住人的地方都住满了客人。买下沃尔多夫饭店后，希尔顿先生把大厅内 4 个装饰用的圆柱改装成玻璃陈列架，把它们租赁给纽约著名的珠宝商和香水商，每年因此可增加 4.2 万美元的收入。买下朝圣者饭店后，他把地下室租给别人当仓库，把书店改成酒吧，所有餐厅一周营业 7 天，夜总会里又增设了摄影部。

希尔顿饭店通过编制财务预算来进行计划管理，通过集中大批量采购来降低采购成本和采购费用。根据市场需要，灵活管理和利用自身资产，最大限度地挖掘资产价值，拓展饭店经济收入渠道，为世界饭店业经营管理提供了一条成功之路。

近年来，随着改革开放的深入和经济的高速发展，我国旅游业保持了良好的发展势头，确立了亚洲旅游大国的地位。据世界旅游组织预测，到 2020 年，我国将成为排名世界第一的旅游接待大国和第四客源输出国，旅游市场前景广阔。与此同时，我国旅游企业不断发展壮大，面临着更多的机会和挑战，加强经营管理，是我国旅游企业做大做强的有力保证。

二、旅游企业主要财务指标

现代旅游企业通过计算各财务指标，运用各种分析方法和技巧，可以评价企业过去的经营业绩，衡量企业现在的财务状况，预测企业未来发展趋势，为企业正确决策提供合理依据。财务指标分析是财务管理的重要组成部分，它能够帮助企业管理者做出正确的投资选择、资金营运及融资规划决策，并有助于外界对企业做出正确的评估。通常财务指标分析分为偿债能力分析、营运能力分析、盈利能力分析及发展能力分析。

1. 偿债能力分析

1）短期偿债能力

短期偿债能力是指企业偿还流动负债的能力，即企业对短期债权人或其承担的短期债务的保障程度。对企业管理者而言，企业短期偿债能力直接影响企业的生产经营活动、筹资活动和投资活动的进行，企业经常拖欠供应商货款、职工工资，会影响供应商的态度和工人的工作情绪，影响企业供、产、销的顺畅；企业如果长期无力偿还短期银行贷款，会降低企业信誉，增加以后筹资难度；企业缺乏短期偿债能力会导致错失投资机会。

（1）流动比率。流动比率指标的意义在于揭示流动资产对流动负债的保障程度，考查短期债务偿还的安全性。从债权人角度来看，流动比率越高越好，流动比率越高，债权越有保障，借出的资金越安全。从经营者和所有者角度来看，流动比率并非越高越好，因为流动比率越高可能表明企业滞留在流动资产上的资金过多，未能充分有效地利用，造成企业机会成本的增加，对企业盈利能力将造成一定影响。企业应从收益和风险权衡的角度对流动资产和流动负债的规模进行合理的安排。另外，流动比率的高低受企业所处行业的性质与特点的影响较大，如房地产企业、商业企业的流动比率一般会较高，而制造业及公用事业企业等行业的流动比率会较低。其计算公式为

$$流动比率 = \frac{流动资产}{流动负债} \times 100\% \tag{7-6}$$

式中，流动资产包括货币资金、短期投资、应收票据、应收账款、其他应收款、存货等；流动负债包括短期借款、应付票据、应付账款、其他应付款、应付利息、应付股利、应付税费、应付职工薪酬。

（2）速动比率。速动比率也称为酸性测试比率，是指速动资产与流动负债的比值。其计算公式为

$$速动比率 = \frac{速动资产}{流动负债} \times 100\% \tag{7-7}$$

速动资产是流动资产减去变现能力较差且不稳定的预付账款、存货、其他流动资产等项目后的余额。之所以要扣除这些，是因为这些资产变现能力相对于其他流动资产来说要更差一些。速动资产包括货币资金、短期投资、应收票据、其他应收款。

速动比率是衡量企业流动资产中可以即刻用于偿付到期债务的能力，是流动比率分析的一个重要辅助指标，较之流动比率能够更加准确、可靠地评价企业资产的流动性及其偿还短期负债的能力。一般来说，速动比率越高，说明企业的流动性越强，流动负债的安全程度越高，短期债权人到期收回本息的可能性越大，但从企业的角度看，速动比率也不是越高越好。根据经验，通常认为速动比率等于 1 比较合理，但这个经验数据不是绝对的，不同的环境、不同的时期、不同的行业情况不同。

（3）现金比率。现金比率是指企业现金类资产与流动负债的比值。其中，现金类资产包括企业持有的所有货币资金和持有的易于变现的有价证券，如可随时出售的短期有价证券、可贴现和转让的票据。其计算公式为

$$现金比率 = \frac{现金 + 短期有价证券}{流动负债} \times 100\% \tag{7-8}$$

相对于流动比率和速动比率，用现金比率来衡量企业短期债务偿还能力更为保险，特别是在把应收账款和存货都抵押出去或已有迹象表明应收账款与存货的变现能力存在较大问题的情况下，计算现金比率比流动比率更有现实意义。现金比率是评价企业短期偿债能力强弱最可信的指标，主要作用在于评价企业最坏情况下的短期偿债能力。现金比率越高，企业短期偿债能力越强。

对短期债权人来说，现金比率越高越好，现金类资产相对流动负债越多，对到期流动负债的偿还就越有切实的保障。对企业来说，现金比率的确定并不能仅仅考虑短期偿债能力的提高，应将风险与收益两方面的因素结合起来考虑。现金比率在分析短期偿债能力时通常仅

仅是一个辅助指标,因为不可能要求企业目前持有的现金类资产来保障所有流动负债,企业也没有必要保持足够偿还债务的现金类资产。

2)长期偿债能力

长期偿债能力是指企业偿还长期负债的能力。与流动负债相比,长期负债数额大,偿还期限较长。

(1)资产负债率。资产负债率是负债总额与资产总额的比值,即资产总额中有多大比例是通过负债筹资形成的,是最为常用的反映企业长期偿债能力的财务指标。其计算公式为

$$资产负债率 = \frac{负债总额}{资产总额} \times 100\% \quad (7-9)$$

资产负债率揭示了资产与负债的依存关系,即负债偿还的保障程度。资产负债率越高,说明资产对负债的保障程度越低。资产负债率反映在企业全部资金中有多大比例是通过借债而筹集的。从这个角度看,资产负债率反映的就是企业资本结构的问题。资产负债率越高,说明借入资金在全部资金中所占的比重越大,企业资金成本越低,不能偿还负债的风险越高。

一般来说,资产负债率越低,企业的负债越安全,财务风险越小。但从企业的角度看,资产负债率不是越低越好,因为资产负债率过低往往表明企业没有充分利用财务杠杆,即没有充分利用负债经营的好处。因此,在评价资产负债率时,需要在收益与风险之间权衡利弊。

对资产负债率还可以进行横向和纵向的比较。通过横向比较,可以洞悉企业的财务风险和长期偿债能力在整个行业中是偏高还是偏低,与竞争对手相比是强还是弱,若发现企业的资产负债率过高或过低,应进一步找出原因,进行调整。通过纵向比较,可以看出企业财务风险和长期偿债能力是越来越强,还是越来越弱,或基本保持稳定。如果某一期间资产负债率突然恶化,需进一步查明原因,看是由于资产规模下降导致的,还是大量借债导致的。

【例7-3】A旅游公司资产负债率的计算与分析。表7-5为资产负债率计算表。

表7-5 资产负债率计算表

项目	年度				
	2011	2012	2013	2014	2015
资产总额/元	1 867 036.73	2 136 428.89	1 564 902.98	1 582 398.87	1 656 997.32
负债总额/元	573 359.8	817 530.99	606 419.19	577 707.98	732 690.09
股东权益/元	1 292 624.65	1 313 211.95	945 532.27	979 099.46	896 033.76
A旅游公司资产负债率/%	0.31	0.38	0.39	0.37	0.44
B旅游公司资产负债率/%	0.55	0.66	0.64	0.62	0.64
行业平均值/%	0.58	0.63	0.64	0.63	0.64

A旅游公司的资产负债率大体呈现上升的趋势,与B旅游公司和行业平均水平比较,A旅游公司资产负债率显著偏低,反映它具有较强的长期偿债能力,另一方面也说明A旅游公司可能未能充分利用负债经营的财务杠杆。

(2)产权比率。产权比率直接反映负债与所有者权益之间的关系。产权比率越低,表明企业的长期偿债能力越强,债权人权益保障程度越高,承担的风险越小。其计算公式为

$$产权比率 = \frac{负债总额}{所有者权益总额} \times 100\% \quad (7-10)$$

(3) 权益乘数。权益乘数表明企业资产总额是所有者权益的倍数。权益乘数越大，表明所有者投入的资本在资产总额中所占比重越小，对负债经营利用得越充分，但反映企业的长期偿债能力越弱。其计算公式为

$$权益乘数 = \frac{资产总额}{所有者权益总额} \tag{7-11}$$

(4) 利息保障倍数。利息保障倍数是息税前利润与债务利息的比值，反映了公司获利能力对债务所产生的利息的偿付保证程度。其计算公式为

$$利息保障倍数 = \frac{息税前利润}{利息费用} = \frac{净利润 + 所得税费用 + 利息费用}{利息费用} \tag{7-12}$$

注意：该指标反映企业所实现的经营成果支付利息费用的能力，分子的经营成果应是息税前利润；计算息税前利润应扣除非正常项目、中断营业和特别项目以及受会计原则变更的累计前期影响而产生的收支净额，因为负债与资本支持的项目一般属于正常业务经营范围；分母中的利息费用不仅包括财务费用中的利息费用，还应包括已资本化的利息费用，但是外部分析人员很难获得财务费用的具体构成，所以通常用财务费用代替利息费用。

从长期来看，利息保障倍数应大于 1，比值越高，说明企业支付利息的能力越强，长期偿债能力一般也就越强。利息保障倍数低于 1，说明企业实现的经营成果不足以支付当期利息费用，意味着企业的付息能力非常低，财务风险非常高，需要引起高度关注。对企业和所有者而言，利息保障倍数不是越高越好，如果高的利息保障倍数是由于利息费用低导致的，说明企业利用财务杠杆程度很低，未能充分利用举债经营的优势。利息保障倍数也可以进行横向比较和纵向比较。

(5) 现金流量利息保障倍数。该指标是可用于支付利息的经营活动现金流量与现金利息支出的比值。其计算公式为

$$现金流量利息保障倍数 = \frac{息税前经营活动现金流量}{现金利息支出}$$
$$= \frac{经营活动现金净流量 + 现金所得税支出 + 现金利息支出}{现金利息支出} \tag{7-13}$$

该指标反映企业用当期经营活动带来的现金流量支付当期利息的能力。

2. 营运能力分析

资产的营运能力表现为企业资产所占用资金的周转速度，反映企业资金利用的效率，表明企业管理人员经营管理、运用资金的能力。企业生产经营资金周转的速度越快，表明企业资金利用效果越好、效率越高，企业管理人员的经营能力越强。资产周转的快慢直接影响着企业的流动性，周转越快的资产，流动性越强。例如，同是存货，甲存货在 1 个月内就完成一次周转，乙存货则需要 10 个月才完成一次周转。显然，甲存货的流动性大大地强于乙存货。资产只有在周转运用中才能带来收益，资产周转越快，同样的时间内就能为企业带来更多的收益。例如，企业购买 10 000 元的原材料，通过生产加工转变为产品对外销售，能卖得 20 000 元。如果企业从购买原材料到卖出产品的这个过程需要 1 年的时间，则这 10 000 元的原材料投入在 1 年中只为企业带来了 20 000 元的收入。如果企业从购买原材料到卖出产品只需要半年的时间，则企业在 1 年中可以连续进行两次同样的生产和销售，10 000 元的原材料

投入能为企业带来 40 000 元的收入。因此,资产周转得越快,在同样的时间内能为企业带来更多的利益。

1) 总资产周转率

总资产周转率是指企业在一定时期的主营业务收入与资产总额的比率,它说明企业的总资产在一定时期内的周转次数。其计算公式为

$$总资产周转率 = \frac{主营业务收入}{平均资产总额} \times 100\% \tag{7-14}$$

$$平均资产总额 = (期初资产总额 + 期末资产总额) / 2 \tag{7-15}$$

总资产周转率也可表达为总资产周转天数,计算公式为

$$总资产周转天数 = \frac{计算期天数}{总资产周转率} \tag{7-16}$$

一般来说,总资产周转率越高,总资产周转天数越短,说明企业所有资产周转越快,同样的资产取得的收入越多,因而资产管理水平越高。

在旅游企业全部资产中,流动资产占比重较大,且流动资产是周转速度最快的资产,因此,大多数旅游企业的资产周转率较一般企业要高,从全部资产周转速度与流动资产的关系,也可以确定影响流动资产周转率的因素。相关计算公式为

$$总资产周转率 = \frac{主营业务收入}{流动资产平均余额} \times \frac{流动资产平均余额}{平均资产总额} \tag{7-17}$$

$$= 流动资产周转率 \times 流动资产占总资产平均比重$$

不难看出,总资产周转率的高低取决于流动资产周转率的高低和流动资产所占的比重,企业流动资产比重越大,总资产周转速度就越快。

2) 流动资产周转率

流动资产周转率是反映流动资产总体周转情况的重要指标,是指一定时期流动资产周转额与流动资产的平均占用额之间的比率,一般情况下选择一定期间取得的主营业务收入作为流动资产周转额的替代指标。其计算公式为

$$流动资产周转率 = \frac{主营业务收入}{流动资产平均余额} \tag{7-18}$$

$$流动资产周转天数 = \frac{计算期天数}{流动资产周转率} \tag{7-19}$$

一般来说,流动资产周转率越高,流动资产周转天数越短,说明流动资产周转越快,利用效果越好,但也需注意是否由于流动资产管理不合理等不利原因造成的。而且对流动资产总体周转情况的分析应结合存货和应收账款等具体流动资产的周转情况,只有这样才能真正分析透彻,找到根源。流动资产周转率和周转天数也可以进行横向比较和纵向比较。

3) 应收账款周转率

应收账款周转率是赊销收入与应收账款平均余额之比。应收账款周转一次指从应收账款发生到收回的全过程。其计算公式为

$$应收账款周转率 = \frac{赊销收入净额}{应收账款平均余额} \times 100\% \tag{7-20}$$

$$应收账款周转天数 = \frac{计算期天数}{应收账款周转率} \qquad (7-21)$$

注意：赊销收入净额=赊销收入-赊销退回-赊销折让-赊销折扣。赊销收入指的是没有立即收到货款的主营业务收入，当已知赊销比例时，可以用全部销售收入乘以赊销比例来求出赊销收入。由于外部分析人员无法获得企业赊销收入的具体数据，所以用主营业务收入净额代替赊销收入净额。分母中的应收账款是指包括会计报表中的"应收账款""应收票据"等全部赊销应收账款，而且是扣除坏账准备后的净额。分母中的应收账款是全年占用应收账款上的资金的平均数额，简化方法是用期初应收账款与期末应收账款之和除以 2。在企业经营存在明显季节性时，可以考虑计算每月应收账款的平均余额，再将每个月的平均余额加总除以12，得到全年的平均余额。

一般来说，应收账款周转率越高，应收账款周转天数越短，说明应收账款收回得越快，应收账款的流动性越强，同时应收账款发生坏账的可能性越小，反之亦然。但是应收账款周转率过高，可能是企业的信用政策过于苛刻所致，这样可能会限制企业销售规模的扩大，影响企业长远发展。对应收账款周转率和周转天数进行分析，也可以进行横向比较和纵向比较。通过横向比较可以洞悉企业的应收账款周转速度在整个行业中的水平，与竞争对手相比是快还是慢。通过纵向比较可以发现企业应收账款周转速度的变动态势。

4）存货周转率

存货周转率又叫存货周转次数，是一定时期内企业销货或主营业务成本与存货平均余额之比，是反映企业销售能力和存货周转速度的一个指标，也是衡量企业生产经营各环节存货运营效率的一个综合性指标。其计算公式为

$$存货周转率 = \frac{主营业务成本}{存货平均余额} \times 100\% \qquad (7-22)$$

$$存货周转天数 = \frac{计算期天数}{存货周转率} \qquad (7-23)$$

如果企业的经营存在明显的季节性，可以考虑用每个月月初和月末存货的算术平均数代表每个月存货的平均余额，再将每个月的平均余额加总除以12，得到全年存货的平均余额。

一般来说，存货周转率越高，存货周转天数越短，说明存货周转越快，存货的流动性越强。反之，存货周转率越低，存货周转天数越长，说明存货周转越不顺畅，存货的流动性越弱。存货周转率过高，也不能完全说明企业的存货状况很好，有可能是企业的存货水平太低所致。存货水平太低有可能是由于企业的采购批量太小，采购过于频繁，可能会增加企业的采购成本，而且存货水平太低可能会导致缺货，影响企业正常生产。对于存货周转率和周转天数进行分析，可以进行横向比较和纵向比较。

5）固定资产周转率

固定资产余额是指固定资产净值，即固定资产原价扣减累计折旧后的金额。一般来说，固定资产周转率越高，固定资产周转天数越短，说明固定资产周转越快，利用越充分；反之亦然，如果固定资产周转过快，需要结合企业具体情况分析原因，看是否生产能力饱和，是否需要增加或更新设备。企业要提高固定资产周转率，就应加强对固定资产的管理，做到固定资产投资规模适当，结构合理。其计算公式为

$$固定资产周转率 = \frac{主营业务收入}{固定资产平均余额} \times 100\% \quad (7\text{-}24)$$

$$固定资产周转天数 = \frac{计算期天数}{固定资产周转率} \quad (7\text{-}25)$$

3. 盈利能力分析

盈利能力是指企业获得盈利的能力，是决定企业最终盈利状况的根本因素，因此受到企业管理者的高度关注。对于企业的投资人和潜在投资人、债权人及政府来说，企业盈利能力的高低也是他们关注的焦点。从企业管理者角度来看，盈利能力影响企业管理人员的升迁、收入，也是管理者发现问题、改进管理方法的突破口，可以帮助其了解企业运营状况，进而更好地经营企业。从投资人和潜在投资人的角度来看，投资人的收益是来自企业的股息、红利和转让股票产生的资本利得。股利来自利润，利润越高，投资人所获得的股息越高，而能否获得资本利得取决于企业股票市场走势，只有企业盈利状况看好才能够使股票价格上升，进而投资人获得转让差价。从企业债权人角度来看，定期的利息支付及到期的还本都必须以企业经营获得利润来保障。企业盈利能力决定了其偿债能力，债权人关注盈利状况就是为了保证自己能按时收到本金和利息。从政府的角度来看，企业赚取利润是其缴纳税款的基础，利润多，则缴纳的税款多，利润少，则缴纳的税款少。企业纳税是政府财政收入的重要来源，因此，政府十分关注企业的盈利能力。

1）总资产收益率

总资产收益率也称为资产利润率、资产收益率，是企业净利润与总资产平均余额的比率。该指标反映了全部资产的收益率。其计算公式为

$$总资产收益率 = \frac{净利润}{总资产平均余额} \times 100\% \quad (7\text{-}26)$$

一般情况下，企业的经营者可将资产收益率与借入资金成本率进行比较，决定企业是否要负债经营。若资产收益率大于借入资金成本率，则净资产收益率大于资产收益率，说明企业充分利用了财务杠杆的正效应，不但投资人从中受益，而且债权人的债权也是比较安全的。若资产收益率小于借入资金成本率，则净资产收益率小于资产收益率，说明企业遭受杠杆负效应所带来的损失，不但投资人遭受损失，而且债权人的债权也不安全。无论是投资人还是债权人，都希望总资产收益率高于借入资金成本率。

此外，总资产收益率的纵向分析是将本期总资产收益率与前期水平相比，衡量企业总资产收益率的变动趋势；横向分析是与行业平均水平或行业内最高水平相比，衡量该企业在行业中的地位。

【例7-4】A旅游公司总资产收益率的计算与分析。表7-6为总资产收益率计算分析表。

表7-6 总资产收益率计算分析表

项目	年度				
	2011	2012	2013	2014	2015
净利润/元	17 620.27	20 573.80	-368 112.04	28 503.67	30 590.74
总资产/元	1 867 036.73	2 136 428.89	1 564 902.98	1 582 398.87	1 656 997.32

续表

项 目	年 度				
	2011	2012	2013	2014	2015
平均资产总额/元		2 001 732.81	1 850 665.935	1 573 650.925	1 619 698.095
A 旅游公司总资产收益率/%		1.03	−19.89	1.81	1.89
B 旅游公司总资产收益率/%		1.21	1.46	0.77	1.08
行业平均值/%		1.77	0.76	1.47	1.45

纵向比较：A 旅游公司除了 2013 年外，总资产收益率总体呈现上升的趋势，说明盈利能力有所增强。2013 年总资产大幅度下降是由于当时计提了坏账准备造成的。

横向比较：A 旅游公司除 2012 年、2013 年外，其余年份的总资产收益率要高于 B 旅游公司和行业平均值，说明该公司的盈利能力还是比较强的。

2）净资产收益率

净资产收益率又称为股东权益收益率、净值收益率或所有者权益收益率，是企业净利润与其平均净资产之间的比值。该指标反映股东投入的资金所获得的收益率。其计算公式为

$$净资产收益率 = \frac{净利润}{净资产平均额} \times 100\% \qquad (7-27)$$

净资产收益率越高，说明股东投入的资金获得报酬的能力越强；反之，则越弱。净资产收益率也可以进行横向和纵向的比较分析。

3）销售毛利率

销售毛利是销售收入减去销售成本的余额，最大的特点在于没有扣除期间费用。因此，它能够排除管理费用、财务费用、营业费用对主营业务利润的影响，直接反映销售收入与支出的关系。销售毛利率计算公式为

$$销售毛利率 = \frac{(销售收入净额 - 销售成本)}{销售收入净额} \times 100\% \qquad (7-28)$$

注意：销售收入净额指产品销售收入扣除销售退回、销售折扣与折让后的净额。

销售毛利率的值越大，说明在主营业务收入净额中主营业务成本占的比重越小，企业通过销售获得利润的能力更强。正是因为销售毛利率的以上特点，它能够更为直观地反映企业主营业务对于利润创造的贡献。

例如，甲企业的销售毛利率为 50%，乙企业的销售毛利率为 20%。这意味着甲企业每卖出 100 元的产品，产品的成本只有 50 元，毛利为 50 元，只要每 100 元销售收入需要抵补的各项费用低于 50 元，企业就能盈利。而乙企业每卖出 100 元的产品，产品的成本高达 80 元，毛利只有 20 元，只有每 100 元销售收入需要抵补的各项费用低于 20 元时企业才能盈利。

销售毛利率也可以进行横向和纵向的比较。通过与同行业平均水平或竞争对手的比较，可以洞悉企业主营业务的利润空间在整个行业中的地位及与竞争对手相比的优劣。如果通过横向比较，发现企业的销售毛利率过低，则应进一步查找原因，并采取措施及时调整。通过与企业以往各期的销售毛利率进行比较，可以看出企业主营业务盈利空间的变动趋势。如果在某一期间内销售毛利率突然恶化，则应进一步查找原因，是由降价引起的，还是由成本上升所致，并及时找出改善的对策。

4）销售净利率

销售净利率可以从总体上考查企业能够从其销售业务中获得的主营业务盈利。其计算公式为

$$销售净利率 = \frac{净利润}{销售收入} \times 100\% \tag{7-29}$$

该比率表示每 1 元销售净收入可实现的净利润。销售净利率越高，说明企业通过扩大销售获取收益的能力越强。通过分析销售净利率的变化，不仅可以促使企业扩大销售，还可以让企业注意改善经营管理，控制期间费用，提高盈利水平。

同时，销售净利率的分子是企业的净利润，也即企业的收入在扣除了成本和费用及税金之后的净值，是企业最终为自身创造的收益，反映了企业能够自行分配的利润额。之后的提取公积金、发放股利等行为，都是建立在净利润的基础上。因此，用它与销售收入相比，能够从企业生产经营最终目的的角度，看待销售收入的贡献。

销售净利率越高，说明企业在正常经营的情况下由盈转亏的可能性越小，并且通过扩大主营业务规模获取利润的能力越强。销售净利率也可以进行横向和纵向的比较。从横向来说，将企业的销售净利率与同行业平均水平或竞争对手进行比较，可以了解企业销售业务的盈利空间在整个行业中的地位及与竞争对手相比的优劣；通过进一步的分析，如企业规模、产品结构、营销方式等具体方面的比较，找出差距，发现不足，提高企业利用销售业务盈利的能力。通过纵向比较，可以发现企业销售净利率的变动情况，即与以往的水平相比，是上升还是下降。如果企业的销售净利率有所降低，则应进一步查找原因，分析究竟是收入水平降低造成的，还是成本提高造成的，在此基础上及时找出改善的对策。

5）每股收益

每股收益是反映上市公司盈利能力的一项重要指标，也是作为股东对上市公司最为关注的指标，是指企业净利润与发行在外的普通股股数之间的比率。其主要作用是帮助投资者评价企业的获利能力。其计算公式为

$$每股收益 = \frac{净利润}{发行在外的普通股加权平均数} \tag{7-30}$$

$$发行在外的普通股加权平均数 = 期初发行在外的普通股股数 + 当期新发行的普通股股数 \times \frac{已发行时间}{报告期时间} - 当期回购普通股股数 \times \frac{已回购时间}{报告期时间} \tag{7-31}$$

式中，已发行时间、报告期时间和已回购时间一般按照天数计算；在不影响计算结果合理性的前提下，可以采用简化的计算方法，即按月计算。

每股收益是反映股份公司盈利能力的一个非常重要的指标。每股收益越高，一般可以说明股份公司盈利能力越强。这一指标的高低，往往会对股票价格产生较大的影响。

每股收益也可以进行横向和纵向的比较。通过与同行业平均水平或竞争对手进行比较，可以考查企业每股收益在整个行业中的状况以及与竞争对手相比的优劣。不过，在进行每股收益的横向比较时，需要注意不同企业的每股股本金额是否相等，否则每股收益不便直接进行横向比较。通过对企业以往各期的每股收益进行比较，可以看出企业每股收益的变动趋势。

6）每股现金流量

每股现金流量是经营活动产生的现金流量净额扣除优先股股利之后，与普通股发行在外的平均股数对比的结果。其计算公式为

$$每股现金流量 = \frac{经营活动现金净流量}{发行在外的普通股平均股数} \qquad (7\text{-}32)$$

注重股利分配的投资者应当注意这个指标，每股收益的高低虽然与股利分配有密切关系，但它不是决定股利分配的唯一因素。如果每股收益很高，但是缺乏现金，那么也无法分配现金股利。因此，投资者有必要分析企业的每股现金流量。每股现金流量越高，说明每股股份可支配的现金流量越大，普通股股东获得现金股利回报的可能性越大。

每股现金流量同样可以进行横向和纵向的比较。通过与同行业平均水平或竞争对手进行比较，可以考查企业每股现金流量在整个行业中的状况及与竞争对手相比的优劣。与每股收益类似，在进行每股现金流量的横向比较时，需要注意不同企业的每股股本金额是否相等，否则每股现金流量不便直接进行横向比较。通过与企业以往各期的每股现金流量进行比较，可以看出企业每股现金流量的变动趋势。

7）每股股利

普通股每股股利简称每股股利，反映每股普通股获得现金股利的情况。其计算公式为

$$每股股利 = \frac{现金股利总额}{发行在外的普通股股数} \qquad (7\text{-}33)$$

由于股利通常只派发给年末的股东，因此计算每股股利时分母采用年末发行在外的普通股股数，而不是全年发行在外的平均股数。每股股利反映了普通股股东获得现金股利的情况。每股股利越高，说明普通股股东获取的现金报酬越多。

值得注意的是，每股股利并不能完全反映企业的盈利情况和现金流量状况。因为股利分配状况不仅取决于企业的盈利水平和现金流量状况，还与企业的股利分配政策有关。而且，在中国当前的资本市场中，股东对现金股利的期望往往并不高，更多的投资者是希望通过股票的低买高卖来获取报酬。

8）市盈率

市盈率又称价格盈余比率，是普通股每股市价与普通股每股收益的比值，可以理解成投资人愿意为获取公司每 1 元的收益付出多高的价格。其计算公式为

$$市盈率 = \frac{每股市价}{每股收益} \qquad (7\text{-}34)$$

一般来说，市盈率高，说明投资者愿意出更高的价格购买该公司股票，对该公司的发展前景看好。因此，一些成长性较好的公司股票的市盈率通常要高一些。例如，假设甲、乙两个公司的每股收益相等，说明两个公司当期每股的盈利能力相同。如果甲公司的市盈率高于乙公司，说明甲公司的每股市价高于乙公司的每股市价。对于当期盈利能力相同的两只股票，投资者愿意出更高的价格购买甲公司的股票，这说明投资者对甲公司的未来发展更加看好。

如果某只股票的市盈率过高，则意味着这只股票具有较高的投资风险。例如，还是上述甲、乙两个公司，假设它们的每股收益都为 0.5 元。甲公司的市盈率为 80，乙公司的市盈率为 20，也就是说甲公司的每股市价为 40 元，而乙公司的每股市价只有 10 元。那么，此时购买甲公司的股票所花费的代价是购买乙公司股票的 4 倍，但甲公司股票报酬能达到或超过乙

公司股票报酬的 4 倍的可能性并不大。因此，在这种情况下购买乙公司的股票可能更加有利，而购买甲公司的股票则投资风险较大。

在我国现阶段，股票的市价可能并不能很好地代表投资者对公司未来前景的看法，因为股价中含有很多炒作的成分。因此，我们在应用市盈率对公司做评价时需要谨慎。

9）股利支付率

股利支付率又称股利发放率，是指普通股每股股利与普通股每股收益的比率。其计算公式为

$$股利支付率 = \frac{每股股利}{每股收益} \times 100\% \quad (7\text{-}35)$$

一般来说，公司发放股利越多，股利的分配率越高，因而对股东和潜在的投资者的吸引力越大，也就越有利于建立良好的公司信誉。一方面，由于投资者对公司的信任，会使公司股票供不应求，从而使公司股票市价上升。股票的市价越高，对公司吸引投资、再融资越有利。另一方面，过高的股利分配率政策，一是会使公司的留存收益减少，二是如果公司要维持高股利分配政策而对外大量举债，会增加资金成本，最终必定会影响公司的未来收益和股东权益。

股利支付率是股利政策的核心。确定股利支付率，首先要弄清公司在满足未来发展所需的资本支出需求和营运资本需求时，有多少现金可用于发放股利，然后考查公司所能获得的投资项目的效益如何。如果现金充裕，投资项目的效益又很好，则应少发或不发股利；如果现金充裕但投资项目效益较差，则应多发股利。

4. 发展能力分析

政策环境、核心业务、经营能力、企业制度、人力资源、行业环境、财务状况等因素都对企业的发展能力产生重要影响。而财务状况是过去的决策和行为产生的结果，其他因素则是影响企业未来财务状况的动因，这些因素的改善都应最终表现为财务状况的改善。财务状况指标可以反映企业在政策环境、核心业务、经营能力、企业制度、人力资源、行业环境等方面的提高，反映市场份额的扩大、收入的增加、经营成本的降低。

1）销售（营业）增长率

销售（营业）增长率是指企业本年销售（营业）收入增长额同上年销售（营业）收入总额的比率。销售（营业）增长率表示与去年相比，企业销售（营业）收入的增减变动情况，是评价企业发展状况和发展能力的重要指标。其计算公式为

$$销售（营业）增长率 = \frac{本年销售（营业）增长额}{上年销售（营业）额} \times 100\% \quad (7\text{-}36)$$

本年销售（营业）增长额 = 上年销售（营业）额 - 本年销售（营业）额

销售（营业）增长率是衡量企业经营状况和市场占有能力、预测企业经营业务拓展趋势的重要指标，也是企业扩张增量资本和存量资本的重要前提。不断增加的销售（营业）收入，是企业生存的基础和发展的条件。

该指标若大于 0，表示企业本年的销售（营业）收入有所增长，指标值越高，表明增长速度越快，企业市场前景越好；若该指标小于 0，则说明企业或是产品不适销对路、质次价高，或是在售后服务等方面存在问题，产品销售不出去，市场份额萎缩。

该指标在实际操作时，应结合企业历年的销售（营业）水平、企业占有市场情况、行业未来发展及其他影响企业发展的潜在因素进行潜在性预测，或者结合企业前3年的销售（营业）收入增长率作出趋势性分析判断。同时，在分析过程中要确定比较的标准，可分别以其他相类似的企业、本企业历史水平及行业平均水平等作为比较标准。

销售（营业）增长率作为相对量指标，也存在受增长基数影响的问题，如果增长基数即上年销售（营业）收入额特别小，即使销售（营业）收入出现较小幅度的增长，也会出现较大数值，不利于企业之间进行比较。例如，某企业上年营业额为10万元，本年度营业额为100万元，该企业的销售（营业）增长率为900%，这并不能说明该企业一定具有很高的发展能力。因此，在分析过程中还需要使用销售（营业）收入增长额及3年销售（营业）收入平均增长率等指标进行综合判断。

3年销售（营业）收入平均增长率表明的是企业销售（营业）收入连续3年增长的情况，体现企业的发展潜力。其计算公式为

$$3年销售平均增长率 = \left(\sqrt[3]{\frac{年末销售收入总额}{3年前年末销售收入总额}} - 1\right) \times 100\% \qquad (7-37)$$

3年销售（营业）收入平均增长率指标能够反映企业的销售（营业）增长趋势和稳定程度，较好地体现企业的发展状况和发展能力，避免因少数年份销售（营业）收入不正常增长而对企业发展潜力的错误判断。

2）净利润增长率

净利润增长率是本年度净利润增长额与上年净利润的比率。净利润是企业经营业绩的结果，因此，净利润的增长是企业成长性的基本表现。其计算公式为

$$净利润增长率 = \frac{本年度净利润增长额}{上年度净利润} \qquad (7-38)$$

一般情况下，就净利润增长率本身而言，净利润增长率越大，说明企业收益增长得越多；相反，净利润增长率越小，则说明企业收益增长得越少。具体分析时，应将净利润增长率和销售增长率结合起来，如果它们能同时增长，则表明主营业务盈利能力强，企业发展潜力大。

3）总资产增长率

总资产增长率是指本年总资产增长额同年初（即上年年末）资产总额的比率。该指标从企业资产总量扩张方面衡量企业的发展能力，表明企业规模增长水平对企业发展后劲的影响。其计算公式为

$$总资产增长率 = \frac{本年总资产增长额}{年初资产总额} \times 100\% \qquad (7-39)$$

该指标越高，表明企业一个经营周期内资产经营规模扩张的速度越快，但也应注意资产规模扩张的质与量的关系，以及企业的后续发展能力，避免资产盲目扩张。

4）资本积累率

资本积累率是指企业本年所有者权益增长额同年初所有者权益的比率。该指标反映企业所有者权益在当年的变动水平，体现了企业资本的积累情况。资本积累率是评价企业发展潜力的重要指标。该指标高，标志着企业发展强盛，表明企业具有发展潜力。其计算公式为

$$资本积累率 = \frac{本年所有者权益增长额}{年初所有者权益} \times 100\% \qquad (7\text{-}40)$$

资本积累率反映了投资者投入企业资本的保全性和增长性，该指标越高，表示企业资本积累越多，企业资本保全性越高，应付风险、持续发展的能力越强；该指标如为负值，则表明企业资本受到侵蚀，所有者利益受到损害，应予以充分重视。

第三节　现代旅游企业经营

经济全球化和市场动态化对旅游企业的要求越来越高，旅游需求的个性化日益显著，旅游企业面临着巨大的机遇和挑战。一方面，客源市场的不断扩大及旅游需求的日益涌现使旅游企业拥有更多的市场机遇；另一方面，不断变化的市场机遇，对旅游企业的市场反应能力和研发新产品的能力提出了更高的要求。旅游企业经营管理与参与市场竞争的策略关键是怎样才能迅速把握不断变化的市场机遇。旅游产品的综合性决定了旅游企业提供优势旅游产品和服务的难度，而在特定的市场机遇下，当旅游企业缺乏先进的服务经营管理理念时，就无法满足强烈的市场需求，错失市场良机，因此最好的办法就是找出现在旅游企业经营管理发展的症结，对症下药。

一、旅游企业经营现状

1. 旅游景区经营现状

近几年来，在旅游业蓬勃发展的总体形势推动下，我国旅游景区的开发建设、保护利用和管理取得了令人瞩目的成就。旅游景区已成为我国旅游业重要的生产力要素及旅游创收创汇的重要来源，是旅游者参观游览的主要场所。随着旅游业的快速发展，旅游景区之间的商业竞争也渐趋激烈。

长期以来，旅游景区存在政出多门、体制混乱的宏观格局，大部分旅游景区管理机制落后，观念保守，景区管理和服务的专业化水平较低，旅游景区的整体服务功能、服务质量、管理水平和资源与环境保护力度都与我国旅游业实现跨越式发展的要求不相适应，与建设"世界旅游强国"的战略目标不相适应，与旅游者越来越高的旅游需求不相适应。

目前我国大部分旅游景区（点）综合接待能力弱，基础配套设施不完善，结构不合理，致使与旅游活动密切相关的各环节都出现了问题。

2. 酒店经营现状

2015年伊始，我国酒店行业的关键词的"转型"：有的高星级酒店在重新进行市场定位后，瞄准大众群体另辟平价餐饮超市，做"亲民产品"，高、中、低档市场同时开发；有的开拓多种途径、细分多种市场，除调整原有产品外，还把做外卖或在商场开美食店面作为新的增收渠道；而有的则转型无力或对转型无动于衷。

目前很多酒店作为房地产的沉淀资产、配套资产，没有用心经营，沦为不良资产，最终只能转让。通过对酒店行业现状的分析可以了解到，虽然酒店局部过剩，然而新酒店依然不断进入市场，国际酒店集团大量签约中国高星级酒店。从 2015 年我国酒店行业现状可以看出，酒店业作为社会不可或缺的交流、贸易、旅游平台，未来会出现大鱼吃小鱼的局面，行业内的整合趋势明显。对于单体酒店，要么转型，要么加入连锁品牌。与欧美地区酒店管理集团化率高达 80% 的情况相比，我国酒店业集团化、品牌化、连锁化管理的差距相当大。对我国酒店业来说，现在是酒店连锁化发展的最佳时机，也是民族酒店品牌的最佳发展期。

虽然酒店数量逐年增多，但酒店业从业人员整体素质没有明显提升。中高层管理人才竞争非常激烈，基层服务人员的服务技能和水平出现下降趋势。在信息技术方面，除了经济型连锁酒店及高星级酒店，国内大部分酒店忽视信息技术投入，酒店管理系统基本处于报表阶段，在线预订平台发展滞后。

3. 旅行社行业经营现状

从 20 世纪 80 年代开始，以中国国际旅行社、中国旅行社、中国青年旅行社为代表的中国旅行社行业集中度不断不降，随着越来越多的投资主体进入，这种产业态势的分散化仍然在进行中。值得注意的是，激烈的市场竞争使一些大型旅行社，特别是在一级城市和沿海经济发达地区位居"双百强"前列的一些大型旅行社，重新呈现出基于市场竞争的规模化发展态势。

我国旅行社行业的竞争力结构呈明显的非均衡态势。这种不均衡态势既表现为东、中、西部的地区性差异，也表现为不同企业之间，如国际社与国内社之间经营管理水平和竞争能力的差异。从产品创新能力、品牌建设、网络构建等企业核心竞争力要素方面分析，我国的旅行社与外国同类企业相比还有着相当大的差距。

4. 餐饮业经营现状

1）餐饮消费的方式越来越多元化和现代化

随着个人旅行、公务差旅、商务活动、居家消费、休闲娱乐等成为餐饮消费的主要动因，餐饮消费也将突破传统的商务餐、家庭餐等范畴，进一步拓展到自助、宴席、配送等领域。在我国东部沿海城市，快餐市场已经占到限额以上连锁餐饮企业营业额的一半。这一趋势还将带动更多各具特色的消费方式创新。

2）餐饮服务的内涵将越来越人性化和生态化

近年来，"绿色餐饮"的理念深入人心。有关部门和行业组织已经正式启动全国餐饮绿色消费工程，并开展了全国绿色餐饮企业认定工作。随着消费者日趋重视生活质量和品位，餐饮业将更多地将自身发展与保护环境、节约资源、健康生活等结合起来。

3）餐饮文化的传播将越来越国际化和市场化

今后，不仅会有一大批外资餐饮企业进入中国市场，还将有更多具有优势的民族餐饮企业"走出去"，在世界范围弘扬和创新中国餐饮文化。

5. 旅游门户网站经营现状

我国第一家旅游网站建于 1996 年，经过 20 多年的摸索和创新，国内已有超过 5 000 家具有一定资讯和预订服务实力的旅游网站和旅游频道。这些网站（频道）为游客提供了比较全面的、涉及旅游食、住、行、游、购、娱六大方面的网上资讯和预订服务，已经成为旅游业发展最快、资本最雄厚、科技实力最强的新兴势力。

但与发达国家日趋完善的旅游网站相比较,我国的旅游网站仍存在着相当大的差距,只有携程旅行网等少数几个较有规模的旅游网站实现了盈利,大多数旅游网站还停留在为旅游者提供旅游信息的初级阶段。

二、旅游企业经营策略

1. 树立品牌竞争意识,个性化服务更有市场

品牌对旅游企业的发展有着特殊的意义,但目前我国旅游行业整体还没有树立起品牌意识,品牌集中度低。品牌扩张后,品牌管理咨询跟不上,战略制度与战略执行没有很好地结合起来。我国旅游业必须从战略高度重视旅游品牌的培养,培养企业品牌核心价值,进行品牌推广,实施品牌组织架构与流程管理咨询。

我国旅游业飞速发展,旅游市场竞争不断加剧、旅游消费心理日益成熟、越来越个性化的市场需求都对旅游企业的品牌经营和管理咨询提出了新的要求。我国旅游企业品牌战略管理咨询对旅游企业的发展有着特殊的意义:首先,旅游产品具有不可转移性、不可储存性等特点,消费者在购买前,无法预先了解其性能和品质,这种特点使得旅游品牌显得相当重要;其次,从旅游业自身发展来讲,我国旅游市场进一步开放,国外那些实力雄厚的旅行社、旅游饭店及从事旅游业务的航空公司等,将会对国内旅游企业构成极大的威胁与冲击。特别在品牌管理咨询方面,中国的旅游企业将面临来自发达国家旅游企业巨头的不对称竞争。因此,旅游企业走品牌经营之路既是自身发展的需要,也是顺应市场经济发展的需要,是适应旅游业发展趋势的必然要求。

2. 以集团方式作战

要积极培育发展大型餐饮连锁企业和企业集团,同时,还积极扶持适合大众消费、具有经营特色、诚信服务、卫生方便、经济实惠的中小型饭店、餐馆的发展,丰富活跃餐饮市场,满足多层次、多元化的消费需求。

3. 建立旅游企业战略联盟

知识和技术在旅游业中的应用逐渐增加,旅游相关资源的全球化和网络化,使我国旅游市场的发展空间得到了更大的扩展。市场机会虽然增加,但变化却很快。面对这种市场环境,我国的旅游企业逐渐意识到,如果单独去开拓市场,不仅成本高、风险大,也很难准确及时地把握市场机会。为此,我国旅游企业不断选择联合方式来参与市场竞争,旅游战略联盟便应运而生,获得了长足发展。

1)旅游企业战略联盟行为动因

旅游企业战略联盟作为一种新型的合作竞争的组织形式已经得到了越来越多的关注。旅游联盟的主要动机在于获取多样化的促销渠道,加强竞争优势,赢得更大的经济效益,巩固并强化企业形象地位,以及提高市场绩效等。当各联盟成员借助于专有资源、核心资源进入联盟时,可以带来生产可能性边界的扩张和专有资源溢出所导致的成本节约,进而可以使联盟成员共享联盟带来的市场竞争力的提升。旅游企业间的战略联盟的形成是基于学习知识、技术转移、信息交流、风险均摊、资源共享,以及共同应对竞争全球化等多重目

的的。多做沟通、彼此信任、分工明确、互相配合是旅游企业维持长期稳定合作的重要因素。成员企业的互谅、对联盟的贡献是旅游企业战略联盟稳定的关键。旅游企业战略联盟行为动因主要基于以下考虑。

（1）取得时间优势。旅游企业战略联盟成员之间通过并行合作展开价值链中的不同活动，改变了传统的由单个旅游企业完成或整合价值链中所有活动的模式，这样就为概念产品或服务缩短了推向市场的时间，达到以最快的速度打开市场的目的，从而实现新产品的先发优势并且延长获取超额利润的时间。

（2）取得心理优势。旅游业的发展，伴随着旅游者的消费不断趋于成熟，个性化的旅游需求日益显著。旅游企业战略联盟可以依据各联盟成员的优势，满足旅游者个性化和差异化的旅游需求，有利于迅速占领旅游消费者的心理，在消费者心目中占据特殊的位置，形成旅游产品的排他性。

（3）取得市场优势。旅游企业战略联盟的网络分布广泛，有利于市场需求的动态跟踪调研，发现潜在的市场需求，通过对潜在市场的挖掘，有助于市场的可持续成长，并具有引导旅游消费者需求的作用。

2）旅游企业战略联盟的构建过程

一般而言，旅游企业战略联盟的构建要经历以下几个过程，如图7-1所示。

图7-1　战略联盟构建过程

（1）识别市场机会。市场机会的识别是一个非常复杂的过程，其关键是对旅游市场环境要有充分了解，在分析的基础上预测旅游市场未来的发展变化，从而识别出旅游市场未来的机遇。市场机会的识别过程可分为3步：第一，通过科学的方法进行市场调研，搜集整理有关市场信息。信息的收集是产品创新和市场开拓的重要环节，信息收集的内容包括市场需求、政策法规的变化、对旅游有影响的突发事件、旅游者的消费倾向、旅游购买力、竞争者的情报等。第二，机遇的分析。通过对旅游企业外部环境和内部条件的分析，预测可能发生的市场变化，对未来的发展作出假设，为旅游企业决策提供依据。第三，进行决策。决策是在信息搜集和机遇分析的基础上，判断企业是否具有把握此机遇的能力，从而判定企业能否赢得机遇，若企业暂时不完全具备这些能力，就有寻求具有该能力的伙伴的动力，从而建立战略联盟。

（2）制定联盟目标。在联盟构建初期，应该首先明确联盟构建的目标。因为联盟企业即使建立了联盟伙伴关系，在某一领域或某一业务中进行合作，但是在另一领域或另一业务中也可能存在竞争关系。如果目标边界不明确，联盟成员之间就可能混淆合作和竞争区域，从而使联盟局面混乱，联盟作用无法正常发挥。

以显性资源为基础建立的战略联盟的目标比较好制定，如旅游产品销售和预订联盟。旅游企业加入某一联盟后，提供一定的折扣，发挥联盟的品牌效应和规模优势，统一预订和销售，对其他业务领域毫不干预，联盟成员之间因目标不明确而发生冲突的机会较小。以混合性资源为基础建立的战略联盟在目标制定的过程中,要明确服务流程、宣传的范围和界限。

(3) 选择联盟伙伴。战略联盟伙伴的选择在战略联盟构建的过程中起着关键的作用,联盟伙伴是与企业今后共同面对市场竞争的重要成员,联盟伙伴选择的正确与否直接关系着联盟的成败。

旅游企业选择联盟伙伴要考虑3个条件:第一,有助于企业战略目标的实现,如进入某一市场、分担产品研发的风险、获得政策支持等;第二,联盟的意图一致;第三,联盟伙伴是长期的而并非机会主义者。这些条件就要求企业选择有良好信誉的伙伴,在广泛的市场调查和信息分析的基础上确定联盟对象,不可盲目与某一企业联盟。虽然各种客观原因导致战略联盟的稳定性不高,但在联盟建立之初双方还是要着眼于联盟的长期性和稳定性。所以,旅游企业在对联盟对象进行考察时,除了研究它的财务状况、资产状况外,还要详细了解联盟对象的口碑、信誉及联盟动机,这样才能使联盟的成功率和稳定性有所提高。

(4) 确定联盟的类型与方式。战略联盟的类型有品牌联盟、价格联盟、资源共享联盟、销售联盟、研发联盟、投资资本联盟。我国旅游企业比较常见的联盟包括旅行社联合体、饭店联合体等,联合体成员之间互相平等、互相合作、互利共赢。特许经营是指参与合作的各企业以特许的方式组成战略联盟,如锦江、凯莱等都是以特许经营的方式组建战略联盟。管理合同是所有者和经营者之间达成协议,所有者雇用经营者作为企业的代理人,承担企业财产管理的全部责任。混业联盟是指不同行业的各企业之间为了共同的利益和竞争对手结成联盟,这种联盟的方式主要存在于旅行社、酒店和航空公司之间。此外,随着旅游需求的不断扩展,旅游企业与其他行业企业之间也在不断地进行战略联盟与合作,如工业旅游。

(5) 建立联盟文化。在战略联盟构建的过程中可能会遇到企业之间的文化差异和冲突,不同企业之间规章制度、经营理念和管理制度等方面不尽相同,因此在建立联盟的过程中要考虑联盟企业之间文化兼容的程度。如果联盟企业之间文化差异较小,则联盟的组建过程会很顺利,企业之间的沟通会很顺畅,联盟持续的时间会更长;如果联盟成员企业之间存在较大的文化差异,联盟企业之间可能会发生频繁的摩擦和纠纷,联盟的构建将会存在一定的困难和风险。

联盟文化的建立是一个逐渐融合的过程。在联盟之初,联盟企业之间就应该设定共同的经营理念和价值观,并将这些经营理念用规则的形式制定出来,以约束各个企业。联盟应该树立互利共赢的合作观念,将一般竞争中的零和博弈转变为联盟中的正和博弈,使联盟中的各方都成为赢家,这样才能使联盟更加稳定和持久。联盟企业之间还应该经常沟通,以克服不同企业之间价值观念、思维方式不同所带来的障碍。

(6) 构建体系结构。

旅游企业战略联盟是各成员基于市场机遇组成的联合体,战略联盟的盟主会在市场机遇来到时,迅速抓住机遇并做出及时反应。盟主根据机遇实现的可能过程和所需要的核心资源组建战略联盟项目组,进而选择合适的联盟伙伴。对所选择的联盟伙伴提出一定的联盟要求,接到要求的企业如果决定参加联盟,就会迅速组成基本单元,形成符合战略联盟要求的项目组,并以一定的形式通过基础设施参与战略联盟的活动。因此,战略联盟体系的构建过程实际上是从分离的实体到整合的组织的过渡,联盟的体系结构分为4个组织层次,如图7-2所示。

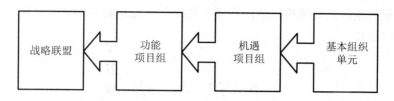

图7-2　联盟的体系结构的4个组织层次

4. 加强旅游企业信息化建设

要以激发企业利用信息化进行综合创新的主体意识、发挥其主体作用为目标，推进旅游企业信息化，引导在线预订与线下服务的融合发展；以不断优化发展环境为手段，提高旅游电子商务应用水平。

1）深入推进旅游企业信息化

要支持旅游企业应用供应链管理、客户关系管理、企业资源管理、在线预订服务等信息化系统实现数字化管理和网络化经营，全面提高管理效率、服务水平和盈利能力。鼓励专业性技术服务企业通过专业化人才和集约化平台为传统旅游企业提供网络业务外包和技术服务外包。积极探索以政府为主导、企业为主体的旅游企业信息化公共支撑平台建设模式，为各类旅游企业提供从IT资源服务到IT应用服务的按需使用能力。

针对各类旅游市场主体的业务特征，依据旅游企业信息化体系结构，从信息化基础设施规范、应用系统规范、信息标准（含信息的应用规范）和用户规范等方面，研究和制定旅游企业信息化建设标准规范，并纳入景区、饭店、宾馆、旅行社的评星评级体系。

2）鼓励线上与线下服务的融合发展

要加大对旅游在线服务企业的扶持力度，充分引导在线服务企业发挥互联网技术平台的优势，在线上为游客提供旅游资讯、多产品、个性化的组合和预订服务，在线下以信息共享带动地面旅游服务资源的整合与业务协同，促进线上和线下资源的充分结合，构建覆盖旅游前、旅游中和旅游后的服务价值链，为旅游者提供"一站式"服务。

鼓励传统旅游企业和在线服务企业整合各自的优势服务资源，以合作、合资等形式，形成线上预订与线下服务的综合服务能力，加快"走出去"的步伐，联手开拓国际市场。

3）建立健全旅游电子商务交易规范和技术标准

要健全电子认证体系，整合现有资源，完善电子认证基础设施，规范电子认证服务；制定旅游电子合同规范，建立旅游产品安全电子合同系统，明确数字签名、电子商务凭证等的法律法规，保障旅游电子商务产品交易市场的公平性、安全性，建立电子合同在线公证平台，维护交易双方的权益；加强旅游电子商务系统与金融系统的对接，推动网上支付、电话支付和移动支付等新兴支付工具在旅游市场的应用；逐步建立电子合同、网上产品与旅游服务信息的监测体系，加强对旅游在线业务的监督和风险控制。

4）加快旅游电子商务信用体系建设

要加强对旅游电子商务的政府监管、行业自律及部门间协调与联合，建立以企业属地管理为基础、全国数据统一、分级授权管理的旅游市场主体信用信息管理体系；建立健全信用信息资源共享机制，推进旅游企业信用信息服务平台建设，实现旅游信用数据的动态采集、处理和交换；发展第三方信用服务机构，建立科学、合理、权威的旅游企业信用评估标准，实现客观、公正的旅游企业诚信评估,并逐步实现信用级别与旅游企业等级评定直接挂钩,引导市场的消费选择。

知 识 归 纳

本章介绍了旅游企业的概念及分类,旅游企业成本费用的内容及管理,旅游企业收益内容。财务指标的计算及使用分析,旅游企业的经营现状及经营战略。

案 例 分 析

"门票经济"何时变身"旅游经济"

据报道,自2012年4月1日起,井冈山景区门票由130元调整为162.5元;曾经免费的枣庄台儿庄古城景区也由100元升至160元,涨价幅度高达60%。伴随着新一轮旅游旺季的到来,国内景区涨价声音响起,国内5A级景区门票也集体跨入了"百元时代"。一时间,国内景区涨价成为广大民众热议的焦点。那么,在此环境下,旅游业如何发展?难道"门票经济"能带动旅游业发展?

不断高涨的门票让游客感到无奈,有人甚至戏称"景区门票跑赢了CPI",旅游花销中"门票高"受到社会各界关注。

中国旅游研究院与携程网联合发布了《中国休闲旅游客户需求趋势研究报告》。该报告通过在代表性景区发放的超过3万份现场调查问卷,并参照携程网的数据库,依据科学模型权威统计,客观反映了中国休闲旅游消费趋势、旅游者的需求和对行为目的地的关注变化。在休闲旅游者花费方面,报告显示,目前国内休闲旅游已是重要的大众消费行为。国内游客旅游人均花费在501~1 000元、1 001~2 000元、500元以下的游客分别占29.42%、25.67%和24.02%,景点门票和交通花费分别占21.92%和20.92%,其次才是购物、餐饮、住宿、文化娱乐等。同时,国家旅游局也表示,长期以来,旅游六要素在旅游收入中的构成比例失调,门票收入占据所有旅游收入的首位,餐饮、娱乐、购物比例较小,尤其是购物和娱乐,两项加起来的比例还不足13%。游客也表示,无论自驾车还是自由行,前往著名旅游目的地的开销去除交通成本,最大的就是景点门票,高额的门票实在让人感到无奈。

我们不得不反问:我们的景点景区究竟怎么了?难道高票价为景区带来了人气,让你们收益丰厚?还是这样可以带动当地旅游业发展?其实,我们不否认这些效应,但从长远看,这种只靠门票经济来发展旅游业的做法会带来反作用。国外有些景点票价即使兑换成人民币也普遍低廉,如巴黎卢浮宫,收费8欧元,相当于人民币70多元,与法国人的平均收入相比,相当于中国人的7~8元人民币,而且逢周末免费。罗马斗兽场收费也仅6欧元。在日本,自然景观更是不收费。

讨论：
1. 有人说"门票经济"是杀鸡取卵，为什么？
2. 除了"门票经济"，你认为如何提高旅游企业的收益。

复习思考题

1. 提高旅游企业经营收益的途径有哪些？
2. 如何编制成本费用预算？
3. 如何评价旅游企业的经营效益？
4. 提高旅游企业经营的策略有哪些？
5. ABC 旅游公司 2011—2013 年有关资料如表 7-7 所示。

表 7-7　ABC 旅游公司 2011—2013 年相关资料　　　　　　　　　　　　　　万元

项　目	2011 年	2012 年	2013 年
货币资金	200	300	320
应收账款	500	700	720
存货	400	500	550
预付账款	100	80	120
流动资产总额	1 500	2 000	2 200
资产总额	3 000	3 800	4 000
负债总额	1 800	2 500	3 000
所有者权益总额	1 200	1 300	1 000

要求：①计算该公司 2011—2013 年的流动比率、速动比率、资产负债率。②假设该公司同行业的各项比率的平均水平如表 7-8 所示，试根据①的计算结果，对公司财务状况作简要评价。

表 7-8　公司同行业各项比率的平均水平

比率名称	同行业水平分析/%
流动比率	1.0
速动比率	1.0
资产负债率	40

第八章

旅游投资、收入与分配

1. 了解旅游投资的基本含义，了解旅游投资可行性分析的主要内容；
2. 掌握投资决策的方法；
3. 了解旅游收入的分类和影响因素；
4. 掌握旅游收入的指标和计算；
5. 了解旅游初次分配和再分配的过程；
6. 掌握乘数效应的计算；
7. 了解外汇漏损的原因及防范措施。

第一节 旅游投资

一、旅游投资的含义、类型与特点

1. 旅游投资的含义与类型

投资（investment）指的是特定经济主体为了在未来可预见的时期内获得收益或是资金增值，在一定时期内向一定领域投放足够数额的资金或实物的货币等价物的经济行为。投资可分为实物投资、资本投资和证券投资。

旅游投资是指政府或旅游企业在一定时期内，根据旅游市场需求及其发展趋势，为获得收益而将一定数量的资金投入某一旅游项目的开发建设之中的经济活动。经济增长理论认为，推动经济增长的"三驾马车"是投资、消费与出口需求。同样，旅游投资是促进旅游地旅游经济发展的重要途径。

旅游投资按投资时间，可以分为长期旅游投资和短期旅游投资；旅游投资按投资项目的特点，可以分为新建旅游项目投资、改造旅游项目投资和维护旅游项目投资；旅游投资按投资主体，可以分为独立投资、合作投资和股份投资；旅游投资按投资对象的存在形态，可以分为实体投资、金融投资；旅游投资按投资方向，可以分为对内投资、对外投资。

2. 旅游投资的特点

（1）旅游投资目标的效益性。旅游投资通常以三大效益作为目标，即通过投资获得经济效益、社会效益和环境效益。企业投资往往将经济效益作为最主要的投资目标，政府则会全面考虑经济效益、社会效益和环境效益。

（2）旅游投资内容的广泛性。旅游业涉及食、住、行、游、购、娱等多方面，旅游投资内容涉及基础建设、景区景点、饭店餐饮、娱乐项目建设等各方面，不同的投资内容，其要求各有差别，决定了旅游投资内容的广泛性。

（3）旅游投资流程的程序性。旅游投资是国民经济投资的一部分，其投资过程必须严格按照国民经济投资的程序进行。旅游投资过程通常要经过以下基本程序：旅游投资项目的规划和设计，旅游投资项目的计划与决策，旅游投资资金的筹措与供应，旅游投资项目的工程建设招标、投标和委托，旅游投资项目工程建设，旅游投资管理等。

（4）旅游投资过程的连续性。投资项目在决策时，需要充分考虑投资所需的资金，一旦被批准动工建设，就必须不断投入资金和其他资源，以保证连续施工和均衡施工的需要，从而保证项目按期完成，投入营运。

（5）旅游投资管理的复杂性。旅游投资活动涉及建设用地计划、物质资源供应、劳动力使用、资金筹集和占用等多个方面，需要统筹规划管理。

（6）旅游投资回收的长期性。通常，旅游项目所需资金量大，而且在一段时间内不能创造出任何经济成果，因此，开发公司常常采用滚动开发的模式，边开发边经营。

（7）旅游投资收益的风险性。旅游投资的复杂性和长期性决定了旅游投资存在着一定的风险。此外，一些不确定的因素，如自然灾害、流行性疾病、社会动荡等都会对旅游投资收益带来极大的冲击。

3. 旅游投资、旅游收入与旅游收入分配的关系

旅游投资、收入与分配构成旅游资本循环。资本循环指产业资本从一定的职能形式出发，顺序经过购买、生产、销售3个阶段。旅游资本循环则包括旅游投资、旅游收入与旅游收入分配3个主要环节，三者的关系如图8-1所示。

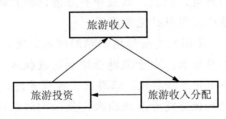

图 8-1 旅游投资、收入与分配循环

4. 旅游项目投资建设的阶段

（1）旅游项目策划立项阶段。旅游项目策划立项阶段又称为旅游投资决策阶段，主要是根据旅游市场供求状况和旅游建设条件，进行旅游项目开发建设的创意策划或者概念策划，并提出项目建议书的阶段。具体包括旅游项目的策划、旅游项目建议书的编制（即旅游项目投资可行性论证）、旅游项目投资决策和旅游项目立项批复4个步骤。

（2）旅游项目建设准备阶段。旅游项目建设准备阶段是指旅游项目在立项之后，为后续的项目工程建设的开工做好各项准备工作的阶段。该阶段主要的工作包括成立旅游项目管理机构、编制项目开发建设的总体规划和控制性详细规划、编制项目开发建设的修建性详规、项目施工管理设计、项目其他开工条件准备（如资金、技术等）。

（3）旅游项目工程建设阶段。旅游项目工程建设阶段是在完成旅游项目建设准备阶段的各项工作后，进入旅游项目开发建设的工程施工阶段。这一阶段主要包括工程施工建设期和项目竣工验收期。

（4）旅游项目建成使用阶段。旅游项目建成使用阶段是指旅游项目建设完工后，进行开业和正式投入经营使用的阶段。其工作主要包括开业准备期，主要涉及筹集营运资金、招聘和培训员工、制定营销计划、建立供货渠道、建立规章制度等；开业试运营期，主要是及时了解专家或者消费者的评价，对经营过程中的问题进行及时改进；正式运营期，主要的工作是服务质量管理、市场开拓。

旅游项目建设涉及多个方面，是一个跨学科的、跨行业的复杂工程。旅游专家在旅游项目建设过程中，可以承担旅游项目策划立项阶段（旅游投资决策阶段）的工作，如创意策划或者概念策划、旅游项目建议书的编制（即旅游项目投资可行性论证）以及旅游项目投资决策等。

旅游业投资的3个阶段

发展旅游经济必须加大对旅游开发建设的投入。发展旅游经济的投入-产出关系变动，一般要经历以下3个阶段，每个阶段有不同的特征。

第一阶段：富民不富政，是指政府对旅游投入所产生的直接财政收入很少，而旅游企业、旅游区及其附近地区居民的旅游收入增加。对于政府财政来说，只见投入不见或少见收入，但实际上因旅游及商业、餐饮、娱乐、交通、电信等相关企业和居民收入的增加，政府从这些方面获得的税费收入也会增多。在此阶段，政府直接从旅游业获取的收入、利益比较少，导致对旅游业的性质、功能、效益等存在着比较广泛的疑问，成为争取旅游投资和解决旅游发展相关问题比较困难的主要原因。

第二阶段：富民又富政，是指政府继续增加旅游投入，使旅游业的带动作用逐步显现，旅游业所产生的财政收入逐年增长。由于旅游业增加财政收入、带动相关产业发展、繁荣市场、增加劳动就业等经济功能不断显化，旅游业在投资开发、资金技术投入、劳动就业、美化环境等方面的产业特点和优势逐步展现出来，使人们对旅游业的产业地位认识提高，旅游政策和资金等要素逐步到位。在这个阶段，旅游业所发挥出来并被广泛认可的主要功能是其经济功能，而生态功能、社会功能尽管客观存在，但掩蔽在巨大的经济功能的阴影中，很难被大多数人发现和认识。

第三阶段：富民富政富社会，是指随着旅游业自身积累和自我发展能力的增强，社会和市场性旅游投资成为主体，政府财政对旅游业直接投入所占的比例下降，居民、企业、财政从旅游业所获得的收入都全面持续增长，旅游的关联带动作用和生态效益、社会效益逐步显现，并被社会各方面普遍感受和认可，旅游的生态功能和社会功能逐步从巨大的经济功能的阴影中发出越来越强的光芒。在此阶段，旅游产业的性质、地位、发展目标、政策等也都会发生根本性变化，从吸引区域外旅游者入区旅游、增加旅游收入和利润的增收创利产业，转变成提高居民生活质量、地区环境质量，加强内外交流，展示地区与城市形象、扩大影响和提高声誉的社会文化事业，并使旅游业成为富民、富政、富社会的重要行业。

（资料来源：蔡家成. 论加快西部旅游开发与发展的途径和主要措施. 旅游调研，2003（12）.）

二、旅游投资项目可行性研究

1. 旅游投资项目概念

投资项目是指在规定期限内为完成某项开发目标（或一组开发目标）而规划和实施的活动、政策制度、机构及其他各方面所构成的独立整体。通常，项目投资具有投资内容独特（每个项目都至少涉及一项固定资产投资）、投资数额多、影响时间长（至少一年或一个营业周期）、发生频率低、变现能力差和投资风险大的特点。旅游投资项目则具有投资前景好、收益时间长、行业进入门槛低等特点。

旅游投资项目作为投资项目的一种特殊形式，是一项规划和实施活动、构建制度和机构、完成某明确目标的任务或工作。旅游投资项目主要包括景区景点项目、饭店宾馆项目、旅游娱乐项目、旅游商品项目、旅游交通项目、旅游教育项目及其他项目等。

2. 旅游投资项目可行性分析的必要性

投资者希望通过旅游投资项目带来收益，但机遇与风险同在，旅游投资存在一定的风险性，旅游投资的成败与诸多因素有关，包括旅游产品的特色和竞争力、市场饱和度、进入门槛高低、资金筹措的能力、各种限制性和优惠性政策等。因此，在投资之前，要对投资项目的可行性进行全面深入的分析，以市场为前提，以技术为手段，以经济效益等综合效益为最终目标，对拟建的旅游投资项目，详细地收集资料，并全面系统地论证该项目投资的可行性、项目收益的可能性和项目选择的最优性。

旅游投资项目可行性研究的必要性主要体现在以下几个方面。

（1）为投资开发者提供决策的依据。投资开发者在进行项目投资时，往往存在不少的备选投资项目，因此，最先要解决的问题是该项目是否是最理想的投资项目。当投资开发者对某投资项目产生兴趣之后，则需要进一步分析该投资项目的可行性及可能的收益，并与备选项目进行对比，做出是否投资的决定。为此，旅游投资主体必须分析市场，包括对消费者市场、竞争者市场进行分析；对项目进行区位和交通分析；对生产经营过程的原材料、燃料、动力、设备、劳动力等资源的渠道和价格等进行分析；对旅游建设项目总成本进行估算；对生产经营成本与收益进行分析，以确定旅游建设项目在资金技术上是否可行，开发上是否可能，投资回报是否合理，从而为投资开发者提供决策依据。

（2）为企业筹集资金提供重要的依据。旅游投资项目大多属于资金密集型项目，特别是建设初期往往需要投入大量的资金。旅游项目开发单位一般不会有大量闲置资金，因此，除自筹资金和少量预算内资金，大部分需要向金融市场融资，其中主要渠道就是向银行贷款，以及其他参与投资的企业和机构的资金。商业银行为了保证或提高贷款质量，确保资金按期收回，往往要进行贷前调查，并对旅游投资项目的可行性进行审查。因此，可行性研究报告可为银行或资金借贷机构进行贷款决策提供参考依据，也可为通过其他方式筹集旅游项目资金提供依据。

（3）为项目的基本建设提供重要的依据。可行性研究报告比较详尽地提出了拟建旅游项目的规划方案、建设规模、主要设施和设备及备选方案等，据此可以编制设计文件及进行工程建设，而且它可以为环保部门和项目上级管理部门提供对该项目进行进一步审查和评估的依据。

3. 旅游投资项目可行性研究的种类

按照现行基本建设对项目可行性详细程度的要求，旅游投资项目可行性研究可分为投资机会研究、初步可行性研究和最终可行性研究3种类型。

（1）投资机会研究。投资机会研究是指在某一个旅游地区或企业内，在利用现有旅游资源的基础上所进行的寻找有利的投资机会的研究。其主要目的是对旅游投资项目提出建议，旅游投资项目建议书就是在投资机会研究的基础上形成的。投资机会研究通常比较粗略，主要是对旅游投资项目的效益可行性进行一些估计，并非进行详细的计算。但是，这种研究是必要的，因为投资机会研究可以及时对投资方案进行初步筛选，提高对投资机会的把握能力。通常，投资机会的研究对总投资估算的误差一般要求控制在30%以内，所需时间1～2个月，研究费用占总投资的0.2%～1.0%。

（2）初步可行性研究。初步可行性研究是在投资机会研究的基础上，对拟建的旅游投资项目的可行性所进行的进一步研究。它主要是针对那些比较复杂的旅游投资项目而进行的分析。因为这类旅游投资项目仅凭投资机会研究还不能决定取舍，初步可行性研究要解决的主要问题是：①必须进一步论证投资机会是否有可能；②进一步研究拟建的旅游投资项目建设可行性中某些关键性问题，如旅游市场分析、项目建设选址等；③分析是否有必要开展最终可行性研究。对旅游投资项目初步可行性研究的投资误差一般要求控制在20%以内，所需时间3～4个月，研究费用占总投资的0.25%～1.25%。

（3）最终可行性研究。最终可行性研究是在上级主管部门批准旅游投资项目立项后，对旅游投资项目所进行的全面的技术经济论证，它需要进行多种投资方案的比较。投资项目越大，其研究内容就越复杂。最终可行性研究是确定旅游投资项目是否可行的最终依据，也是向有关管理部门和银行提供的进一步审查和进行资金借贷的依据。总之，最终可行性研究的任务是拟定详细的建设方案，进行深入的技术经济分析论证。对最终可行性研究报告中的投资估算误差要求在10%以内，所需时间和经费根据项目的大小及复杂程度有所不同，研究经费占项目总投资的0.2%～3%。

4. 旅游投资项目可行性研究的内容

为了保证旅游投资可行性研究的全面性、准确性和可操作性，无论哪种可行性研究都必须对旅游投资进行系统的分析和研究。通常，旅游投资可行性研究的规范性内容主要有以下几个方面。

（1）旅游市场需求调查和预测。旅游市场需求是旅游经济活动的基础和前提。因此，需要调查旅游者可能的规模和消费特点，预测旅游市场的需求变化和趋势，分析未来经营过程中目标市场的情况,从而确定旅游投资项目的建设规模、建设质量、建设规格及相应的服务方式和服务水平等。

(2)旅游投资项目的选址方案。对于旅游投资项目的选址,必须对项目所在的地区及周边地区的旅游市场特点和经济情况进行分析,对项目所在地的区位和交通进行分析,对项目所在地的地质和地貌进行分析,对项目所在地的基础设施条件进行分析,以确保旅游投资项目的可行性。

(3)旅游投资项目工程方案。旅游投资项目工程方案主要研究项目建设过程中,旅游投资项目的建设目标、建设内容、建设标准和要求、设施设备的型号与布局、工期进度安排等,并确定旅游投资项目所提供的旅游产品或服务的规格和要求等。

(4)经营耗材的供应。经营耗材的供应主要研究旅游投资项目建成后,有关原材料、动力、燃料及低值易耗品的供应质量、供应渠道、供应价格、维修条件等情况,以保证旅游投资项目建成后能够正常运转,确保能够正常提供旅游产品和服务。

(5)劳动力的需求和供应。劳动力的需求和供应主要研究旅游投资项目建成后,有关劳动力的来源、使用、培训、补充以及人员组织结构等方案,包括管理人员和服务人员的结构与数量等,以确保旅游投资项目建成后人力资源得到充分利用和正常补充。

(6)投资额与资金筹措。投资额与资金筹措主要研究为保证旅游投资项目顺利完成所必需的投资总额、投资结构,以及资金来源结构、资金筹措方式及资金成本等,以便从资金上保证旅游投资项目建设的顺利进行。

(7)综合效益分析和评价。综合效益分析和评价主要从经济效益、社会效益和环境效益3个方面研究旅游投资项目建成后的经济回报,以及对周围环境和社区所产生的影响和作用等,对可能产生的不良影响要做出预测性分析,并提出相应的对策,尽力减少和避免其不利影响,确保旅游投资项目在获得较佳经济效益的同时,也能带来较好的社会效益和环境效益。

三、旅游投资决策类型与方法

1. 旅游投资决策的含义和类型

决策是指人们为实现预期目标,采取一定的科学理论、方法和手段,对若干可行性的行动方案进行研究论证,从中选出最优方案的过程。旅游投资决策是为达到一定旅游投资目标,而对有关旅游投资项目在资金投入上的多个方案进行比较,选择和确定一个最优方案的过程。

旅游投资决策具有以下特点:①必须有明确的目标;②必须有两个及以上的可供选择的可行性方案;③选择方案遵循的原则为"满意"或"合理";④要通过科学的分析和评价进行选优。

旅游投资决策按旅游投资主体和目的一般可分为政府性投资决策和企业性投资决策;根据企业的方向可具体分为扩大经营规模决策、更新改造决策和开发旅游新产品决策;按旅游决策条件可分为确定型决策、风险型决策和非确定型决策。

2. 旅游投资决策的主要方法

在旅游项目投资决策过程中,通常有多种方案可供选择,而每种方案都面临确定性的因素和不确定性的因素,其中,不确定性的因素较多。为了对各种方案进行对比,有必要采用相应的理论和方法进行分析,从而选择最佳的项目投资方案。根据不同的投资条件和环境,有以下 3 种类型的决策方法。

（1）确定型旅游投资决策的方法。确定型决策是指在自然状况的发生为已知的情况下进行的决策。应用确定型决策方法需具备 3 个条件：可供选择的行动方案有若干个；未来的经济事件的自然状况是完全确定的；每个方案的结果是唯一的并可计量。在满足这 3 个条件的情况下，进行方案的对比，可以直观地得出优化的决策结论。

【例 8-1】计划投资建设某个旅游项目，经过市场调查和可行性研究后提出 3 个备选方案，即新建方案、扩建方案和改建方案。现假设自然状况可以确定，试根据不同的自然状况，选择最佳方案。有关的资料数据见表 8-1。

表 8-1　方案收益比较表　　　　　　　　　　　　　　　万元

自然状况 \ 方案	第Ⅰ方案（新建）	第Ⅱ方案（扩建）	第Ⅲ方案（改建）
需求量较大时	4 000	2 500	2 000
需求量一般时	1 700	2 600	1 800
需求量较小时	-1 600	-1 200	400

解：通过对以上数据的分析，可以了解 3 种方案在不同市场条件下的获利水平，进而做出如下决策：

① 当需求量较大时，由于 4 000 万元>2 500 万元>2 000 万元，第Ⅰ方案的获利水平最高，因而决策者应该选择新建方案。

② 当需求量一般时，由于 2 600 万元>1 800 万元>1 700 万元，第Ⅱ方案的获利水平最高，因而决策者应该选择扩建方案。

③ 当需求量较小时，由于 400 万元>-1 200 万元>-1 600 万元，第Ⅲ方案的获利水平最高，因而决策者应该选择改建方案。

可见，确定型决策是通过一定的量化分析，从各类方案中选择出最好的方案。这种决策的结果比较准确和肯定，决策者只需从多种方案中选出最优的一个，决策过程简单明了。

（2）非确定型旅游投资决策的方法。非确定型决策是指事先不能肯定自然状况是否发生（既可能发生，也可能不发生），而且在对自然状况发生的概率也无法预测的情况下进行的决策。这种情况下的决策，由于信息不完全，所以带有较大的主观随意性。因此，决策者对方案选择的偏好，以及自身的经验和背景，会对决策结果有较大的影响。常用的决策方法有等概率法、小中取大法、大中取大法和大中取小法等。

【例 8-2】计划投资建设某个旅游项目，经过市场调查和可行性研究后提出 3 个备选方案，即新建方案、扩建方案和改建方案。现假设自然状况出现的概率不能确定，需要选择最佳方案。有关的资料数据见表 8-1。

解：① 等概率法。假定各自然状况以相等的机会发展，求出各方案的期望值，期望值较大者即为最优方案。

第Ⅰ方案期望值=1/3×4 000+1/3×1 700-1/3×1 600=1 366（万元）

第Ⅱ方案期望值=1/3×2 500+1/3×2 600-1/3×1 200=1 300（万元）

第Ⅲ方案期望值=1/3×2 000+1/3×1 800+1/3×400=1 400（万元）

从计算结果得知，采用第Ⅲ方案最好，决策者应该对项目进行改建，其产品在不同的市场需求状态下可以取得较大的收益。

② 小中取大法（悲观决策法）。决策者在进行旅游投资决策时，如果选择最稳妥的决策，则可以用小中取大法（悲观决策法）。具体步骤是：首先计算各个旅游投资方案在自然状况下的最小收益值，然后比较所有收益值最小的方案，并从中选择收益值最大的方案作为最佳旅游投资方案。由于这种决策方法总是从最坏的结果着想，选取其中最好的结果，因此又称为悲观决策法。从表 8-1 可以看出，3 种方案的最小收益值分别为-1 600 万元、-1 200 万元和 400 万元，第Ⅲ方案的收益值最大，决策者应当选择第Ⅲ方案（改建）作为最优方案。

③ 大中取大法（乐观决策法）。决策者在进行旅游投资决策时，如果选择最乐观、最冒险的决策，则可以用大中取大法（乐观决策法）。具体步骤是：首先计算各个旅游投资方案在自然状况下的最大收益值，然后比较所有收益值最大的方案，并从中选择收益值最大的方案作为最佳旅游投资方案。由于这种决策方法充满乐观冒险的精神，争取大中之大的利益，因此又称为乐观决策法。从表 8-1 可以得知，3 种方案的最大收益值分别为 4 000 万元、2 600 万元和 2 000 万元，第Ⅰ方案的值最大，决策者应当选择第Ⅰ方案（新建）作为最优方案。

④ 大中取小法（后悔值决策法）。决策者在进行旅游投资决策时，每一种自然状况下的最大值是决策者希望实现的，最大值与所有方案的收益值之差则为最大后悔值（后悔值越大，则后悔程度越大）；同理，计算每个方案在所有的状况下的最大后悔值，再比较各方案的最大后悔值，选择其中后悔值最小的方案作为最佳投资方案，该方法称为大中取小法（后悔值决策法）。根据表 8-1 的数据，各方案的后悔值如表 8-2 所示。

当需求量较大时的最大值是 4 000 万元，各方案的后悔值如下：

第Ⅰ方案的后悔值=4 000-4 000=0

第Ⅱ方案的后悔值=4 000-2 500=1500（万元）

第Ⅲ方案的后悔值=4 000-2 000=2000（万元）

当需求量一般时的最大值是 2 600 万元，各方案的后悔值如下：

第Ⅰ方案的后悔值=2 600-1 700=900（万元）

第Ⅱ方案的后悔值=2 600-2 600=0

第Ⅲ方案的后悔值=2 600-1 800= 800（万元）

当需求量较小时的最大值是 400 万元，各方案的后悔值如下：

第Ⅰ方案的后悔值=400-（-1 600）=2 000（万元）

第Ⅱ方案的后悔值=400-（-1 200）=1 600（万元）

第Ⅲ方案的后悔值=400-400=0

经过计算可以得知，在最大后悔值中的最小值是 1 600 万元，因而选择第Ⅱ方案即扩建方案为最优方案。

表 8-2　各个方案后悔值比较表　　　　　　　　　万元

自然状况 \ 方案	第Ⅰ方案（新建）	第Ⅱ方案（扩建）	第Ⅲ方案（改建）	后悔值		
				第Ⅰ方案	第Ⅱ方案	第Ⅲ方案
需求量较大时	4 000	2 500	2 000	0	1 500	2 000
需求量一般时	1 700	2 600	1 800	900	0	800
需求量较小时	-1 600	-1 200	400	2 000	1 600	0
最大后悔值中的最小值				2 000	1 600	2 000

（3）风险型旅游投资决策的方法。风险型决策是指可靠程度难以把握，带有风险因素的决策，也称统计型决策或随机型决策。它需具备以下几个决策要素：决策者试图达到一个明确的决策目标；决策者具有可供选择的两个以上的可行方案；有两个以上不确定的决策条件及影响因素；不同方案在不同条件及因素下的损益值可计算出来；决策者可以对各种条件及因素出现的概率进行估计。决策的方法是采用期望值法，以及由期望值法衍生出来的决策树法。

① 期望值法。用期望值法进行决策，首先以损益期望值表为基础，计算出每个方案的损益期望值。由概率论可知，期望值表示的是随机变量取值的"平均数"。因此，如果决策目标是收益最大，则选择期望值最大的投资方案；如果决策目标是成本最小，则选择期望值最小的投资方案。

【例 8-3】计划投资建设某个旅游项目，经过市场调查和可行性研究后提出两个备选方案，即大规模开发和小规模开发方案。根据市场预测，客源地旅游需求量较高和较低的概率分别为 0.7 和 0.3。大规模开发需一次投资 4 800 万元，小规模开发需一次投资 2 400 万元。设两个投资方案的建设经营期限均为 6 年。损益期望值见表 8-3。该公司应如何做出决策？

表 8-3　损益期望值计算表　　　　　　　　　　　　　　万元

投资方案\自然状况	需求量较高	需求量较低	损益期望值
大规模开发	1 600	−100	1 740
小规模开发	600	300	660

解：计算各方案的期望收益值：
大规模开发方案期望值=1 600×0.7×6+(-100)×0.3×6-4 800=1 740（万元）
小规模开发方案期望值=600×0.7×6+300×0.3×6-2 400=660（万元）
所以，应选择大规模开发投资方案。

② 决策树法。在风险型决策分析中，以损益期望值表为基础的期望值法，对解决比较简单的决策问题具有简便有效的优点；但对于较复杂的决策问题，则需要运用决策树法。决策树法不仅可以解决单级决策问题，而且可以解决损益期望值表难以处理的多级决策问题。决策树法直观实用，是风险型决策中常用的方法。

决策树法是把各种可供选择的投资方案和可能出现的自然状态、可能性的大小及产生的后果直观地绘制在线条像树枝的图形上，故称为决策树法，见图 8-2。

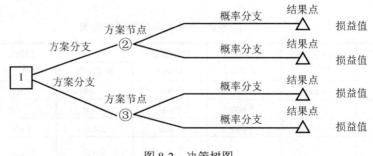

图 8-2　决策树图

图 8-2 中□表示决策点，从它引出的分支叫作方案分支，每个分支代表一个方案。○表示方案节点，其上方的数字表示该方案的损益期望值（需要计算）。从方案节点引出的分支叫作概率分支，每个概率分支上注明相应自然状况发生的概率。△表示结果点，在其右侧注明每个投资方案在相应自然状况下的损益值。

在绘制决策树时，顺序是由左向右，各节点的顺序号按从左向右、从上向下的顺序标注。运用决策树方法进行决策，是从右向左逐步后退进行分析。首先，根据结果点的损益值和相应概率分支的概率，计算出期望值的大小。然后，根据各投资方案的期望值大小来选择最优方案。

【例 8-4】对例 8-3 中的决策问题，将建设经营期分为前 2 年和后 4 年两期进行考虑。根据该地区旅游市场的调查预测，前 2 年旅游需求量较高的概率为 0.7。如果前 2 年旅游需求量较高，后 4 年旅游需求量较高的概率为 0.9；如果前 2 年旅游需求量较低，则后 4 年的旅游需求量肯定低。在这种情况下哪个方案投资效益较好？

解：根据以上情况画决策树，见图 8-3。计算各节点损益期望值，并标在图中相应的节点上。

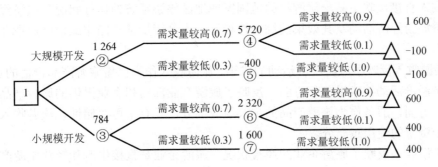

图 8-3 决策方案比较图（单位：万元）

节点④损益期望值：1 600×0.9×4+(-100)×0.1×4=5 720（万元）

节点⑤损益期望值：(-100)×1.0×4=-400（万元）

节点⑥损益期望值：600×0.9×4+400×0.1×4=2 320（万元）

节点⑦损益期望值：400×1.0×4=1 600（万元）

节点②损益期望值：[1 600×0.7×2+(-100)×0.3×2]+[5 720×0.7+(-400)×0.3]-4 800=1 264（万元）

节点③损益期望值：[600×0.7×2+400×0.3×2]+[2 320×0.7+1 600×0.3]-2 400=784（万元）

比较节点②和节点③的损益期望值，大规模开发建设方案为最优方案。

在风险型决策中，概率通常不能确定，为此，决策者通常要对风险决策中的概率情况进行分析和补充完善，通常采用的方法有德尔菲法。德尔菲法是采用背对背的通信方式征询专家小组成员的预测意见，经过几轮征询，使专家小组的预测意见趋于集中，最后做出符合市场未来发展趋势的预测结论。

第二节 旅游收入

一、旅游收入的概念

1. 旅游收入的含义

旅游收入是指旅游接待部门（或国家、地区）在一定时期内（以年、季度、月为计算单位），通过销售旅游产品而获取的全部货币收入的总和，也就是旅游接待部门（或国家、地区）向旅游者提供游乐场所、设备设施、交通工具、旅游服务和旅游商品所换取的货币。

旅游收入主要来自游客对旅游六要素的消费，旅游六要素即吃、住、行、游、娱、购。六要素形成的过程，是一个从低级到高级发展的过程。

2. 旅游收入的重要意义

旅游收入直接反映了某一旅游目的地国家或地区旅游经济的运行状况和旅游经济增长水平，是评价旅游经济活动及其效果的综合性指标，也是衡量某一国家或地区旅游业是否发达的重要标志。

（1）旅游收入反映了旅游经济活动的成果。旅游收入作为已售旅游产品价值的货币表现，体现了旅游经济活动的成果：一方面，反映了旅游产业部门和企业提供的旅游产品价值得以实现；另一方面，服务作为旅游产品的主要组成部分，具有不可存储性，旅游收入越多，意味着对人力资源的使用越充分。

（2）旅游收入反映了旅游企业的经营状况。旅游企业是直接生产和经营旅游产品的基本单位，因而旅游收入一方面反映了旅游企业的经营规模，也间接反映了旅游企业利润情况；另一方面，旅游收入反映了旅游产品的销售情况、接待游客的数量、旅游服务的质量水平。

（3）旅游收入体现了旅游业对国民经济的贡献。旅游业作为第三产业的重要组成部分，对增加就业岗位、加快货币回笼、加速货币流通、促进经济健康增长有非常明显的作用。

2015 年，我国接待国内外旅游者超过 41 亿人次，旅游收入突破 4 万亿元，比 2014 年分别增长 10%和 12%。入境旅游近 3 年来首次出现增长，2015 年接待入境旅游者 1.33 亿人次，较上一年增长 4%，入境旅游外汇收入 1 175.7 亿美元，同比增长 0.6%。2010—2015 年我国旅游收入及占当年 GDP 的比例见表 8-4。

表 8-4　2010—2015 年我国旅游收入及占 GDP 比例情况

年份	旅游收入/万亿元	GDP/万亿元	占比/%
2010	1.57	40.89	3.84
2011	2.25	48.41	4.65
2012	2.59	53.41	4.85
2013	2.947 5	58.80	5.01
2014	3.73	63.59	5.87
2015	4.169 6	67.67	6.16

二、旅游收入的分类

旅游产品是一种组合产品，由多个行业共同提供，由此决定了旅游收入的多样性。旅游收入不仅包括旅行社向旅游者销售整体旅游产品所获得的收入，也包括各类企业向旅游者提供餐饮、住宿、交通、游览、娱乐、购物等单项旅游服务项目，以及提供其他旅游服务所获得的收入。

1. 按照来源分类

旅游收入按照来源可以分为国内旅游收入和国际旅游收入。

国内旅游收入是指经营国内旅游业务获得的本国货币收入，它来源于国内居民在本国的旅游。国内旅游收入是从消费的角度进行统计的，而从生产的角度，国内居民旅游消费的商品或劳务已经统计在相关行业的国民收入中，因此，国内旅游收入增加不会增加国民收入的总量。需强调说明的是，"国内旅游收入增加不会增加国民收入的总量"是从统计的角度而言的，并不是说旅游业不创造价值、不增加社会财富。

国际旅游收入又称为旅游外汇收入、入境旅游（外汇）收入，是指经营入境旅游业务所获得的外国货币收入，通常被称为旅游外汇收入。它来源于境外旅游者在旅游目的地国家或地区的旅游消费，实质上是旅游客源国或地区的一部分国民收入转移到了旅游目的地国家或地区，是社会财富在不同国家或地区之间的转移。它表现为旅游目的地国家或地区社会价值总量的增加，相当于旅游目的地国家或地区对外输出产品，是特种形式的对外贸易。由于国民收入有国家或地区范围的限定，因此，一国或地区的国际旅游收入大于或小于国际旅游支出时，则国民收入会相应地增加或者减少。以此类推，某一省（自治区、直辖市）的国民收入也可能因国内旅游收入情况而发生改变，因此，各省（自治区、直辖市）都非常重视国内旅游的收入情况。

2. 按照性质分类

旅游收入按照性质可以分为基本旅游收入和非基本旅游收入。

基本旅游收入是指旅游部门和交通部门向旅游者提供旅游设施、旅游物品和旅游服务等所获得的货币收入的总和，即旅游者在旅游过程中必须支出的费用，包括交通费、食宿费、游览费等。通常，基本旅游收入与旅游者的人次数、停留时间成正比例关系，由此可以大致估量一个国家或地区旅游业的发达程度。

非基本旅游收入是指其他相关部门向旅游者提供设施、物品和服务所获得的货币收入，即旅游者在旅游过程中可能发生的消费支出，如邮电通信费、医疗保健费、修理费、咨询费及购物的费用等。非基本旅游收入具有较大的弹性，它既取决于旅游者的支付能力，也取决于他们的兴趣和爱好。非基本旅游收入也受旅游者人次数和停留天数的影响，但并不表现为相同的正比例关系。

基本旅游收入的刚性特征和非基本旅游收入的弹性特征，使我们可以通过两者的比例关系来了解某一地区的社会经济水平和旅游业的发达程度。一般来说，非基本旅游收入所占的比重越大，说明该国或该地区的社会经济水平和旅游业的发达程度越高，特别是旅游商品收入最能反映一个国家或地区旅游业的发展水平。

3. 按照构成分类

旅游收入按照构成可以分为商品性收入和劳务性收入。

商品性收入是指向旅游者提供实物形式的商品而得到的收入,包括商品销售收入(如销售各种旅游商品、生活用品、工艺品、药品、书报等)和饮食销售收入。

劳务性收入是指向旅游者提供劳务服务而得到的收入,包括旅行社旅游业务费收入和提供住宿、交通、邮电、文娱、医疗及其他服务而得到的收入。

三、旅游收入指标及计算

旅游收入指标是用货币单位计算并表示的价值指标,用来反映和说明旅游经济活动的实质、水平、规模、速度和比例,是了解和分析旅游经济状况的重要手段和依据。

1. 旅游收入总额

旅游收入总额是指一定时期内,旅游目的地国家或地区销售旅游产品所获得的货币收入的总额。它反映了某一国家或地区旅游业总体规模和发达程度,是一项重要的综合性指标。国际旅游收入总额一般用外国货币表示(我国的旅游统计年鉴中用美元表示),也叫旅游外汇收入总额。国内旅游收入总额用本国货币表示。

2. 人均旅游收入

人均旅游收入是指旅游目的地国家或地区在一定时期内平均接待每一游客人次所取得的货币收入,亦即游客在旅游目的地国家或地区旅游活动过程中的平均货币支出额。它反映了游客的人均消费水平,一般以本国货币表示。人均旅游收入即游客每人次的平均消费支出。由于在计算过程中,用旅游总收入除以总人次数,因此,一般称为人均旅游收入。在国际旅游业中,人均旅游收入用外国货币表示。

3. 旅游创汇率

旅游创汇率是指在一定时期内,旅游目的地国家或地区经营国际旅游业务所取得的全部外汇收入扣除旅游业经营中必要的外汇支出后的余额,并与全部旅游外汇收入相除的比值。其计算公式为

$$C_r = \frac{(R_f - E_f)}{R_f} \times 100\% \tag{8-1}$$

式中,C_r——旅游创汇率;
R_f——旅游外汇收入;
E_f——旅游外汇支出。

4. 旅游换汇率

旅游换汇率是指旅游目的地国家或地区向国际旅游市场提供单位旅游产品所能够换取的外汇数量及其比例。通常,旅游换汇率与某国或某地区的汇率相一致,不同时期的外汇汇率不同,旅游换汇率也不同。其计算公式为

$$H_r = \frac{R_f}{R_s} \times 100\% \tag{8-2}$$

式中，H_r——旅游换汇率；

R_s——单位旅游产品本币价格；

R_f——单位旅游产品外汇收入。

四、旅游收入的影响因素

旅游收入的影响因素主要有以下几个方面。

1. 旅游者人次数

旅游目的地国家或地区接待的游客人次数是决定其旅游收入高低的基本因素，通常旅游收入与接待游客人次数成正比例关系。尽管旅游者的旅游消费水平会有很大差别，但某个国家或地区所接待的游客人次数增加，其旅游收入也会随之增加。

2. 旅游产品品质、结构和价格

旅游产品品质是影响旅游收入的重要因素，其中，旅游资源或者旅游吸引物的品质又是旅游产品品质的重要组成部分。旅游产品的结构决定了旅游产品收入的构成情况，不同的旅游产品盈利模式形成不同的旅游产品结构。旅游产品价格会改变销售量，销售量的变化又会影响销售总收入的变化，因此，旅游产品在定价方面需要考虑价格弹性，通过提高或降低价格，增加总的旅游收入。

3. 旅游者消费水平

在旅游人次数既定的情况下，旅游者的消费水平是旅游目的地国家或地区旅游收入增减变化的又一个决定因素。旅游者的平均消费水平与旅游目的地国家或地区的旅游收入成正比例关系。旅游者平均消费水平与旅游目的地的旅游产品构成、产品质量等旅游产业发展的总体水平密切相关，还与旅游者的旅游特征相关。旅游者的旅游特征主要与旅游者的收入情况、旅游的距离、在旅游目的地停留的时间等相关。

4. 经济发展状况

通货膨胀和通货紧缩是衡量经济发展状况的重要指标，旅游活动是一种商品性经济活动，价值规律对它起着重要的调节作用。通货膨胀或通货紧缩直接影响货币购买力，旅游目的地国家或地区通货膨胀会使旅游者购买力下降，从而影响该国旅游人次和旅游收入；反之，客源国通货膨胀会促使居民出境旅游。例如，在 20 世纪 80 年代中期，由于巨额贸易顺差，导致日元升值，继而引起国内通货膨胀，日本政府为缓解国内经济形势，鼓励本国居民出境旅游。

5. 外汇汇率

汇率与币值变动对旅游目的地国或地区的旅游收入有重要的影响。汇率是指两种不同货币之间的比价，即以一种货币单位表示的另一种货币单位的价格。汇率的标价方法有两种，即直接标价法和间接标价法。

直接标价法又叫应付标价法，是以一定单位（如1个单位）的外币为标准来计算应付出多少单位本币。就相当于计算购买一定单位外币所应付多少本币。包括中国在内的绝大多数国家目前都采用直接标价法。在直接标价法下，若一定单位的外币折合的本币数额多于前期，则说明外币币值上升或本币币值下跌，称为外汇汇率上升；反之，如果要用比原来较少的本币就能兑换到同一数额的外币，则说明外币币值下跌或本币币值上升，称为外汇汇率下跌，即外币的价值与汇率的涨跌成正比。

间接标价法又称应收标价法，是以一定单位（如1个单位）的本币为标准来计算应收多少单位的外币。在国际外汇市场上，欧元、英镑、澳大利亚元等均为间接标价法。例如，欧元兑美元汇率为1.383 0，即1欧元兑1.383 0美元。在间接标价法中，本币的数额保持不变，外币的数额随着本币币值的对比变化而变动。如果一定数额的本币能兑换的外币数额比前期少，这表明外币币值上升，本币币值下跌，即外汇汇率下跌；反之，如果一定数额的本币能兑换的外币数额比前期多，则说明外币币值下跌、本币币值上升，也就是外汇汇率上升，即外币的价值与汇率的涨跌成反比。

当旅游目的地国家或地区的货币贬值、汇率下跌时，旅游产品的卖价降低，旅游收入有可能减少，但与此同时，较低的旅游价格大大刺激了客源国的旅游需求，旅游收入反而会有所增加；当旅游目的地国家或地区提高旅游产品的价格或本国货币升值、汇率上升时，虽有可能增加旅游收入，但也会抑制客源国的旅游需求，旅游收入反而会减少。

6. 统计因素

旅游业涉及若干直接旅游部门及相关部门，导致在旅游统计上常会出现遗漏或重复统计的现象，而使统计的旅游收入不能完全如实地反映旅游目的地国家或地区实际所获得的旅游收入。例如，《2014年中国旅游业统计公报》修订和新增数据的说明中，将2014年的"国际旅游收入"由原来的569.13亿美元修订为1 053.8亿美元。

> **案例链接**
>
> **关于《2014年中国旅游业统计公报》修订和新增数据的说明**
>
> 根据《国务院关于促进旅游业改革发展的若干意见》（国发〔2014〕31号）关于"完善旅游统计指标体系和调查方法，建立科学的旅游发展考核评价体系"的要求，《2014年中国旅游业统计公报》的编制对原旅游统计中存在的问题进行了完善，修订和新增了一些统计数据。相关修订和新增数据说明如下。
>
> 1. 关于国际旅游收入
>
> 根据《旅游统计调查制度》规定的口径和入出境统计口径对等原则，补充完善了停留时间为3~12个月的入境游客的花费和游客在华短期旅居（纯粹旅游之外）的花费，并根据相关调查修订了外国入境过夜游客停留天数和人均天花费，将"国际旅游收入"由原来的569.13亿美元修订为1 053.8亿美元。

2. 关于出境旅游花费

根据《国际收支手册》(第6版),国家外汇管理局公布的旅游服务贸易支出实际上是中国公民出境花费总额。在核算我国"出境旅游花费"时,应根据联合国世界旅游组织《2008年国际旅游统计建议》,在"出境花费"基础上扣减各类海外务工人员在目的地购买的货物和服务(旅游花费除外)、中国留学生及其家属在海外购买的货物和服务等支出,从而得到2014年出境旅游花费为896.4亿美元。

3. 关于旅游总收入

根据修订,多增484.67亿美元"国际旅游收入"数据计入"旅游总收入",将"旅游总收入"由原来的3.38万亿元人民币修订为3.73万亿元人民币。

4. 关于旅游业对GDP的综合贡献

根据联合国世界旅游组织《2008年旅游附属账户:建议的方法框架》,以既有的国际国内游客抽样调查数据为基础,结合投入产出法,核算新增了2014年全国旅游业对GDP的综合贡献。

5. 关于旅游就业数据

根据同一性假定,即某旅游特定产业销售给游客的产品和服务占比,与该产业就业人员中属于旅游就业的比例相等,核算新增了2014年全国旅游业直接就业和间接就业数据。

6. 关于历史同期数据比较

由于2014年国际旅游收入的测算方法和统计口径调整,数据无法回溯,不具有可比性,公报对"国际旅游收入""旅游总收入"等数据的同比值均不做计算和表述。

(资料来源:http://www.ctaweb.org/html/2015-12/2015-12-17-15-20-52982.html)

第三节 旅游收入分配

一、旅游收入分配的含义

旅游收入分配是旅游营业收入在旅游相关的经济行为主体之间进行的分配。旅游收入分配是旅游产品再生产过程中必不可缺少的环节,它不仅关系到旅游产品简单再生产和扩大再生产过程能否顺利进行,而且关系到旅游经济活动中各利益主体的利益能否公平、公正地实现,进而影响到旅游目的地国家或地区旅游产业的发展质量和发展速度,因而是旅游经济运行中十分重要的问题。

一般来说,旅游收入分配与国民收入分配一样,是通过初次分配和再分配两个过程实现的。旅游收入分配的对象也是旅游收入中扣除补偿价值部分后的余额,即旅游从业人员所创造的新价值。旅游收入初次分配是在直接经营旅游业务的旅游企业之间和旅游企业内部进行的，初次分配得到的收入也称原始收入。初次分配主要由市场机制完成，政府通过税收杠杆和法律法规进行调节和规范，一般不直接干预初次分配。旅游收入再分配是在全社会范围内进行的。再分配主要由政府调控机制起作用，政府进行必要的宏观管理和收入调节，是保障社会稳定、维护社会公正的基本机制。通过旅游收入初次分配和再分配环节，实现了既定收入下的经济主体间的利益协调，促使旅游经济循环过程得以继续。

国民收入分配

1. 初次分配

国民收入的初次分配指国民收入在物质生产领域内部进行的分配。国民收入经过初次分配，分为两个组成部分：一部分是物质生产领域劳动者的个人收入，包括工资、奖金、福利费用和农民或其他劳动者的收入，它属于生产者及其家属个人消费所需的必要产品；另一部分是生产单位和社会的纯收入，包括上缴国家的税金和利润、支付的利息和企业税后利润、利润留成或公积金、公益金等，属于国民收入扣除必要产品后的剩余。国民收入经过初次分配形成了国家、企业或集体、物质生产部门、劳动者的原始收入，国民收入的初次分配，直接关系到国家、生产单位和劳动者个人三方面的经济利益，并在很大程度上决定了积累基金和消费基金的比例。进行国民收入的初次分配，首先要正确规定必要产品和剩余产品之间的比例，影响这一比例的因素主要有国民收入的生产额、构成和增长速度，劳动生产率提高的幅度和物质生产部门劳动者平均收入增长速度之间的对比关系等。其次，要正确规定国家和生产单位间对剩余产品的分割比例。最后，要正确制定适当的工资政策、价格政策、财政政策，来保证上述两个比例关系的实现。在我国现阶段收入中，居民收入占国民收入的比重过低，劳动报酬在初次分配中的比重过低。

2. 再分配

国民收入的再分配是国民收入在初次分配基础上的进一步分配。这种分配是在全社会范围内进行的。通过再分配所获得的收入称为派生收入。再分配的主要形式有：①财政支出。通过财政预算，一方面以利润和税金的形式集中一部分国民收入；另一方面又把集中起来的国民收入通过财政补贴、支付非生产部门劳动者工资等形式分配到各部门、各地区，以满足社会生产，发展科学、文化、教育事业，进行行政管理和国防建设等方面的需要。②信贷。以偿还为条件，通过筹集社会闲散资金贷放给使用单位来实现再分配的过程。③价格。国家通过指令性价格、指导性价格和市场调节价格等多种价格形式，建立合理的价格体系，实现国民收入的再分配。此外，各种劳务付费、居民之间的馈赠、生产单位直接举办的各种福利事业，也可影响国民收入再分配。国民收入的再分配最后形成生产单位、非生产单位和居民的最终收入。

3. 最终分配

国民收入经过初次分配和再分配以后，最终分配到积累和消费两个方面。最终分配主要是正确制定积累基金和消费基金的比例，使积累基金和消费基金的需求总额同国民收入供给总额相平衡，使积累和消费的价值形态和实物形态相适应，并安排好积累基金内部和消费基金内部的结构，以保证生产的不断扩大和群众生活水平的逐步提高。积累基金和消费基金的比例是国民经济中一个根本的分配比例，它体现全体社会成员的长远利益与眼前利益、整体利益与局部利益的关系，同时，它与国民经济的其他重要比例（如生产资料生产和消费资料的生产、工业与农业、必要产品与剩余产品等比例）有着密切的联系。在中国，安排好国民收入的最终分配、处理好积累与消费的关系，最根本的原则就是坚持"一要吃饭，二要建设""先生活，后生产，再建设"的方针，在保证群众生活水平稳定提高的基础上，确定合理的积累率，做到既保证生活水平的不断提高，又保证生产建设的需要。

二、旅游收入初次分配

旅游收入初次分配是指直接经营旅游产品的旅游部门和企业（如旅行社、宾馆、餐馆、交通运输公司、旅游景点及旅游商店），根据一定的经济约定将获得的营业收入首先在企业内进行的分配。在旅游收入初次分配中，旅游企业首先从旅游收入中扣除用于补偿生产旅游产品所耗费的物质资料的价值，然后对旅游净收入进行初次分配。旅游净收入在初次分配后分解为职工工资、政府税收和企业利润三大部分，从而使旅游从业人员、国家、旅游部门和企业得到初次收入。旅游收入初次分配流向见图8-4。

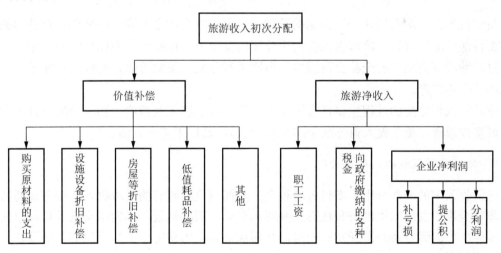

图8-4 旅游收入初次分配流向

在旅游收入初次分配中，旅游净收入的分配结果分为以下3个部分。

1. 职工工资

职工工资是职工付出劳动力的报酬，并满足职工劳动力恢复和家庭生活需要的支出，从而使劳动力得以延续和提升，是实现劳动力简单再生产和扩大再生产的必要条件。

2. 向政府缴纳的各种税金

旅游企业需要从旅游收入中提取一定比例来向政府缴纳税金，用以维持政府部门的运转以及为社会提供公共服务。自 2016 年 5 月 1 日起，我国开始全面实施"营改增"，营业税退出历史舞台，增值税制度更加规范。这是自 1994 年分税制改革以来，财税体制的又一次深刻变革。"营改增"就是以前缴纳营业税的应税项目改成缴纳增值税，增值税就是对产品或者服务的增值部分纳税，减少了重复纳税的环节。例如，生产者销售一个产品给经销商获得 100 元，生产者缴纳了相应的税金，经销商再次销售时卖出 150 元，经销商只需要对增值的 50 元缴纳相应的税金，而不是按销售收入 150 元来计算税金。

3. 企业净利润

企业净利润用于满足投资者资本要素投入的分红需求和扩大再生产需求，从而使企业得以延续和发展。企业净利润又称为企业的自留利润，对这部分利润，企业按有关规定可以自行分配和使用。在我国旅游部门和企业中，企业净利润的再次分配包括弥补以前年度的亏损；按照当年净利润（抵减年初累计亏损后）的 10%提取法定盈余公积金；经股东会或股东大会决议，从净利润中提取任意盈余公积金，向投资者分配利润（或股利）等。公积金主要用于旅游企业自身的发展，企业公益金则主要用于旅游企业职工的福利支出等。公益金用于职工集体福利时，将其转入任意盈余公积金。

三、旅游收入再分配

旅游收入再分配是指在初次分配的基础上，各收入主体之间通过各种渠道对获得的现金或实物再次分配的过程。旅游收入在初次分配的基础上，按照价值规律和经济利益原则，在旅游目的地国家或地区的全社会范围内，再次进行分配，使旅游收入最终实现旅游产品的再生产和扩大再生产。

旅游收入再分配的过程主要是旅游企业、旅游行业职工及政府用初次分配得到旅游收入进行消费或投资。旅游收入再分配见图 8-5，具体涉及以下 4 个方面。

1. 政府旅游税收收入的再分配

旅游收入中的一部分用于支付各种税金，从而转化为政府的财政收入。政府又通过财政预算将资金用于发展国民经济和社会公共福利事业、国防建设，作为国家机关和科学文教卫生等事业单位的经费及旅游开发资金等，从而保证社会的稳定、公共产品的供给及社会经济的繁荣和发展。

2. 旅游企业职工工资收入的再分配

旅游企业职工将工资收入用于满足个人物质、文化需求的各项支出，以恢复和增强其体力和智力，持续不断地为旅游者提供优质服务，同时用于满足个人家庭生活需要，促使劳动力不断地再生产，便形成了旅游企业职工工资收入的再分配过程。

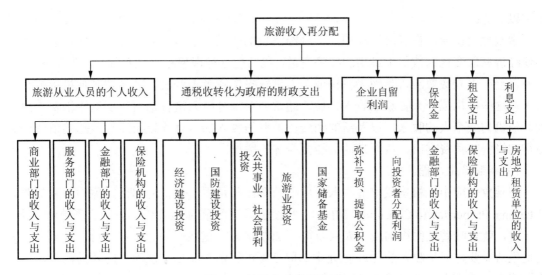

图 8-5 旅游收入的再分配

3. 旅游企业收入的再分配

旅游收入中的企业自留利润分为公积金和公益金两部分。公司提取法定公积金之后,即应提取法定公益金。2006年《公司法》修改后,法定公益金已经取消,改为任意公积金。企业将公积金用于购买旅游企业扩大再生产和自我发展、完善所必需的物资,使消耗的设备和材料等能得到补偿,在此过程中,旅游企业的利润转化为提供这些物资和服务的行业部门的收入,形成旅游企业收入的再分配。

4. 旅游收入的其他再分配

此外,旅游收入中还有一部分流向其他部门,如向金融部门支付贷款利息、向保险部门支付保险金、向房地产部门支付房租或购买住宅、向租赁单位支付设施设备租赁金等。

旅游收入的初次分配与再分配把国家利益、旅游部门和企业的利益,以及旅游企业职工的个人利益等有机地结合起来,正确处理了三者之间的关系,保证了旅游经济的长期稳定发展。

第四节 旅游收入乘数和漏损

一、旅游收入乘数

1. 乘数效应

1)乘数的概念

乘数(multiplier)又称为倍数,是宏观经济学的一个术语,指每单位外生变量(如政府支出或银行储备)的变化所带来的引致相关变量变动的情况。乘数概念起源于19世纪下半叶。1931年,英国经济学家理查德·卡恩首先提出了乘数理论。其后,凯恩斯又将这一理论进一步加以完善。

乘数理论说明，在经济活动中，一种经济量的变化可以引起其他相关经济量的变化，最终使经济总量变化为数倍于最初的经济变量，我们把这种现象称为乘数效应。在经济活动中，之所以会产生乘数效应，是因为机构或个人进行投资或者消费时，会增加其他机构或个人的收入，这些机构或个人在获取收入之后，通常会对部分收入进行消费，而这些消费支出又成为其他机构或个人的收入，以及新的消费。消费与收入的这种连锁反应导致总的消费额大于最初的投资或消费支出，从而带动了社会经济的增长。

2）乘数产生过程分析

在乘数效应中，机构或家庭收入中用于消费而不是用于储蓄的比例，称为边际消费倾向（Marginal Propensity to Consume，MPC）。假设边际消费倾向（MPC）是 3/4，当政府支出 200 亿元时，就意味着某些机构或个人共获得了 200 亿元，这些机构为了进行再生产或个人为了满足生活需要，而从收入的 200 亿元中拿取 3/4 进行消费支出，从而引起新的消费，这种反馈效应将持续下去。把这种关系写出来，即

政府支出=200 亿元

第一轮消费变动=MPC×200 亿元

第二轮消费变动=MPC^2×200 亿元

……

需求总变动=（1+MPC+MPC^2+…）200 亿元

MPC 为 0～1，故

需求总变动=（1/（1-MPC））200 亿元

其中，1/（1-MPC）为乘数，大于 1。由此可知，进行投资或消费等会带来更多的消费，从而促进经济的增长。

乘数效应适用的条件，包括消费、投资、政府购买、净出口等支出类型中的任何一种情况。

3）乘数相关公式

根据前面对乘数产生过程的分析，可以对乘数的相关概念进行总结，即乘数是指在一定的边际消费倾向条件下，投资的增加（或减少）可导致国民收入和就业量若干倍的增加（或减少）。收入增量与投资增量之比即为投资乘数，以公式表示为

$$K = \frac{\Delta Y}{\Delta I} \tag{8-3}$$

式中，K——乘数；

ΔY——收入增量；

ΔI——投资增量。

同时，由于投资增加而引起的总收入增加中还包括由此而间接引起的消费增量在 ΔC 内，即 $\Delta Y = \Delta C + \Delta I$，这使投资乘数的大小与消费倾向有着密切的关系，两者之间的关系可表示为

$$K = \frac{\Delta Y}{\Delta I} = \frac{\Delta Y}{(\Delta Y - \Delta C)} = \frac{1}{(1 - \Delta C/\Delta Y)} \tag{8-4}$$

式中，$\Delta C/\Delta Y$——边际消费倾向。

因此，有

$$K = \frac{1}{1 - \text{MPC}}$$

或

$$K = \frac{1}{\text{MPS} + \text{MPM}} \tag{8-5}$$

式中，MPC——边际消费倾向；
　　　MPS——边际储蓄倾向；
　　　MPM——边际进口倾向。

2. 旅游收入的乘数效应的应用

旅游收入的乘数效应是指旅游目的地对旅游行业的投入导致的本地区综合经济效益最终量的增加。具体而言，旅游收入对社会经济的乘数效应包括以下一些乘数模式。

1）营业收入乘数

营业收入乘数，即旅游营业收入增加额与由此导致的其他营业收入增加额之间的比例关系。该乘数表明某地区旅游业的发展对该地区营业收入的影响。

2）政府收入乘数

政府收入乘数，即旅游收入增加量与当地政府收入净增量之间的比例关系。政府收入净增量是指政府从旅游业获得的税收及各项收益减去政府向旅游业投资后的余额，该乘数主要用来衡量旅游经济活动对国家和地区财政收入的影响程度。

3）就业乘数

就业乘数，即旅游收入增加量与其所创造的直接和间接就业人数之间的比例关系。该乘数表明某一地区通过一定量的旅游收入，对本地区的就业机会所产生的影响。具体来说，一定时期内旅游从业人员的增加量与同期旅游收入的增加量之比，即为单位旅游收入可提供的就业机会。

4）居民收入乘数

居民收入乘数，即旅游收入的增加额与由此导致的某地区居民收入的比例关系。该系数反映了旅游业的发展对居民收入的影响程度。

5）进口额乘数

进口额乘数，即旅游收入增加量与由此导致的进口额增加量之间的比例关系。该乘数显示了相关部门和企业从国外进口物资设备的增加量与旅游收入增加量之间的相互关系。

3. 旅游乘数效应的局限性

1）滥用乘数效应会导致资源浪费

乘数效应的确可以促进经济增长，但经济增长本身存在一个有效性的问题，过多运用乘数效应来促进经济发展，会导致投资效率的下降，严重的时候会带来重复建设，导致资源浪费。因此，最初的投资动机需要非常谨慎。

2）对乘数效应估计偏高

由前面的分析可知，乘数效应的大小不仅与消费倾向的大小有关，还与消费轮次数有关。

在前面公式的推导中，我们假设消费轮次数是无穷的，其实，其中用于再生产所产生的消费轮次数是有限的，所以乘数效应估计偏高。

二、旅游外汇漏损的含义与种类

1. 旅游外汇漏损的含义

旅游外汇漏损一般是指目的地国家或地区为了满足旅游者旅游活动及相关消费活动而发生的外汇支出，以及由于其他原因造成的旅游外汇流失。

旅游外汇收入并非旅游目的地国家或地区的净收入，因为其中的一部分外汇收入还需要支付给国外的相关机构，因此，旅游外汇漏损会对旅游目的地的实际旅游收入产生影响，有必要具体分析其原因和制定相关对策。

2. 旅游外汇漏损的种类

1）直接漏损

（1）购买各种进口物资的外汇支出。例如，为建设旅游基础设施，进口必要的设备和原材料而支出的外汇；为新建旅游饭店，进口必要的设备和原材料而支出的外汇；为满足旅游者及部分旅游企业员工的需求而进口有关的消费品所支出的外汇；支付旅游企业外方的管理费和外籍人员的工资而付出的外汇。

（2）对外支付投资利息和利润分配。为发展旅游业，对外贷款而逐年还本付息的外汇支出，以及合资或独资旅游企业中外国投资者所获利润的外流。

（3）国外的推销成本。政府旅游管理部门、各旅游团体组织或旅游企业在国外进行旅游推销宣传所支付的费用。

2）间接漏损

为满足旅游业需要而从国外进口各种物品和输入劳动力所造成的外汇流失。这些物品或劳动力间接地与旅游业发展有关。

进口设施的耗用增大而导致的外汇流失。因旅游业的发展进口基础设施导致的维护、消耗增加，使进口增多的外汇漏出，这是由直接漏损所引发的。

3）无形漏损

无形漏损是指旅游产品、设施的物质磨损或精神磨损而引起的外汇流失。这与资本品的折旧有相似之处。一般而言，这类物品或劳务比较特殊，必须进口，因为在通常情况下旅游目的地国家或地区会尽量用本国或本地区的人力和物力来完成对无形漏损的修复。

4）黑市漏损

黑市漏损是指外国旅游者在目的地国家或地区旅游时没有全部用通过正式渠道换汇而来的货币来支付购买的旅游产品或服务，而是通过当地的外汇黑市非法套汇而得到的当地货币进行部分支付。旅游目的地官方认为这是一种外汇漏损。

5）先期漏损

先期漏损是指旅游目的地国家或地区向外国游客提供旅游产品或服务时，由于外国游客通过外国机构进行旅游预订，使用外国旅游交通工具以及其他外国的旅游服务等，从而使得目的地国家或地区未能获得旅游者的全部收入而形成的外汇流失。

6）后续漏损

后续漏损是指旅游目的地的旅游从业人员由于各种原因而购买进口产品所流失的外汇。通常是由旅游目的地国家或地区进口到本国或本地区，再由旅游目的地旅游从业人员根据需要而购买，这便是后续漏损。

3. 旅游外汇漏损的影响因素

影响旅游外汇漏损的主要因素有以下几个方面。

（1）旅游目的地国家或地区的经济和技术发展水平。经济和技术发展水平越高，自我供给的能力越强，旅游外汇漏损量就越小；反之，就越大。

（2）旅游目的地国家或地区的资源自给能力。实践证明，无论是国内或地区内旅游还是出境旅游，都会由于本国或本地区经济发展水平落后、资源自给能力差而造成本国或本地区的旅游外汇漏损。

（3）旅游目的地国家或地区的相关法律法规和政策。这些方面的法律法规包括有关进口货物的规定、外汇收入与管理的财政金融政策、给予旅游业贷款方面的优惠和政策等。

（4）旅游目的地国家或地区的人员素质。旅游业需求的人才从本国获得的难度越小，旅游外汇的漏损量就越小。

（5）旅游目的地国家或地区的旅游业发展规模。旅游业发展规模越大，则各种旅游服务设施越完善，旅游外汇漏损量就越小。

（6）旅游目的地国家或地区对外促销所需开展的工作量大小。一般而言，对外促销所需开展的工作量越小，旅游外汇漏损的可能性就越小；反之，就越大。

4. 减少外汇漏损的对策

旅游外汇漏损的程度显示了一个国家或地区的经济实力和科技水平。为了减少旅游外汇漏损，可以采取以下5项措施。

（1）调整本国或本地区生产结构和产品结构。通过不断提升本国或本地区的产品质量，或者通过技术引进增加本国或本地区的生产，减少直接进口，改善产品结构，生产出满足旅游活动所需的各种商品。同时，要综合考虑短期收益和长期收益的关系，沿着直接引入产品、引入人才和技术、探索自我研发的过程，循序渐进发展本国旅游产品。

（2）加强对引进外资、外来项目的审批工作。对引进项目的收益、成本、风险加强评估，避免盲目引进，减少国家和企业的外债。

（3）加强旅游目的地国家或地区相关供给厂商之间的沟通。加强旅游目的地国家或地区内供给厂商之间的协调和合作，提高旅游目的地自身的供给能力。

（4）积极培养旅游业的现代化管理人才。提高管理水平，加强培训，降低管理技术与服务的进口。积极培养本土化的国际旅游人才。旅游部门和企业管理人员认真学习现代化管理理念和知识，提高管理和服务水平，广泛运用现代化管理方法和手段，强化市场化理念，不断提高旅游业的管理水平。

（5）制定完善的法规和外汇管理制度及办法。加强国际收支的宏观监管机制，完善外汇管理法规，降低黑市漏损，防止外汇流失；加强立法和政策的支持，并加大外汇管理力度；对扰乱正常外汇市场秩序的行为给予必要的行政和法律制裁。

知 识 归 纳

旅游投资是促进旅游地经济发展的重要措施,而进行旅游投资必须对投资的可行性进行分析;此外,在投资过程中,往往面临多个可选方案,需要采用一定的决策方法进行选择。旅游收入是旅游投资的结果,旅游收入有多种分类方法和类型,以及相关的衡量指标和计算方法;旅游业在获取收入之后,又会对收入进行重新分配,为旅游业的发展创造新的条件;乘数效应是旅游收入分配过程中的一种现象,也是评价旅游业对社会贡献的一个重要指标;此外,影响旅游收入的一个重要因素是外汇漏损,需要引起重视,并采取一定的防范措施。

案 例 分 析

旅游地产业新常态:四大盈利模式

2013—2014 年,中国的旅游地产投资开发经历了过山车一样的大起大落。据不完全统计,2013 年全年新增项目 3 040 个,而 2014 年截至 6 月底,新增项目仅为 74 个,增量大幅缩水。上海纳米魔幻城、恒大重庆照母山、碧桂园三亚珊瑚宫殿卖了满堂红,而雅居乐云南原乡却在腾冲遭遇滑铁卢,佳兆业的激进扩张也陷入困境。当光环逐渐退去,投资趋于理性的旅游地产业该何去何从?下面就谈谈在"全民旅游+体验经济"的背景下,旅游地产业的核心竞争力和盈利模式新趋势。

一、摆脱传统圈地魔咒:四大盈利新模式

旅游地产业的盈利点无非集中于五大板块:旅游经营、地产销售、品牌树立、资本运作、土地升值(图 8-6)。其中,旅游经营与地产销售是基础的核心盈利环节。近年不断涌现的大型区域开发、品牌的无形价值、资本的运作以及土地价值提升,成为资产增值更加迅猛的新途径,并为基础盈利环节带来正向促动。曾经屡试不爽的"旅游搭台,地产唱戏"模式难以为继,越来越多的开发商开始主动或被迫将更多精力投入旅游经营和资本运作,扎扎实实"筑巢",以市场效益"引凤",谋求可持续的、更长远切实的资本收益。

1. 华侨城模式:先驱者的转型之路

作为 20 年来中国旅游地产投资运营成功的先驱者,华侨城以人工造景的主题公园为旅游吸引核心,带动区域新城开发,2014 年整体游客量已超 3 000 万人次,拥有锦绣中华、民俗文化村、世界之窗、欢乐谷、波托菲诺、新浦江城、何香凝美术馆、OCT-LOFT 创意文化园、华夏艺术中心、长江三峡旅游、华侨城大酒店、威尼斯酒店、茵特拉根大酒店、城市客栈等一系列国内著名的企业和产品品牌。

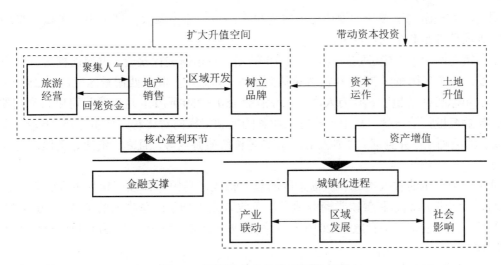

图 8-6　旅游地产业传统盈利模式图

从华侨城 2010—2014 年的财务报表（表 8-5）看，无论是旅游运营，还是地产销售收益，其毛利率都相当可观，并保持着平稳发展的势头。旅游与地产两大板块在集团整体利润构成中也是平分秋色，分别占 44%和 56%。

表 8-5　华侨城 2010—2014 年的财务报表

财务项目	2010 年	2011 年	2012 年	2013 年	2014 年
旅游综合收入/亿元	94	63	104	132	152
旅游综合成本/亿元	49	36	57	67	77
旅游毛利/%	47.8	42.8	45.2	49.2	49.4
房地产收入/亿元	70	102	112	142	149
房地产成本/亿元	28	37	45	60	51
房地产毛利/%	60	63.7	59.8	57.7	66.1

但是相比近年在旅游项目财务表现上更为突出的宋城、华强文化等企业，华侨城在旅游板块的利润率仍存在一定的差距；在地产方面，目前的毛利率相比传统地产企业万科、招商等仍有一定优势，但早期的"飞地"型开发及优惠的土地政策已不复存在，华侨城地产的周转率已从 2009 年的 1.1 下降至 2013 年的 0.33，存在很大的去杠杆压力，且地产占总资产的比例过高，超过 50%。

因此，华侨城也在积极寻求突破与转型，由"旅游+地产"的双线程盈利，转向"旅游+地产+文化服务"的多线程共赢，并逐渐由重资产向轻资产转型，从区域运营商向复合式服务开发运营商角色转型，成立了华侨城演艺公司、华侨城文化科技公司、麦鲁小城、哈克儿童职业体验馆等，其传媒演艺公司已形成 23 台剧，演职人员达到 2 600 多人，文化科技公司在半年时间内实现净利润 1 087.63 万元。虽然华侨城的转型之路还面临各细分市场成功者的竞争，未来是否可以持续盈利还有待市场检验，但这种向轻资产转型和运营输出已然成为趋势。

2. 旅游运营+资本运作模式

这一模式的核心特征是，旅游和休闲商业等经营性物业是核心盈利渠道，以地产销售类物业为辅，以旅游为引擎带动周边土地成为投资热点，盘整做大资产上市。宋城、乌镇、珠海长隆等项目都是其中的佼佼者。

以乌镇为例，中青旅进驻后，总投资 10 亿元，对东栅进行改造，并对西栅进行了产权式整体开发，整个乌镇景区 2013 年游客量达到 569.1 万人次，其中西栅景区接待了 257.13 万人次，2014 年总接待量超过 620 万人次，人均消费 150～250 元/天，现有项目可以将高门票、高消费、高游客量集于一身。从中青旅各项业务的毛利率横向对比看，乌镇近 5 年始终保持着 80%以上的毛利率，并且远高于旅行社、会展等传统旅游业务，且高于酒店、房地产等高回报率业态。

对比整个乌镇的收入构成和西栅景区的收入构成，乌镇整体以门票为主要收入，占比达到 46%，而西栅的酒店和餐饮类商业地产运营收入则占到景区总收入的 61%。2009 年 IDG 资本入股乌镇，助推了中青旅于 2010 年在香港成功上市，待 IDG 卖出其股份时成功实现了 8.4 倍的收益。

丰富时尚的驻场活动使乌镇不仅成为大众游客的聚集地，更赢得了专业客群的青睐。戏剧节、世界互联网大会，小资客、商务客、精英人士……这些高消费力人群将使乌镇获得更好的市场表现，更强势地带动了乌镇周边土地的价值，绿城与雅达国际合作的乌镇雅园，已经把养老地产做得风生水起，一期开盘的 500 套产品全部售罄，在一定程度上应归因于乌镇西栅的成功铺垫。

其他此类模式代表，如宋城，以景区门票为主要收入，门票收入中演艺收入占到 87%，号称亚洲演艺第一股，并不断进行品牌输出，"千古情"系列已经在三亚、丽江、九寨等知名景区开业；珠海长隆海洋王国则以人均消费超千元的门槛，开业不足一年即接待 800 万人次的业绩傲视群雄，在春节小长假接待人次逼近其最大承载量 65 万，酒店的入住率达到 90%。简言之，在中产阶层和家庭旅游消费盛行的当下，在恰当的区位，有竞争力、有诚意、精致度高的旅游项目是不用担心市场需求的。

3. 产权出售+商业运营模式

此种模式借助于景区或城市的区位优势，以度假地产或休闲商业地产开发为主要目的，从而形成旅游吸引力，打造休闲度假目的地，如旅游带动的新型城镇化典范大理双廊、设计师主导的精品酒店集群莫干山、都市旅游休闲商业证券化的上海新天地。云南城投、海航集团、今典红树林，也将分时度假地产做得有声有色。

以莫干山为例，借助于优质自然资源以及地处长三角的市场优势，自发形成的"洋家乐"民宿酒店已经显现出集群效应，设计精细、风格独特的精品酒店入住率高达 90%。从投资回报的角度来看，莫干山规模最大的精品酒店"裸心谷"，分为出售别墅和酒店两个部分，其中别墅投资 1.37 亿元，出售收入 2.43 亿元，税后净利润实现 9 600 万元；酒店部分初始投资 1.5 亿元，2012 年酒店收入 6 500 万元，2013 年收入 7 300 万元，静态回收期为 4.95 年，相比传统酒店 8～12 年的回收期和 10%的收益率，可谓相当可观。如果把出售物业与酒店结合起来看，则在短短 2～3 年内就实现了投资的回笼。

云南城投通过其旗下拥有的 12 个旅游地产项目，并借助于控股股东旗下的酒店、景区、第三方支付平台等资源，打造公司旅游地产的连锁运营"分时度假"平台，涉及云南省内的昆明、大理、玉溪、西双版纳及四川、陕西等区域。而海航集团旗下的酒店集团在国内 30 个城市拥有超过 50 家高星级酒店，以其在兴隆开发的子爵公馆为例，酒店的每个套间和别墅均拥有独立产权，业主可自住享受酒店式服务，也可将物业委托给酒店管理团队，每年提取分红，并享受淡季 21 天的居住权。这类产品具有投资小、回笼快、风险分散、产品差异性大、符合未来市场趋势等优点，但这种模式对于区位选址和产品设计能力要求较高。

4. 区域综合开发+产业链盈利模式

这一模式的最典型代表是迪士尼。在国内，大手笔进军区域开发的则是旅游地产界新贵——万达，无论是度假区还是文旅城，动辄数百亿元的投资额，以及"求新求大求最"的跨领域产业链搭建，无不体现这位商业地产巨擘在旅游地产上的雄心。虽然在数字上还未及表现，但"圈人、圈地、圈眼球"的效果已经初步显现。

从投资 500 亿元的武汉万达文旅城开始，万达在城市旅游地产上的策略是快速占据核心的土地资源，虽然在文旅地产上并没有太多经验，但万达凭借其在商业地产上积累的雄厚资本和能够迅速建起一座综合体的建设速度优势，已经布局在合肥、无锡、重庆、南昌等重要二线城市。2014 年广州文旅城奠基，并积极在上海拿地，拉开了万达文旅地产打入一线城市的序幕。在产品上，无论是万达 MALL、主题公园、电影乐园，还是各大"秀"，都力求做到极致，但由于建设周期短，上马速度过快，风险也接踵而至。斥巨资 25 亿元打造的汉秀初期上座率高达 95%，但目前已开始下滑，市场评价褒贬不一。汉秀凭借前期宣传和慕名而来的文化界人士创造了短暂的辉煌，但演艺项目的长期表现终究有赖于普通居民和游客的精神消费需求。总之，其市场策略是建立在对未来消费趋势的预判上，将卖房子变为卖人气，将追求资金快速回笼转变为追求长期回报，将地产的去化和节点转变为诉诸用户体验和口碑效应。但这场拼资本、拼眼光的豪赌能否经得起长期的市场检验，其实实在在盈利的日子目前还没看到。

万达在度假区上的开发也如出一辙。名声在外的万达长白山项目，投资 230 亿元，坐拥长白山的稀缺资源和国际知名品牌酒店，至今还面临着酒店入住率严重不足的困境，受制于机场有限的容量，难以支撑如此大规模酒店开发所需要的客流，而其对北区旅游新城的建设也还未看到实施的端倪。虽然通过联合投资来减轻自身投资的压力，但如何改善基础设施、完善营销渠道、平衡淡旺季仍是摆在万达面前的课题。

万达旅游地产的市场表现还有待国人消费观念的转变，不过大手笔的投资打造出的极致项目仍为中国旅游地产市场注入了一支强心剂，是对"旅游地产不再只是地产"的隆重宣告，是更注重旅游运营本身。当今中国已步入"产品为王"的时代，无论是资本，还是速度，最终都要让位于"产品品质、服务体验及由此带来的市场欢迎程度"。套句俗话说：光有钱，还不能任性。

二、长远之计：旅游源头活水，地产水到渠成

"假旅游、真地产"这种以旅游为名的圈地行为未来将寸步难行，旅游与地产并重才是旅游地产可持续盈利的出路。旅游地产的发展方向，也由"旅游+地产"两层皮延伸到"关联产业群"，特别是"目的地型复合城市功能"。

（资料来源：http://travel.ifeng.com/news/ detail_2015_03/31/40932232_0.shtml.）

思考：根据旅游地产业新的四大赢利模式，分析其与传统模式相比，在哪些方面更具有优势。

复习思考题

1. 根据当地的旅游条件，设计一个旅游开发项目，并分析其投资的可行性。
2. 设计一个旅游开发项目，并提供多个决策方案，通过德尔菲法或问卷调查法，确定未来经济环境的类型及可能性，以及不同条件下的获利水平，分析和选取最佳决策方案。
3. 根据旅游统计年鉴，分析当地旅游收入情况，并与周边的地区进行比较。
4. 结合旅游收入分配流向图，分析旅游收入对当地经济的作用。
5. 根据乘数效应原理，查阅相关资料，分析旅游经济对当地经济的作用。
6. 分析旅游外汇漏损产生的原因及相应的防范措施。

第九章

旅游经济效益

1. 了解旅游业对经济的影响；
2. 掌握旅游业经济效益的特点和影响因素；
3. 掌握旅游卫星账户的内涵及相关表格；
4. 掌握宏观旅游经济效益的概念和主要指标；
5. 掌握投入产出法基本的概念和内容，并能读懂相关的论文；
6. 了解 DEA 的基本含义，能运用软件进行基础的旅游技术效率分析；
7. 了解微观旅游经济效益的概念和评价指标；
8. 掌握评价微观旅游经济效益的基本方法（利润率分析法、盈亏平衡法和边际利润分析法）。

第一节 旅游业的经济影响与核算

一、旅游业对旅游地的经济影响

旅游业对旅游地的经济影响有积极的一面，也有消极的一面。积极的一面表现在旅游业可以增加经济收入、减少旅游收入漏损、增加就业机会、促进当地经济发展和经济结构改善等。消极的一面包括诱导通货膨胀、助推物价上涨、增加对外部经济的依赖性等。具体影响如下。

1. 积极方面的影响

1）增加经济收入

旅游业可以增加国内旅游收入。旅游需求的增长推动了各地区旅游产品供给的增长，也使得各地区的国内旅游收入都有不同程度的增长。

旅游业可以增加外汇收入。扩大外汇收入有两条基本途径：一是通过对外贸易获得贸易外汇；二是通过非贸易途径获得非贸易外汇。旅游创汇作为非贸易出口的重要组成部分，在换取外汇方面有自己独到的优势,这些优势主要有:①"无形出口"效应。旅游业一般不受贸易壁垒和出口配额的限制,在国际上普遍被认为是最优秀的出口产业。②换汇成本低。一般有形产品出口由于运输、关税等原因,导致出口成本高,而旅游产品则没有这些成本,旅游换汇成本通常是贸易换汇成本的 2/3 左右。2017 年,我国入境旅游人数 13 948 万人次,比上年同期增长 0.8%;国际旅游收入 1 234 亿元,比上年同期增长 2.9%。

> **知识拓展**
>
> 非贸易外汇收入:凡是不通过对外贸易途径所实现的外汇收入,均属非贸易外汇收入。包括海运收入,航空收入,铁路收入,邮电收入,金融企业收入,保险收入,出口图书、影片、音像制品、邮票收入,旅游及旅游商品收入,侨汇收入,对外承包工程收入,输出劳务收入,关税及税款收入,外币兑换收入,驻华机构汇款收入,中外合资企业(中方)上缴的外汇利润,国外援助及捐赠收入,广告、修理、展览、检验、租赁收入,经营房地产收入,经营股票、债券收入及其他非贸易外汇收入。

2)增加就业机会

旅游经济活动是一项综合性、服务性的经济活动。一般认为,旅游业是劳动密集型产业,发展旅游业能为旅游目的地提供大量的直接就业机会,如与旅游产品和服务相关的景区(点)、旅行社、住宿设施、娱乐设施、购物设施等部门的就业岗位;另外,由于旅游经济是一种发散的经济,表现为具有很强的产业关联性,以上这些直接为旅游者提供产品和服务的相应部门又需要购买其他部门的产品和服务,从而增加相关部门,如农业、制造业、食品加工业等行业的间接就业机会。

3)缩小经济差距

旅游产业可以减少当地其他产业滞后的影响。不同的国家或地区间存在的经济差距,主要表现为第二产业的差距,而第二产业的发展需要较长的时间,不发达的国家和地区难以在短期内扭转这种差距。旅游业的进入门槛相对较低,经济相对不发达的国家和地区可以积极开发旅游资源,吸引游客,从而增加贸易顺差或缩小贸易逆差,为不发达国家或地区提供发展资金,改善当地其他产业的发展状况。

4)加快货币流通和回笼

任何实行市场经济的国家都需要有计划地投放货币和回笼货币,从而使整个社会经济得以正常运转。货币的投放量和回笼量应大致有一定的比例,即货币投放到社会之后,必须有一定数量的回笼。回笼货币的方法一是要向市场投放相应数量的物质商品,再就是供应服务性商品。在国家的物质商品生产能力有限,一时难以扩大物质商品投放量的情况下,转移人们的购买趋向,鼓励人们多消费服务商品(如游览和娱乐),就成为必要的货币回笼渠道。在这个意义上,通过发展国内旅游来促进货币回笼,不仅可以起到稳定货币流通量和商品供应量之间比例的作用,也是稳定物价的一种手段,能够促进市场的稳定和繁荣。

5)带动相关产业发展

旅游业的关联带动功能表现在两个方面:一是旅游业的发展需要有物质生产部门提供一

定的物质基础；二是旅游业作为一个服务性产业，会拉动市场需求的增加。据统计，与旅游业关联度比较大的有 26 个产业，其中，旅游特定产业 12 个（民航和铁路客运业、道路运输业、城市公共交通运输业、水上运输业、邮政业、信息传输服务业、批发和零售贸易业、住宿业、餐饮业、环境资源与公共设施管理业、文化艺术和广播电影电视业、娱乐业），非旅游特定产业 14 个。旅游消费对住宿业的贡献率超过 90%，对民航和铁路客运业贡献率超过 80%，对娱乐业的贡献率超过 50%，对餐饮业和批发零售贸易业的贡献率超过 40%。

从以上 5 点可知，旅游业对促进地区经济发展的作用巨大。经济增长理论认为，推动经济增长的"三驾马车"是投资、消费与出口。其中，消费是最可靠的经济增长因素。旅游越来越成为人们生活中必不可少的一部分，旅游消费对整个国家的经济拉动作用非常显著。

2. 消极方面的影响

1）引起物价上涨

通常，外来旅游者的收入水平较高，或者为了旅游而长期积蓄，因此在旅游目的地旅游期间的消费能力高于旅游目的地居民，能够出高价购买食、住、行以及以旅游纪念品为代表的各种物质商品。经常有大量旅游者来访，会引起旅游目的地物价上涨，如衣、食、住、行等生活必需品的价格上涨，这势必损害当地非旅游经营者和居民的经济利益。

2）影响产业结构和社会风气

旅游目的地在发展过程中，往往会因为收入相对较高，而吸引当地的一些非旅游人员参与旅游经营，例如，一些当地的农民放弃以前的农业生产，盲目开发一些"农家乐"或者从事旅游商品销售。通常这些旅游产品的质量良莠不齐，在旅游产品供过于求的时候，往往产生强制购买或恶性竞争等不良经营行为，从而影响农业发展和社会风气。

3）增加对外部经济的依赖性

如果目的地经济体系不完善，经济技术基础较差，在旅游经济发展过程中，就会增加对外部需求的依赖程度，使目的地经济体系不稳定，成为发达经济体的"飞地"。表现为落后地区通常需要借助于外来的投资和管理力量，导致本地区的旅游经营和旅游收入实际掌握在外来投资者手中，旅游经济的带动效果及经济的独立性、稳定性较差。

4）影响国民经济的稳定性

旅游业是一个季节性很强的行业，而且面临诸多风险，如政治、社会是否稳定，经济是否景气，是否有流行疾病等。如果旅游目的地太依赖旅游业，在旅游需求大幅度下降时，不仅旅游业以至整个地区经济都将严重受挫，造成严重的经济和社会问题。

二、旅游经济效益概述

1. 旅游经济效益的含义

所谓经济效益，指在经济活动中，劳动（包括物化劳动与活劳动）占用和劳动消耗与获得的劳动成果之间的比较。在相同的劳动投入条件下，科技越发达，产出就越高；在相同的科技水平下，劳动的技能和组织管理的水平越高，则产出越高。可见，科学技术、劳动技能、管理水平这些都会提高经济效益。

所谓旅游经济效益,指的是人们在从事旅游经济活动中,投入与有效产出之间的对比关系。在这里,投入是指旅游经营部门所消耗的物化劳动和活劳动;有效产出是指旅游经营部门生产的、能满足旅游者需要、其价值已经得到实现的旅游产品,即旅游经营部门在组织接待旅游者的过程中,以更少的劳动消耗提供更多更好的旅游产品。

旅游经济效益研究包括两个层次:一是对微观层次的旅游企业经济效益的研究,属于微观经济效益的范畴。二是研究旅游活动的开展对某一国家或地区的经济效益的影响,属于宏观经济效益的范畴。这两个层次的效益既相互关联、相互制约,又相互促进。旅游微观经济效益是旅游宏观经济效益的基础,旅游宏观经济效益则会制约旅游微观经济效益的水平。

2. 旅游经济效益的特点

旅游业作为一个综合性的经济产业,有其自身的特点和运行规律。其特点主要体现在以下几个方面。

1)旅游经济效益是微观经济效益与宏观经济效益的统一

旅游经济活动通常由餐饮、住宿、旅行、观赏、娱乐、购物等多种活动所组成,因而旅游经济效益实质上是食、住、行、游、购、娱等多种要素综合作用的结果,而各种要素作用发挥得好坏,最终也必定体现在经济效益上。旅游微观经济效益不仅体现了旅游企业的经济效益,使旅游经济活动的主体及其组织得以生存和发展,而且旅游企业的经济效益还会体现整个旅游产业的宏观经济效益状况,宏观经济效益状况也会制约旅游企业的经济效益,因此,旅游经济效益是微观经济效益与宏观经济效益的统一。

2)旅游经济效益的评价指标是多方面的

衡量旅游经济效益可以采用的评价指标较多,如接待游客人数、游客逗留天数、旅游收入、旅游外汇收入、旅游利润和税收、客房率、游客人均消费、游客投诉率、资金利润率、技术效率、成本利润率及服务质量等。

3)旅游经济效益具有质和量的规定性

同其他经济活动一样,旅游经济效益是质和量的统一。旅游经济效益的质的规定性,主要表现为取得旅游经济效益的途径和方法必须在国家有关法律、法规和政策的范围内和指导下,通过加强管理、技术进步和改善服务质量来实现;旅游经济效益的量的规定性,是指旅游经济效益也追求一定的数量。质是旅游经济效益提高的基础和保证,量是旅游经济效益提高的目标和结果。

3. 旅游经济效益的影响因素

影响旅游经济效益的主要因素可以从以下几个方面进行考虑。

1)旅游者数量及构成

旅游者数量对经济效益的影响具体表现在两个方面:一方面,旅游经济活动中旅游者数量的增加,必然相应增加旅游收入,从而提高旅游产品和旅游服务的利用效率,增加旅游经济效益;另一方面,旅游经济活动中的劳动占用和耗费,特别是表现为固定费用部分(如基本工资、折旧、管理费用等），在一定范围内会随旅游者数量的增加而相对减少，从而使服务一个旅游者所花费的成本费用相对减少，使旅游经济效益增加。此外，旅游者因年龄、职业、爱好、习俗、消费习惯及旅游支付能力不同，在旅游活动中的旅游消费和支出的构成及特点也不同，也会对旅游经济效益产生重要的影响。

2）旅游物质技术基础及其利用率

旅游物质技术基础是指对各种旅游吸引物、旅游接待设施、旅游交通和通信、旅游辅助设施的总称。在旅游经济活动中，各种旅游物质技术基础与旅游经济效益具有直接的关系。通常，旅游物质技术基础条件好，则劳动占用和耗费少，可以提高旅游经济效益。因此，旅游业应适度超前发展各种旅游设施，尽可能配备现代化程度较高的物质技术设施和手段，并提高旅游物质技术设施的利用率，以提高劳动效率，减少劳动耗费，增加经济效益。

3）旅游活动的组织和安排

在旅游活动的组织和安排中，要通过合理选择旅游项目、周密安排游览时间、提供优质服务和管理等，提高游客的旅游体验，提高游客自愿消费的动机，使旅游者真正能够高兴而来，满意而归；同时增加旅游企业的回头客，创造良好的口碑。

4）旅游业的科学管理

旅游行业必须科学地对劳动力进行分工，科学组织和协调服务过程，把食、住、行、游、购、娱等过程中的服务和管理配套好，唯其如此，才能有效地提高劳动生产率。另外，一线的劳动者是旅游活动过程中诸要素中最活跃、最关键的要素，也是决定劳动生产率能否提高的关键，因此要积极培训和提高职工的业务技术水平，充分调动职工的劳动积极性和创造性，真正实现劳动生产率的提高。

4. 旅游经济效益评价的基本原理

效益高低是一个相对的概念，需要通过比较才能了解经济效益的水平。具体而言，旅游经济效益评价需要重视以下几个方面。

1）旅游经济活动的有效成果同社会需要的比较

旅游产品作为旅游者在旅游活动过程中所购买的物质产品、精神产品和服务的总和，同样具有价值和使用价值，只有当旅游产品能够有效地满足旅游者的需求时，才能实现其价值。否则，不仅不能体现旅游产品的价值和使用价值，还会使旅游经营单位遭受损失。

2）旅游经济活动的有效成果同劳动消耗和占用的比较

旅游经营部门和企业为了向旅游者提供旅游产品，必然要耗费社会劳动，占用资金，从而形成旅游经济活动的成本和费用。因此，要讲求经济效益就必须把旅游经济活动的有效成果（主要是利润和税金）同劳动占用和消耗进行比较，以评价旅游经济活动的合理性和旅游经济效益的好坏。

3）旅游经济活动的有效成果同资源利用的比较

旅游经济活动必须以旅游资源为基础，以市场为导向，充分有效地利用各种资源。把旅游经济活动的有效成果同旅游资源的利用相比较，可以揭示利用旅游资源的程度和水平，从而寻找充分利用旅游资源的途径和方法。另外，在利用旅游资源时，还要考虑对旅游资源的保护和长久利用,保证旅游资源能持续地带来旅游收入和经济效益。

4)旅游经济活动的宏观效益与微观效益的统一

微观效益主要指旅游企业的经济效益,表现为旅游企业的经营收入与成本之间的比较,旅游企业必然把追求利润作为其行为目标。旅游经济活动的宏观效益是指旅游产业的整体效益,其不仅要讲求本产业的经济效益,同时还要考虑对社会经济所做的贡献及对生态环境的保护和改善。

三、旅游卫星账户体系

1. 旅游卫星账户及其发展历史

旅游卫星账户(Tourism Satellite Account,TSA)是指按照国民账户体系(System of National Account,SNA)的概念和分类要求而设立相关的统计项目[①],专门衡量旅游业经济发展影响因素和经济贡献的虚拟账户,是为了准确全面地测度旅游业的经济影响。

由于旅游产品的供给涉及多个行业,所以,目前的旅游统计年鉴不能反映旅游投入与产出的具体情况,这是世界各国普遍存在的问题。为解决旅游统计的这些问题,TSA 应运而生。

1991 年,世界旅游组织在渥太华召开有关旅行与旅游统计的国际会议,着手开发 TSA;1992 年,经济合作与发展组织(简称经合组织)开发了"旅游经济账户";1993 年,国民账户体系(SNA 93)被采用;1994 年,联合国和世界旅游组织采纳旅游统计建议(Recommendation 93);1994 年,加拿大首次推出 TSA;1995 年,经合组织首次发行 TSA 的指导方针;1999 年,世界旅游组织出版了《世界旅游组织旅游卫星账户:概念性框架》;2000 年,联合国统计署(UNSC)正式批准了 TSA 的方法框架,推出《旅游卫星账户:建议的方法框架》(TSA: RMF),为所有的国家衡量旅游的经济影响提供了国际化标准。2001 年,世界旅游组织和加拿大旅游局在温哥华召开另一次国际会议,发布了 3 个组织共同的研究成果:《旅游卫星账户:建议的方法框架》,这是现在通行的旅游卫星账户版本。目前,旅游卫星账户已经在我国各地逐渐推广。

2. 旅游卫星账户编制规则

参照 SNA 的有关传统和基本原则,《旅游卫星账户:建议的方法框架》重新定义了产品和产业分类体系,即旅游特征产品(tourism characteristic products,TCP)和旅游特征活动(tourism characteristic action,TCA)。由于旅游卫星账户的产业和产品分类体系与国民经济的行业分类体系是不同的,它是根据旅游问题的研究需要而设计的,所以在编制之前,首先需要确定旅游特征活动是采用产业部门分类,还是产品部门分类,如表 9-1 所示。

---

① Tourism Satellite Account 可译为旅游卫星账户或者旅游附属账户,通常译为旅游卫星账户,但译为旅游附属账户更能直接表达其意思(如 2014 年的旅游统计年鉴中就译为"旅游附属账户")。鉴于目前的文献主要采用"旅游卫星账户"的译法,本文仍采用"旅游卫星账户"一词。

表 9-1 旅游业特征产品和相应活动（参考 TSA: RMF 2008）

旅游特征产品（TCP）的分类	旅游特征活动（TCA）的分类
A. 消费品	1. 为游客服务的住宿业
A.1 旅游特征产品	2. 食品和饮料供应服务业
1. 为游客服务的住宿服务	3. 铁路客运业
1-a 除 1-b 之外的为游客服务的住宿服务	4. 公路客运业
1-b 各种所有权形式的度假住宅服务	5. 水上客运业
2. 食品和饮料供应服务	6. 航空客运业
3. 铁路客运服务	7. 客运设备出租业
4. 公路客运服务	8. 旅行社和其他预订服务业
5. 水上客运服务	9. 文化业
6. 航空客运服务	10. 体育和娱乐业
7. 客运设备出租服务	11. 编制国特定的旅游特征货物的零售业
8. 旅行社和其他预订服务	12. 编制国特定的旅游特征活动
9. 文化服务	
10. 体育和娱乐服务	
11. 编制国特定的旅游特征货物	
12. 编制国特定的旅游特征服务	
A.2 其他消费品	
B. 非消费品	
B.1 珍贵物品	
B.2 其他非消费品	

3. 旅游卫星账户主要内容及应用

旅游卫星账户主要内容就是根据 SNA 2008 第 29.99 条，编制包括 10 个表的 TSA 系列账户［具体的表格请查阅《旅游卫星账户》（2011），黎洁、李瑛编著］。以下按照旅游特征产品（TCP）分类对 10 个表进行简单说明。第一部分表 1 到表 3 从需求的角度分别描述入境旅游、国内旅游和出境旅游的消费情况，并由表 4 进行域内旅游消费的汇总；表 5 从供给的角度描绘旅游业。第二部分的表 6 得出旅游卫星账户最重要的结论——旅游业增加值。第二部分是旅游卫星账户的结论部分，包括表 6 到表 10，分别描述旅游业增加值、旅游业就业、旅游业固定资产、旅游集团消费（指政府为促销、发展旅游进行的消费）和一些非金钱指标。TSA: RMF 推荐的旅游卫星账户 10 个表的关系如图 9-1 所示。

收集以上数据的工作量非常大，往往需要借助于一些已有的数据才能完成，如我国每 5 年提供一次的投入产出（I/O）表。此外，需要补充说明的是，世界旅行与旅游理事会为世界大多数国家（包括我国在内）编制了 TSA，不过由于在具体的研究目标、方法方面和世界旅游组织推荐的方法框架存在差异，因此其结果也存在差异，需要有选择地参考。

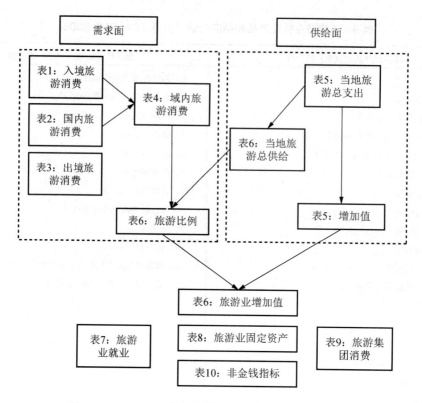

图 9-1　TSA: RMF 推荐的旅游卫星账户 10 个表关系图

4. 旅游卫星账户应用

1）测算旅游业对 GDP 的贡献

旅游业对 GDP 的贡献包括直接贡献和间接贡献，反映在增加值指标上就是旅游业直接增加值和旅游业间接增加值，两者之和就是旅游业完全增加值。

（1）测算旅游业直接增加值。旅游业直接增加值用来衡量广义旅游业对国民经济的直接贡献，它是指旅游业直接创造的增加值，是由游客直接消费产生的，一般采用旅游消费账户的数据进行测算，也就是通常所说的附加值率测算方法。

（2）测算旅游业完全增加值（旅游经济增加值）。旅游业完全增加值是旅游业通过对国民经济的直接、间接和诱导影响所产生的增加值，用来衡量旅游业对国民经济的完全贡献。

（3）测算旅游业产出乘数。旅游业产出乘数是指旅游业完全增加值与旅游业直接增加值的比值，它的经济学含义是：旅游业每增加一个单位的产出，可以带动国民经济增加若干个单位的产出（含旅游业本身的产出），反映了旅游业的产业拉动作用。

2）测算旅游业就业贡献

根据旅游业的直接增加值、完全增加值及劳动生产率，可以测算出旅游业的直接就业人数（用 DE 表示）和完全就业人数（即直接和间接就业人数，用 EE 表示）。其计算公式为

$$DE=DT/WP \qquad (9\text{-}1)$$

式中，DE——直接就业人数；

DT——旅游业直接增加值；

WP——旅游业劳动生产率。

$$EE = \sum_{i=1}^{n} \frac{EC_i}{WP_i} \quad (9\text{-}2)$$

式中，EE——完全就业人数；

EC_i——旅游引起的各部门增加值（包括直接和间接增加值），EC_i 求和即为旅游业完全增加值；

WP_i——国民经济各部门的年度劳动生产率。

3）实例

根据 1997 年广东 41 个部门投入产出表（即广义旅游业的生产账户），分别测算广东旅游业直接增加值、旅游经济增加值和产出乘数、直接就业人数、完全就业人数和就业乘数，测算结果如表 9-2 所示。

表 9-2　广东广义旅游业产业贡献测算结果（1997）

旅游业直接增加值/万元	旅游经济增加值/万元	旅游业产出乘数	旅游业直接就业人数/人	旅游业完全就业人数/人	旅游业就业乘数
2 599 084	5 950 127	2.29	319 036	1 584 361	4.97

（资料来源：刘益. 基于投入产出模型的旅游卫星账户研究[J]. 暨南学报（哲学社会科学版），2006，28（3）：60-65.）

第二节　旅游宏观经济效益与评价

一、旅游宏观经济效益概述

1. 旅游宏观经济效益的含义

旅游宏观经济效益是指在旅游经济活动中，社会投入的活劳动、物化劳动及资源的占用和消耗与旅游业及全社会效益的比较。旅游宏观经济效益指的是包括旅游业在内的社会整体的经济效益，既包括旅游业本身直接获得的经济效益，又包括旅游业发展所带动的其他相关行业、部门的发展而产生的间接经济效益。

旅游活动是一种复杂的社会活动，涉及多个行业全方位的接触与联系。在旅游的影响中，有些对社会经济的发展十分有利，而有些则起到负面作用。正面影响是旅游宏观收益，而负面影响则是旅游宏观成本。一般来讲，旅游活动给旅游目的地国家或地区带来的影响远大于客源国，因此对旅游宏观效益的研究在旅游目的地国家或地区更被重视。

旅游宏观成本是指为开展旅游活动而付出的社会总成本，包括旅游企业投入的活劳动和物化劳动的价值；国民经济中有关的经济和非经济部门为旅游企业开展业务的需要而提供的物化劳动和活劳动的价值；社会在纠正、整理旅游宏观损失中所付出的代价。此外，还要计算机会成本。

旅游宏观收益是指为开展旅游活动而获得的全社会的收益，包括旅游企业的盈利；旅游企业及相关部门向国家及地方上缴的税金和经济建设不可或缺的外汇收入；促进国家经济中相关行业、部门的发展及就业机会的增加，促进地区产业结构的改善，以及旅游获得的给社会带来的不能以货币衡量的经济和非经济的效益等。

2. 旅游宏观经济效益的指标

1）旅游创汇收入和旅游总收入

旅游创汇收入指标反映了旅游目的地国家或地区通过国际旅游直接从境外旅游者的旅游消费支出中得到的外汇收入。旅游业往往是许多国家和地区主要的外汇来源，在一国的国际收支中占有重要地位。

旅游总收入是指旅游目的地国家或地区，通过开展旅游活动从境内外旅游者的支出中得到的全部收入，包括旅游外汇收入和国（地区）内旅游收入。这个指标反映了旅游产业发展的总规模，是评价旅游宏观经济效益的主要指标。

2）旅游投资效果系数

旅游投资效果系数是指在一定时期内，旅游投资年利润额与投资总额之比，即反映单位投资所获得的利润，又称投资利润率或投资回收率。通常，投资年利润额与投资总额之比越大，表明旅游投资效益越好。其计算公式为

$$旅游投资效果系数 = \frac{投资年利润额}{投资总额} \times 100\% \qquad (9\text{-}3)$$

3）旅游投资回收期

旅游投资回收期是指旅游投资总额全部回收的年限，是投资效果系数的倒数。通常，旅游投资回收期数值小，说明旅游投资的回收时间短，投资效果好；反之，投资效益就差。其计算公式为

$$旅游投资回收期 = \frac{投资总额}{投资年利润额} \times 100\% \qquad (9\text{-}4)$$

4）单位接待能力投资额

单位接待能力投资额是指投资总额与旅游总接待能力的比较，即提供接待能力或提供单位旅游产品所需的投资额。其计算公式为

$$单位接待能力投资额 = \frac{投资总额}{旅游总接待能力} \times 100\% \qquad (9\text{-}5)$$

5）旅游投资提供就业能力

旅游投资提供就业能力是指一定时期旅游就业人数增加量与同期旅游经济增长量之比。该指标反映了旅游产业发展中，为社会提供的劳动就业机会的总量，体现了旅游业对国民就业的直接和间接贡献。其计算公式为

$$旅游投资提供就业能力 = \frac{一定时期旅游就业人数增加量}{同期旅游经济增长量} \times 100\% \qquad (9\text{-}6)$$

6）社会贡献率

社会贡献率是指一定时期旅游业社会贡献总额与旅游投资总额之比。该指标反映的是旅游业为社会作贡献的能力。其计算公式为

$$社会贡献率 = \frac{一定时期旅游业社会贡献总额}{旅游投资总额} \times 100\% \qquad (9\text{-}7)$$

式中，一定时期旅游业社会贡献总额包括旅游业支付给职工的工资及福利总额、旅游业上缴给国家的税金总额、旅游业偿还给金融机构的利息支出总额、旅游业所创造的净盈利等。

3. 旅游宏观经济效益的评价

对旅游宏观经济效益的评价，主要是看旅游产业的发展对整个国民经济增长和社会发展、生态环境保护的综合贡献。

1）对旅游业自身经济效益的评价

对旅游业自身经济效益的评价，是旅游宏观经济效益评价的主要内容，即通过旅游业满足社会需要的程度同发展旅游业所消耗的社会总劳动量之间的比较等来评价旅游业的宏观经济效益。

旅游业满足社会需要的程度，主要指通过对旅游业及相关产业的投资，满足旅游市场的消费需求的程度，通常用接待旅游者数量、旅游收入、接待设施规模等指标来体现。发展旅游业所消耗的社会总劳动量，主要指为提供食、住、行、游、购、娱等多种旅游产品要素而在基础设施、接待设施、游乐设施及旅游服务方面所花费的全部物化劳动和活劳动消耗，通常用旅游投资及经营成本来反映。对于这方面的分析评价一直是旅游经济研究中的薄弱环节，1990年以来，世界旅游组织、世界旅游理事会等国际组织建立了旅游卫星账户来进行综合评价。

此外，分析旅游产业投资效果，还可以通过对投入和产出的比较来进行，具体来说就是用所有旅游的单位接待能力投资额、劳动生产率、资金利税率、投资效果系数及投资回收期等主要指标来反映，也可以采取编制旅游业的投入产出表，计算旅游业的投入产出的各种系数，对旅游业自身经济效益的状况和水平进行评价等方式。

2）对旅游业的社会经济效益的评价

对旅游业的社会经济效益的评价，主要是分析和评价其对相关产业的带动及对整个社会经济的促进作用。

对国民经济相关产业的带动作用，一般是通过计算旅游产业同其他相关产业的关联性、带动系数等指标来反映。计算旅游业对其他产业的关联性、带动系数，通常是以投入产出表为基础，通过计算旅游业对相关产业的影响系数和诱导系数，分析其对相关产业的带动力和影响力。

对整个社会经济的促进作用，一般是通过分析旅游创汇收入、增加就业计划及提高居民收入水平等指标来反映。尤其是分析和评价旅游业在外汇收支平衡、创造就业岗位、促进贫困地区脱贫致富、推动产业结构调整等方面的积极作用。

3）对旅游业的社会非经济效益的评价

旅游业对社会经济的影响不仅体现在经济效益方面，还体现在环境保护、对优秀传统文化的弘扬、精神文明建设等方面。评价的指标包括对恢复、保护和合理利用名胜古迹的影响，对继承传统艺术和文化遗产的作用，对人们思想和职业道德的影响，对当地居民消费方式的影响等。

二、旅游业投入产出分析

1. 投入产出分析介绍

投入产出分析亦称产业部门间分析,是分析特定经济系统内投入与产出间数量依存关系的原理和方法,它是由华西里·里昂惕夫于 1936 年提出的。部门间的投入产出关系通常由反映各部门投入的竖表和反映各部门产出的横表交叉组成的棋盘式平衡表来表示,如表 9-3 所示。投入产出表有实物和价值两种形式,其中采用价值形式的投入产出分析最多,以下对价值形式的投入产出表进行分析。

表 9-3　投入产出平衡表（1）

投入 \ 产出		中间使用				最终使用				进口 M_i	最终产出 Y_i	总产出 X_i
		部门1	部门2	…	部门 n	合计	最终消费 w_i	资本形成 H_i	…	合计 Y_i'			
中间投入	部门1	x_{11}	x_{12}	…	x_{1n}	$\sum x_{1j}$	w_1	H_1	…	Y_1'	M_1	Y_1	X_1
	部门2	x_{21}	x_{22}	…	x_{2n}	$\sum x_{2j}$	w_2	H_2	…	Y_2'	M_2	Y_2	X_2
	…	…	…		…	…	…	…		…	…	…	…
	部门 n	x_{n1}	x_{n2}	…	x_{nn}	$\sum x_{nj}$	w_n	H_n	…	Y_n'	M_n	Y_n	X_n
	合计	$\sum x_{i1}$	$\sum x_{i2}$	…	$\sum x_{in}$	$\sum\sum x_{ij}$	$\sum w_i$	$\sum H_i$	…	$\sum Y_i'$	$\sum M_i$	$\sum Y_i$	$\sum X_i$
增加值	固定资产折旧	d_1	d_2	…	d_n	$\sum d_j$							
	劳动者报酬	v_1	v_2		v_n	$\sum v_j$							
	生产税净额	T_1	T_2		T_n	$\sum T_j$							
	营业盈余	r_1	r_2		r_n	$\sum r_j$							
	合计	N_1	N_2	…	N_n	$\sum N_j$							
总投入		X_1	X_2	…	X_n	$\sum X_j$							

1) 基本概念

投入是指生产（包括货物生产与服务生产）过程中对各种生产要素的消耗与使用,包括对原材料等物质产品的使用、对劳动力的消耗与使用、对各种生产资源的消耗与使用。

投入分为中间投入和最初投入（又称为增加值）,两者之和为总投入。

中间投入又叫中间消耗,是指生产过程中作为投入所消耗的各种非耐用性货物和服务。

最初投入（又称为增加值）是指增加值的要素投入,包括劳动者报酬、固定资本消耗、生产税净额和营业盈余。

产出是指生产出来的产品及其分配使用的去向。产出可分为中间产品和最终产品,或叫作中间使用和最终使用。

中间产品是指经济体系中各部门生产出来的产品用于其他部门做中间消耗的部分。

最终产品是指经济体系中各部门生产出来的产品被用于最终消费、投资和出口的部分。

最终产品（最终产出）是本期生产,本期不需要再加工,可供直接消费、投资、出口等使用的产品。

2) 符号含义

投入产出平衡表通常分为 4 个象限,如表 9-4 所示。

表 9-4 投入产出平衡表（2）

投入（价值的形成 $c+v+m$） \ 产出（使用价值的分配）		中间使用				最终使用								进口	其他	总产出
		第一产业	第二产业	第三产业	中间使用合计	最终消费			资本形成总额			出口	最终使用合计			
						居民消费		政府消费	合计	固定资本形成	存货增加	合计					
						农村居民	城镇居民	小计									
中间投入	第一产业	第Ⅰ象限 x_{ij}				第Ⅱ象限 M_i									Y_i		
	第二产业																
	第三产业																
	中间投入合计																
增加值	固定资产折旧	第Ⅲ象限 N_j				第Ⅳ象限											
	劳动者报酬																
	生产税净额																
	营业盈余																
	增加值合计																
	总投入	X_j															

x_{ij}——从行的角度看，表示部门 i 提供给部门 j 的产品数量或产品价值总量；从列的角度看，表示部门 j 消耗部门 i 的产品数量或产品价值总量；

Y_i——表示部门 i 的最终产出，是最终使用额和进口额的差值；

X_j——表示部门 j 的总投入；

N_j——表示部门 j 总的增加值。

表中第Ⅰ象限反映部门间的生产技术联系，是表的基本部分；第Ⅱ象限反映各部门产品的最终使用；第Ⅲ象限反映国民收入的初次分配；第Ⅳ象限反映国民收入的再分配，因其说明的再分配过程不完整，有时可以不列出。

2. 投入产出模型恒等关系

表 9-3 中，存在以下几种平衡关系。

（1）行平衡关系：

$$中间使用+最终使用=总产出$$

行平衡关系用表 9-3 的符号表示，即为

$$\begin{cases} X_1 = x_{11} + x_{12} + \cdots + x_{1n} + Y_1 \\ X_2 = x_{21} + x_{22} + \cdots + x_{2n} + Y_2 \\ \vdots \\ X_n = x_{n1} + x_{n2} + \cdots + x_{nn} + Y_n \end{cases} \quad (9-8)$$

简写为

$$\sum_{j=1}^{n} x_{ij} + Y_i = X_i \qquad i=1,2,\cdots,n \tag{9-9}$$

（2）列平衡关系：

中间投入+增加值=总投入

列平衡关系用表 9-3 的符号表示，即为

$$\sum_{i=1}^{n} x_{ij} + Y_i = X_i \qquad j=1,2,\cdots,n \tag{9-10}$$

（3）横向与纵向关系。就各部门而言（即 $i=j$ 时），部门 i 总产出等于部门 j 总投入，即第Ⅰ、Ⅱ象限之和等于第Ⅰ、Ⅲ象限之和，即每个部门的总投入等于该部门的总产出，用公式表示为

$$\sum_{i=1}^{n} x_{ij} + Y_i' - M_i = \sum_{i=1}^{n} x_{ij} + N_i \tag{9-11}$$

（4）最终使用与最初投入之间的关系。第Ⅱ象限总量等于第Ⅲ象限总量，即在一定时期内，全社会国内生产总值的使用额与生产额相等，即所有部门的总投入等于所有部门的总产出，用公式表示为

$$\sum_{i=1}^{n} Y_i' - \sum_{i=1}^{n} M_i = \sum_{i=1}^{n} N_j \tag{9-12}$$

3. 系数含义

1）直接消耗系数

直接消耗系数指在价值型投入产出表中，部门 j 生产单位产出直接消耗部门 i 的产品量，称为部门 j 对部门 i 的直接消耗系数。直接消耗系数 a_{ij} 可表示为

$$a_{ij} = \frac{x_{ij}}{X_j} \tag{9-13}$$

直接消耗系数 a_{ij} 反映了某种产品的生产对另一种产品的直接消耗程度，利用 a_{ij} 可研究两部门之间的直接经济技术联系。a_{ij} 数值越大，两部门之间的直接经济技术联系越紧密；反之，说明两部门之间的直接经济技术联系越松散；$a_{ij}=0$，说明两部门之间没有直接经济技术联系。可以将 a_{ij} 由小到大排列，以反映部门间的直接依存关系。

直接消耗系数 a_{ij} 对应的矩阵 A 是直接消耗系数矩阵，X 为各部门总产值列向量，Y 为最终产品列向量。根据式（9-13），可以得到直接消耗系数矩阵：

$$A = X\hat{X}^{-1} \tag{9-14}$$

式中：$X = \begin{pmatrix} x_1 \\ x_2 \\ \vdots \\ x_n \end{pmatrix} \qquad \hat{X} = \begin{pmatrix} x_1 & 0 & 0 & 0 \\ 0 & x_2 & 0 & 0 \\ 0 & 0 & \cdots & 0 \\ 0 & 0 & 0 & x_n \end{pmatrix}$

对式（9-14）进行变换，则有

$$X = A\hat{X} \tag{9-15}$$

由式（9-15）可知，已知直接消耗矩阵以及总产出，可以得到中间产品使用矩阵。

2）中间投入率

中间投入率 a_{cj} 是生产部门 j 生产单位总产出所直接消耗的所有的中间消耗价值量，可表示为

$$a_{cj} = \sum_{i=1}^{n} a_{ij} \tag{9-16}$$

a_{cj} 数值越大，说明生产部门 j 与其他所有部门之间的直接经济技术联系越密切。

3）增加值率

增加值率是某部门的增加值占其总产出的比重，可表示为

$$a_{Nj} = \frac{N_j}{X_j} \tag{9-17}$$

4）中间投入率与增加值率的关系

中间投入率与增加值率的关系可表示为

$$\sum_{i=1}^{n} a_{ij} + a_{Nj} = 1$$

即

$$a_{cj} + a_{Nj} = 1 \tag{9-18}$$

4. 直接消耗系数的应用

1）行模型

将 $x_{ij} = a_{ij}x_j$ 代入产出平衡方程组式（9-8），可得直接消耗系数平衡方程组：

$$\begin{cases} x_1 = a_{11}x_1 + a_{12}x_2 + \cdots + a_{1n}x_n + y_1 \\ x_2 = a_{21}x_1 + a_{22}x_2 + \cdots + a_{2n}x_n + y_2 \\ x_3 = a_{31}x_1 + a_{32}x_2 + \cdots + a_{3n}x_n + y_3 \\ x_4 = a_{41}x_1 + a_{42}x_2 + \cdots + a_{4n}x_n + y_4 \end{cases} \tag{9-19}$$

可简写为

$$x_i = \sum_{j=1}^{n} a_{ij}x_j + y_i \quad i = 1, 2, 3, \cdots, n \tag{9-20}$$

设 A 为直接消耗系数矩阵，X 为总投入列矩阵，Y 为最终产出矩阵，它们分别为

$$A = \begin{pmatrix} a_{11} & a_{12} & a_{13} & \cdots & a_{1n} \\ a_{21} & a_{22} & a_{23} & \cdots & a_{2n} \\ a_{31} & a_{32} & a_{33} & \cdots & a_{3n} \\ \vdots & \vdots & \vdots & & \vdots \\ a_{n1} & a_{n2} & a_{n3} & \cdots & a_{nn} \end{pmatrix} \quad X = \begin{pmatrix} x_1 \\ x_2 \\ x_3 \\ \vdots \\ x_n \end{pmatrix} \quad Y = \begin{pmatrix} y_1 \\ y_2 \\ y_3 \\ \vdots \\ y_n \end{pmatrix}$$

则可得矩阵形式：
$$X = AX + Y \quad (9\text{-}21)$$
或
$$(I - A)X = Y \quad (9\text{-}22)$$

这就是最常用的矩阵形式投入产出数学模型，即矩阵形式的直接消耗系数投入产出数学模型。而矩阵 $(I - A)$ 被称为里昂惕夫矩阵。其意义如下。

（1）里昂惕夫逆矩阵 $(I - A)^{-1}$ 的各列元素表示，当部门 j 的最终需求增加 1 个单位时，需要各产出部门 i 直接与间接提供的总产出量，$(I - A)^{-1}$ 又称为完全需要系数矩阵。

（2）里昂惕夫逆矩阵 $(I - A)^{-1}$ 的各行元素的和表示，各部门 j 同时增加 1 个单位的最终需求时，需要部门 i 增加的总产出量。

将式（9-22）两边同除 $(I - A)$，即可得
$$X = (I - A)^{-1} Y \quad (9\text{-}23)$$

2）列模型

同理，把直接消耗系数引入投入产出表的列模型，根据式（9-13），得
$$x_{ij} = a_{ij} X_j$$

代入投入产出表的纵向关系方程，得
$$\begin{cases} X_1 = (a_{11} + a_{21} + a_{31} + \cdots + a_{n1})_{X_1} + N_1 \\ X_2 = (a_{12} + a_{22} + a_{32} + \cdots + a_{n2})_{X_2} + N_2 \\ \vdots \\ X_n = (a_{1n} + a_{2n} + a_{3n} + \cdots + a_{nn})_{X_n} + N_n \end{cases}$$

用矩阵表示该方程组为
$$\hat{A}_c X + N = X \quad (9\text{-}24)$$
$$N = (I - \hat{A}_c) X \quad (9\text{-}25)$$

其中：
$$\hat{A}_c = \begin{pmatrix} c_1 & 0 & \cdots & 0 \\ 0 & c_2 & \cdots & 0 \\ \vdots & \vdots & & \vdots \\ 0 & 0 & \cdots & c_n \end{pmatrix} = \begin{pmatrix} \sum_{i=1}^n a_{i1} & 0 & \cdots & 0 \\ 0 & \sum_{i=1}^n a_{i2} & \cdots & 0 \\ \vdots & \vdots & & \vdots \\ 0 & 0 & \cdots & \sum_{i=1}^n a_{in} \end{pmatrix} \quad X = \begin{pmatrix} X_1 \\ X_2 \\ \vdots \\ X_n \end{pmatrix} \quad N = \begin{pmatrix} N_1 \\ N_2 \\ \vdots \\ N_n \end{pmatrix}$$

式中，$\hat{A}_c$ 为中间投入率矩阵，是对角矩阵，所以带有符号"^"。$(I - \hat{A}_c)$ 矩阵中对角线上 $1 - a_{cj}$ 的含义为部门 j 增加值占其总产出的比重，即增加值率。

以上有关投入产出的计算方法总结如表 9-5 所示。

表 9-5　投入产出计算方法汇总

模型	已知条件	求解目标	计算公式
行模型	总产出，中间使用	直接消耗系数矩阵	$A = X\hat{X}^{-1}$
	直接消耗系数矩阵，总产出	中间使用	$X = A\hat{X}$
	直接消耗系数矩阵，总产出	最终产品价值	$Y = (I - A)X$
	直接消耗系数矩阵，最终产品价值	总产出	$X = (I - A)^{-1}Y$
列模型	中间投入率矩阵，总产出	增加值	$N = (I - \hat{A}_c)X$
	中间投入率矩阵，增加值	总产出	$X = (I - \hat{A}_c)^{-1}N$

【例 9-1】假定国民经济分为农业、工业和其他 3 个部门，其投入产出的相互关系如表 9-6 所示。

表 9-6　报告期投入产出表　　　　　　　　　　　　　　　　　　　　　亿元

项目		中间产品				最终产品	总产出
		农业	工业	其他	小计		
中间投入	农业	3 249	6 900	1 150	11 299	7 845	19 144
	工业	4 690	8 650	7 000	20 340	14 121	34 461
	其他	4 660	3 900	5 000	13 560	9 414	22 974
	小计	12 599	19 450	13 150	45 199	31 380	76 579
增加值		6 545	15 011	9 824	31 380		
总投入		19 144	34 461	22 974	76 579		

假定计划年度内，农业、工业、其他部门的增加值指标分别为 8 433 亿元、15 067 亿元、9 885 亿元。试就下列问题进行讨论：

① 为实现各部门的计划指标，3 个部门应分别生产多少总产出？
② 为实现各部门的计划指标，3 个部门生产及相互提供的中间产品为多少？
③ 为实现各部门的计划指标，各部门的最终使用产品会达到多少？

解：首先计算直接消耗系数矩阵，采用式（9-14）计算各部门的直接消耗系数：

$$A = X\hat{X}^{-1} = \begin{pmatrix} 3\,249 & 6\,900 & 1\,150 \\ 4\,690 & 8\,650 & 7\,000 \\ 4\,660 & 3\,900 & 5\,000 \end{pmatrix} \begin{pmatrix} 19\,144 & 0 & 0 \\ 0 & 34\,461 & 0 \\ 0 & 0 & 22\,974 \end{pmatrix}^{-1} = \begin{pmatrix} 0.17 & 0.20 & 0.05 \\ 0.25 & 0.25 & 0.30 \\ 0.24 & 0.11 & 0.22 \end{pmatrix}$$

计算结果如表 9-7 所示。

表 9-7　直接消耗系数表

部门	农业	工业	其他
农业	0.17	0.20	0.05
工业	0.25	0.25	0.30
其他	0.24	0.11	0.22
合计	0.66	0.56	0.57

① 各部门总产出的计算。根据表 9-5 可知，该问题与列模型相关，属于已知增加值求总产出，因此采用公式 $X = (I - \hat{A}_c)^{-1}N$ 进行计算，即

$$\begin{pmatrix} X_1 \\ X_2 \\ X_3 \end{pmatrix} = \left[\begin{pmatrix} 1 & 0 & 0 \\ 0 & 1 & 0 \\ 0 & 0 & 1 \end{pmatrix} - \begin{pmatrix} 0.66 & 0 & 0 \\ 0 & 0.56 & 0 \\ 0 & 0 & 0.57 \end{pmatrix} \right]^{-1} \begin{pmatrix} 8\,433 \\ 15\,067 \\ 9\,885 \end{pmatrix} = \begin{pmatrix} 24\,803 \\ 34\,243 \\ 22\,988 \end{pmatrix}$$

由计算结果可知,在计划年度,农业、工业和其他3个部门的总产出分别是24 803亿元、34 243亿元和22 988亿元。

② 中间使用指标的计算。在根据表9-5可知,该问题与列模型相关,在知道各部门总产出的情况下,可以利用中间产品使用模型 $X = A\hat{X}$ 计算各部门的中间产品流量指标。

$$\begin{pmatrix} x_{11} & x_{12} & x_{13} \\ x_{21} & x_{22} & x_{23} \\ x_{31} & x_{32} & x_{33} \end{pmatrix} = \begin{pmatrix} 0.17 & 0.20 & 0.05 \\ 0.25 & 0.25 & 0.30 \\ 0.24 & 0.11 & 0.22 \end{pmatrix} \begin{pmatrix} 24\,803 & 0 & 0 \\ 0 & 34\,243 & 0 \\ 0 & 0 & 22\,988 \end{pmatrix} = \begin{pmatrix} 4\,217 & 6\,849 & 1\,149 \\ 6\,201 & 8\,561 & 6\,896 \\ 5\,953 & 3\,767 & 5\,057 \end{pmatrix}$$

计算结果如表9-8所示。

表9-8 中间产品使用表　　　　　　　　　　　　　　　　　亿元

部门	农业	工业	其他	中间产品合计
农业	4 217	6 849	1 149	12 215
工业	6 201	8 561	6 896	21 658
其他	5 953	3 767	5 057	14 777
中间消耗合计	16 371	19 177	13 102	

表9-8反映了计划年度各部门相互提供和相互消耗的中间产品的情况。以农业部门为例,从水平方向看,本部门需生产12 215亿元的中间产品,这些中间产品除了满足农业本身需要的4 217亿元外,还分配给工业6 849亿元,分配给其他部门1 149亿元;从垂直方向看,农业部门计划期需消耗中间产品16 371亿元,除消耗本部门的4 217亿元外,还需消耗工业部门的产品6 201亿元,消耗其他部门的产品5 953亿元。

③ 最终使用产品的计算。根据表9-5可知,该问题与行模型相关,属于已知总产出求最终产品价值,因此采用公式 $Y = (I - A)X$ 进行计算,即

$$\begin{pmatrix} Y_1 \\ Y_2 \\ Y_3 \end{pmatrix} = \left[\begin{pmatrix} 1 & 0 & 0 \\ 0 & 1 & 0 \\ 0 & 0 & 1 \end{pmatrix} - \begin{pmatrix} 0.17 & 0.20 & 0.05 \\ 0.25 & 0.25 & 0.30 \\ 0.24 & 0.11 & 0.22 \end{pmatrix} \right] \begin{pmatrix} 24\,803 \\ 34\,243 \\ 22\,988 \end{pmatrix} = \begin{pmatrix} 12\,588 \\ 12\,585 \\ 8\,211 \end{pmatrix}$$

计算结果表明在计划年度,农业、工业、其他部门所生产的最终产品分别为12 588亿元、12 585亿元、8 211亿元。

5. 完全消耗系数

1)完全消耗系数概念

完全消耗指一种产品对某种产品的直接消耗和全部间接消耗的总和。完全消耗系数是部门 j 每生产单位最终产品对部门 i 的产品或服务的直接消耗量和全部间接消耗量的总和,称为部门 j 对部门 i 产品的完全消耗系数。完全消耗系数等于直接消耗系数与全部间接消耗系数之和,用 b_{ij} 表示,即

完全消耗=直接消耗+全部间接消耗

$$b_{ij} = a_{ij} + b_{i1}a_{i1} + b_{i2}a_{i2} + \cdots + b_{in}a_{in}$$

表示为矩阵形式，即

$$B = A + BA, \quad B - BA = A$$

或

$$B(I - A) = A$$

令

$$A = I - (I - A)$$

则

$$B = A(I - A)^{-1} = [I - (I - A)](I - A)^{-1}$$

所以，完全消耗系数矩阵 B 与直接消耗系数矩阵 A 的关系可表示为

$$B = (I - A)^{-1} - I \tag{9-26}$$

根据平衡关系得到行模型：

即

$$BY + Y = X \tag{9-27}$$

$$X = (I + B)Y \tag{9-28}$$

或

$$Y = (I + B)^{-1}X \tag{9-29}$$

应用：由式（9-28）可知最终产品求总产出；由式（9-29）可知总产出求最终产品。

2）完全消耗系数与完全需要系数的比较

（1）两者的关系。从式（9-26）直观上看，两者只在主对角线上的元素相差 1。

（2）两者的经济意义不同。完全消耗系数（b_{ij}）是从生产消耗角度，说明部门 j 每生产单位最终产品对部门 i 的直接和间接消耗量。完全需要系数是从社会需求的角度，说明部门 j 最终需求增加 1 个单位时，对所有产出部门产品的直接需求和间接需求的总量。

3）完全消耗系数的应用

（1）最终产品的影响力。影响力 $(I - A)^{-1}$ 中每一列的合计 $\sum_{i=1}^{n} \overline{b_{ij}}$，为部门 j 的最终需求增加一个单位时，需要全社会各产品部门直接和间接增加的总产出量，称为部门 j 的最终产品的影响力。

（2）平均影响力。所有部门 j 的影响力的平均数，称为平均影响力，即

$$\frac{1}{n} \sum_{j=1}^{n} \sum_{i=1}^{n} \overline{b_{ij}} \tag{9-30}$$

（3）影响力系数。部门 j 的影响力与所有部门的平均影响力的比值为部门 j 的影响力系数，即

$$F_1 = \frac{\sum_{i=1}^{n} \overline{b_{ij}}}{\frac{1}{n} \sum_{j=1}^{n} \sum_{i=1}^{n} \overline{b_{ij}}} \tag{9-31}$$

(4) 部门感应度。感应度 $(I-A)^{-1}$ 中每一行的合计 $\sum_{i=1}^{n}\overline{b_{ij}}$，称为部门 i 的感应度，它说明了某产出部门对最终需求变动的反应程度。

(5) 平均感应度。所有部门 i 的感应度的平均数，称为平均感应度，即

$$\frac{1}{n}\sum_{i=1}^{n}\sum_{j=1}^{n}\overline{b_{ij}} \tag{9-32}$$

(6) 感应度系数。部门 i 的感应度与各部门的平均感应度的比值，称为部门 i 的感应度系数，即

$$E_1 = \frac{\sum_{j=1}^{n}\overline{b_{ij}}}{\frac{1}{n}\sum_{i=1}^{n}\sum_{j=1}^{n}\overline{b_{ij}}} \tag{9-33}$$

(7) 影响乘数。$(I-A)^{-1}$ 中的元素实质是对应部门增加一个单位的最终需求时，对所有部门直接和间接波及效应的乘数。也就是说，最终产品增加时，会引起各部门产出的增加，同时也会引起增加值的增加，这种数量关系一般用影响乘数表示。

各部门最终产品变动对增加值的影响乘数可用下面的矩阵确定：

$$E_N = A_N(I-A)^{-1} \tag{9-34}$$

式中，E_N 为各部门增加值影响乘数的行向量；A_N 为各部门增加值系数的行向量。

三、旅游产业技术效率分析

1. 旅游产业技术效率评价法

投入产出矩阵可以详细地描述投入与产出的具体信息，不同的地区，同一个产业，如果增加值的比例越大，则说明该地区该产业的技术效率值越高。而投入产出由于数据非常难收集，因此，在分析投入产出的过程中出现了一种方法来解决这个问题，即数据包络分析（data envelopment analysis，DEA），即在研究过程中，如果只知道投入和产出的情况，而缺乏两者之间的系数关系，则可以采用 DEA 进行技术效率的对比分析。

DEA 是由著名运筹学家查纳斯、库珀和罗德兹于 1978 年提出的，它以相对效率概念为基础，以凸分析和线性规划为工具，计算比较具有相同类型的决策单元（Decision Making Unit，DMU）之间的相对效率，以此对评价对象做出评价。DEA 方法一出现，就以其独特的优势而受到众多学者的青睐，现已被应用于各个领域的绩效评价中。在介绍 DEA 方法的原理之前，先介绍几个基本概念。

DEA 方法的基本原理：设有 n 个决策单元 DMU_j（$j=1,2,\cdots,n$），它们的投入、产出向量分别为：$X_j = (x_{1j}, x_{2j}, \cdots, x_{mj})^T > 0$，$Y_j = (y_{1j}, y_{2j}, \cdots, y_{sj})^T > 0$，$j = 1,\cdots,n$。由于在生产过程中各种投入和产出的地位与作用各不相同，因此，要对 DMU 进行评价，必须对它的投入和产出进行"综合"，即把它们看作只有一个投入总体和一个产出总体的生产过程，这样就需要赋予每个投入和产出恰当的权重。假设投入、产出的权向量分别为 $v = (v_1, v_2, \cdots, v_m)^T$ 和 $u = (u_1, u_2, \cdots, u_s)^T$，从而就可以获得如下定义。

定义1 称集合 $T=\{(x,y)|$产出y能用投入x生产出来$\}$ 为所有可能的生产活动构成的生产可能集。

定义2 称 $\theta_j=\dfrac{u^T Y_j}{v^T X_j}=\dfrac{\sum_{r=1}^{s} u_r y_{rj}}{\sum_{i=1}^{m} u_i y_{ij}}$ $(j=1,2,\cdots,n)$ 为第j个决策单元 DMU_j 的效率评价指数。

根据定义可知，我们总可以选取适当的权向量使得 $\theta_j \leqslant 1$。如果想了解某个决策单元，假设为 $\mathrm{DMU}_o(o\in\{1,2,\cdots,n\})$ 在这 n 个决策单元中相对是不是"最优"的，可以考查当 u 和 v 尽可能地变化时，θ_o 的最大值究竟为多少，则可以通过查纳斯等人于1978年提出的 CCR（三位作者名字首字母）模型测算 θ_o 的值。

【**例 9-2**】一个地区的旅游收入除了与该地区的旅游投入有关，还与旅游产业的技术效率有关。为了衡量一个地区旅游产业的技术效率，现选取 10 个省、市进行分析。其中，旅游投入包括星级饭店的数目、旅行社的单位数和旅游星级景区的总数；旅游产出则选取国内旅游收入和旅游总收入进行衡量。现根据旅游投入与旅游产出的相关数据，分析 10 个省、直辖市的旅游产业技术效率值。数据如表 9-9 所示。

表9-9 2012年10个省、直辖市旅游收入情况表

省、直辖市	星级饭店数目/家	旅行社单位数/家	旅游星级景区总数/个	国内旅游收入/亿元	技术效率	旅游总收入/亿元	技术效率
北京	584	1 021	193	3 301.3	0.761 7	3 626	0.755 3
重庆	240	435	128	1 576.67	0.800 3	1 663	0.811 3
江苏	732	1 996	514	6 055	0.890 8	6 500	0.944 2
河南	339	1 141	251	3 325.48	1.000 0	3 364.1	1.000 0
四川	396	534	232	3 229.8	1.000 0	3 280.3	1.000 0
广东	927	1 512	193	6 400	1.000 0	7 389	1.000 0
云南	480	602	146	1 579.49	0.534 1	1 702.5	0.527 9
陕西	283	644	172	1 609	0.651 0	1 713	0.674 8
山东	796	1 963	547	4 335.28	0.600 3	4 519.7	0.617 7
湖北	367	1 041	256	2 629	0.764 7	2 850	0.818 3

对于每一个决策单元而言，可通过求解线性规划模型获得全体 DMUs 的 CCR 效率。但这是个较为复杂的线性规划模型，需要借助于软件计算才会更为简便。在此给出 Matlab 下的 CCR 模型的编程（此外还有其他软件可以进行编程计算，如 Lingo 和 DEAP-Version 2.1）。Maltab 程序相对而言更为简便，其可以很快地计算出所有决策单元的效率。此例中通过软件计算所得，具体程序详见下文。在乐观效率下，所得效率为表 9-9 的第 6 列和第 8 列所示。从该表可知，河南、四川和广东三省的旅游技术效率较高。

例 9-2 的 Matlab 程序实现如下。

程序：计算旅游产出为国内旅游收入时的技术效率值。

```
clear
X=[584 240 732 339 396 927 480 283 796 367
```

```
    1021 435 1996 1141 534 1512 602 644 1963 1041
    193 128 514 251 232 193 146 172 547 256];
Y=[3301.3 1576.67 6055 3325.48 3229.8 6400 1579.49 1609 4335.28 2629];
n=size(X',1); m=size(X,1); s=size(Y,1);
A=[-X' Y'];
b=zeros(n,1);
LB=zeros(m+s,1); UB=[];
for i=1:n
f=[zeros(1,m) -Y(:,i)'];
Aeq=[X(:,i)' zeros(1,s)]; beq=1;
w(:,i)=LINPROG(f,A,b,Aeq,beq,LB,UB);
E(i,i)=Y(:,i)'*w(m+1:m+s,i);
end
w
E
Omega=w(1:m,:)
mu=w(m+1:m+s,:)
```

运行上述 Matlab 程序，即可得全体 DMUs 的 CCR 效率值。程序运行结果见表 9-9 第 6 列，采用类似的程序可以得到该表第 8 列。

2. DEA 在旅游研究中的应用

岳宏志和朱承亮运用 DEA 模型对 2001—2007 年中国旅游产业技术效率及其区域差异进行了实证分析。结果表明：中国旅游产业技术效率变异系数大致呈"U"形变化，近年来有上升趋势，但整体水平偏低，全国均值为 0.571；中国旅游产业技术效率区域差距明显，东部地区高于西部地区，而西部地区又高于中部地区，近年来区域差异有缩小的趋势。此外，朱顺林、张根水、熊伯坚、程理民、林源源、季斌、杨荣海、曾伟等采用 DEA 模型对旅游产业技术效率进行了实证分析。

该方法使用时需要注意的是，由于选取的指标不同，可能会产生不同的结果，因此在指标的选取过程中，需要多参考相关文献，对比选取比较合理的指标进行旅游产业技术效率分析。

四、提高旅游宏观经济效益的途径

1. 科学规划旅游发展方向

一个国家或地区要根据自己的资源特色，科学规划旅游发展的方向，根据不同区域的发展条件，规划不同的品牌产品。例如，新加坡较早战略性地规划了会展业，如今，新加坡的国际展会规模次数居亚洲第一位，居世界第五位。

2. 改善宏观调控，完善旅游产业政策

旅游业是一个覆盖面十分广阔的产业，旅游经济活动的顺利开展必须得到其他相关行业的支持和配合；同时，旅游产品和服务又是由多个旅游部门和企业共同完成的，客观上也需要旅游业内部各个部门和企业相互配合。

3. 加强旅游软硬件建设，提高旅游服务质量

要提高旅游宏观经济效益，就要加快交通、通信、医疗、水电、安保等基础设施的建设，为旅游者提供"安全、舒适、方便、快捷"的服务；加强旅游产品的开发，加快旅游景点、景区的建设，增强旅游目的地市场竞争力；强化质量意识，抓好管理，改善和提高服务质量，改善旅游目的地形象，更好地满足旅游者各方面的需求。

4. 完善旅游宏观环境建设，实现以法治旅

旅游目的地的形象对当地旅游业有非常重要的影响，其内容包括旅游产品的品质、旅游服务的质量、旅游经营的合法性、旅游过程的安全性等。因此，旅游目的地都需要对旅游宏观环境不断建设完善，防范各种引发社会舆论的事件发生，依法规范市场主体行为，严厉打击违法经营行为，制止各种不正当竞争行为，提高旅游市场管理水平，使旅游行业的管理逐步实现法制化、规范化和国际化，加快与国际旅游市场的接轨。

5. 加强旅游工作队伍建设，提高旅游从业人员素质

在当前激烈的旅游市场竞争中，人才竞争是最根本的竞争。这就要求不断提高旅游从业人员的政治思想素质、心理素质、业务素质等，加强旅游队伍建设，树立起良好的旅游服务形象，提高旅游宏观经济效益。

第三节　旅游企业经济效益与评价

一、旅游企业经济效益概念

旅游企业经济效益，也称为旅游微观经济效益，是指在旅游活动中，旅游企业向旅游者提供旅游产品或服务而花费的物化劳动和活劳动同取得的经营收益的比较，也就是旅游经营收益同成本的比较。旅游微观经济效益的好坏，不仅决定着旅游企业的生存和发展，而且是旅游宏观经济效益的基础。因此，必须对旅游微观经济效益进行科学的分析和评价，以便采取有效措施不断地提高旅游微观经济效益。

1. 旅游经营成本

旅游经营成本，是指旅游企业在经营旅游产品或提供旅游服务时所耗费的物化劳动和活劳动的价值形态，也就是提供物质产品和服务时所支出的全部费用。对旅游经营成本可做以下分类。

1）按照旅游成本费用分类

按照旅游成本费用，可分为三大类。一是营业成本，是指旅游企业从事经营活动所支出的全部直接费用。由于旅游企业类型多样，各类旅游企业的营业成本有不同的内容；二是管

理费用，是指旅游企业在经营管理中所发生的费用，也就是不能直接计入营业成本的其他支出；三是财务费用，是指旅游企业为筹集经营资金所发生的各种费用，包括利息支出、汇兑损失、金融机构手续费及筹资发生的其他费用等。

2）按照旅游成本性质分类

按照旅游成本性质，可分为两大类。一是固定成本，是指在一定的业务范围内不随业务量的增减变化而变化的固定不变的成本，但是随着业务量的增加，分摊到单位旅游产品或服务上的固定成本会相对减少，因此要提高固定成本对应的设施设备的利用率。二是变动成本，是指随着业务量增减变化而发生相应变化的成本，降低变动成本就能使单位成本和总成本都得到降低，从而能增加企业及旅游经营者的经济效益。

3）按照管理责任分类

按照管理责任，可分为可控成本与不可控成本。这种分类的目的是明确各责任单位的职责，更有效地控制成本费用的支出。可控成本，是指在一个会计期间某个责任单位有权确定开支的成本。不可控成本，是指在一个会计期间责任单位对成本费用的发生无法控制的成本。

2. 旅游经营收益

旅游经营收益，是指旅游企业从事旅游经营活动所创造的利润和税收，它是通过出售旅游产品或提供旅游服务所取得的营业收入在补偿了旅游产品或服务成本以后的余额。旅游经营收益是分析旅游企业经营状况和评价其经济效益的重要指标。

1）旅游经营利润

旅游经营利润，是指旅游企业从事旅游经营活动所获得的收入扣除全部旅游成本支出后的余额，通常由营业利润、投资净收益和营业外收支净额 3 个部分组成。

2）旅游经营税收

旅游经营税收是指旅游企业从事旅游经营活动而依法向国家缴纳的营业税、所得税及各种税收附加等。旅游经营税收也是旅游企业所创造的新增价值，并以税收上缴方式形成国家的财政收入，因此可视为旅游企业经营收益的一部分。

二、旅游企业经济效益评价指标

旅游企业经济效益评价是通过分析旅游企业的收入、成本、利润的实现，以及对它们之间的比较来体现旅游微观经济效益。因此，分析旅游企业经济效益，首先应掌握好各主要旅游经济指标的经济含义和计算方法。

1. 旅游营业收入指标

旅游营业收入指标，是指旅游企业在出售旅游产品或提供旅游服务中所实现的收入，其包括基本业务收入和其他业务收入。旅游营业收入指标的高低，不仅反映了旅游企业经营规模的大小，而且反映了旅游企业经营水平的高低。因此，通过旅游营业收入同企业员工人数的比较，就可以计算出人均旅游营业收入，可以反映旅游企业劳动生产率的水平。

设 S 为人均旅游营业收入，TS 为年旅游营业总收入，P 为年职工平均人数，则旅游企业人均旅游营业收入的计算公式为

$$S = \frac{\text{TS}}{P} \tag{9-35}$$

2. 旅游经营成本指标

旅游经营成本指标，是指旅游企业从事旅游经营活动所耗费的全部成本和费用之和，包括营业成本、管理费用和财务费用；从旅游经营成本性质看，也就是旅游企业的固定成本与变动成本之和。

设 TC 为旅游经营成本，C_o 为营业成本，C_M 为管理费用，C_A 为财务费用，C_F 为固定成本，C_V 为变动成本，则旅游经营成本的计算公式为

$$\text{TC} = C_o + C_M + C_A \tag{9-36}$$

或

$$\text{TC} = C_F + C_V$$

分析旅游经营成本，一方面要分析成本的发生及构成情况，从而有利于加强对成本的控制及管理；另一方面也可以把旅游经营成本同所拥有的员工人数进行比较，从而反映旅游企业的人均旅游经营成本水平。

设 C_p 为人均旅游经营成本，则人均旅游经营成本的计算公式为

$$C_p = \frac{\text{TC}}{P} \tag{9-37}$$

3. 旅游经营利润指标

旅游经营利润指标，是指旅游企业的全部收入减去全部成本，并缴纳税收后的余额，其包括营业利润、投资净收益和营业外收支净额。旅游经营利润指标集中反映了旅游企业从事旅游经营活动的全部成果或效益，体现了旅游企业的经营管理水平和市场竞争力。

设 P 为旅游经营利润，T 为旅游企业营业税金及附加，TP 为旅游企业经营总利润，I_p 为旅游企业投资净收益，D_s 为旅游企业营业外收入，D_c 为旅游企业营业外支出，则旅游经营总利润的计算公式为

$$P = \text{TS} - C_o - T - C_M - C_A$$
$$\text{TP} = P + I_p + (D_s - D_c) \tag{9-38}$$

三、旅游企业经济效益评价方法

常用的评价旅游企业经济效益的方法主要有利润率分析法、盈亏平衡分析方法、边际利润分析法等。

1. 盈亏平衡分析法

盈亏平衡分析法，是对旅游企业的成本、收入和利润三者的关系进行综合分析，从而确定旅游企业的保本点营业收入，并分析预测在一定营业收入水平上可实现利润目标的方法。通常，影响旅游企业利润高低的因素有两个，即营业收入和经营成本。按照成本性质，经营成本又可分为固定成本和变动成本。

设 TP 为经营利润，W 为单位旅游产品价格，C_v 为单位变动成本，r_s 为旅游营业税率，Q 为旅游经营业务量，TF 为固定总成本，S_o 为保本点销售收入额，Q_o 为保本点业务量，则经营利润的计算公式为

$$TP = Q/W \times (1 - r_s) - Q/C_v - TF \tag{9-39}$$

若令 $Q = Q_o$，则 TP=0，则保本点的计算公式为

$$Q_o = \frac{TF}{W \times (1 - r_s) - C_v} \tag{9-40}$$

$$S_o = W/Q_o$$

【例 9-4】某旅游饭店拥有标准客房 90 间，每间客房平均销售价格为 120 元，平均变动成本为 40 元，年固定总成本为 80 万元，适用营业税率为 5%。

要求：

（1）试计算该旅游饭店保本点销售量和销售收入。

（2）如果该旅游饭店预计当年实现利润 130 万元，试预测该旅游饭店当年应完成的销售量和销售收入。

（3）若每年以 360 天计算，试计算平均每天应实现的销售量、销售收入和客房出租率（预计饭店行业的客房出租率为 90%）。

解：

（1）根据计算公式和已给数据，可以计算该旅游饭店的保本点客房销售量和销售收入额。

保本点客房销售量：

$$Q_o = \frac{TF}{W \times (1 - r_s) - C_v} = 800\,000/[120 \times (1 - 5\%) - 40] \approx 10\,811 \text{（间）}$$

保本点销售收入额：

$$S_o = W \times Q_o = 120 \times 10\,811 = 1\,297\,320 \text{（元）} = 129.732 \text{（万元）}$$

通过计算表明：该旅游饭店全年的保本点客房销售量是 10 811 间；在价格既定的条件下，全年的保本点销售收入额是 129.732 万元。

（2）如果该旅游饭店要实现年目标利润 130 万元，则可以计算预计完成的客房销售量和销售收入额。

预计客房销售量：

$$Q = (800\,000 + 1\,300\,000)/[120 \times (1 - 5\%) - 40] = 28\,378 \text{（间）}$$

预计销售收入额：

$$S = 120 \times 28\,378 = 3\,405\,360 \text{（元）} = 340.536 \text{（万元）}$$

通过计算表明：如果该旅游饭店要实现 130 万元的年目标利润，则全年应该完成客房销售量 28 378 间，完成销售收入 340.536 万元。

（3）若每年按 360 天计算，则平均每天应完成客房销售的情况如下：

平均每天客户销售量=28 378/360≈79（间）

平均每天销售收入额=79×120=9 480（元）

平均每天客房出租率=79/90=87.8%

通过计算表明：若以每年 360 天计，该旅游饭店平均每天应完成客房销售量 79 间，平均每天应完成销售收入 9 480 元，平均每天客房出租率应达到 87.8%。根据该旅游饭店预计的出

租率，可知其能完成预定目标。

2. 利润率分析法

利润率分析法，是用利润率综合反映旅游企业在一定时期内单位资金投入、成本花费或销售收入的盈利能力和水平，以分析和评价旅游企业经济效益的常用方法。所谓利润率，是指经营利润同经营收入、劳动消耗和劳动占用之间的比率，主要有资金利润率、成本利润率和销售利润率 3 个指标，它们从不同角度反映了旅游企业的经济效益状况。其一，资金利润率，反映了旅游经营利润与资金占用的关系，说明旅游企业劳动占用的经济效益；其二，成本利润率，反映了旅游经营利润与成本之间的关系，说明劳动耗费所取得的经济效益；其三，销售利润率，反映了旅游经营利润与销售收入之间的关系，说明旅游企业在一定经营规模下的经济效益水平。

设 R_m 为旅游企业资金利润率，R_c 为旅游企业成本利润率，R_s 为旅游企业销售利润率，M_g 为旅游企业固定资金，M_f 为旅游企业流动资金，TP 为旅游经营利润，TC 为旅游经营成本，TS 为年旅游营业总收入，则资金利润率、成本利润率和销售利润率的计算公式为

$$R_m = \frac{TP}{M_g + M_f} \times 100\%$$

$$R_c = \frac{TP}{TC} \times 100\% \quad (9\text{-}41)$$

$$R_s = \frac{TP}{TS} \times 100\%$$

在旅游企业经营中，通过对资金利润率、成本利润率和销售利润率 3 项利润率指标的分析，就可以从总体上综合评价和反映出旅游企业经济效益状况。

【例 9-5】某旅游饭店的固定资金为 1 050 万元，流动资金为 50 万元，预计今年该旅游饭店的营业收入是 720 万元，经营成本为 600 万元，经营利润为 120 万元，试计算该旅游饭店的资金利润率、销售利润率和成本利润率（预计今年全饭店行业的资金利润率、销售利润率和成本利润率的平均水平分别为 10%、15% 和 22%）。

解：根据利润率公式和以上数据，可计算出各种利润率如下：

资金利润率：

$$R_m = [TP/(M_g + M_f)] \times 100\% = [120/(1\,050 + 50)] \times 100\% = 10.9\%$$

销售利润率：

$$R_s = (TP/TS) \times 100\% = (120/720) \times 100\% \approx 16.7\%$$

成本利润率：

$$R_c = (TP/TC) \times 100\% = (120/600) \times 100\% = 20\%$$

通过上述计算表明，该旅游饭店的资金利润率约等于全饭店行业的平均水平，销售利润率超过全饭店行业的平均水平，说明该旅游饭店的综合经济效益总体是好的；但由于该旅游饭店的成本利润率低于行业平均水平 2 个百分点，因此该旅游饭店应切实加强成本控制，以防止成本费用的扩大对经营利润的侵蚀。

3. 边际利润分析法

边际利润分析法又称为最大利润分析法，是通过分析边际利润，即比较边际收入与边际成本来分析旅游企业实现最大利润的经营规模的方法。所谓边际利润（MP），就是指每增加单位游客（或旅游产品）而使经营利润相应增加的部分，即边际收入（MR）减去边际成本（MC）的余额，其通常有以下 3 种情况。

1）边际利润大于零（MP>0）时

当 MP>0，即 MR>MC 时，说明每增加接待一个游客（或出售单位产品），所增加的边际收入大于边际成本，即增加接待一个游客（或出售单位产品）还能增加边际利润，从而使旅游企业的经营利润继续扩大。因此，当 MP>0 时，可以继续扩大接待游客人数（或扩大出售产品），以获取更大的旅游经济效益。

2）边际利润等于零（MP=0）时

当 MP=0，即 MR = MC 时，说明每增加接待一个游客（或出售单位产品），所增加的边际收入与边际成本相等，即增加接待一个游客（或出售单位产品）的边际利润为零，从而使旅游企业的经营利润既不会增加也不会减少。因此，当 MP=0 时，是旅游企业实现最大利润的经营规模和水平。

3）边际利润小于零（MP<0）时

当 MP<0，即 MR<MC 时，说明每增加接待一个游客（或出售单位产品），所增加的收入小于支出，即增加接待一个游客（或出售单位产品）的边际利润为负数，产生了亏损，从而会使旅游企业的经营利润减少。因此，当 MP<0 时，旅游企业应减少接待游客人数（或减少出售产品），以保证旅游企业的旅游经济效益不下降。

四、提高旅游企业经济效益的途径

提高旅游企业经济效益的主要途径，一是提高旅游营业收入，二是降低旅游经营成本。提高旅游营业收入和降低旅游经营成本，可以从以下 5 个方面着手。

1. 开拓旅游市场，扩大旅游客源

旅游客源是旅游业赖以生存和发展的前提条件，也是增加旅游营业收入的重要途径。只有加强旅游宣传促销，不断开拓旅游市场，扩大旅游客源，并提供合适的旅游产品和服务，增加旅游企业的营业收入，才能不断提高旅游企业的经济效益。

2. 提高劳动生产率，降低旅游成本

提高劳动生产率，就要提高旅游从业人员的素质，加强劳动的分工与协作，提高劳动组织的科学性；同时，提高劳动生产率还有利于充分利用现有设施设备，提高旅游设施设备的利用率，节约资金占用，减少人、财、物力的消耗。

3. 加强旅游经济核算，提高经济效益

旅游企业借助于货币形式，通过记账、算账、财务分析等方法，对旅游经营活动过程及其劳动占用和耗费进行反映和监督。通过经济核算，发现旅游经营活动中的薄弱环节和问题，

分析其产生的原因和影响因素，有针对性地采取有效的对策和措施，开源节流，挖掘潜力，减少消耗，提高经济效益。

4. 提高企业员工素质，改善服务质量

只有提高企业员工的政治素质、专业知识、业务技能和道德修养，不断提高服务质量，才能很好地满足旅游者的需求，促使他们增加逗留时间，增加旅游消费支出，从而相应提高旅游企业的经济效益。

5. 加强管理的基础工作，改善经营管理

加强旅游企业管理的基础工作，一是要加强旅游标准化的工作；二是要加强旅游定额工作，制定先进合理的定额水平和严密的定额管理制度；三是要加强旅游信息反馈和计量工作，通过及时反馈，不断提高旅游服务质量；四是要加强旅游规章制度的制定和实施，严格各种工作制度、经济责任制度和奖惩制度，规范员工行为，促进旅游企业经营管理水平的提高。

知 识 归 纳

旅游业对旅游目的地国家或地区有较为显著的经济影响。旅游业对旅游目的地国家或地区的影响主要通过旅游业的经济效益来进行衡量。衡量旅游经济效益的重要依据是准确的数据，目前能比较准确反映旅游业发展综合情况的统计数据是旅游卫星账户（又叫旅游附属账户）。旅游经济效益通常可以从宏观和微观两方面来进行分析。从宏观方面分析，主要方法有投入产出法和旅游产业技术效率评价法；从微观方面分析，主要有盈亏平衡分析法、利润率分析法和边际利润分析法。

案 例 分 析

三线城市经济型酒店投资收益

以位于三线城市一级地段的尚客优快捷酒店为例：酒店建筑面积2 100平方米，60间客房，年平均出租率80%，平均房价120元，加盟尚客优特许经营为期8年的参考收益。表9-10为投资收益分析表。

表9-10 投资收益分析表

项目	收入或支出
年均销售收入	60间客房×80%出租率×120元平均房价×365天=210.24（万元）
年均营业毛利润率	55%
年均营业毛利润	210.24×55%=115.63（万元）

续表

项 目	收入或支出
固定资产和装修费摊销（按8年摊销）	（60间客房×2.5万元每间装）/8=18.75（万元）
特许经营主要费用（经营费和管理费）	210.24×4.5%=9.46（万元）
系统维护费	0.6（万元）
租赁费或房产税	2 100平方米×0.5元×365天=38.33（万元）
营业利润	115.63-18.75-9.46-0.6-38.33=48.49（万元）
营业所得税金	48.49×25%=12.12（万元）
税后利润	48.49-12.12=36.37（万元）
营运现金流	36.37+18.75=55.12（万元）
初始投资	150万元装修费+9万元加盟费+0.48万元系统安装使用费=159.48万元
年投资回报率=营运现金流/初始投资	55.12/159.48=34.56%

通过上述投资收益分析可以看出，三线城市快捷酒店投资回收期限一般在3年左右。

（资料来源：http://www.linkshop.com.cn/club/archives/2014/629283.shtml）

思考：结合旅游微观经济效益的分析方法，进一步分析经济型酒店收益的情况。

复习思考题

1. 试分析旅游业对旅游目的地经济的影响。
2. 阐述旅游卫星账户的内涵，并分组讨论相关表格的数据如何收集。
3. 阐述宏观旅游经济效益的概念和主要指标。
4. 阐述投入产出法的基本概念和内容。
5. 根据DEA程序进行实践操作，采用DEA计算我国某些省、自治区、直辖市旅游产业技术效率值，并进行分析。其中，投入指标分别为旅游产业从业人员（单位：人）和旅游产业固定资产投入（单位：万元），产出指标为旅游企业营业收入（单位：万元）。具体数据查阅中华人民共和国国家旅游局主编的《中国旅游年鉴》（2010—2015）和《中国旅游统计年鉴》（2010—2015）。
6. 阐述评价微观旅游经济效益的常用方法（利润率分析法、盈亏平衡分析法和边际利润分析法）。

第十章

旅游经济发展

1. 熟悉旅游经济结构的概念;
2. 掌握旅游经济结构的内容;
3. 了解旅游经济结构优化的策略;
4. 熟悉旅游经济发展的概念;
5. 掌握旅游经济发展模式的内容;
6. 了解旅游经济可持续发展的对策。

第一节 旅游经济结构

旅游经济作为社会经济大系统的一个子系统,具有其自身的结构。旅游经济结构是指旅游产业内部各组成部分的数量比例关系及其相互联系、相互作用的形式。与国民经济大系统和其他经济子系统相比,旅游经济结构既有一般经济结构所具有的共同特征,又有不同于其他经济结构的典型特征。

一、旅游经济结构的特征

1. 整体性

旅游业是一个综合性的经济产业,由食、住、行、游、购、娱等要素组成,每种要素都体现了旅游业的一个部分或方面,并从属于旅游业这个整体。由于各要素的性质和特点,任何一个要素都不能取代由它们共同组成的旅游经济结构。因此,旅游经济结构不是各组成要素的简单相加,而是根据旅游业整体发展的需要,按照各要素之间相互联系、相互作用的特点和规律,形成合理的数量比例及构成状况,从而发挥出旅游经济的综合性功能。

2. 功能性

结构和功能是密切相关的,经济结构决定经济功能,经济功能又促进经济结构的变化。

因此，不同的旅游经济结构必然产生不同的旅游经济功能和旅游经济效益。例如，我国传统的旅游经济结构是以观光型旅游为主的，因此其功能及效益也是与观光型旅游相联系的。随着社会经济的发展，人们的旅游需求有了新的变化，从观光型旅游向度假、娱乐型旅游发展，因此，必然要求对旅游经济结构进行调整，以提供能满足人们旅游需求的新功能。

判断旅游经济结构好坏的标准，就是看其能否有效地提供新功能，从而满足人们不断变化的旅游需求，能否形成一种自我协调、自我适应、具有活力的旅游经济机制，进而促进旅游业的快速发展和社会生产力的不断提高。

3. 动态性

由于旅游经济系统各要素、各部门及其相互关系是不断变化的，因此旅游经济结构也是不断发展变化的。旅游经济结构的变化不仅有量的变化，而且有质的变化。其量的变化，一方面表现为旅游经济规模的增长，另一方面表现为旅游经济各种比例关系的变化。因此，通过对旅游经济结构量的分析，可以把握旅游经济结构在旅游经济发展规模和速度方面的适应性。

旅游经济结构质的变化表现在旅游经济的效益和水平上，并通过各种量的指标反映出来；旅游经济结构的情况表现为旅游业的综合发展水平和取得的经济效益。由于旅游经济结构的变动是十分复杂的，因此必须注意分析影响结构变动的各种因素，适时进行调整，才能提高旅游经济结构的动态适应性。

4. 关联性

旅游经济结构与其他产业或部门经济结构的最大差别就在于其关联性较强。从旅游业食、住、行、游、购、娱六大要素看，任何一个要素的有效供给都离不开其他相关要素的配合；从旅游产业中的旅行社、旅游饭店、旅游交通、旅游景区（景点）和旅游购物等行业看，任何一个行业的发展都必须以其他行业的发展为条件，都离不开其他行业的密切配合。总之，旅游经济结构的较强关联性，使组成旅游经济结构的各行业、各要素的协调发展成为旅游经济结构协调的重要内容。其中任何一方面的不协调，都会影响到旅游经济产业整体发展的规模、效益和水平。

二、旅游经济结构的影响因素

旅游经济结构的特征，决定了影响旅游经济结构的因素也是很复杂的。通常，现代旅游经济结构的影响因素主要有以下几个方面。

1. 旅游资源因素

旅游资源对旅游经济结构的影响是至关重要的。传统观点认为，旅游资源主要是自然旅游资源和人文旅游资源。而现代观点认为，旅游资源还应包括人才、信息、智力和资金等。旅游资源是旅游业赖以生存和发展的物质基础，其具有的数量和质量不仅决定着旅游业的发展规模及水平，而且决定着旅游经济结构的功能和属性。因此，正确认识和分析旅游资源的品位、特点、分类及规模，是建立合理的旅游经济结构的重要途径之一。通常，分析旅游资源对旅游经济结构的决定和影响作用，应重点考虑以下几个方面。

1）旅游资源的状况

旅游资源是旅游业发展的基础，一个国家或地区所拥有的自然旅游资源和人文旅游资源的规模、品位及特点，直接决定着该国、该地区旅游业发展的规模和水平。因此，必须首先分析旅游资源的规模、品位及特点，以便开发具有特色和优势的旅游资源，形成独具特点的旅游产品和旅游区，不断提高旅游资源的吸引力。

2）资金和劳动力的状况

旅游业是一个高投入、高产出的经济产业，必须投入大量的资金进行旅游产品的开发和建设。同时，旅游业又是以服务为主的产业，劳动力素质的高低直接影响着服务水平的高低。因此，在研究旅游经济结构的影响因素时，不仅要分析资金和劳动力的拥有量对旅游经济结构的影响，还要分析资金有效运用和劳动力质量对旅游经济结构的影响，不断提高资金和劳动力资源要素的投入产出效果。

3）智力和信息资源的状况

旅游是一种满足人们身心需求的高层次活动，因而智力资源的开发不仅能更广泛地利用自然与人文旅游资源，还能创造出新的资源，组合成具有吸引力的旅游产品。智力资源的开发越好，旅游产品的形象就越好，吸引力就越大。而要有效地开发智力资源，就离不开充分的信息资源。特别是在瞬息万变的国际旅游市场中，及时、准确地掌握市场信息，不仅对形成合理的旅游经济结构具有重要的影响作用，而且对旅游经济的良性循环发展也是非常重要的。

2. 旅游市场因素

市场经济作为社会经济运行方式和社会资源配置方式，要求一切经济活动都必须以市场为基础，按照市场经济规律对社会经济活动进行调节和控制。旅游经济是一种以市场为导向的外向型经济，因而其整个经济运行都必须围绕市场来进行。

1）从旅游市场需求角度分析

从旅游市场需求角度看，旅游者的旅游需求是决定和影响旅游经济结构的关键因素。因为一个国家或地区旅游业发展的规模和水平，主要表现为对旅游客源市场的拥有程度。而旅游客源地的数量、社会经济发展水平和出游人数等，又决定着旅游目的地国家或地区的旅游经济结构及旅游业的发展速度和规模。因此，分析旅游经济结构时，要重点考虑不同地区、不同发展阶段旅游客源市场的对象、范围及变化趋势，从而为旅游经济结构的调整和合理化提供依据。

2）从旅游市场供给角度分析

从旅游市场供给角度看，一个地区旅游市场的大小还取决于其旅游产品供给及旅游服务的水平，它不仅决定着该地区旅游市场的接待规模，也决定着旅游市场的发育及旅游经济效益的提高。而旅游供给规模又受旅游投资结构的影响，因而必须根据旅游需求，合理进行旅游资源的开发，形成合理的旅游产品供给规模和合理的旅游产业结构与区域结构，以促进旅游供给结构的合理化。

3. 科技进步因素

科技进步是现代经济发展的主要推动力。科技进步因素对旅游经济结构的重要影响主要表现在以下3个方面。

1) 科技进步影响旅游经济结构的变动

科技进步直接决定和影响着旅游经济结构的变动和发展，如技术进步改变了对旅游资源开发和利用的具体方式和效果，促进了交通工具和通信手段的发达，为旅游活动的有效进行提供先进的工具和手段，加快了旅游设施的建设并改善了旅游服务的质量，丰富了旅游活动的内容，提高了旅游产出的经济效益，从而直接对旅游产业结构发生影响作用。

2) 科技进步影响人们需求结构的变化

科技进步促进了生活资料和人们生活水平的变化和发展，不仅刺激着人们需求结构的变化，而且对旅游消费需求和投资需求产生了重要影响；同时增强了对旅游经济结构的拉动力，促使现代旅游经济在科技进步的基础上实现质的飞跃。因此，必须充分有效地利用现代科学技术，不断改善和提高旅游供给的结构和水平，才能充分有效地满足人们不断变化的旅游消费需求。

3) 科技进步影响旅游业的经营和管理

科技进步还可以促进现代组织管理水平的提高，使旅游经营的组织管理等"软"技术得到改善。特别是在我国市场经济体制不断发展完善的过程中，各种旅游"硬"技术逐渐完善，旅游经营组织管理等"软"技术将在旅游经济结构的优化中发挥十分重要的作用。

4. 社会经济因素

一个地区社会经济发展水平及其为旅游业发展所提供的有利条件或限制因素，直接影响到该地区旅游经济结构及旅游业的发展。

通常，发达的经济条件更容易为旅游经济发展提供各种基础设施、交通运输手段及财力资源，并且往往具有较高的旅游服务和管理水平，从而增强旅游目的地的吸引力，促进旅游业经济效益和社会效益的提高。例如，我国东部沿海地区及大多数中心城市，社会经济比较发达，从而也成为旅游经济较发达的地区。而经济欠发达地区，虽然拥有丰富的旅游资源，但缺乏开发能力及配套的社会经济条件，因此无法尽快把资源优势转化为经济优势，从而使旅游业的发展也相对较为缓慢。

因此，在考虑旅游业发展和旅游经济结构调整时，除了考虑旅游资源、科技进步及旅游市场因素，也要充分重视不同地区社会经济的发展水平，适度超前发展旅游业。通过旅游业带动地方经济发展，同时根据不同发展阶段的社会经济状况，合理地进行旅游产业组织和旅游区域布局，使旅游经济与社会经济发展协调统一。

5. 政策、法律和体制因素

经济政策和法律法规是政府部门的重要调控手段。运用经济政策和法律法规，不仅能加快旅游资源的优化配置，促进旅游经济在数量扩张、结构转换和水平提高等方面协同发展，实现旅游经济的良性循环，而且有利于促进旅游经济结构的合理化，减少地区间的经济差异，实现总体效率与空间的统一。因此，在考虑旅游经济结构合理化时，应充分考虑政策、法律和体制3个方面的因素。

1) 政策因素的影响

从政策角度讲，国家对旅游产业的重视程度和相应的经济政策及规定，不仅对旅游经济的发展具有促进或制约作用，也对旅游经济结构的变动及发展具有影响和调控作用，特别是目前国家按照经济发展与经济结构演进规律所制定的一系列政策,对大力发展旅游业、推进旅游经济结构优化等,都具有十分重要的影响和促进作用。

2)法律因素的影响

从法律方面看,要根据旅游经济总体发展的需要,制定有利于旅游经济结构优化的法律法规,促进旅游经济结构按照市场经济的要求,进行合理调整;同时还要根据已有的法律法规,合理地调整旅游产业结构,以促进旅游经济健康、持续发展。

3)体制因素的影响

从体制制度看,虽然我国旅游业的发展较早地涉及国际旅游市场,在经营方式和管理模式上也借鉴了国外的成功经验,但传统计划经济体制的弊端仍然影响着旅游经济结构的调整及现代旅游经济的发展。因此,加快旅游经济体制的改革,实现旅游经济结构的优化,对旅游经济持续稳定发展具有十分重要的作用。

三、旅游经济结构的内容

旅游经济结构既包括旅游生产力结构,又包括旅游生产关系结构。从生产力的角度看,旅游经济结构包括旅游市场结构、旅游产品结构、旅游产业结构、旅游组织结构、旅游区域结构、旅游消费结构、旅游投资结构等;从生产关系的角度看,旅游经济结构主要是旅游经济管理结构,包括旅游经济所有制结构、旅游企业规模结构、旅游管理体制结构等。

1. 旅游市场结构

旅游市场结构指的是旅游产品在供给和需求之间的数量规模和比例关系,反映各种旅游客源市场之间的比例关系。因此,对旅游市场结构的研究,重点是分析旅游需求结构、旅游供给结构及旅游供求协调结构等方面。

1)旅游需求结构

旅游需求指的是旅游者在一定时期内愿意且能够购买的旅游产品的总和。旅游需求主要受旅游产品价格,旅游者收入、闲暇时间、爱好、职业、年龄、修养等的影响。因此,考查旅游需求结构,应着重研究旅游需求在国际旅游市场和国内旅游市场的构成及分布状况,以及不同性别、年龄、阶层和职业的旅游者构成及其对旅游产品的需求状况和不同季节、不同旅游方式(如团队、散客)的需求结构状况等,从而为旅游经营者开发和生产多种类型的旅游产品,以更好地满足旅游者的需求提供依据。

2)旅游供给结构

旅游供给是旅游经营者在一定时期内愿意且能够向旅游者提供的各种旅游产品的总和,是包括旅游住宿、旅游交通、旅游餐饮、旅游景观、旅游购物、旅游娱乐等在内的综合性服务。因此,从旅游供给结构看,应着重研究旅游资源的类别和性质,以开发出具有特色的旅游景观;应研究各种旅游设施的规模、水平和比例,以形成有效的综合接待能力;应研究各种旅游服务的质量及内容,不断提高服务水平,以更好地满足旅游者的需求。

3)旅游供求协调结构

旅游需求与供给都有一定的时空变化,因此旅游供给与需求一旦在数量、规模和比例上相互适应,就实现了旅游市场结构的协调,从而促进旅游经济的发展。但旅游需求具有变动性,受多方面的影响,而从旅游供给看,旅游资源分布不均衡,旅游活动的季节性很强,这就使得旅游供给和需求在数量、规模、层次以及时间和空间比例上的协调很困难。因此，为了提高旅游经济效益，避免旅游资源浪费或供给不足，就必须根据实际情况对旅游市场结构出现的不协调现象进行适当的调整，以满足旅游经济发展对旅游市场结构的要求。

具体来说，研究旅游市场的供求协调，就是要研究在不同的市场结构下市场供求变化及竞争的特点，为形成供求适应的市场结构，探寻宏观管理的政策及微观经营的对策和策略提供科学的依据。

2. 旅游产品结构

旅游产品是指为旅游者开展旅游活动提供的各种物质产品和服务的总和，包括各种旅游景观、旅游交通、旅游娱乐、旅游餐饮、旅游住宿及旅游购物等。此外，组合性的旅游线路产品也有不同的规模和不同的日程等，这些不同旅游产品及要素之间的各种组合关系就构成了旅游产品结构。由于旅游产品具有不同于一般物质产品和服务产品的特点，因而研究旅游产品结构也应从不同的方面来掌握。

1）旅游产品消费结构

旅游产品消费结构是指旅游者在旅游过程中所消费的各种类型的旅游产品及相关消费资料的比例关系，以及旅游者的不同消费层次及水平的比例关系。不同旅游产品及其要素的消费类型主要包括食、住、行、游、购、娱等方面的消费。而不同消费层次及水平的消费类型则主要包括高档消费、中档消费、低档消费或舒适型消费、经济型消费等。因此，研究旅游产品消费结构对进行旅游产品结构的调整，以便有的放矢地开发适销对路的旅游产品，具有十分重要的意义。

2）旅游产品要素结构

旅游产品是一种综合性产品，包含食、住、行、游、购、娱等多种要素。因此要从要素结构入手，研究旅游景观、旅游设施、旅游服务及旅游购物品等各自的规模、数量、水平及结构状况，从而把握各种要素的特点及供给能力，为开发旅游产品奠定基础。研究旅游产品要素结构，还要研究各旅游要素的组合状况，即以旅游景观为基础的各种自然旅游资源和人文旅游资源的组合状况，各种旅游设施和旅游服务的配备比例，从而组合成综合性的旅游产品，满足旅游者的需求。

3）旅游产品组合结构

旅游产品组合是根据一定的旅游需求和旅游供给条件，把各种单项旅游产品有机组合起来，形成一定区域内旅游活动的消费行为层次结构。因此，从旅游产品组合结构入手，研究各种旅游线路的设计与旅游产品的组合，把各个区域旅游产品及一些专项旅游（如会议、探险、考察、体育等）有机结合起来，向旅游者提供具有吸引力的综合性旅游产品，就成为旅游产品组合结构的重要内容。

3. 旅游产业结构

旅游产业结构是指以食、住、行、游、购、娱为核心的旅游业内部各行业间的经济技术联系与比例关系，也就是旅游业的部门结构。由于旅游经济具有综合性的特点，从而决定了旅游产业结构具有多元化的性质。一般来讲，旅游业主要包括旅游交通、旅游饭店和旅行社，它们被称为旅游业的三大支柱。但是，从旅游业的六大要素看，旅游产业还应包括旅游娱乐业、旅游商品业、旅游景点开发与设计规划部门等。只有从大旅游观的角度来认识旅游产业结构，才能提高对旅游经济重要性的认识，从而确立旅游业在国民经济中应有的地位。

1）旅行社业

旅行社是依法成立，专门从事招徕、招待国内外旅游者，组织旅游活动，收取一定费用，实行自负盈亏、独立核算的旅游企业。旅行社作为旅游业的"龙头"，不仅是旅游产品的设计、组合者，也是旅游产品的营销者，在旅游经济活动中发挥着极为重要的作用。因此，旅行社发展的规模、经营水平及其在旅游产业结构中的比重，直接对旅游经济发展产生重要影响。

2）旅游饭店业

旅游饭店是为旅游者提供食宿的基地，也是一个国家或地区发展旅游业必不可少的物质基础。旅游饭店数量、饭店客房数和床位数多少标志着旅游接待能力的大小而旅游饭店的管理水平高低、服务质量好坏、卫生状况及环境的优劣反映了旅游业的综合服务水准。因此，对于任何国家或地区而言，没有发达的、高水平的旅游饭店业，就不可能有发达的旅游业。

3）旅游交通业

旅游业离不开交通运输业，没有发达的交通运输业就没有发达的旅游业。旅游交通运输作为社会客运体系的重要组成部分，不仅满足了旅游产业发展的要求，还促进了社会交通运输的发展。特别是旅游交通运输要满足旅游者安全、方便、快捷、舒适、价廉等方面的要求，就不仅要具有一般交通运输的功能，还要具有满足旅游需求的功能，从而在交通工具、运输方式、服务特点等方面都形成旅游交通运输业的特色。

4）旅游资源开发

旅游资源开发是指对各种自然旅游资源与人文旅游资源的开发及利用，并形成一定的旅游景观、旅游景区（景点）及各种旅游产品和组合。目前，虽然我国各地已形成了一批在世界上有一定知名度和吸引力的旅游景区（景点）（包括旅游风景区、度假区等）和旅游线路。但从整体上还未把旅游资源开发作为旅游产业结构的一个重要的组成部分来看待，不仅在旅游资源的开发建设上没有专门、统一的规划和建设，而且多头管理，缺乏统一的宏观协调和管理，从而使旅游景区（景点）的建设滞后。因此，要加快旅游业的发展，就必须把旅游资源开发纳入旅游产业结构体系。

5）旅游娱乐业

旅游是一种以休闲为主的观光、度假及娱乐活动，而丰富的旅游娱乐不仅是旅游活动中的重要组成部分，也是增强旅游目的地吸引力、提高旅游经济效益的重要手段。随着现代科技的发展，旅游娱乐业在旅游产业结构中的地位日益上升，在丰富旅游产业内容、增强旅游产品吸引力、促进旅游经济发展等方面的作用也在不断提高。

6）旅游购物

旅游购物是旅游活动的重要内容之一，也是在旅游接待规模既定的情况下，提高旅游经济综合效益的重要手段。随着现代旅游经济的发展，各种旅游工艺品、纪念品、日用消费品的生产和销售正不断发展，形成商业、轻工、旅游相结合的产销系统和大量的旅游商品网点，这不仅促进了旅游经济的发展，也带动了地方民族工业、土特产品轻工业、传统手工业的发展，从而促进了地方社会经济的繁荣。

4. 旅游组织结构

旅游组织结构一般包括旅游企业内部组织结构、旅游企业规模结构和旅游行业组织。

旅游企业内部组织结构是指旅游企业内部的机构设置。由于旅游企业的性质不同、类型不同、规模不同和经营方式不同，其内部的组织结构也会不同。例如，规模大的饭店下设部门较多，而规模小的饭店则相反。合理的旅游企业内部组织结构，有利于提高企业的经营管理水平，从而获得更大的经济效益。

旅游企业规模结构是指大、中、小型旅游企业在旅游业中的比例关系。大型企业一般投资多，设备也较全，接待的旅游者相应也多，可以发挥规模效益；中小型企业规模小，投资相对也少，价格一般偏低，经营较灵活，适合普通旅游者的需求。可见，大、中、小型旅游企业的存在既是客观条件决定的，也是旅游业发展所必需的。

旅游行业组织泛指旅游业中的行业协会。旅游行业组织的主要任务包括：对外作为本行业的代言人，维护本行业成员的共同利益；对内协调本行业成员的关系，在政府旅游主管部门与旅游企业之间发挥桥梁和纽带作用，协助政府加强对旅游全行业的宏观管理。为了提高旅游行业产品的质量，促进企业间的相互协调和保护本行业企业的利益，各国都成立了旅游行业组织。我国目前全国性的旅游行业组织有中国旅游协会、中国旅游饭店业协会、中国旅游车船协会、中国旅游新闻协会和中国旅行社协会。此外，在全国大多数地方，还建立了地方性的旅游行业组织。

5. 旅游区域结构

一个国家的经济发展及产业布局总是离不开一定的地域空间。只有对各个产业和企业在地域空间上进行合理的配置和布局，才能实现生产力的合理组织，最终实现经济的效率目标与空间平等目标的和谐统一。因此，所谓旅游区域结构，是指在一定的范围内旅游业各要素的空间组合关系，即从地域角度所反映的旅游市场、旅游区的形成、数量、规模及相互联系和比例关系，或简称旅游生产力布局。

1）合理布局旅游生产力的意义

研究区域旅游结构，合理布局旅游生产力，不仅对促进各地旅游经济的协调发展具有十分重要的意义，而且对制定合理的区域旅游经济发展政策也具有重要的意义。

（1）合理布局旅游生产力，有利于充分有效地利用各区域的旅游资源、经济资源和劳动力资源，发挥资源优势和比较优势，调动各区域的积极性，促进区域旅游经济的发展，增强旅游业的发展后劲。

（2）合理布局旅游生产力，有利于以有限的资金投入，促进旅游经济的最佳地域组合，促进旅游区域的联合与协作，从而提高旅游经济的综合效益，带动少数民族地区和经济不发达地区的社会、经济和文化的发展，促进空间经济均衡发展和平等化。

（3）合理布局旅游生产力，有利于保护环境和生态平衡，保障城乡居民生活环境和生活质量，保护旅游业赖以生存和发展的自然物质基础，保证旅游经济与生态环境有机协调，以旅游开发促进环境保护，以环境保护促进旅游发展，真正形成旅游经济发展与环境保护的良性循环，实现旅游经济的可持续发展。

（4）合理布局旅游生产力，还有利于在建设社会主义市场经济体制中，充分发挥政府宏观调控的主体作用。政府通过制定旅游区域经济政策，为不同地区、不同阶段的旅游经济发展提供政策依据及指导，使不同地区从旅游市场出发，结合自身的资源优势，制定旅游业发展规划，促进旅游经济的发展。

2）旅游区域结构的类型

旅游区域结构一般包括各旅游要素区域结构和旅游经济区域结构。旅游要素区域结构包括旅行社区域结构、旅游饭店区域结构、旅游交通区域结构、旅游商品区域结构、旅游市场区域结构、旅游流区域结构、旅游投资区域结构、旅游资源区域结构等。它反映的是旅游要素的空间分布与布局、功能分区以及要素与地区间的空间联系状态等。

（1）旅行社区域结构是指旅行社在不同地区的配置情况，包括不同数量、规模、性质的旅行社在不同地区的布局特点以及区域内各旅行社的协作发展关系。

（2）旅游饭店区域结构是指根据旅游资源的分布及旅游市场需求特点而形成的地区分布格局，其中旅游资源聚集地的分布接待点对旅游饭店区域结构具有决定性的影响作用，因为大多数旅游者总是投宿到距旅游景区（景点）较近的旅游饭店。

（3）旅游交通区域结构同时受旅游资源与旅游客源分布的影响，一般在旅游景观附近的分布密度较大，决定旅游交通的运力、规模及水平。

（4）旅游商品区域结构不仅和旅游资源的分布相关联，而且同各地区其他产品生产，特别是名、特、土产品生产相关，从而形成不同地区旅游商品的分布特色。

（5）旅游市场和旅游流的区域结构反映了旅游者的分布及其变化特征，它对旅游供给因素，特别是旅行社、旅游饭店、旅游交通的合理布局具有很大的引导作用。

（6）旅游投资区域结构是指资金在各旅游区域的流动及分布关系，它取决于不同地区经济的发展速度、资源特征、经济政策等区域特点。旅游投资必须以有限的资金取得较高的综合经济效益，因而提高资金使用效率对旅游投资区域结构具有重要意义。

（7）旅游资源区域结构是以旅游资源的自然属性为主得出的旅游资源空间分布状况及特色，它是以自然资源本身的性质、特点、数量、质量为依据划分的，是综合旅游经济区域结构的基础。

把上述各种因素结合起来，就形成旅游经济区域结构。它是建立在特定区域范围内的旅游区、旅游圈、旅游带结构，是构成旅游目的地的重要内容。根据各地区旅游经济综合特征的相似性与差异性，即可将整个地区分成若干个旅游经济区，每个旅游经济区还可进一步划分出不同的旅游经济区。

研究旅游区域结构，合理布局旅游生产力，有利于充分有效地利用全国各地的旅游资源，调动各地区、各企业的积极性，促进旅游经济的发展，增强旅游业的发展后劲；有利于以有限的资金投入，促进旅游经济的最佳地域组合，带动少数民族地区和经济不发达地区的社会、经济和文化的发展，促进空间经济均衡发展和平等化；有利于保护环境和生态平衡，保障城乡居民生活环境和质量，保护旅游业赖以生存和发展的自然物质基础，保证旅游经济与环境有机协调，实现旅游经济的可持续发展；有利于在建设社会主义市场经济体制中，充分发挥政府宏观调控的主体作用，使不同地区结合自身的资源优势，制定旅游业发展规划，促进旅游经济的发展。

6. 旅游消费结构

旅游消费结构是指旅游者在旅游过程中所消费的各种类型的消费资源（物质产品、精神产品、服务）的比例关系，以及消费者的消费层次及水平的比例关系。旅游消费结构的变化及分类对旅游产品结构的调整具有十分重要的意义。

旅游消费结构从不同角度可以划分为以下4种类型。

（1）从旅游目的的角度，可分为探亲访友、文化交流、商务等旅游消费。
（2）从满足旅游需求的角度，可分为生存资料、享受资料和发展资料的消费。
（3）从旅游消费资料的角度，可分为食、住、行、游、购、娱6个方面需求的消费。
（4）从旅游消费的组织方法角度，可分为散客旅游消费和团体旅游消费（一般而言，在消费水平上，团体旅游消费要比散客旅游消费低）。

7. 旅游投资结构

旅游投资结构，是指投资额在不同旅游建设项目之间、不同旅游目的地之间的比例关系。其对于旅游市场结构、旅游产品结构、旅游产业结构、旅游区域结构等都会产生不同程度的影响。旅游建设项目从不同角度可分为不同的类型，从建设内容可分为旅游基础设施项目、景区项目、旅游饭店项目、旅游教育项目、旅游交通项目、旅游购物开发项目、旅游环境保护项目等；从项目规模可分为大型、中型、小型项目；从建设项目的性质可分为新建项目、改建项目、续建项目、扩建项目；从项目地区分布可分为旅游业发达地区、欠发达地区、不发达地区的项目；从项目投资来源可分为国家投资、地方政府投资和旅游企业投资项目等。

旅游投资的目的、方式、途径各不相同，不同投资来源的旅游投资结构也不同。一般而言，旅游投资来源于政府财政、外资、银行贷款、社会融资和自筹资金5个方面。纳入各级政府财政预算的旅游投资，主要用于旅游基础设施建设。外资是指外国政府、外国银行、国际金融组织、各种国外基金组织的资金和外商直接投资等，其既可用于旅游基础设施建设，又可用于经营。银行贷款是指有偿向银行借用的资金，大多数用于流动资金，但也可用于旅游基础设施、接待设施等方面的建设。社会融资是通过发行股票、债券等方式从社会募集资金来投入旅游开发和建设。自筹资金是由地方政府或旅游企业自行筹集的不属于以上范围的资金，其筹集和使用方式比较灵活多样。

合理的旅游投资结构对于确定旅游经济发展战略具有重要意义。第一，不同的旅游投资结构，需要的投资总量也不同，所以，合理的旅游投资结构有利于充分发挥投资总量的作用。第二，不同的旅游投资结构在旅游投资总量一样的情况下，产生的旅游经济和产业绩效是不同的。如果旅游投资结构失调，将对旅游经济和产业的长期发展产生不利的影响。第三，合理的旅游投资结构不仅决定着旅游经济和产业结构的现状，也对未来旅游经济和产业结构的发展与演进产生影响，还对旅游消费结构起着重要的影响作用。

总之，由于旅游投资结构对其他结构有重要影响，只有充分考虑旅游市场需求及各种影响因素，并从旅游业发展的战略高度进行综合分析，才能最终确定合理的旅游投资结构。

8. 旅游经济管理结构

旅游经济结构不仅包括生产力方面的结构，也包括生产关系方面的结构。所谓旅游经济管理结构，是从生产关系角度研究旅游经济的所有制结构、旅游企业规模结构和旅游管理体制结构等。

1）旅游经济所有制结构

旅游经济所有制结构，反映了旅游业所有制关系的构成及比例。在社会主义市场经济中，发展以公有制为主体的多种所有制结构是客观趋势。因此，分析旅游经济所有制结构的特点、运行状况及发展趋势，既有利于坚持社会主义方向，充分发挥公有制经济的主体作用，又有利于不断改革探索，促进非公有制经济的发展，增强旅游经济的内在活力和外在动力，从而进一步加快旅游经济的发展。

2）旅游企业规模结构

旅游企业规模结构，反映了旅游企业大、中、小结构比例和旅游企业集团化发展的状况。从国际旅游业发展的情况看，一方面，旅游企业大、中、小规模结构是由客观条件决定的，是在市场竞争中，通过竞争淘汰、新建而逐步形成相对稳定的大、中、小企业规模结构；另一方面，旅游企业遵循规模经济和聚集经济的市场竞争要求，逐步形成一些紧密型与松散型相结合的大企业集团，如饭店管理公司、旅游集团公司等，有利于增强旅游企业的竞争力和提高经济效益。

3）旅游管理体制结构

旅游管理体制结构，是从宏观角度表现的有关旅游行业的政策保障体系、行业管理体制及实施手段体系的状况。随着我国经济体制从计划经济向市场经济转变，经济增长方式从粗放扩展型向综合效益型转变，以及旅游经济的快速发展，我国旅游业正逐步形成以行业管理为主，集旅游政策保障体系、旅游法律法规体系和旅游宏观调控体系为一体的旅游管理体制结构，其充分反映了中国以政府主导性为主的旅游发展模式。

四、旅游经济结构的优化

1. 旅游经济结构优化的含义

旅游经济结构优化是促使整个旅游经济协调发展、技术进步和经济效益不断提高的过程。经济结构优化是一个相对的概念，各个时期优化的内容是不同的，但一般而论，经济结构优化应包括经济结构合理化和高级化。经济结构合理化反映了经济的发展符合社会需要，内部各产业间协调发展，能实现整体经济的良性循环；经济结构高级化则反映经济结构的技术水平高、经济和社会效益好。

旅游经济结构的合理化指的是在现有的社会经济技术基础上，旅游经济内部各结构保持较强的互补性和协调性，具有符合现代旅游经济发展要求的比例关系，可以实现整个旅游经济的持续稳定发展。旅游经济的高级化则是在旅游经济合理化的基础上，充分应用现代科技成果，有效利用社会分工的优势，不断提高旅游业的技术构成和要素的综合利用率，促进旅游产出向高附加值发展，不断提高旅游业的社会经济效益。

旅游经济结构的合理化同旅游经济结构的高级化有着密切的联系。旅游经济结构的合理化为经济结构的高级化提供了基础，而高级化则推动经济结构在更高层次上实现合理化。结构的合理化首先着眼于经济发展的近期利益，而高级化则更多地关注结构成长的未来，着眼于经济发展的长远利益。因此，在旅游经济结构优化的全过程中，应把合理化与高级化有机结合起来，以结构合理化促进结构高级化，以结构高级化带动结构合理化；在结构合理化过程中实现结构高级化的发展,在结构高级化的进程中实现结构合理化的调整。只有这样,才能实现整个旅游经济结构的优化。

2. 旅游经济结构优化的标准

旅游经济结构优化并不是一个抽象的概念,而是有其具体的评价标准。作为一种客观经济活动的实体,尽管由于各个国家或地区在旅游经济发展水平和旅游经济结构形成的历史背景方面存在不同,从而导致各国、各地区旅游经济结构优化的标准存在着差别,但总体而言,旅游经济结构优化有以下标准。

1) 资源配置的有效性

在旅游经济活动中,旅游供求存在着矛盾,旅游资源的稀缺性和旅游需求的无限性要求对旅游资源做最有效配置,从而对旅游经济结构提出了要求。因此,旅游资源配置的有效性成为旅游经济结构优化的标准之一。优化的旅游经济结构应能够充分、有效地利用本国、本地区的旅游资源及人、财、物力;能够较好地利用国际分工的好处,发挥自身的优势,实现全球旅游资源的最佳配置和使用;能够促进旅游资源的保护和适度开放。

2) 旅游产业结构的协调化

社会化大生产客观上要求按比例分配社会资源,这种数量比例关系存在于社会各产业之间以及产业内的各环节之间。如果产业之间的比例不协调,就意味着某些产业的产品供过于求,另外一些产业的产品又供不应求,资源就不能得到合理利用,社会资源必然会造成浪费。因此,合理的经济结构应该是各产业之间的协调发展。这是一个最基本的要求。对于旅游业来说,合理的旅游经济结构应能够使旅游经济各产业、各部门保持合理的比例关系及协调发展,能够有效地促进旅游生产、流通、分配及消费的顺利进行,从而使旅游的供给和需求处于协调发展的状态。

3) 区域布局的合理性

旅游经济活动必须在一定的空间范围内进行,因而旅游区域布局的合理性也是优化旅游经济结构的标准。优化的旅游经济结构应能够遵循旅游经济发展的客观需求,形成包括旅游景区(景点)、旅游经济圈在内的合理的旅游经济区域布局,从而提高整个国家或地区旅游经济的总体形象和综合生产能力,提高整个旅游业的综合经济效益。

4) 旅游经济发展的可持续性

旅游经济发展的可持续性的前提是良好的生态环境。而良好的生态环境取决于旅游经济结构是否优化。优化的旅游经济结构应有利于生态环境的保护和改善,使旅游业发展与生态环境的保护有机地融为一体,实现经济、资源和环境的良性循环,能够促使旅游业、旅游者、旅游企业、旅游社区、旅游环境等成为一个稳定、健康和可持续的旅游产业发展系统,促进社会经济效益的不断提高,加强各地区间人民往来,维护和增进人民友谊。

5) 旅游产品类型的多样化

人们旅游需求的多样化,决定了旅游产品类型的多样化。在旅游经济发展的初期,大多数旅游产品以观光旅游类为主,随着旅游经济的发展和人民生活水平的提高,人们的旅游需求从观光旅游向休闲度假、科考探险、商务会展等方向发展,从而对旅游产品的多样化提出了要求。因此,旅游产品的多样化也是旅游经济结构优化的标准。

6）旅游需要满足的最大化

生产的最终目的是满足人们的需要。因此，合理的旅游经济结构应能与社会的旅游需要相适应。如果一种旅游产品货不对路或供过于求，那么生产这种旅游产品的劳动或部分劳动就得不到社会的承认，其价值或部分价值就不能实现。在社会资源一定的条件下，某些产品供过于求或产销不对路，就意味着另一些社会需求的产品空缺或供不应求，从而决定了生产这些旅游产品的产业部门之间的发展不平衡，效益不好。显然，这样的旅游经济结构是不合理的。当然，我们所说的满足社会需要，也只能说在现有条件下尽可能地满足社会需要，绝对地完全地满足社会需要是不可能的。

3. 旅游经济结构优化的目标和内容

旅游经济结构优化，其最终目标应是实现旅游业的持续稳定发展，提高整个旅游经济的社会经济效益。从过程角度来说，旅游经济结构优化是个非常复杂的系统工作，并且是动态的和非绝对的。它包括两层含义：首先，它包括旅游经济结构各系统的优化，如旅游市场结构、旅游消费结构、旅游产品结构、旅游业结构、旅游区域结构、旅游投资结构、旅游组织结构等的优化；其次，它包括旅游经济结构各子系统之间的协调和优化。

下面以旅游产业结构、旅游产品结构、旅游区域结构、旅游市场结构为例探讨旅游经济结构优化问题。

1）旅游产业结构优化

在全球经济一体化、知识经济初露端倪和我国加入世贸组织的大背景下，提高我国旅游产业的国际竞争力，加快产业结构优化步伐势在必行。

（1）全方位开放旅游市场。在市场经济条件下，解决结构失调问题的根本途径，只能是在统一市场、平等竞争的基础上，通过发挥"看不见的手"的作用，促使资源向效率更高的领域流动，最终实现产业结构优化的目标。事实上，开放市场不仅会带来旅游企业数量的激增和竞争的加剧，也会给企业扩大规模、实行资产重组提供内部动力和外部条件，有利于国内旅游企业向经营连锁化、管理专业化、规模扩大化、产品特色化和运作市场化方向发展。因此，全方位开放旅游市场是我国旅游产业结构优化和国际竞争力提升的必然选择。

（2）充分利用资本市场。旅游业早已成为"高投入、高产出、高风险"的产业，其发展需要强大的资本做后盾。但是，受我国投融资体制不完善的影响，旅游产业在发展中广泛存在着自我融资现象。这种小范围的融资活动所决定的项目，不仅规模小、效率低，而且往往在同一个行业内存在过多的同类项目，重复建设在所难免，结果造成过度竞争和不正当竞争，这是导致产业结构失衡的重要原因。因此，尽快取消对旅游企业特别是旅游资源类企业上市的限制，充分利用资本市场的多重功能，通过兼并、收购、参股、资产置换、扩大投资等手段，实现资产存量和投资增量的联动，是优化我国旅游产业结构的重要途径。

（3）实施旅游科技创新工程。科技在旅游业中的作用越来越重要。加速旅游科技创新，实现高新技术与旅游业的结合，使旅游产业的科技含量大幅度提高，以科技进步推动产业结构的重组，是迅速实现我国旅游产业结构优化目标的必由之路。有关部门应该根据世界旅游业高技术化发展趋势和我国的实际需要与可能，实施旅游科技创新工程，确定我国旅游业高技术发展的优先领域、关键技术和重点项目。

（4）加快旅游专门人才培养。在今后相当长一段时期，我国旅游企业较为紧缺的人才主要集中在 3 类：一是新型旅游专业人才，如从事旅游电子商务、旅游产品网络管理、旅游资本运营等的人才；二是旅游企业经营管理所需要的常规人才，如高层管理者和从事市场营销、旅游产品开发等的人才；三是在未来竞争中需要的创造型、复合型、协作型人才。因此，要树立旅游产业发展以人为本的观念，有针对性地制定旅游人才培养与开发规划，完善科学合理的旅游人才使用管理机制。

2）旅游产品结构优化

旅游产品结构优化就是通过产品内部各种结构的最优调控，使产品系统在最佳状态下运行。它包括类型结构优化、要素结构优化、时间结构优化以及空间结构优化 4 个部分。

（1）旅游产品类型结构优化。旅游产品类型结构优化的途径：一是针对市场定位，深挖地域文化、中国文化内涵，大力培育旅游精品、名品等主打产品；二是发挥旅游资源优势，逐步完善度假、生态、探险、科考等多元化的旅游产品结构；三是区域旅游产品避免雷同。

（2）旅游产品要素结构优化。旅游产品要素结构优化指的是旅游产品组合的各个要素之间结构比例的平衡。要做到统筹安排，食、住、行、游、购、娱等各相关要素协调发展，就要求旅游产品的开发者和经营者根据市场需求的特色，从时间比例、游客的爱好及消费水平上确定合理的要素结构，防止旅游产品的经营者、导游欺骗行为的发生。

（3）旅游产品时间结构优化。旅游产品时间结构有两层含义：一是旅游产品销售的时间结构，包括短期的假日结构和长期的淡旺季结构。销售时间结构优化的目的是针对资源特色和市场需求来调整旅游产品的销售时间和新产品的市场推出时间，从而扩大区域旅游产品的销售量。二是替代旅游产品推出的时间结构。由于一个区域的拳头产品会出现老化现象，应该提前培育替代产品并及时推向市场。旅游产品时间结构优化的重点，是开发拳头产品和适时推出，以便延缓旅游目的地的总体衰退速度。

（4）旅游产品空间结构优化。旅游产品空间结构可以分为 3 种，即点状（景点、景区）、线状（主题线路）、网络状（由中心城市及其周围的景点、景区组成）。空间结构优化是上述 3 种类型产品的合理搭配，即能以网展线、以线串点。从产品的发展层次上说，点状产品处于区域初级产品阶段，线状产品是区域产品发展的中级阶段，而网络状产品的形成标志着区域产品发展到了高级阶段。

另外，有关部门还要加强宏观调控，科学规划旅游资源开发，重视知识经济对旅游产品结构优化的影响，加强文化旅游产品体系的建设，适时促进旅游产品的升级换代。

4. 旅游区域结构优化

世界范围内或某一地区内各区域的旅游资源具有各自不同的优势与特点，特别是随着地理空间范围的扩大，这一现象表现得更为明显。因此，旅游区域结构优化的目标，是根据不同地区旅游资源和社会经济发展的差异性，合理布局旅游生产力，形成各旅游区在旅游产品数量、规模上的合理比例及相互联系，提高旅游目的地的整体竞争力。实现旅游区域结构优化目标，应注重以下要求。

1）加强对重点旅游区、旅游城市及旅游线路的建设和发展

旅游区域布局应按照区域经济发展理论，遵循重点发展的原则，加强对重点旅游区、旅游城市及旅游线路的建设和发展。通过重点发展一批融观光、度假及文化娱乐为一体的旅游

区,尽快形成具有相当产业规模的综合接待能力,增强对国内外旅游者的吸引力;通过对重点旅游城市的配套建设,增强对邻近地区和全国的辐射功能,使之成为旅游经济发展的"增长点";通过重点扶持和建设一批具有发展潜力、经济效益好的旅游路线,增强旅游经济发展的后劲。

2)强调合理分工,互相补充

各地区应根据自身的优势和区位条件,根据旅游市场需求开发和建设与经济发展相适应的旅游产品,并和相关地区旅游经济结构形成合理的分工和布局。同时,在注重突出各自的优势和特色时,要强调互补互济,形成各地区之间旅游资源互补、旅游市场互补、旅游产品互补、旅游优势互补,从而促进整个旅游生产要素的流动和有效利用,提高旅游经济的整体效益。例如,经济发达地区与欠发达地区旅游发展往往具有较强的互补性。经济发达地区具有现代化的旅游景观、资金、管理技术和客源资源。而欠发达地区往往具有优良的生态环境和自然景观,商业化程度较低的旅游氛围。这决定了经济发达地区与欠发达地区旅游发展的分工和合作的层面和重点,也决定了旅游区域的基本构架。

3)政府加强宏观政策调控

旅游区域结构要优化,区域旅游政策的制定就必须以各区域旅游现状为出发点,充分考虑旅游产业发展的专业化、高度化和规模经济的要求;通过实施区域旅游政策来避免区域内旅游项目重复建设和区域性行政壁垒,实现旅游产业布局与旅游产业结构的同步发展,形成旅游产业发展和地区发展相协调的机制;利用区域旅游政策具有旅游规划、旅游发展支持、旅游发展调控和旅游发展平衡等诸功能,促使区域旅游结构优化。

4)积极发展国内外区域合作

旅游业是一个开放型的经济产业,必须加快对外开放,积极发展国内的旅游合作。要按照旅游经济的内在联系,以区域经济理论为指导,加强各地区之间的旅游区域联合和协作,逐步形成具有一定规模、一定水平和各具特色的区域旅游网,提高区域旅游的整体竞争力。同时,要积极发展国际区域合作,参与国际市场竞争。特别是要顺应目前国际经济区域一体化的趋势,打破边界约束,寻求更大范围内的区域旅游合作,增强中国旅游业在国际旅游市场上的联合竞争力。

5. 旅游市场结构优化

旅游市场结构优化的目标,是在促进旅游供给和需求动态均衡发展的基础上,不断扩大旅游客源市场规模,努力开拓高素质的旅游客源,提高旅游外汇收入和旅游经济的总量和水平。

旅游市场结构优化的目标,核心是努力开拓高素质的旅游客源。所谓高素质的旅游客源,主要是指具有高需求、高消费、高素养的旅游者。高需求,是指对旅游产品的内容和服务质量要求高,不仅要求旅游活动的内容更加丰富多彩、类型多样,而且要求服务质量能够更加优质和个性化,能够充分满足每个旅游者的需求。高消费,是指旅游者在旅游目的地的人均消费水平高,高需求旅游者通常都具有高消费的经济能力和条件。高素养,是指旅游者的文化素养较高,旅游环境保护意识强,尤其是随着人们对生态环境、文化遗产保护意识的增强,高素养的旅游者具有更强的环境保护意识和文明的旅游行为。因此,优化旅游市场结构,就要顺应国际旅游的发展趋势,开发多样化的旅游产品,进一步提高旅游设施质量和服务水平,丰富旅游活动的内容和形式，提供更方便的旅游通达条件，才能满足越来越多旅游者的高需求，增加旅游者的消费支出，增加旅游业总收入。

此外，随着市场经济的发展，全新的市场观念、效益观念、竞争观念和创新观念正逐步建立起来，对客源市场的争夺将更加激烈。因此，必须加强宣传促销，立足国内市场，创造条件吸引更多的外国游客，拓宽国际旅游市场。

案例链接

五大转变展示中国旅游业辉煌成就

改革开放以来，我国旅游业实现了从短缺型旅游到初步小康型旅游大国的转变，成为国家经济社会发展的重要组成部分，为未来持续发展奠定了坚实的基础。

（1）国内旅游从小众市场向大众化转变，已拥有全世界最大的国内旅游消费市场。改革开放以来，随着我国经济与国民收入的增长，国民年人均出游从1984年的0.2次增长到2015年的3次，增长了14倍。国内游客数量从1984年约2亿人次扩大到2015年40亿人次，增长了20倍，年均增长10.2%（图10-1）；特别是自2000年以来，国内游客数量呈现持续高位增长，推动中国步入了大众旅游时代，成为世界上拥有国内游客数量最多的国家。国内旅游收入也从1985年的约80亿元增加到2015年的34 200亿元，增长了426.5倍，年均增长22.4%。2015年，中国旅游总收入超过4万亿元，其中，国内旅游收入占全国旅游总收入的比重达到了85.8%，成为最主要的旅游消费市场。

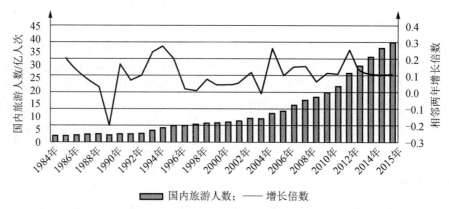

图10-1 1984—2015年国内旅游人数及增长倍数

（2）国际旅游从单一入境游发展成为出境、入境旅游并重的格局，出境旅游市场更加活跃、发展潜力巨大。改革开放之初，我国的国际旅游仅限于单一的入境游，出境游起步较晚。进入21世纪，中国公民出境旅游呈现井喷式增长，已形成入境与出境两大旅游市场并重的发展格局。

从入境游市场看，中国已是世界第四大旅游入境接待国。入境游客数量（含入境过夜游客，下同）从1978年的180.92万人次增加到2015年的1.33亿人次，增长72.5倍，年均增长12.3%（图10-2）；旅游外汇收入从1978年的2.63亿美元增加到2015年的1 136.5亿美元，增长431倍，年均增长17.8%（图10-3）。

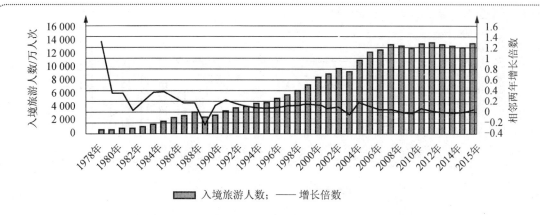

图 10-2 1978—2015 年中国入境旅游人数及增长倍数

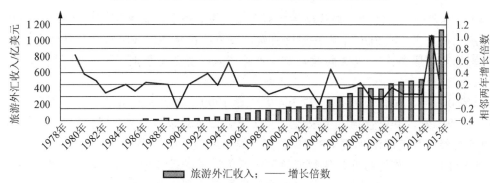

图 10-3 1978—2015 年中国旅游外汇收入及增长倍数

从出境游市场看,中国是全球增长最快的客源输出国之一,已成为世界第一大出境旅游消费国。2014 年,中国大陆公民出境旅游数量突破 1 亿人次,达到了 1.09 亿人次,2015 年上升为 1.2 亿人次,比 1992 年的 298.87 万人次增长了 39 倍。目前,中国公民出境旅游目的地已扩大到 151 个国家和地区,成为世界重要的旅游客源国(图 10-4)。

(3)旅游业从单纯外事接待型事业转向事业、产业共同发展,旅游综合功能优势日益凸显。改革开放前,我国旅游业是外交事务的组成部分,对增进国家间友谊和促进国际交流起到了积极作用,但尚不具备现代产业特征。改革开放后,中国旅游业迅速成长为国民经济的重要产业,并在政治、经济、社会、文化、生态等领域显示出巨大活力,与 110 多个行业相关、融合发展,对国家调结构、扩消费、稳增长、惠民生都起到了积极作用。总体上实现了六大发展转变:一是从外交的边缘向外交的前沿转变;二是从经济建设的边缘向经济建设的主战场转变;三是从经济增长点向第三产业的重点转变;四是从传统粗放型、数量型旅游发展方式向集约型、创新型推动方式转变;五是从以扩大就业岗位为重任向以就业、旅游扶贫为重任转变;六是旅游发展的主体从以政府为主向政府、企业、社会共同参与的多主体、多类型全方位推进。

如今,旅游业对于社会公共服务、地区综合管理水平的要求进一步提高,旅游业对于我国城镇化建设、乡村脱贫致富、生态保护、实现"美丽中国"等起着重大作用。

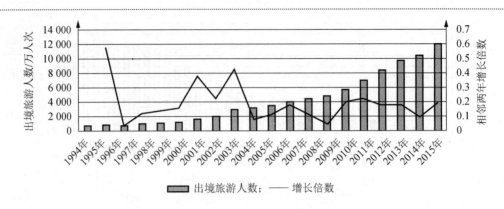

图 10-4 1994—2015 年中国出境旅游人数及增长倍数

（4）旅游业由一般性产业向战略性支柱产业转变，产业规模和实力迅速壮大。2009 年，中国政府明确提出"到 2020 年要将旅游业建设成为国民经济的战略性支柱产业和人民群众更加满意的现代服务业"，全方位推动旅游产业步入了黄金发展期，旅游产业规模和实力显著提升。

截至 2015 年，全国有旅行社 27 364 家，比 1999 年的 7 355 家增加了 2 万多家；有星级饭店 13 491 家，其中包括五星级饭店 867 家、四星级饭店 2 779 家、三星级饭店 6 776 家；有各类经济型连锁酒店约 1.5 万家，客房总数超过 140 万间。

1999 年，国家旅游局开始实行旅游区（点）质量等级管理。其中，5A 级景区首次评定始于 2007 年，截至 2015 年年底，5A 级景区数量达到 200 多家。

自 1998 年起，国家旅游局通过推动创建"中国优秀旅游城市"，提升了中国城市旅游的吸引力。截至目前，全国已有 370 个城市成功创建成"中国优秀旅游城市"。

近年来，在产业融合发展、资本并购、连锁化经营、"互联网+"等创新发展中，旅游新业态层出不穷，涌现出一批有竞争潜力的大型旅游企业，包括以华侨城、宋城等为代表的景区连锁经营商，以锦江、首旅、万达等为代表的综合性旅游商，以携程、去哪儿、同程、途牛等为代表的线上旅游服务运营商。它们业绩增长迅速，已成为中国旅游企业的领跑者。

（5）旅游业发展面由局部扩展到全国，形成了国家与地方，政府与企业、社会共同推进的大格局。改革开放初期，中国旅游业发展的热点区域主要集中在北京、上海、广州、西安、桂林等少数旅游城市和黄山、峨眉山等著名旅游景区，如今，旅游业发展已遍及全国，成为国家和地方经济增长的重要驱动力。几乎所有的省、自治区、直辖市都将旅游业作为战略性支柱产业，一系列在更大范围内的区域旅游合作品牌相继产生。国家旅游局与各省、自治区、直辖市建立了推进战略合作机制。2014 年，国务院建立了旅游工作部际联席会议制度，由国务院分管旅游工作的副总理任召集人，成员单位包括国家旅游局、外交部、国家发改委等 28 个部门。在国家政策引导和支持下，全国各类金融机构、非旅游类大型企业集团也开始纷纷参与旅游业投资与经营，形成了多层面、多区域、多形式推进旅游业发展的大格局。

（资料来源：http: //travel.ce.cn/gdtj/201605/19/t20160519_3840782.shtml）

第二节 旅游经济发展模式

一、旅游经济发展模式的概念

旅游经济发展模式是指一个国家或地区在某一个特定时期旅游业发展的总体方式,不同国家或地区,由于国情或地区情况不同,其旅游经济发展模式可能完全不同。影响旅游经济发展模式的因素主要有以下几个方面。

1. 社会经济发展水平

一个国家或地区社会经济发展水平高,科技发达,一方面使社会基础设施和公共设施比较完善,另一方面又促进了居民收入水平的提高,两者为旅游业的发展奠定了坚实的基础,从而使旅游业的发展成为社会经济发展的必然结果。反之,在经济不够发达的国家或地区,其旅游业的发展方式必然与前者有所不同。

2. 社会经济制度和经济发展模式

当前世界上社会经济制度主要有两大类型:社会主义经济制度和资本主义经济制度。不同的经济制度,其经济发展的根本目的是不同的,对旅游业的发展模式会产生重大影响。从经济模式而言,世界上绝大多数国家实行的是市场经济模式。在市场经济模式中,又分资本主义市场经济和社会主义市场经济,分别对应不同的所有制形式,这对旅游业的发展模式也会产生重大影响。

3. 旅游业形成时期和所处的发展阶段

如果旅游业形成时期早,其发展就具有较好的基础;如果旅游业形成时期晚,则基础薄弱,从而决定了不同的发展模式。

二、旅游经济发展模式比较

国际旅游业在一个多世纪的发展中,经历了崛起、大发展和稳定发展的阶段。但由于政治、经济、地理位置以及资源条件等方面的原因,不同国家和地区旅游业发展的水平也千差万别。下面主要从旅游业的发展目的、旅游业发展的形式、旅游业的管理体制与旅游业的经营体制几个方面进行比较分析。

1. 旅游业发展目的的比较

当今世界上,几乎没有哪一个国家不在开展旅游活动,但是由于政治、经济体制不同,各国发展旅游业的目的也不尽相同,一般说,有以下几个重要目的。

1)赚取外汇,改善国际收支平衡

西班牙是发展旅游赚取外汇收入的典型,旅游业是其外汇收入的主要来源;日本政府则鼓励本国居民出国旅游度假，或以旅游消费作为补偿贸易，以减缩其国际收支平衡中过大的顺差。

2）增加就业机会，稳定社会秩序

英国把旅游业当作开辟就业机会的重要途径，重点扶植旅游企业，特别是在失业率较高的地区积极投资旅游业，鼓励人们参与旅游服务，力争每年通过发展旅游业增加更多的就业机会。

3）促进地区经济发展

一些沿海地区拥有充足的阳光、海水和沙滩，也许发展农业和工业比较困难，但经过规划和建设则是人们休闲度假的好地方。因此，许多国家把旅游者引向那些经济比较落后的地区，以促进那些不发达地区的经济发展。

4）促进民间交往，改善国际关系

很多国家发展旅游业主要是为了扩大影响，把旅游业当作一种外交事业来发展，特别是比较封闭的国家更是如此。

5）发展社会文化

世界上很多国家把开展旅游活动、发展旅游业，特别是"社会旅游"或"奖励旅游"看作一种社会福利。如独联体与许多东欧国家的国内旅游均属此类。法国发展旅游旨在提高人民的生活质量。澳大利亚把旅游活动与体育活动一样看待，而有些国家则把旅游业置于政府的文化部或体育娱乐部的管辖之下。

2. 旅游业发展形式的比较

1）常规发展与非常规发展

一个国家的经济发达程度决定着它的旅游业的发达程度。对西方发达国家来说，旅游活动首先在国内开展起来，然后才是出国旅游，由近及远，同时接待入境旅游者。这种先国内后国外、以国内旅游为基础的发展旅游业的形式，被称作常规发展型。美国、英国等欧美重要的旅游国均属此类。对大多数发展中国家来说，由于国家经济落后，在国内旅游不发达、整个旅游设施不大完备的情况下，先开展入境旅游，再发展国内旅游，是一种非常规的发展模式。这种发展模式，是以赚取外汇为发展旅游业最主要的目的。由于国内旅游不发达，旅游设施使用的替代性差，因而旅游业的发展不太稳定，旅游服务水平也难以保证。

2）稳定发展与畸形发展

对大部分工业国家来说，旅游业的发展是循序渐进的，旅游业的发展成为国家经济发展水平的标志。一般来说，这些国家的旅游业发展比较稳定，不太会出现大起大落的现象。但有些国家，特别是发展中国家，追求旅游入境人数与旅游收入的高指标、高速度，往往缺乏科学的规划、引导和反映实际情况的信息，从而造成旅游企业的畸形发展，出现某些旅游设施的数量、档次或布局不合理，配套设施不足，已有设施难以发挥效益的问题。

3）大众市场与高档市场

欧美一些国家依靠具备海水、沙滩、阳光的休养地来吸引外国旅游者，由于这些旅游地容量大，而且又有严重的季节差，这些国家发展入境旅游多以大众市场为目标，采取薄利多销的做法，保住人数就能保住收入，如欧洲的地中海地区和美洲的加勒比海地区的旅游国多属此种类型。但另外一些国家，或由于地域狭小，或因设施缺乏，或其他原因，不适宜发展大众性旅游，而是着眼于高收入、高消费或有特殊兴趣的游客，发展高档市场，如亚洲的不丹、尼泊尔、印度等国家。

3. 旅游管理体制的比较

随着旅游业的发展，每个国家几乎都形成了专门的机构，负责制定与执行国家的旅游政策，一般称之为国家旅游组织或国家旅游管理机构。这些国家旅游组织或国家旅游管理机构可能是一个部、局、委员会或者理事会，它们的地位、权力、职能也各不相同。世界各国旅游组织与管理机构大致分为以下几类。

1）最高级的全国旅游决策机构

这个机构由政府有关部门的负责人（或代表）组成，由它制定全国性的重大旅游规划与政策方针，协调各部门的关系。大部分东欧国家采取这种形式。

2）国家的旅游行政管理机构

国家的旅游行政管理机构大致有 3 种形式：一种是有一个单独的部或相当于部的国家旅游局，如埃及、墨西哥、菲律宾、泰国等；另一种是与其他部门合为一个部，如意大利为旅游与娱乐部，法国为工业、邮电与旅游部，葡萄牙为商业与旅游部；再一种是旅游局隶属政府的某一个部，如日本隶属运输省，挪威隶属交通部，德国隶属经济事务部，美国隶属商业部等。

3）半官方旅游机构

这种机构不算是政府部门，只是其主要负责人由政府任命，部分经费来自政府。这种形式在欧洲较为普遍，在一些国家叫旅游局，如爱尔兰、瑞典、芬兰、丹麦等；还有一些国家则称为旅游协会，如新加坡旅游促进协会。

4）国家大型骨干旅游企业代行国家旅游组织的职能

捷克共和国的"切多克"旅行社、马来西亚的国家旅游发展公司等，都属这种模式。

4. 旅游业经营体制的比较

旅游业和其他行业一样，它的经营体制与国家的经济体制和政策是分不开的。从总的情况来看，世界各国旅游业的经营体制有以下两种主要形式：

1）以私营大企业为主导，小企业为基础

在工业发达、旅游业发达的市场经济国家，旅游业的经营者绝大部分是私营企业，而其中大型的旅游公司、旅游托拉斯、旅馆联号和大型航空公司在这些国家的旅游业中起着主导作用。在美国，旅馆联号拥有的旅馆数占全国旅馆总数的 60% 以上。但是在许多旅游业发达国家中，私营小企业仍发挥着重要作用，而且旅游业的历史越悠久，小企业的作用越明显，特别是旅行代理行业、旅馆业与餐饮业中。英国有各种旅行代理商 6 000 多个，但真正的旅游经营商才几百个；英国的绝大部分旅馆客房数在 20 间以下。

2）国有旅游企业是本国旅游业的主体

一些发展中国家，特别是一些后起的旅游国家，为了集中财力、物力和发挥国家的整体优势，专门成立了旅游发展公司（或者拥有这个公司的绝大多数股份），以促进旅游业发展。例如，印度早在 1967 年就建立了国营印度旅游发展公司，经营旅馆、餐馆、汽车运输、免税商店等业务。巴基斯坦的旅游发展公司是商业公司，国家拥有 96%的股份。在多数社会主义国家，政府直接投资与经营旅游企业，对旅游业实行垄断性经营。

5. 旅游发展模式比较

各个国家的政策、经济上的差别，导致旅游业发展的情况差异较大。但从总的情况来看，各国的旅游业发展与其经济基础、经济发达程度有十分重要的关系。总结一些国家旅游业的发展情况，大致可以将其分为以下几种模式：以美国为代表的经济发达国家模式；以西班牙为代表的旅游业发达国家模式；以印度为代表的不发达国家模式；以斐济为代表的岛国模式。

1）美国模式

美国模式是经济发达国家旅游发展的模式。其特点为：旅游事业开展比较早，国内与国际旅游都比较发达。旅游业是随着本国经济的发展而发展起来的，一般经历了由国内旅游到邻国旅游、国际旅游的常规发展过程，它们的国内旅游与国际旅游都已发展到成熟阶段，国内旅游是整个旅游业的基础。属于美国模式的国家还有英国、法国、德国、加拿大、比利时、荷兰、挪威、日本等。

2）西班牙模式

西班牙模式是旅游业发达国家的模式。其特点为：地理位置比较优越，与主要旅游客源国毗邻；旅游资源丰富而独特；国民经济比较发达；服务业占其 GDP 的比重在 50%以上。除西班牙，属于这一模式的国家还有奥地利、瑞士、葡萄牙、希腊、意大利、摩洛哥、突尼斯、泰国、土耳其、墨西哥、新加坡、以色列等。

3）印度模式

印度模式是不发达国家旅游发展的模式。在为数众多的不发达国家中，有一些国家正致力于发展旅游业，以期通过开展国际旅游业赚取外汇、活跃经济、改变经济落后的状况。这些国家的国民经济相对落后，农业仍是国民经济的主体，工业与服务业均处于较低水平。除印度，属于印度模式的国家还有巴基斯坦、斯里兰卡、尼泊尔、孟加拉国、肯尼亚、坦桑尼亚、卢旺达与不丹等。

4）斐济模式

斐济模式代表岛国旅游发展的模式。这里讲的岛国不包括上面提及的诸如日本、英国、新西兰等经济发达、面积比较大的岛国，而是指那些面积比较小、人口比较少、在历史上曾是西方某个国家殖民地的岛国。这些岛国经济状况差异也很大，但一般为中等或偏上，有的国家人均 GDP 达 4 000 多美元。属于岛国模式的国家除斐济，还有塞舌尔、马耳他、巴哈马国、百慕大群岛、牙买加、特立尼达和多巴哥、塞浦路斯、马达加斯加、马尔代夫、多米尼加、海地等国。

第三节　旅游可持续发展

一、旅游可持续发展的内涵

20 世纪 80 年代后，随着可持续发展思潮在世界范围内兴起，旅游业者开始认识到，如果旅游与环境不能和谐共存，旅游业必将成为一个短命产业，也意识到旅游业的发展对人类和自然遗产的依赖，对生态系统稳定性和持续性的影响，以及旅游需求对于人类尤其是对于未来人类基本需求的重要性。在此背景下，旅游可持续发展的概念被提了出来。1990年在加拿大温哥华召开的 G10 be'90 全球可持续发展大会首次阐述了旅游可持续发展理论的主要框架和主要目标。1993年，《可持续旅游》这一学术刊物在英国问世，标志着旅游可持续发展的理论体系已初具规模。1995年4月，联合国教科文组织、联合国环境规划署和世界旅游组织等在西班牙召开了世界旅游可持续发展会议，通过了《旅游可持续发展宪章》及《旅游可持续发展行动计划》，这两个文件为旅游可持续发展制定了一套行为准则，并为世界各国推广可持续旅游提供了具体操作程序。

当前，对旅游可持续发展的概念，还没有一个统一的表述，学者们从不同的角度，给出了种种定义，具有代表性的定义有以下几种。

（1）旅游可持续发展可以被认为是在保持和增强未来发展机会的同时，满足目前游客和旅游地居民的需求，也可以被认为是对各种资源的管理的指导，以便人们在保持文化的完整性、基本的生态过程、生物的多样性和生命维持系统的同时，实现经济、社会和美学的需要。

（2）旅游可持续发展是既满足当代人的旅游需求，又不损害子孙后代满足其旅游需求能力的发展。

（3）旅游可持续发展是保证在从事旅游开发的同时，不损害后代为满足其旅游需求而进行旅游开发的可能性，将满足游客的需求和满足旅游地居民的需求相统一。

很显然，目前关于旅游可持续发展的概念研究是以可持续发展思想为基础的，但由于"可持续发展"本身尚处于探究阶段，许多概念及理论尚无统一结论，所以要想给它下一个准确完整的定义，还需要有关学者的努力。

在现有研究成果的前提下，结合旅游特点，参照可持续发展理论，可将旅游可持续发展做以下定义：旅游可持续发展，是指在充分考虑旅游活动对经济、社会、文化、自然资源和生态环境的作用和影响的前提下，努力谋求旅游业与自然、社会、文化和人类生存环境持续协调发展，这种旅游发展模式将为旅游者提供高质量的感受及体验，并与提高旅游目的地人民的生活质量相统一，同时保证不损害后代旅游者和旅游地居民满足其需求的可能性。

二、旅游可持续发展的目标体系

要实现旅游可持续发展，既要有战略思想，同时也必须制定一个战略目标体系。1990年在加拿大温哥华举行的 G10 be'90 全球可持续发展大会旅游组行动策划委员会会议提出的旅游可持续发展的目标是：增进人们对旅游所产生的环境效应与经济效应的理解，强化其生态意识；促进旅游的公平发展；改善旅游接待地的生活质量；向旅游者提供高质量的旅游经历；保护未来旅游开发赖以生存的环境质量。

由此可见，旅游可持续发展是一个多层次、多元化的目标体系，该目标体系是其思想的重要组成部分和实际体现，其核心内容是要保证在从事旅游开发和旅游活动的同时，不损害后代为满足其旅游需求而进行旅游开发的可能性，将满足现代游客的需求和满足旅游地居民的需求相统一。具体来说，我国旅游业可持续发展的目标内容包括以下几点。

1. 生态的持续性

生态的持续性就是在一定限度内维持生态系统的结构、功能，保持其自身调节和正常循环水平，并增加生态系统的适应性和稳定性。它要求将生态系统受到的人为干扰降到最低限度，人类活动不能超过旅游地生态承受能力、经济技术承受能力及社会心理承受能力，以维持旅游地复合生态系统的平衡和恢复的稳定性。

2. 旅游的持续性

旅游的持续性就是指在不破坏生态环境的前提下，适度、合理、充分地开发利用旅游资源，突出旅游特色，进行再生性、创造性和多样性的开发；巩固、改善和提高旅游资源的吸引力、竞争力，减缓不可更新的旅游资源的衰竭速度，改善增长的质量；要运用一定的技术、经济手段和措施，以及完善的设施，提高旅游地的便利性和可进入性，正确处理好旅游发展与市场需求的关系，避免淡季过淡、旺季过旺的不协调现象。同时切实保护好旅游赖以存在的环境质量。

3. 社会经济的持续性

社会经济的持续性就是用最小的资源成本和投资获得最大的经济和社会效益，以满足人们的需要，促进旅游地的经济增长，提高居民的生活质量，防止因贫困而对旅游资源掠夺式的开发。同时，改变增长质量，以实现人的全面发展，提高公众参与可持续发展的能力，提高人类社会的运行效率和效益，维持经济和社会的长期平稳发展。

三、实现旅游可持续发展的对策思路

1. 充分认识旅游可持续发展的重大意义

1）系统观与旅游可持续发展

人类生存的整个地球及其各个局部是自然、社会、经济、文化等多因素组成的复合系统，它们之间既相互联系，又相互制约，其中任何一个方面功能的削弱或增强都会影响其他部分，影响可持续发展进程。在实施发展战略时，需要打破部门和专业条块分割以及地区界限，从全局着眼，用系统的观点进行综合分析和宏观调控。旅游业是社会系统的组成部分，与系统的其他部分既相互独立、自成体系，又相互依存。推进旅游实现可持续发展，必须考虑旅游业在区域发展中的功能作用以及与相关子系统在功能上匹配与否，任何超越客观条件的超前发展和人为限制旅游业发展的滞后性做法，都会阻碍旅游可持续发展的实现。

2）资源观与旅游可持续发展

对不同属性的资源，采取不同的对策。对不可更新资源应提高使用效益，寻找替代性资源，尽可能推迟其枯竭的时间；对可更新资源的利用，要限制在其再生产的承载能力限度内。将资源价值核算纳入经济体系，改变资源无价或低价的现状，保证资源的持续利用。旅游业的发展对人类的自然遗产等旅游资源有着很强的依赖性，旅游资源的开发潜力和可利用程度是旅游业发展的基本前提。应针对旅游资源的不同类别与属性差别，协调资源开发，保护其与人类旅游需求的关系，科学、合理地规划、开发与保护好珍贵的旅游资源，使之能最大限

度地发挥其应有的价值,并尽可能地延长其使用寿命,促进旅游资源的持续利用。

3)平等观与旅游可持续发展

可持续发展的平等观包括3层意思:一是本代人的公平分配和公平发展;二是代际的公平,反对为满足自己需求而损害人类世世代代满足需求的条件——自然资源与环境——的行为,让后代享有公平利用自然资源的权利;三是公平分配有限资源。旅游业的发展应在满足当代人需要的同时,杜绝掠夺式开发旅游资源,保证供求相统一,让后代人能公平享有利用旅游资源的权利,满足后代人发展旅游业和旅游的需求。

4)协调观与旅游可持续发展

可持续发展的协调观认为,生态、经济与社会的协调发展是可持续发展的前提,没有协调发展就根本不可能实现可持续发展。系统中的各子系统应该组合优化、和谐有序,这里既有各要素在结构、功能、区域上的协调,也有它们在时段上的协调;强调一子系统中的要素和其他子系统中的要素之间、子系统内部各要素之间的协调发展。旅游业要实现可持续发展,不仅要考虑旅游业与经济社会的发展,也要兼顾生态环境对旅游业发展规模、档次的承载能力,同时对旅游业自身的各要素,如旅游资源的结构、等级、客源市场以及旅游相关产业等基本情况,进行分析综合,保持适度发展规模,促进旅游协调、稳定、健康、持续地发展。

5)全球观与旅游可持续发展

许多资源与环境问题已超越国界和地区界限,具有全球的规模,人类所面临的共同问题,不是仅靠某些国家就能解决的,要实现全球的可持续发展,就必须建立合理的国际秩序和合作关系,各国互相帮助、互相支持,共创辉煌的未来。旅游资源是全人类共同拥有的财富,是人类文明进步的见证。实现旅游可持续发展,就必须摒弃狭隘的区域观念,加强国际交流与合作,充分利用人类所创造的一切文明成果,特别是那些有利于旅游发展的技术、信息与现代管理手段,实现全球旅游业的繁荣与发展。

2. 保护旅游生态环境

目前,我国旅游业发展中存在一些违反可持续发展规则的不合理现象。旅游资源家底不清和盲目开发、资源供需失衡、生态系统的破坏和环境退化、国民环境意识淡薄、游客环保意识不强、游客的不文明行为,这些都威胁着旅游业的长远持续发展。对旅游生态环境的保护,具体应抓好以下几项工作。

1)强化旅游可持续发展的意识

从目前旅游现状来看,旅游可持续发展的思想还未成为旅游业的管理者和投资者及旅游者的共识。人们只有对事物有高度的认识,才有自觉的行动;只有对旅游资源、环境与旅游可持续发展的关系,与人类生存的关系,有了正确的理解,才会严格执行环境保护方针、政策和法令,建设好环境,管理好环境,旅游者才会自觉遵守环境资源保护法和有关规定,爱护旅游资源。

2)坚持保护与开发并重的方针

过去在认识和宣传上存在误区,过于展示我国旅游资源优势的一面,而忽略了资源相对不足、生态环境脆弱的一面。大江、大河、大流域的环境污染,不断退化的生态环境,低水平复性的开发建设,对我国旅游业的发展构成了严重威胁,各级政府和旅游管理部门对此应保持高度警惕。我国是旅游资源总量大国、人均小国、开发利用与管理上的弱国。在旅游开发中，要坚持保护方针，科学评价、科学规划、科学论证，建设中坚持精品工程，使旅游开发同环境相协调，制止"建设性"破坏。

3）合理确定旅游容量

我国旅游资源在世界上有较高的知名度，对海外游客有较大的吸引力，形成一股旅游流；我国中西部边远和民族地区的观光旅游、生态旅游、森林旅游，对东部沿海的城镇消费者有较大的吸引力，形成一股旅游流；城市旅游对农村和乡镇居民有较大吸引力，形成一股旅游流。这些旅游流对旅游区生态环境的压力很大，在旅游流动中形成交通拥挤的尴尬局面，形成山区等边远和民族风景区因设施条件差而旺季负载大、游客感觉不佳的局面。因此应从旅游地居民心理容量出发，依据游客密度、旅游经济效益、土地利用强度等影响因素及其相互关系，计算出同一旅游区不同发展阶段的旅游承载力指数的变化值。依据变化值体现的变化发展方向来选取适当的调控策略，从而选择对环境最佳利用的旅游方式。

4）大力推广草业科学

绿色植物有涵养水源、保护水土、提高大气质量的功能，能使旅游者产生最舒适的视觉感受。据一位专家研究，城市人均绿地 9 平方米以上，绿地面积占城市面积 30%～50%，才能形成良好的生态环境。因此在旅游区、旅游城市要有计划地推广草业科学，有计划地进行绿化、美化，建设多层次、结构合理的旅游点。

3. 坚持旅游资源保护性开发

长期以来在旅游实践活动中，没有把旅游资源的消耗纳入旅游成本之中，忽视和歪曲了旅游成本的构成，低估了旅游的成本水平，虚增了旅游新创造价值部分，因此在我国旅游开发决策者、研究者和建设者中形成"旅游业是低投入、高产出的劳动密集型产业"的思想。在这种思想指导下，旅游目的地的政府和企业为了本地和集体的利益，不顾环境和社会经济文化环境的实际承受能力而过度开发利用当地的旅游资源，旅游业在宏观的调控上基本处于一种失衡状态，在微观上，各地的旅游企业又各自为政，形成恶性竞争，重复开发甚至破坏性开发，严重地制约着旅游业的可持续发展。

因此，只有对旅游资源进行保护性开发，兼顾保护与开发，才能实现旅游资源的可持续利用。

1）正确普查评价旅游资源

这些年来，我国对旅游资源的研究发展较快，但所持观点和所依据的原则差距很大，在资源分类、评价等基础理论上存在标准不统一的现象，造成资源调查和有效统计的困难，所以我们应深入研究"旅游资源"及相关概念的科学界定，建立明确、简洁的旅游资源应用分类系统、评估体系，对资源种类、等级、品性、组合特征、价值、分布等进行实事求是的评价。同时，对资源的优势和劣势、利用前景、效益预测等方面进行科学分析论证，尽早建立我国旅游资源文库。

2）开发旅游名牌产品

旅游名牌产品是旅游地整体形象的构成要素。旅游资源只是可供旅游业发展的原材料和基础条件，旅游产品是对旅游资源的开发和综合利用，旅游名牌产品是通过对旅游资源的开发和综合利用后，形成的具有轰动效应的独特价值的特殊吸引物。它的功能在于能带动几个旅游点或旅游区的发展，并使这种发展具有超常、跳跃的特性，形成巨大的磁力效应。在当今旅游产品开发经营活动中，旅游资源趋同、建设主题趋同、质量标准趋同、促销手段趋同，谁拥有旅游名牌产品，谁就拥有旅游持续发展的生命力，就能在激烈的市场竞争中获胜，取得良好的经济效益。

3）提高旅游业科技含量

我国旅游业科技化战略实施的时间晚，起点较低，发展水平不高，高科技含量低，科技化进程缺少长远规划和预测，不具超前性，缺少产业内部的科技实体，忽视了旅游业的综合性及其所要求的在科技化进程中与众多相关行业科技化进程相协调等特点。目前急需解决这些问题，要对旅游科学的基础性问题进行深入研究，明确创新及提高科技含量的领域和重点，包括在旅游生产力要素（旅游资源、饭店、餐饮业、旅游交通和运动探险类装备、旅游商品、旅游纪念品、旅游娱乐休闲项目、废弃物处理系统）、旅游服务与运营保障体系、旅游促销和管理领域的科技创新等，力争提高其科技含量，在社会、经济、文化中充分发挥其综合作用。

4）维护和保护旅游名牌产品

政府要制定旅游名牌产品进行注册的法规条例，成立旅游产品注册机构，旅游经营者要在积极创名牌的同时，增强对旅游名牌产品的注册意识。在时间上要坚持先期注册，即在旅游名牌产品创出之前就申请注册，依法取得旅游产品的专利权；在区域上要坚持辐射性，即同时在许多省份或地区注册，提高旅游产品的市场覆盖率及市场知名度。

4. 采取行之有效的营销策略

1）提高服务质量

著名的管理学家彼得·德鲁克指出：在企业经营中，产品可以被竞争者模仿，而服务则具有特性，不容易被模仿取代。因此，要使服务成为行之有效的营销战略，就要求旅游企业在产品的售前、售中、售后以及产品生命周期的各个时期采取相应的服务措施，并以服务质量为中心，施以全方位、全过程的控制。

2）宣传旅游地整体形象

旅游地整体形象主要指旅游者对旅游地总体的、抽象的、概括的认识和评价，是对旅游地的历史印象、现实感和未来信息的一种理性结合，旅游者对旅游地整体形象的印象好坏，决定着该旅游地客源市场的形成与发展，很显然，它是旅游促销的重要内容，影响着旅游可持续发展。

3）建立互联网多媒体互动系统

随着信息技术的进一步发展，利用互联网多媒体互动系统将旅游景点动态地展现给消费者，使人们足不出户就可以领略各种风景名胜、人文风俗，可以减轻对旅游地环境和交通的压力，以及对生态环境的影响；利用多媒体的互动系统介绍各种旅游产品，使旅游者产生亲临其境的冲动，增强对要购买的产品的了解，可以在旅游产品的推销方面起到传统推销方法达不到的效果。利用互联网来推销自己的产品，使资源在全球范围内跨国界流动，合理配置使用，提高旅游服务质量，扩大市场规模，优化市场结构，降低企业市场交易成本，有利于我国旅游业的持续发展。

4）全球营销

随着市场竞争的加剧、世界经济一体化进程的加快，以及信息化时代的到来，知识经济时代经济全球化的发展趋势，决定了旅游业的营销必须实行政府主导、联络与旅游关系密切的部门、开展整体促销的方式，才能有利于我国旅游业的持续发展。

案例链接

世界旅游发展大会发布《北京宣言》 推动可持续旅游

2016年5月19日，由中国政府和联合国世界旅游组织共同举办的首届世界旅游发展大会在北京举行，会议发布了成果性文件《北京宣言》。《北京宣言》提出推动可持续旅游，并呼吁各国政府结合国家减贫战略，将减贫目标纳入旅游政策和战略。

"旅游业是增长最快的社会经济领域之一，目前占全球GDP总量约10%，就业的1/11和全球贸易的6%。"《北京宣言》认为，旅游业能够激发经济增长活力，促进就业，吸引投资，提升当地人民生活质量，鼓励创业，维护生态系统和生物多样性，保护文化遗产，促进社区的自主、自强和包容性发展，从而为实现可持续发展提供重要手段。

《北京宣言》指出，旅游业通过创造就业、鼓励创业，在消除贫困方面具有独特优势，特别是对于青年、妇女、原住民和贫困群体而言。

"在加速实现增长同资源消耗脱钩，以及消除包括极度贫困在内的所有形式与层次的贫困方面，旅游业对所有发展中国家、最不发达国家、内陆发展中国家和小岛屿发展中国家的贡献尤为显著。"《北京宣言》称。

《北京宣言》提出，各国政府认识到各国处在不同发展阶段，尊重并鼓励各个国家、地区探索适合自身情况的旅游发展模式，本着开放、创新、互利共赢的精神，参与国际与区域旅游合作，共同推动旅游业包容、可持续发展。

《北京宣言》呼吁："各国政府结合国家减贫战略，将减贫目标纳入旅游政策和战略，确保贫困和边缘社区成为旅游发展进程中的关键利益攸关方，共同分享旅游发展机遇和成果。"

《北京宣言》还呼吁，各国政府、联合国、国际组织支持并加强旅游的南北、南南和三方互利合作，提升发展中国家和最不发达国家旅游发展能力。

《北京宣言》提出，各国政府、联合国、国际组织、金融机构以及慈善基金会和私营部门加大对包括旅游基础设施、旅游规划、人才培养等方面的资金支持。

（资料来源：http://www.cs.com.cn/xwzx/cj/201605/t20160520_4974147.html）

知 识 归 纳

旅游经济的发展，既包括旅游经济结构的优化调整，也包括发展模式的选择。本章介绍了旅游经济结构的特征、内容，优化旅游经济结构的标准以及优化的目标和内容；在阐述不同旅游经济发展模式的基础上，就我国旅游经济可持续发展对策进行了探讨。

案例分析

旅游发展新举措

2016年在海口召开的全国旅游工作会议上,国家旅游局局长李金早提到,旅游产品供给不足仍然是当前我国旅游业的主要矛盾之一,也是旅游投资继续大有作为的潜力所在。当前,在全国固定资产投资增速下滑、国内经济下行压力加大的情况下,我国旅游投资持续强劲增长,成为促进经济增长、拉动消费需求的重要动力,因此要充分利用国家供给侧结构性改革契机,在补短板上下功夫,大力推进旅游业供给侧结构性改革。智慧旅游经济体借助于大数据将有效提升各旅游相关要素深度融合,促使信息对称和满足个体的个性化需求,提升产品和服务的精准性,创造有效供给,延长产业链,提高我国旅游业的竞争力。

1. 旅游业创新发展刻不容缓

国家旅游局发布的数据显示,2015年,我国国内旅游突破40亿人次,相当于全国人口一年旅游近3次,旅游收入超过4万亿元人民币,出境旅游1.2亿人次。中国国内旅游、出境旅游人次和国内旅游消费、境外旅游消费均列世界第一。中国旅游产业对GDP综合贡献达到了10.1%,超过了教育、银行、汽车产业,我国旅游就业人数占总就业人数的10.2%。"持续多年的出境旅游火热、国际入境旅游低迷,也说明国内旅游供给与环境既不能满足部分国民的出游需求,也不适应国际游客的需要。"由于市场的不断扩大,丰富的低端旅游产品供给已经无法满足人们的高质量的出游需求,当前制约旅游业发展的主要因素不是需求不足,而是供给侧结构不合理、不平衡,不能适应需求侧多元化、升级型的市场消费。旅游供给总体不足和结构性短缺的现象日益严重。"以前是侧重需求侧的管理,刺激消费,现在是供给不足的问题。供给侧解决了,需求侧自然就解决了",旅游业中存在的种种"矛盾凸现"现象,看上去是市场问题,但归根到底是供给侧结构的问题。供给侧结构性改革是旅游产业要素供给的巨大机遇,也是激发旅游市场活力的巨大动力。

推动旅游业供给侧结构性改革,创新是核心。如何创新?提高全要素生产率成为当前旅游经济发展中首先要解决的一个问题。智慧旅游经济体就是提高全要素生产率的一个具体探索。"智慧旅游"是一个全新的命题,它利用互联网、高性能信息处理、智能数据挖掘等技术在旅游体验、产业发展、行政管理等方面的应用,使旅游物理资源和信息资源得到高度系统化整合和深度开发激活,并服务公众、企业、政府等,是面向未来的全新的旅游形态。它以融合的通信与信息技术为基础,以游客互动体验为中心,以一体化的行业信息管理为保障,以激励产业创新、促进产业结构升级为特色。

2. 旅游业结构性问题突出

旅游供给有总量不足的问题,但更突出的是结构性问题,或者说表现为总量不足,实质上是结构不合理。现在存在的主要问题有以下几个方面。

(1) 休闲需求与城市休闲空间供给不足的矛盾突出。经常看到这样的报道,某个城市跳广场舞的大妈和附近的居民发生冲突,什么原因?大妈觉得我好不容易找到一个地方运动一下、娱乐一下，为什么不可以？反映出一个问题，城市休闲空间严重不足。30年城市化猛进，城市负责人意识不到城市休闲空间的问题，现在意识到已经晚了，这就造成巨大的休闲需求和供给不足的严重矛盾。

（2）度假需求与度假产品普遍不足的矛盾突出。我国的观光资源世界一流，数量够，品质也高，但是滨海度假资源不足，全世界的度假主体方式几乎都是滨海度假，中国18 000公里海岸线，真正形成品牌的度假地严重不足，全国不到10个。

（3）绿色养生需求与城市绿色供给严重不足的矛盾突出。我们知道，如果供给端、生产端不绿色，消费端就不会绿色，发展模式、经济结构也就无绿色可言。目前对健康市场的供给主要体现为医疗类供给，面向高端人群、适合所有人群更高层次的康养类供给甚少。

3. 智慧旅游经济体大有可为

从我国旅游产业目前存在的弊端来看，很多旅游景点同质化严重，吸引力度不强，旅游配套设施严重不足，旅游商品稀缺，旅游周期性问题严重，投资周期性长、见效慢，从而影响了我国旅游业健康发展。换言之，我国旅游产业还处于一种粗放型发展模式。形成这些问题的原因主要是缺少对旅游产业的认识，缺少旅游产业经济体的整体思维。

建设"智慧旅游经济体"是解决旅游经济发展的正确有效的思维方法，也是全域旅游规划和发展必须遵循的科学规律。建设"智慧旅游经济体"，围绕"如何引进来、如何留住人、如何走出去"，再通过"走出去、引进来、留住人"形成循环经济发展模式，达到事半功倍的效果，是经济新常态下加快区域创新发展、经济持续稳定发展的战略选择，也是推进供给侧结构性改革和新型城市化的有效路径。这将有利于加快高端要素集聚、产业转型升级，促进历史文化传承，推动经济平稳健康发展和城乡统筹发展。

总之，以"智慧旅游经济体"建设为突破口，推动旅游业供给侧结构性改革，加大对"智慧旅游经济体"的建设力度，就要同时加快智慧政府、智慧城市的建设，为全域旅游向"智慧旅游经济体"升级奠定基础。同时，要促进旅游要素协调发展，促进旅游产业与事业的协调发展，提升对旅游产业的认识，加大对旅游基础设施和公共服务作为重大的民生工程的投入和扶持。要继续大力推进"旅游厕所革命"，并且向"社会厕所革命"深入拓展，加快推进旅游停车场、旅游特色交通、景区最后一公里道路等旅游基础设施建设，着重发展旅游集散中心、旅游服务驿站、旅游公交、在线旅游服务等旅游公共服务设施建设。

复习思考题

1. 简述旅游经济结构的含义及其特征。
2. 旅游经济结构包括哪些内容？
3. 旅游经济结构的优化有哪些标准？
4. 试述旅游产业结构优化的途径。
5. 世界各国的旅游发展模式可归结为哪些类型？
6. 坚持旅游可持续发展应树立哪些观念？
7. 结合实际，阐述如何实现旅游可持续发展。

参考文献

[1] 罗明义. 旅游经济学[M]. 北京：北京师范大学出版社，2009.

[2] 李永文. 旅游经济学[M]. 北京：中国旅游出版社，2007.

[3] 田里. 旅游经济学[M]. 3版. 北京：高等教育出版社，2016.

[4] 吕宛青，李聪媛. 旅游经济学[M]. 大连：东北财经大学出版社，2015.

[5] 郭峦，刘燕. 旅游经济学[M]. 北京：经济管理出版社，2012.

[6] 李伟清. 旅游经济学[M]. 4版. 上海：上海交通大学出版社，2011.

[7] 罗明义. 旅游经济学[M]. 天津：南开大学出版社，1998.

[8] 王兴斌. 旅游供给侧改革重在结构调整[N]. 中国旅游报，2016-03-23（03）.

[9] 黎洁，李瑛. 旅游卫星账户：理论与案例[M]. 天津：南开大学出版社. 2011.

[10] 葛宇菁. 旅游卫星账户的发展与方法研究[J]. 旅游学刊，2007，22（7）：11-18.

[11] 刘益. 基于投入产出模型的旅游卫星账户研究[J]. 暨南学报，2006，122（3）：60-65.

[12] 刘迎辉，郝索. TSA与I/O法评价旅游经济效应的比较研究[J]. 旅游学刊，2010，25（10）：18-22.

[13] 臧德霞，李雪丽. 旅游卫星账户（TSA）发展脉络探析[J]. 北京第二外国语学院学报（旅游版），2007，145（5）：15-20.

[14] 王朗玲，国胜铁. 运用TSA测量旅游就业量的实证分析[J]. 哈尔滨工业大学学报（社会科学版），2006，8（2）：107-111.

[15] Charnes A, Cooper W W, Rhodes E. Measuring the efficiency of decision making units [J]. European Journal of Operational Research, 1978, 2: 429-444.

[16] Cook W D, Seiford L M. Data envelopment analysis (DEA)-Thirty years on [J]. European Journal of Operation Research, 2009, 192 (1): 1-17.

[17] Liu J S, Lu L Y Y, Lu W M, Lin B J Y. Data envelopment analysis 1978–2010: A citation-based literature survey [J]. Omega, 2012, doi: 10.1016/j. omega. 2010.12.006. (In press)

[18] Wang Y M, Chin K S. A new approach for selection of advanced manufacturing technologies: DEA with double frontiers [J]. International Journal of Production Research, 2009, 47 (23): 6663-6679.

[19] 李蓝蓝. 政府在旅游经济发展中的作用[J]. 品牌研究，2015（6）：17.

[20] 宁俊，卢安，王永进，等. 服装产业经济学[M]. 北京：中国纺织出版社，2004.

[21] 李云燕. 循环经济运行机制：市场机制与政府行为[M]. 北京：科学出版社，2008.

[22] 王廷惠. 微观规制理论研究[M]. 北京：中国社会科学出版社，2005.

[23] 王梓，张满林. 旅游经济学[M]. 北京：中国林业出版社，2008.

[24] 马云泽. 规制经济学[M]. 北京：经济管理出版社，2008.

[25] 植草益. 微观规制经济学[M]. 北京：中国发展出版社，1992.

[26] 郑亚章. 我国旅游规制存在的主要问题及改进对策[J]. 企业经济，2010（6）：160-162.

[27] 张辉，厉新建. 旅游经济学原[M]. 北京：旅游教育出版社，2004.

[28] 刘宇. 中国生态旅游发展中的问题及政府规制[J]. 经济问题探索，2008（7）：96-100.

[29] 赵欣. 制定与实施旅游产业政策的必要性[J]. 经济研究导刊，2009（26）：56-57.

[30] 魏敏. 旅游学概论[M]. 北京：对外经济贸易大学出版社，2008.
[31] 杨爱华，苗长川. 旅游经济学[M]. 北京：清华大学出版社，2009.
[32] 王雅红，何新胜. 旅游学原理与西北文化旅游[M]. 兰州：兰州大学出版社，2007.
[33] 宋海岩，吴凯，李仲广. 旅游经济学[M]. 北京：中国人民大学出版社，2010.